명리직업상담론

명리학은 수천 년 동안 직업상담을 해온 학문이다!

명리직업상담론

春光 김 기 승 지음

창해

　우주 내 그리고 지구에 존재하며 인간에게 주어진 그 어떤 자연적 환경이나 사물은 물론 형이상학적인 것까지 포함하여 무엇은 과학성이고 무엇은 비과학성이라고 이분법적으로 논할 것은 아무것도 없다. 왜냐하면 과거사회에서 수많은 변화를 끊임없이 수용한 현대사회를 비추어 볼 때 누가 감히 그런 잣대를 들이댈 것인가?

　명리학은 가장 오래된 우주천문학이었고 인간학이었으며 직업상담학이었다는 것을 바로 인식하고 앞으로도 명확하게 기억해야 할 것이다.

　그렇다. 미래를 생각하는 인간의 마음은 원시시대에서부터 첨단과학이 발달한 오늘날에 이르기까지 한결같다. 햇살 밝은 낮에는 물 흐르는 소리가 우리들의 마음을 차분하게 만들어 주지만, 별빛 반짝이는 밤에는 자신에 대하여 그리고 자신의 인생과 미래에 대하여 생각하게 된다.

　반짝이는 별빛만큼이나 오래된 미래학은 오늘날 놀라운 발전을 이루었으며 현시대 과학명리의 기저를 이루고 있다.

　많은 사회과학적 학문들은 인간 자신에 대한 물음에 답하고자 발전에 발전을 거듭해왔다. 자연과학의 발전은 우리를 둘러싼 세계에 대하여 설명을 해주고 있다. 그러나 인간 자신에 대한 설명임과 동시에 살아가는 삶의 질에 관한 내용과 목표를 제시해주는 종합적 학문은 명리학만이 유일하다.

본 저술은 나 자신이 누구인가에 대한 철학적 답변과 더불어 어떻게 살아가야 되는지 그리고 어떠한 활동을 통하여 자기 자신의 삶을 책임지고 보다 '나' 답게 살 수 있는지에 대한 시원한 답변을 해주고자 한다. 또한 학문적 성과에 대한 이론적 정리를 통하여 앞으로 과학명리를 전공하고 연구하고자 하는 학생들에게 교재로서의 역할을 할 수 있도록 구성하였으며, 수천 년 동안 유일하게 인류의 직업상담을 맡아왔던 명리학이 직업상담학으로 거듭나는 초안을 잡고자 한다.

구성은 대학교재로서의 형식을 토대로 하였으며, 내용은 명리직업상담론에 입각하여 적성계발과 자신의 흥미, 성격, 지능에 대한 고찰을 하고 직업유형과 업무수행기능검사의 원칙과 적합한 직업군을 선택하는 기준을 안내하였다. 학문은 자체의 발전만으로는 부족하다는 시대적 요구에 부응하여 타학문과의 융합 및 시대감각에 맞는 과학명리의 연구실적을 기술했다. 또한 인간 자신의 생각과 행동을 지배하는 뇌에 대한 연구이론과 선천지능이론을 뒷받침해주는 다중지능에 대한 연구 자료를 비교하여 논했다.

선천적이라면 우리는 누구나 부모로부터 받는 것만 생각한다. 지극히 맞는 말이다. 그러나 유전을 주고받는 인간관계를 포함한 인류는 천체의 운행에 배속되어 있는 동시에 천체의 영향으로부터 자유로울 수 없다는 것을 생각해야 한다. 그렇다면 과연 부모에게서만 유전을 받는다고 할 수 있을까? 필자는 이 수수께끼 같은 의문을 파헤쳐 볼 것이다. 그리고 그 속에 21세기 인간이 바라봐야 할 위대한 과학을 소개할 것이다.

본 명리직업상담론은 과학명리의 산실인 특허 '선천적성검사(AAT)'의 이론적 배경으로서 학문적 융합기술의 정수를 보여주는 동시에 미래학의 발전을 선도하는 저술서이다. 현 사회에서 명리학을 진로적성검사와 직업상담의 실용학문으로 적극 활용한다면 우리나라의 실업자를 줄일 수 있고 범죄와 이혼율을 줄임으로써 결손가정으로 인한 비행청소년을 줄일 수 있는 획기적인 대안이 될 수 있다고 제언하는 바이다.

이 책은 이러한 목적을 가지고 저술되었으며 새로운 과학명리의 패러다임을 추구하는 과정이므로 필자의 오만한 주관성이 개입되었음을 인정하고 독자의 질정을 흔쾌히 수용하고자 한다. 본 저술의 도전적인 이론들은 대부분 대학원 명리전공 학위과정 학생들의 졸업논문주제로 채택되어 연구되고 통계로 검증되어졌다. 그러나 더욱 철저한 실험과 연구로 미래사회를 주도할 수 있는 명리직업상담학으로서의 발전이 이루어져야 할 것이다.

본 저서의 일반적인 직업학이론은 경기대학교 대학원 직업학과 김병숙 교수님이 저술한 교재를 참고하였음을 밝힌다.

끝으로 출간을 맡아 주신 창해출판사 관계자 여러분들에게 감사드리며 집필과정에 도움을 준 문하생들에게 고마움을 전한다. 특히 초등교육을 수행하면서도 자료수집과 교정에까지 수고해준 이문정 선생에게 감사드린다.

2009년 8월 1/일
충정로 2가 선천적성연구소에서
춘광 김 기 승 서

Part 1

우주 내 그리고 지구에 존재하며 인간에게 주어진 그 어떤 자연적 환경이나 사물은 물론 형이상학적인 것까지 포함하여 무엇이 과학적이고 무엇이 비과학적인 것인가를 이분법적으로 논할 것은 아무것도 없다. 왜냐하면 과거 인간의 신체나 정신을 다루던 한의학이나 대체의학, 또는 딴따라 취급을 받던 연극, 영화는 물론 근래 인간의 아름다움에 대한 가치관이 높아지면서 피부미용과 헤어디자인 등을 대학에서 경쟁하듯 수용하며 최고의 실용학문으로 치솟고 있기 때문이다. 이렇게 수많은 변화를 끊임없이 수용한 결과로 이루어진 문화(Culture) 중심의 현대사회를 비추어 볼 때 누가 감히 숫자로 증명되는 것만이 학문이고 과학이라는 잣대를 들이댈 것인가?

본 명리직업상담론의 기저인 명리학은 가장 오래된 우주천문학이었고 인간심리학이었으

현대사회와 명리학

며, 정보가 전무했던 과거사회에서 인간의 나아갈 방향을 예측하여 안내한 진로상담학이었으며 먹고사는 문제를 상담한 직업상담의 전문직이었다는 것을 우리는 겸허하고도 진중한 자세로 새롭게 인식하여야 한다.

또한 본 명리직업상담론은 유일하게 인간의 본성(本性)에 깔린 개인의 성격(Personality)과 흥미(Interest)와 재능(Talent)을 분석해 낼 수 있는 선천적성검사방법론을 체계적으로 기술하고 그 해답으로 개인의 미래 진로방향을 명확히 제시해 줄 수 있도록 안내할 것이다.

이처럼 명리학은 갈수록 복잡하고 다변적인 직업생활을 위해 준비되었던 우리들의 위대한 과학이며 위대한 유산이다.

1-1 명리학의 시대적 가치

명리학이 과학명리로 발전하는 과정에서 현대사회에서의 인식이 많이 변화되었다. 대학의 정규학과로 자리를 잡으면서 많은 학위논문의 연구성과를 통해 한 단계씩 과학성을 입증해나가고 있다.

가. 과학과 명리학

우주의 탄생으로부터 음양과 오행이 생기고 이로 인해 모든 만물이 형성되었으며, 태어나는 순간 부모로부터 받은 유전자는 우리들의 몸을, 우주로부터 받은 기운은 우리들의 정신을 형성하게 되었다. 그렇다면 우리들의 몸을 이룬 것은 어디에서 왔는가?

네이버캐스트의 '오늘의 과학' 편에는 '원자(原子, Atom)로 된 나'라는 흥미로운 내용이 다음과 같이 실려 있다. 핵전쟁이나 소행성 충돌 등으로 인류가 멸망할 위기에 처했다고 가정할 때 혹시라도 살아남을 우리 후손을 위해 가장 중요한 과학 사실 하나를 특수 합금에 새겨 지구 곳곳에 남기기로 한다면 과연 거기에는 어떤 내용을 새겨 넣어야 할까? '세상 만물은 원자로 되어 있다.' 20세기의 위대한 물리학자이자 노벨물리학상 수상자인 미국의 리처드 파인만(Richard Philips. Feynman)의 답이다.

지구의 모든 만물 그리고 우주 저 멀리 있는 은하에 이르기까지 모든 세상이 원자로 되어 있다는 것은 이런 다양한 것들이 사실은 모두 같은 기본 물질로 이루어져 있음을 의미하며, 더 나아가 그런 기본 물질들이 끊임없이 교환되고 있음을 뜻한다.

이처럼 원자는 완벽한 동일성으로 인해 그 이전에 어디서 무엇을 하고 있었든지 관계없이 수많은 곳을 돌고 돌며 각자의 역할을 수행한다. 우리 몸의 원자는 바퀴벌레나 아메바의 일부였을 수도 있고 이야기 속에서만 들었던 위인이나 조상들의 몸을 이루던 것일 수도 있다.

음양오행은 우주생성과 변화의 원리이다.

우주탄생의 순간 존재한 원자는 이렇게 우주를 생성시키고 변화시키는 원리인 음양오행의 원리에 의해 순환하고 돌고 돌지만 여전히 같은 모양을 하고 있는 것이다. 그러므로 우리 인간은 부모로부터 받은 유전자와 더불어 우주유전자를 받고 태어나게 된 것이다. 과학의 발전은 발전을 거듭할수록 음양오행의 원리를 더욱 증명해주고 있다. 그렇다면 이러한 변화의 원리속에서 과연 나라는 존재는 어떻게 유지가 되는가 하는 의문을 갖게 된다.

아무리 내 몸을 이루는 원자가 모두 교체되고 변하여도 출생 당시 우주로부터 받은 기운은 평생을 두고 함께하게 되는 나 자신의 근원이며, 몸을 이루는 원자도 부모로부터 받은 유전자라는 규칙에 의해 같은 모습으로 나를 이루는 것이다.

모든 학문의 발전은 나 자신을 바로 알고 나 자신이 행복해지자는 데에 있다. 나 자신은 부모로부터 태어난 것만이 아니고 우주가 탄생할 당시 만들어진 원자가 돌고 돌아 나 자신의 육체를 형성하고, 출생 당시의 우주의 기운이 나 자신의 의식과 정신을 만들었다.

형이상학적 직관에 의해 발달해온 음양오행의 학문적 체계는 숫자화시킬 수 있는 연구가 부족하여 결과적으로 과학적 증거가 미비했으나 시간이 갈수록 연구자료가 쏟아지며 과학성이 증명되고 있다. 글로벌 시대를 넘어 인류는 우주의 활동무대를 꿈꾸는 시대가 왔다. 명리직업상담론은 이러한 우주과학을 바탕으로 현재보다 더 많은 정보를 우리들에게 제공할 것이다.

나. 명리학의 시대적 소명

모든 학문은 현 사회의 문제를 반영하고 사회발전에 도움을 주는 방향으로 발전하여야 할 도의적인 책임이 있다. 명리직업상담론을 진로적성검사와 직업상담의 실용학문으로 적극 활용한다면 우리나라는 실업률을 줄일 수 있고 범죄와 이혼율을 줄여 결손가정이 없는 건전한 가정 속에서 우리 청소년들을 문제없이 양육할 수 있을 것이다. 다음의 내용은 통계청에서 발표한 것으로 우리나라의 실업 문제를 통계자료로 보여주고 있다.

실업률의 변화 – 통계청 발표 자료

연 도	2000	2001	2002	2003	2004	2005	2006	2007	2008	2009 1월	2009 2월	2009 3월	2009 4월
실업률	4.4	4	3.3	3.6	3.7	3.7	3.5	3.2	3.2	3.6	3.9	4.0	3.8

취업 자체도 문제가 되고 있지만 이외에 자신의 적성을 찾지 못하였거나 올바른 정보의 부족으로 인한 잠재적 실업에 대한 해결책을 마련해 주는 것도 중요하다. 명리직업상담학은 무엇보다 직업적성의 올바른 선택에 도움을 주어 취업의 질적인 만족도를 향상시키는 데 도움을 줄 수 있는 학문이다.

이러한 실업이라는 사회적 문제와 더불어 개인생활의 기본이 되는 가정생활의 행복을 좌우하는 이혼에 있어서도 명리직업상담은 그 해결책을 제시해 줄 수 있다. 우리나라는 현재 OECD 국가 중에서 이혼율이 상위권을 달리는 나라가 되었다. 통계청에서 조회한 출생, 사망, 결혼, 이혼에 대한 통계는 다음과 같다.

출생, 사망, 혼인, 이혼 통계 - 통계청 자료

단위 : 명, 건

종류별	2004. 04	2005. 04	2006. 04	2007. 04	2008. 04	2009. 03
출생	40,279	36,340	37,408	40,048	38,800	39,900
사망	20,830	20,947	20,215	20,323	20,300	21,000
혼인	22,460	25,348	24,364	26,573	26,536	25,800
이혼	11,396	9,999	9,528	10,348	11,023	10,600

위의 자료를 보면 혼인하는 건수에 비하여 이혼하는 건수가 너무 지나친 비율을 차지하고 있다. 결혼이라는 것은 인생을 함께하면서 자녀를 양육하고 자신의 모든 생활의 기반이 되어 줄 동반자를 만나는 중요한 일이다. 과거와 같은 단식판단의 궁합론이 아닌 서로 간의 가치관이 수용되는지 서로의 마음을 담을 수 있는지에 대한 사주구조의 과학적 분석이 필요하다. 앞으로 이성 간의 불행한 만남을 피할 수 있고, 안정되고 행복한 만남이 되도록 남녀결합측정검사를 실시하여 행복한 부부생활과 가정을 이룰 수 있도록 체계적인 남녀궁합상담의 기법이 활용될 수 있다.

1-2 학문융합 시대

미래학자들이 말하는 학문융합(Relation Technology) 시대는 이미 학계와 우리 사회의 전반에 걸쳐 진행이 되고 있다. 사회가 복잡해질수록 더욱 사람들의 요구가 다양해지고 모든 학문이 한 가지로만 해석되지 않는 시대가 왔다. 명리학도 과거와 같은 방식을 탈피하여 새로운 학문적 융합을 시도하고 있다.

'앨빈 토플러(Alvin Toffler)'는 그의 저서 『부의 미래』에서 지식의 특징을 정리하여 제시하였다. 여기서의 지식이란 과거 농지나 공장의 작업라인처럼 누군가가 점유하면 공유가 불가능한 그러한 부의 창출 시스템과는 달리 동시에 점유가 가능하고 형태가 없으며, 그동안의 경제학으로는 설명이 안 되는 새로운 부의 창출 원리로서의 지식이다. 이 가운데 학문의 융합과 관련된 내용은 다음과 같다.

지식은 관계적이다.
지식은 다른 지식과 어우러진다.

여기서 지식이 관계적이라는 것은 개별적인 지식의 조각은 다른 조각들과 나란히 이어져야 비로소 의미를 얻게 된다는 것이다. 두 번째 말은 지식이 많을수록 보다 무차별적인 혼합이 가능하고 무수하고도 다양한 쓸모있는 결합이 이루어진다는 의미이다. 앨빈 토플러가 설명한 지식의 특징에서도 알 수 있듯이 미래의 모든 학문은 융합과 서로의 관계 속에서 발전하게 될 것이다.

이렇게 지식의 발전이 과거와 같은 분화의 형태가 아닌 융합과 관계학의 길로 가고 있으므로 대학도 이에 상응하는 변화를 겪으리라 예상된다. 사람이든 학문이든 지식이든 내부에서의 통합이 아닌 밖으로 나와 새로운 분야와

의 통합이 요구되는 시대인 것이다. '위드인(within)'이 아니라 '비트윈
(between)'의 개념인 것이다.

그 예로 현재 휴대전화는 나노기술+인지과학+반도체기술의 융합으로 등
장했다. 이렇게 미래학문은 기술과 이론적 융합을 통하여 발전될 것이다. 과
거 세분화 · 심화된 연구가 각 학문의 발전을 이루었다면 미래는 그 모든 지
식들의 정점에서 통합하는 기술력이 새로운 학문의 분야가 될 수도 있을 것
이다. 이러한 학문 간의 관계로 이루어지는 학문 자체를 우리는 관계학, 즉
Relation Technology라고 부를 수 있다. 융합의 시대에서 명리학은 어떠한
노력을 하고 있으며 앞으로의 과제는 무엇인가?

가. 과학명리의 학문적 RT

그렇다면 명리학의 학문적 RT는 어떤 방향으로 발전을 이루었는가? 명리학
은 과거로부터 지금까지 직업상담을 지속적으로 감당했던 분야였으며 개인적
심리상담과 인생상담을 감당해왔다. 그러므로 다음과 같은 분야에서의 학문적
융합이 가능하며, 이러한 노력의 결과로서 선천적성검사(AAT)를 탄생시켰다.

명리학의 학문적 융합의 결과

기 존	융합된 학문	결과
명리학	교육학 · 직업정보 · 심리학 상담심리 · 천문학 · 통계학	선천적성검사(AAT) 탄생

명리의 테두리 안에서 명리로만 이야기하던 시대는 이미 끝났다. 앨빈 토
플러가 말하는 새로운 부의 창출의 기반인 지식과 학문의 세계는 자기 안에
서의 심도 있는 고민과 발전을 기반으로 지식의 전반적인 흐름에 민감해야

하며 타학문과의 끊임없는 융합이 있어야 미래사회를 설명해 줄 수 있다는 것이다. 미래사회는 정해진 규칙대로 변화하는 사회가 아니다. 물리적인 변화만을 기대한다면 화학적 변화에 대한 설명은 전혀 할 수가 없다는 것이다. 고인 물은 스스로 썩어 자멸한다. 물은 흘러야 하고 넓은 바다로 가야 하듯이 모든 학문은 더 넓은 세계로 나가야 하는 것이다. 명리학은 그 넓은 세계로의 출발과 융합을 시작했다.

나. 명리학과 교육학

다중지능 이론과 맥락을 같이하고 있는 십성에 의한 선천지능 이론은 교육적 측면에서의 새로운 발견이다. 우수지능을 발견하여 개발하고 부족한 지능에 대하여서는 보완책을 마련할 수 있으며, 무엇보다 선천지능 이론의 핵심은 지능의 공조가 이루는 개인별로 독특한 구조적 측면에서의 활용이다. 이러한 구조를 파악하여 학과적성은 물론 양육방법과 교육방법에 대한 해답도 찾을 수 있다. 그러므로 명리직업상담론은 교육학과 융합된 학문이다.

다. 명리학과 경영학

사업 운영 및 재테크는 매우 중요한 경영활동이다. 이외에 사회생활에서는 인간관계나 대인관계도 매우 중요하다. 명리학은 경영학적 측면에서 사업운영에 대한 적합도나 업종에 대한 정보, 그리고 재산을 관리하는 지침에 대한 정보도 얻을 수 있는 유용한 학문이다. 그러므로 명리직업상담론은 경영학과의 융합이 가능한 학문이다.

라. 명리학과 사회학

사회변화를 주도하는 것은 다양한 분야에서 이루어진다. 그중에서 우리가 속한 사회의 질서를 유지하고 관리하는 것은 정치나 사회 분야이다. 명리학은 이러한 분야에서 활동하는 사람들에게 올바른 판단과 결정을 내릴 수 있는 최적의 시기를 연운과 더불어 생애주기별로 정보 제공하는 시스템을 갖추고 있으므로 가능하다. 그러므로 명리직업상담론은 사회학과의 융합이 가능한 학문이다.

마. 명리학과 성격심리학

음양과 오행이 가진 기질은 각기 고유한 특성이 확실하다. 이러한 특성 때문에 음양오행으로 구성된 사주를 분석하면 한 사람의 성격과 심리에 대한 가장 정확한 정보를 제공한다. 근래 심각해지고 있는 성격적인 문제 또한 편중된 십성에 의한 성격심리 해석으로 이제는 정신분석의 수준에 다다른 학문적 성과를 기록하고 있다. 그러므로 명리직업상담은 성격심리학과의 융합이 가능한 학문이다.

바. 명리학과 직업학

본 저술의 제목은 명리직업상담론이다. 명리학은 무려 1,000년 동안 직업에 대한 상담을 해온 학문이었다. 직업적성을 도출해 내는 이론과 직업유형에 따라 사주구조를 분류하는 이론 등은 십성의 특성이나 격국, 용신으로 판단하던 과거 명리학의 학문적 성과를 훌쩍 뛰어넘는 것이다. 현 시대의 직업에 대하여 정확한 직무분석과 직업유형에 대한 분석을 통한 정보제공은 명리학과 직업학의 융합이다.

사. 명리학과 우리의 생활

이외에도 명리직업상담론은 타학문과의 융합을 통한 발전과 더불어 우리 생활에서 유용하게 활용될 수 있는 생활 속의 학문이다. 음양오행의 체질을 분석하여 각자에게 맞는 건강식품을 추천할 수도 있으며 한의학에서의 활용도 그 예가 될 수 있다. 미국에서는 '파이브 어 데이(Five a day)' 캠페인으로 하루에 다섯 가지 색깔의 채소, 과일, 곡류를 섭취하자는 식생활 개선을 주장하여 각종 질병률을 30% 낮추었다는 보고가 있다. 이외에도 각자에게 맞는 색깔이나 방위, 택일 등에서도 활용이 되고 있다.

이상과 같이 명리직업상담론은 다양한 학문과의 융합과 교류를 통한 발전이 가능한 학문이며 이미 각 분야에서의 연구가 진전되었다. 그러나 우리들에게 무엇을 해서 먹고사는가라는 가장 시급하면서도 인생 전체의 삶의 질을 좌우할 수 있는 직업학과의 융합은 성격심리나 경영학, 사회학, 교육학 전 분야를 망라하는 통합적인 융합이요 현 시대가 가장 절실하게 요구하는 학문적 발전을 이룰 것이다.

1-3 위대한 과학명리 AAT 탄생

학문의 융합기술을 바탕으로 과학명리를 실현시킨 것은 2008년 5월 27일. '사주(출생)정보를 이용한 성격 및 적성검사방법'의 발명특허취득이다. 이것으로 질문법을 탈피하여 객관성이 보장되고 영유아시기에서부터 성격과 적성검사를 실시 할 수 있는 세계 유일한 선천적성검사시대를 열게 된 것이다. 출생과 동시에 타고난 성격과 적성을 밝혀 자신만의 성공유전자 선천지능에 대한 정보를 제공한다는 것은 마치 혁명과도 같은 일이다.

가. 특허증

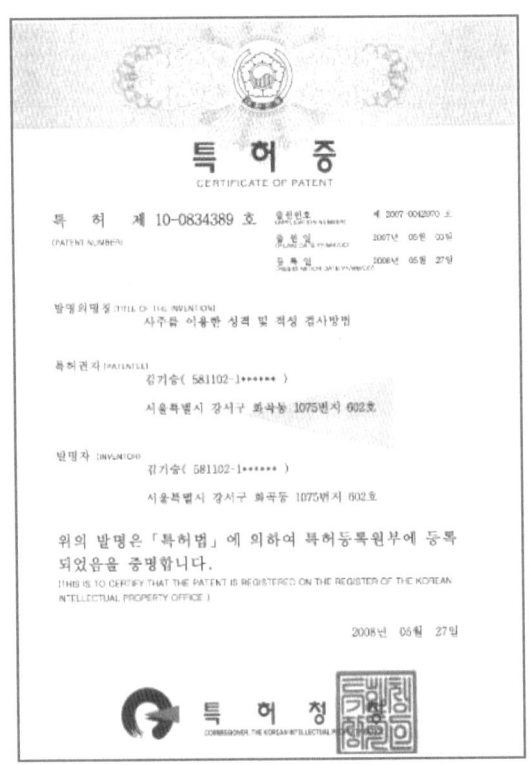

한국선천적성검사연구소의 특허 '사주를 이용한 성격 및 적성검사방법'은 '선천적성검사'(AAT)로 표기하며, 아래 그림은 희망의 꿈나무를 상징하는 트랜드 이미지이다.

진로를 결정하기 전에 타고난 적성부터 파악하자.

나. AAT 검사항목

선천지능을 알면 1세부터 자녀를 위한 맞춤 양육방법과 교육방법을 선택하여 제공할 수 있으며, 하고 싶은 일과 잘할 수 있는 일을 직업으로 선택하여 성공의 길을 출발하게 된다. 과학명리실현의 결정체로 볼 수 있는 선천적성검사(AAT)는 한국은 물론 세계적인 적성검사도구로 자리매김을 할 것을 기대한다. 선천적성검사를 위한 사이트 주소는 http://www.aatest.co.kr이다.

선천적성검사(AAT) 검사항목

자아성찰을 위한 성격심리 – 나의 성격 심리 · 나의 주관성과 객관성지수

성격은 한 사람을 고유하게 유형화시킬 수 있는 바탕
자신의 성격을 파악하게 돕는 성격심리진단

성공을 위한 선천지능검사 – 나의 선천적 다중지능 분포도

우수한 선천지능으로 성공가능성 예측
부족한 선천지능으로 핸디캡 보완

학과적성검사 – 나의 선천적 학과적성 분포도 · 나의 선천적 좌우뇌기능 분포도

문과 · 이과 · 예술 · 체육 · 교육 5개 학과의 적합도 분석
좌뇌형 · 우뇌형 · 전뇌형의 판별

직업유형 & 업무수행기능 분석 – 나의 직업유형 분석 · 업무수행기능 분석

직장형 · 사업형 · 자유형의 직업유형 적응도 분석
리더기능 · 참모기능 · 전문기능의 업무수행기능 분석

성공가능성이 높은 직업 추천 – 직업에 대한 목표지향성 · 흥미우수성 · 활용가치성

직업적성 triangle 분석 / 직업가치관
성공가능성이 높은 직업군 추천

자기관리 정보 – 2차 직업군 · 나의 재산관리 지침 · 나만의 대인관계 포인트

폭넓은 직업선택 위한 2차 직업군 추천
재테크방법과 주의사항 안내
대인관계에서의 장단점 분석

AAT 학습전략과 양육방법 - 학습전략 · 양육방법(어린이용)

선천지능에 적합한 학습유형과 학습전략 소개

양육방법 및 교육방법과 인간관계 지도 지침

생애주기(Life cycle) 예측 - 나의 심리적 환경적 변화의 예측

생애주기 5년 단위 심리 및 환경변화 예측

변화의 활용 또는 변화에 대비하기 위한 자료

Happy life를 위한 AAT의 제안

나의 건강체크

행운의 숫자

행운의 색깔

성공지수를 높이는 추천도서

나를 위한 명언

※ 위 검사항목은 업그레이드로 인한 추가 및 수정이 될 수 있습니다

1-4 명리학의 미래과제

명리학은 중국에서는 청나라 멸망 이후 발전이 더디었으며, 우리나라에서는 일제강점기 이후 학문적 연구성과가 미진한 연유로 타학문에 비하여 학문적 입지를 다질 기회가 적었다. 그러므로 첨단 학문이 등장하고 있는 오늘날에도 명리학을 점술로서 인식하고 있는 사람들이 있다는 점이 아쉬운 현실이다. 과거 인간의 미래에 대한 궁금증을 예측한 점술로서의 활용도 의미가 있는 일이었지만, 오늘날 명리를 연구하는 우리들은 힘들고 어려워도 인간의 경영차원에서 볼 때 신이 준 훌륭한 자료이기 때문에 과학명리의 발전을 위한 노력을 아끼지 말아야 한다.

가. 과학명리의 지향

학문의 발전에는 연구에 직접 참여하는 인적자원 측면에서의 노력도 중요하지만 일반인들의 인식변화를 위한 노력도 중요하다. 그러기 위해서는 학술지를 통한 명리학적 연구성과에 대한 발표와 새로운 학문과의 융합과 사회발전에 도움을 줄 수 있는 방향으로의 새로운 시도가 계속되어야 한다. 현업에 종사하고 있는 사람들 중에 간혹 생계를 위한 수단으로 혹세무민하는 점을 자성하고 더욱 학문에 열중해서 스스로 발전을 도모해야 한다.

이러한 노력을 기반으로 학계에서는 더욱 과감히 과학명리를 수용해야 한다. 대학에 정규 석·박사과정을 설치하고 배출하고 있지만 더욱 적극적인 유치가 필요하다. 통합된 연구기관이 설치되어 연구논문을 발표하고 장학제도를 구성하여 인재를 양성하는 문제 또한 시급하다.

나. 사회적 합의와 공인

모든 학문은 실생활에 깊이 적용되고 사람들에게 꿈을 주는 생산적인 가치가 있을 때 학문적 발전과 사회적 인식이라는 두 가지의 목적을 동시에 달성할 수 있다. 과학명리의 우수성을 인정받기 위해서는 기업체나 공공기관에서 활용될 수 있는 이론을 구축하고 이를 제공해 줄 수 있는 구체적인 시스템도 갖추어야 한다.

명리상담사 자격증 과정을 운영할 수 있는 인력과 관리능력을 갖추고 국가공인자격증을 발급하여 사회전반에서 활동할 수 있는 여건을 조성해야 한다. 교육계에서는 동양철학이라는 학과목으로 설치하고 자아개념의 형성과 장래 자신의 적성을 알아볼 수 있는 교양과목으로서 운영이 될 수 있도록 해야 한다. 병원에서는 심리치료의 목적으로 명리학 전공자들을 고용하고자 하는 수요가 생기도록 명리학자들은 많은 임상적 결과들을 누적해야 한다.

다. 개인생활의 만족

사람들은 모든 것의 이유를 내 탓으로 돌리고 남보다는 자신을 변화시키고자 노력할 때 타인들과의 갈등도 심적 고통도 줄어들게 된다. 명리학은 자신에 대해 많은 정보를 알고자 할 때 심리학적 검사나 성격유형에 관련된 다른 어떤 검사보다도 정확한 진단을 내려주고 대안도 제공해 줄 수 있다.

자신의 능력과 가치관이 정립될 때 우리는 타인들과의 비교우위보다는 고유한 자신만의 기준으로 자신이 원하는 행복을 추구하게 된다. 또한 다른 사람들을 이해할 수 있는 의사소통의 통로가 되어 줄 수도 있다. 자신을 이해하고 가족과 주변사람들을 이해할 수 있다는 점은 과학명리가 주는 커다란 혜택이 아닐 수 없다.

'너'와 '나' 그리고 우리를 둘러싼 '세계'는 우주가 생성되면서 만들어진 원자들을 공유하며 음양오행의 상생상극으로 서로 어우러져 살고 있다. 온 우주와 이 세상은 '나'라는 존재가 태어나면서부터 인식되어지고 시작되었다. 그러므로 '나 자신'의 좌표설정이 되지 않고서는 어디로 가야 할지 어떤 모습이 참다운 자신인지 알 수가 없다. 과학명리의 발전은 이러한 물음에 가장 과학적이고 철학적인 답을 제공해 줄 수 있는 유일한 학문적 이론을 갖추게 하였다. 미래는 꿈꾸는 자의 것이다. 과학명리의 발전을 통한 사회전반적인 공헌과 명리직업상담의 정착으로 많은 사람들의 삶의 질이 높아지는 그런 사회가 오기를 꿈꾼다.

라. 연구과제

위와 같이 명리직업상담론은 존중되어야 하는 개인의 행복과 인간이해의 발전과제를 안고 있는 동시에 실용적 활용가치를 높일 수 있는 학문융합 및 학문질서의 자체적인 연구과제가 주어진다. 하여 다음과 같은 연구과제를 제시할 수 있다.

- **교육 분야** : 선천지능 연구와 뇌과학 연구의 발전으로 교육적 효과 증대
- **진로지도 분야** : 적성검사의 지속적인 업그레이드로 맞춤형 진로지도 성과 증대
- **직업 분야** : 직업적성에 맞는 직업 추천과 직무분석을 통한 직업세계의 이해
- **성격심리 분야** : 심리치료를 위한 정확한 심리분석 연구 지속

- **사회학 분야** : 사회적 변화에 대한 개인의 적응도에 대한 관계성 규명
- **경영학 분야** : 경영에 관련된 인사관리, 사업 분야 등에 대한 정보의 누적

이외에도 많은 연구과제가 있을 것이다. 명리직업상담학은 과학명리로서 이론적 체계를 지속적으로 확립하고 도전적인 연구에 임하여 거듭 발전시켜 나아갈 책임이 있다.

Part 2

사회의 변화를 논하는 관점은 여러 가지이다. 직업적성의 관점에서 사회변화를 논한다면 인간이 무엇을 해서 먹고살았는가를 고찰하면서 사회변화를 논해야 한다. 바로 직업의 변화이다. 21세기는 정보화사회Information Society, 지식기반 사회Knowledge Based Society, 뇌본 사회腦本社會, 유비쿼터스 컴퓨팅 사회Ubiquitous Computing Society고 부르는데 그 중의 한 개념인 뇌본사회는 미래사회의 직업에 대해 확실한 설명을 해 주고 있는 개념이다.

미래사회는 창의력과 정보화의 사회로서 뇌腦, Brain와의 관련성이 확실하게 더해간다. 수렵·채취를 하던 시대에서는 우리 신체 중에서 발이 중요한 역할을 했으며, 농경사회에서는 다리가, 산업사회에서는 손이, 정보사회에서는 많은 정보를 수용하기 위한 오감을 의미하는 눈, 코, 귀, 입이 중요한 역할을 했었다. 그러나 미래사회에서는 뇌가 중요한 역할을 맡게

인간과 직업

되었고, 몸의 아래로부터 점차 위로 올라온 셈이라고 할 수 있다.

뇌본사회란 1980년대 일본 노무라연구소가 구분한 '농경시대의 자본地本사회-산업화의 자본資本사회-뇌본腦本사회'와 일치하는 내용으로 지식이 있는 곳으로 자본이 몰리는 사회를 의미하며, '앨빈 토플러Alvin Toffler'가 말한 부의 미래에 필수적 요소인 지식기반과 일맥상통하는 말이다. 이와 같은 지식정보화 사회에 이르기까지 인간의 사회적 활동의 바탕이 되어온 직업은 수없이 변화하는 과정이 있었다.

2-1 인간사회와 직업

직업이란 모든 사람들에게 가장 피부에 와닿는 현실적인 문제이면서 그 사회의 현재 위치와 상황을 가장 잘 반영해 주는 분야이다. 그러므로 역사와 문화에 대한 논의 없이 직업에 대한 논의를 한다는 것은 불가능하다. 무엇을 해야 잘 먹고 잘 살겠는가를 묻고 답해온 명리학은 이 시대 명리직업상담론이라는 이론을 탄생시켰다.

명리학에서의 직업은 그 사람이 하고 싶고 잘할 수 있는 일을 찾아 활용도 높은 분야로 추천해주는 과정을 거치게 된다. 무엇보다 가치관과 흥미가 모두 반영되어야 한다. 그것은 출생정보에서 주어지는 사주구조에서 인간에게 가장 지대한 영향을 미치는 십성들의 상관관계성이다. 그 상관관계에서 발현되는 개인의 능력은 선천적 다중지능과 직업적성, 소득을 창출할 수 있는 개인의 직업적 능력이다.

다음은 직업에 대한 일반적인 개념의 정리이다.

가. 직업의 개념

직업이란 무엇인가? 직업이란 생계유지가 필수이며 사회에서 생활하는 사람들이 재능과 능력에 따라 업에 종사하며, 정신적 · 육체적 에너지의 소모에 따른 대가로서 경제적 급부를 받아 생활을 지속해 나가는 활동양식을 의미한다. 그러나 경우에 따라 성직자처럼 보수가 거의 없는 봉사직도 직업에 속한다. 정신적 · 육체적 에너지의 소모에 따른 대가를 받더라도 비윤리적이면 직업이라고 할 수 없다.

직업은 한 사회의 경제적 근간을 이루고 있는 산업과 관련지어 세분화되어 왔다. 현재는 급격한 사회변화와 더불어 IT 관련 및 문화와 실용학문 관련 신종직업이 증가하고 있는 추세이다. 그러므로 직업의 변화는 인간사회의 변화를 가장 밀접하게 반영하고 있다고 볼 수 있다. 직업의 의의와 조건을 직업학적인 시야로 정리하면 다음과 같다.

1) 직업의 정의 및 의의

직업(Occupation)은 '유사한 직무의 집합'으로 정의되며, 여기에서 유사한 직무란 '주어진 업무와 과업이 매우 높은 유사성을 갖는 것'을 말한다(한국표준직업분류, 2007).

$$직업(職業) = 직(職) + 업(業)$$

직(職)은 관을 중심으로 행하는 관직의 뜻과 직분을 맡아 행한다는 개인의 사회적 역할을 뜻한다. 업(業)은 생계를 유지하기 위하여 전념하는 일이라는 뜻과 자기 능력을 발휘하기 위하여 어느 한 가지 일에 전념한다는 뜻을 가지고 있다. 그러므로 직업은 생계유지와 사회적 역할 분담 및 자아실현을 지향하는 비교적 지속적인 일을 지칭한다.

2) 직업의 성립조건

- **경제성** : 경제적인 거래 관계가 성립하는 활동을 수행해야 함을 의미한다. 무급 자원봉사자와 전업학생의 학습행위는 직업으로 보지 않는다.
- **계속성** : 직업은 유사성을 갖는 직무를 계속하여 수행하는 계속성을 가져야 한다. 일의 계속성이란 일시적인 것을 제외하고 주기적이거나 주기가 없더라도 계속 행해지는 것 모두를 의미한다.
- **윤리성과 사회성** : 윤리성은 비윤리적인 영리행위나 반사회적인 활동을 통한 경제적인 이윤추구는 직업활동으로 인정되지 못한다는 것이다. 따라서 사회성은 보다 적극적인 것으로서 모든 직업활동은 사회공동체적

인 맥락에서 의미 있는 활동, 즉 사회적인 기여를 전제조건으로 하고 있다는 것을 강조한 것이다.

※ 이 밖에 속박된 상태에서의 제반활동은 경제성이나 계속성의 여부와 상관없이 직업으로 보지 않는다.

우리나라 직업윤리 요인	
직업윤리 요인	인간 존엄성, 성실성, 공정성, 친절성, 청렴성, 정의성, 협력성, 공익성, 참여도, 보편성, 예측성, 책임성, 전문성, 봉사성, 근면성, 절약성, 소명의식, 자부심, 진취성, 기밀보장

자료 : 김병숙 · 최병훈 · 김소영(2006). 재직근로자의 직업윤리조사, 노동부

직업의 성립조건	
직업의 성립조건	직업의 성립이 안 되는 경우
경제성 계속성 윤리성 사회성	비윤리적, 반사회적, 불법적인 일 자산수입이나 보험 봉사활동

나. 사회변화와 직업

직업은 시대와 문화의 요구에 따라 끊임없이 변화한다. 직업의 변화는 직업 자체가 새로 생기거나 소멸하는 등의 변화로 나타나거나, 한 직업 내에서 직무내용의 변화와 같은 형태로도 나타난다. 직업변동의 속도는 갈수록 그

속도가 빨라지고 있는데, 그것은 기술발전, 인구분포의 변화, 가치관의 변화, 소비패턴의 변화 등에 기인한다.

이러한 직업의 변동에 대한 연구는 직업지도(vocational guidance)에 필수적이다. 직업지도는 개인의 직업선택에서부터 직업생활에 대한 적응에 이르기까지의 전 과정에 도움을 주는 것으로서, 올바른 직업지도는 국가 인적자원개발의 측면에서 불필요한 비용을 줄이는 데 기여한다. 올바른 직업지도를 위해서는 끊임없이 변동하는 직업세계에 대한 올바른 이해와 타당한 전망이 요구된다.(한국고용정보원, 2008)

사회의 변화에 발맞추어 직업이 달라지듯이 명리학도 사회변화에 맞추어 가장 생산력이 높은 십성이 달라지고 있다는 것에 착안하여 분석법을 변화시켰다. 현대와 같은 다양성과 창의력이 존중되는 시대에는 각 사주구조에서의 최선의 선택을 도와 자신과 맞는 분야에서 자아실현이 가능하도록 돕는 것에 목적을 둔다. 이러한 사회에 적응하려면 그 시대에 부응하는 직업도 중요하지만, 무엇보다 중요한 것은 자신의 적성에 맞는 직업을 찾고 항상 노력하는 기본을 지켜야 한다.

신분사회였던 과거에는 관성이 가장 중요했으며, 자본이 중요한 사회에서는 재성이, 그리고 현재는 모든 십성이 나름대로 자신들의 분야를 개척하고 있으므로 부의 많고 적음이 문제가 아니라 자신의 기량을 가장 잘 펼칠 수 있는 분야를 선택하도록 돕는 것이 오늘날의 명리직업상담이다.

2-2 우리나라 직업의 발달

사람들이 직업을 갖게 된 것은 오래전의 일이다. 수렵과 채취를 일상적으로 하던 시대에는 모두가 직업의 개념이라기보다는 자신의 생활을 해결하기 위한 활동이었다. 그러나 부와 재산의 축적이라는 개념이 생기고 문화와 문명이 발달하면서 인간의 다양한 욕구를 충족시키기 위하여 직업이 생기게 되었다.

가. 명리의 직업세계

사회적 변화라는 배경 속에서 명리학은 직업의 세계에서 어떠한 역할을 하였는지를 살펴보면 다음과 같다. 모든 부의 창출이 땅이었던 시대에는 농사가 부(富)를 이루는 기초였다. 이 시기에는 농사를 지을 때 그해에 풍년이 들 것인가를 묻고 비가 안 오면 우주의 영향력이 좋게 해달라고 황제나 농부가 기우제(祈雨祭)를 지내도록 조언하였다. 조선시대에는 잡과라는 과거시험을 통하여 국가가 필요로 하는 하나의 분명한 직업인이 될 수도 있었다.

오늘날에는 아이가 태어나면 이름을 짓고 나중에 우리 아이가 무엇이 되겠느냐는 질문을 한다. 출생과 동시에 직업 상담을 하는 것이다. 명리상담에서 주로 나오는 질문과 상담내용을 요약해보면 다음과 같다.

▶ 무엇을 배워야 잘하나? – 학과적성 상담이다.
▶ 성격이 이래서 걱정이 되는데? – 심리 상담이다.
▶ 커서 뭐가 될까? – 진로적성 상담이다.

▶ 올해 취직은 될까? – 진로직업 상담의 한 종류이다.

▶ 시험운과 승진운은? – 진로 상담과 심리 상담이다.

▶ 무슨 일을 해야 하나? – 직업 상담이다.

▶ 무슨 장사를 해야 하나? – 업종선택을 위한 적성 상담이다.

▶ 땅을 사도 좋은지? – 투자 상담이다.

▶ 어느 방향으로 가야 좋은가? – 심리 직업 상담이다.

▶ 건강은 문제없겠는지? – 미래를 준비하는 심리 상담이다.

▶ 궁합은 어떤지? – 심리 및 인간관계 상담이다.

이렇듯 이미 명리는 인류사회의 초창기부터 최초로 하나의 훌륭한 상담직업이었음을 증명하고 있다. 명리직업상담은 과거와 현재를 지나 미래에도 가장 유망직종이 될 것이다.

동양에 명리학이 있다면 서양에는 점성학이 존재한다. 점성학의 시작은 정확히 알 수 없어도 최초의 관련 기록은 바빌로니아(Babylonia) 왕조 시대(기원전 1830~기원전 1531 무렵)에 천문 현상을 기초로 하여 풍년 여부를 알아 본 것이 그것이다. 고대 서양의 점성학은 모든 학자들의 필수과목이었으며, 특히 의학의 아버지인 히포크라테스(Hippocrates)는 제자들에게 점성학을 통하여 환자에게 '흉한 날'을 피할 수 있게 했다. 이 점성학은 지금의 천문학의 기반이 된 학문이기도 하다.

이처럼 서양의 점성학을 공부한 점성가들은 모두 높은 수준의 학문을 갖춘 지식인으로 인정받았으며 대부분 철학자이자 수학자, 과학자, 왕실의 재상으로 정치적 조언에서부터 한 사람의 직업, 결혼에 이르기까지 다양한 활동을 하였다.

나. 직업발달사

변화하는 사회구조와 함께 인간들의 다양한 요구에 따라 많은 직업들이 소멸되거나 파생되는 과정을 거듭하였다. 이는 끊임없이 반복되는 오행의 생성ㆍ소멸과정과 같은 맥락이다. 그리고 직업의 다양성은 그 사회의 횡적인 변화를 반영하며 직업의 인기도와 유망성은 그 사회의 종적인 가치관을 반영한다.

우리나라의 직업발달사는 박물관에 전시된 수많은 유물과 유적 속에서 그 흔적을 발견할 수 있다. 빗살무늬토기로 시작되는 역사공부에서는 그 당시 사람들의 생활모습과 의식주생활을 엿볼 수 있음과 동시에 무엇을 해서 먹고 살았나 하는 의문점이 해결이 된다. 또한 역사적으로 위대한 선조들의 업적을 통해서도 우리나라의 과거에서부터 존재했던 직업의 세계에 대하여 살펴볼 수 있다.

삼국시대의 찬란한 문화 속에서는 '장인정신'이라는 기술자의 전문성과 자부심을 느낄 수가 있다. 끝없는 도전정신과 그 시대의 생활상을 보여주는 고구려의 벽화에서는 그 당시 사람들에게 소용되는 물건들과 일상생활을 볼 수 있다. 귀금속과 돌을 정교하게 다룬 솜씨를 보여주는 신라의 위대한 유산은 지금도 고스란히 남아서 당시 활동하던 장인들의 직업정신을 보여주고 있다. 일본에까지 전해졌다는 백제의 문화와 지금도 남아 있는 일본에서의 백제문화의 흔적을 통하여 발전된 모습을 짐작하게 된다.

금속활자로 대표되는 고려시대의 과학기술과 장영실로 대표되는 조선시대의 첨단과학의 발전은 이러한 실용학문에서도 능력있는 인재들이 직업인으로 많이 활동했음을 보여준다.

우리 조상들 중 이러한 전문가들만이 직업인으로 존재했던 것은 아니다. 당시의 교육제도를 살펴보면 그 시대가 어떤 직업을 선호하였으며 어떠한 가치관을 가진 시대였는지도 알 수 있다. 지금의 뜨거운 교육열은 현대사회에서만 존재한 것이 아니다. 교육은 곧 직업교육과도 연결되는 중요한 분야이다.

국보 285호인 울산의 반구대는 6,000년 전 우리 조상들이 고래를 잡던 생업을 교육시키기 위하여 그린 암각화이다. 이러한 흔적은 그 당시 고래잡이 기술의 발달과 직업세계를 엿볼 수 있는 중요한 자료로서의 가치를 지닌다.

삼국시대의 고구려는 태학(太學)과 경당(經堂)으로 대표되는 교육제도를 확립하였으며, 이중 태학은 최고 학부였다. 또 경당은 일반 평민의 교육기관이었다. 백제는 정확한 교육제도에 대한 기록은 없으나 박사(博士)제도가 있었다고 전해지며 박사 왕인이 일본에 논어(論語)와 천자문(千字文)을 전했다는 기록이 있다. 통일신라로 이어지는 신라는 문무일치교육으로 유명한 화랑제도가 있었다. 세속오계를 실천이념으로 하며, 세속오계는 사군이충(事君以忠, 충성으로써 임금을 섬겨야 한다), 사친이효(事親以孝, 효로써 부모를 섬겨야 한다), 교우이신(交友以信, 믿음으로써 벗을 사귀어야 한다), 임전무퇴(臨戰無退, 싸움에 나가서 물러남이 없어야 한다), 살생유택(殺生有擇, 생명을 죽일 때에는 가림이 있어야 한다)이라는 다섯 가지의 계율로 이루어져 있다.

조선시대는 서당과 서원 그리고 과거시험이라는 이미지가 떠오르는 교육제도가 존재했다. 교육제도는 과거시험을 보기 위한 방향으로 발전되었으며 능력있는 사람을 등용하겠다는 그 시대의 의지를 보여주는 제도이다. 그러나 조선시대는 철저한 신분사회로 과거시험도 신분에 따라 한계가 있었으며, 각 직업에서는 저마다 뚜렷한 직업관을 가지고 활동하였다.

현대의 교육과정은 초중고 과정을 거쳐 대학교가 있으며, 지식기반사회를 맞이하여 우리나라의 교육열은 나라의 발전도 가져왔지만 치열한 입시전쟁과 극심한 취업난이라는 사회문제를 만들었다. 그러므로 직업교육이 그 어느 시대보다 중요하고 필요한 사회이다. 신분에 따라 정해지는 시대도 아니며 능력에 따라 할 일이 주어지는 것도 아니며 다양한 직업의 세계에서 선택을 해야 하는 어려움과 직업 자체도 발전을 가져와서 다양한 직업유형과 업무수행기능이라는 다양한 각도에서의 분석이 필요한 시대가 된 것이다.

이러한 사회변화 속에서의 직업발달사는 미래 어떠한 역사로 기록이 될지 아무도 모르지만 새로운 사회변화는 틀림없는 직업세계의 변화를 가져올 것이다. 그러므로 사회적 변화와 흐름을 읽을 수 있는 열린 마음이야말로 미래를 준비하는 직업인의 태도 중 가장 중요한 요소가 될 것이다.

2-3 직업교육의 필요성

직업적성이란 그 직업에 적응하고 그것을 담당하는 데 필요한 자질과 능력을 의미한다. 적성에는 적합한 직업이 있고 그 직업에 맞는 적성을 개발하여야 한다. 직업에 대한 안내와 전반적인 진로지도가 아직은 불충분하며 현실적인 직업교육이 필요하다.

가. 직업적성교육의 필요성

초등학교, 중학교, 고등학교(일반계 및 전문계) 재학생들의 장래희망직업 1위는 교사인 것으로 나타났다. 이 같은 사실은 한국직업능력개발원에서 전국 593개교에 재학중인 초 · 중 · 고등학생 15,978명을 대상으로 장래희망직업 조사를 실시한 결과 밝혀졌다.

초등학생의 15.7%, 중학생의 19.8%, 고등학생의 13.4%가 장래희망으로 교사를 선망하였다. 이는 학생이 가장 접촉빈도가 높은 직업인이 교사라는 점, 직업인으로서 교사가 받는 사회적 존경, 그리고 최근의 교사에 대한 직업적 선호 등이 작용한 결과로 해석된다.

한편, 10대 장래희망 직업에 응답한 비율은 전체 응답자 가운데 초등학생의 71.8%, 중학생의 59.6%, 고등학생의 46.2%로 나타나 특정직업에 편중되는 경향을 보였다.

학교급별 10대 장래희망 직업

순위	초등학생	
	직업명	빈도수(%)
1	선생님(교사)	715(15.7)
2	의사	479(10.5)
3	연예인	453(9.9)
4	운동선수	430(9.4)
5	교수	296(6.5)
6	법률가(법조인)	247(5.4)
7	경찰	238(5.2)
8	요리사 및 음식 관련 분야	193(4.2)
9	패션디자이너	126(2.8)
10	프로게이머	99(2.2)
	10대직업 응답인원	3,276(71.8)
	전체 응답인원	4,565(100.0)
	응답직업수 계	113
	응답학교수	179

순위	중학생	
	직업명	빈도수(%)
1	선생님(교사)	881(19.8)
2	의사	416(9.4)
3	연예인	277(6.2)
4	법률가(법조인)	197(4.4)
5	공무원	169(3.8)
6	교수	160(3.6)
7	경찰	159(3.6)
8	요리사 및 음식 관련 분야	144(3.2)
9	패션디자이너	125(2.8)
10	운동선수	117(2.6)
	10대직업 응답인원	2,645(59.6)
	전체 응답인원	4,441(100.0)
	응답직업수 계	141
	응답학교수	158

순위	고등학생	
	직업명	빈도수(%)
1	선생님(교사)	931(13.4)
2	회사원	487(7.0)
3	공무원	431(6.2)
4	자영업·개인사업	256(3.7)
5	간호사	233(3.3)
6	의사	208(3.0)
7	연예인	190(2.7)
8	경찰	174(2.5)
9	공학 관련 엔지니어	158(2.3)
10	패션디자이너	150(2.2)
	10대직업 응답인원	3,218(46.2)
	전체 응답인원	6,972(100.0)
	응답직업수 계	141
	응답학교수	158

참고로 한국직업능력개발원의 연구보고서에 의하여 미래 유망직업으로 최종 선정된 직업을 살펴보면 다음과 같다.

교육(교육일반 및 학교·공공기관 포함)

판매·일반서비스

문학·디자인·예술

보건·복지

상담

요리·미용

금융·보험·경영·사무

기계·컴퓨터 등 8개의 분야에 분포

위와 같은 연구보고서를 통하여 올바른 직업적성교육과 다양한 정보의 제공이 중요함을 알 수 있다. 경험적으로 노출된 직업 그리고 유망하다고 제시된 직업이 아닌 본인에게 맞는 맞춤형 직업안내가 필요한 것이다.

나. 올바른 직업교육의 부재와 부작용

다음은 통계청 보고에 의한 우리나라 사교육비의 증가현황으로 2009년 보도 자료이다.

사교육비 규모 및 참여율

구분	총 사교육비 (억원, %)			학생 1인당 월평균 사교육비(만원, %)			사교육 참여율 (%, %p)		
	2007년	2008년	증감률	2007년	2008년	증감률	2007년	2008년	증감률
전체	200,400	209,095	4.3	22.2	23.3	5.0	77.0	75.1	-1.9
초등학교	102,098	104,307	2.2	22.7	24.2	6.6	88.8	87.9	-0.9
중학교	56,120	58,135	3.6	23.4	24.1	3.0	74.6	72.5	-2.1
고등학교	42,181	46,652	10.6	19.7	20.6	4.6	55.0	53.4	-1.6
일반고	38,655	42,973	11.2	24.0	24.9	3.7	62.0	60.5	-1.5
전문고	3,526	3,679	4.3	6.7	6.9	3.0	33.7	30.3	-3.4

올바른 적성검사의 부재와 입시와 학벌 중심의 사회분위기는 이렇게 엄청난 사교육비 부담과 직업선택에 있어서의 정보부족이라는 양상을 빚게 되었다. 또한 현대사회는 이러한 문제와 더불어 적성에 맞지 않는 학과로 인한 학과변동 및 편입학, 그리고 취업 뒤에도 이직을 하는 경우가 많다.

이직하는 비율이 지속적으로 존재하고 있음을 고려해 볼 때 적성에 맞는 직업을 선택하는 것이 얼마나 중요한지 생각할 수 있다. 이러한 사회적 관심에 부응하여 2009년 6월 현재 국회 전자도서관에는 직업과 관련된 논문만 18,438권이 자료로 등록되어 있다. 그리고 직업 관련 명리학 논문도 점차 증가되고 있는 추세이다.

2-4 적성검사의 발달

적성이란 어느 특정한 영역에서의 활동과 업무를 성공적으로 수행하는 데 필요한 능력으로서 개인이 가진 잠재적 능력을 말한다. 이러한 잠재능력을 객관적으로 측정하여 한 개인의 특정 분야에서의 성공가능성 여부를 예측하는 것이 적성검사(Aptitude Test)이다. 적성검사는 진로선택에 있어서 가장 기초가 되는 자신의 소질과 적성에 대한 이해를 도우며, 개인이 특정 분야에 적성이 있는지를 파악함으로써 대학진학 시의 전공 선택이나 산업체의 인력선발, 구직자의 직업선택 등에 유용한 정보를 제공해 주는 도구로서 가장 보편화되고 있다.

가. 적성검사의 시작

적성검사는 다양한 심리검사도구 가운데 하나이다. 현대적인 심리검사의 시초는 19세기 정신지체아를 분류하기 위해 비네(Binet)가 실시한 검사에서 비롯되었다. 이후 1917년 미국이 1차 세계대전에 참전하면서 대규모의 지능검사가 필요하게 되었다. 신병을 상대로 일반 지능수준을 분리한 군대알파(Army-Alpha)라는 집단지능검사가 그것이다. 이는 세계최초의 집단지능검사이다.

하지만 지능검사가 주로 언어와 수학 능력을 중심으로 측정하게 됨을 알게 되면서 심리학자들은 전반적인 지능검사를 보완해 줄 적성검사가 필요하다고 주장하게 되었다. 적성검사의 초기에는 주로 언어·수리·공간 등을 중심으로 한 인지적 능력과 과학적 지식 등을 적성검사의 하위 영역으로 포함하였다.

GATB 검출되는 적성요인

적성요인	적성요인 내용
자능 (General Intelligence : G)	일반적인 학습능력, 설명이나 지도내용과 원리를 이해하는 능력, 추리판단하는 능력, 새로운 환경에 빨리 순응하는 능력
언어능력 (Verbal Aptitude : V)	단어의 뜻과 그에 관련된 개념을 이해하고 적절히 구사하는 능력, 단어상호 간의 관계와 문장의 뜻을 이해하는 능력, 정보나 자신의 생각을 발표하는 능력
수리능력 (Numerical Aptitude : N)	계산을 빠르고 정확히하며 응용문제를 추리이해하는 능력
사무지각 (Clerical Perception : Q)	문자나 인쇄물, 전표 등의 세부를 정확하게 식별하는 능력, 잘못된 문자나 숫자를 찾아 교정하고 대조하는 능력, 직관적인 인지능력의 정확도나 비교 판별하는 능력
공간적성 (Spatial Aptitude : S)	공간상의 형태를 이해하고 평면과 물체의 관계를 이해하는 능력, 기하학적 문제해결능력, 2차원이나 3차원의 형체를 시각으로 이해하는 능력 등
형태지각 (Form Perception : P)	사물이나 도형을 세부까지 정확하게 지각하고 시각으로 비교판별하는 능력, 도형의 형태나 음영·근소한 선의 길이나 넓이 차이를 지각하는 능력, 시각의 예민도 등
운동반응 = 눈과 손의 협응 (Motor Coordination : K)	눈과 손 또는 눈과 손가락을 함께 사용해서 빠르고 정확한 작업을 할 수 있는 능력, 눈으로 보면서 정확하게 손이나 손가락의 운동을 조절하는 능력
손가락 재능 (Finger Dextrity : F)	손가락을 마음대로 정교하게 조절하는 능력, 작은 물건을 정확 신속히 다루는 능력
손 재능 (Manual Dextrity : M)	손을 마음대로 재치있게 움직이는 능력, 물건을 집어올리거나 내려놓거나, 바꾸어 잡거나, 회전시킬 때 손과 손목의 운동이나 손목놀림을 자유롭게 할 수 있는 능력

적성검사는 직업세계에서 요구하는 다양한 능력을 측정해야 한다는 필요성 때문에 지능검사처럼 단일한 점수(IQ)를 산출하지 않고 언어이해력, 수리적성, 공간시각화, 산수추리력, 지각속도와 같은 여러 특성별로 점수를 산출하여 점수 프로파일을 제공하게 만들어졌다. 초기의 적성검사는 대부분 직업상담 분야와 산업체 및 군대 인사부 등에서 선발과 배치를 할 때 사용되었다고 한다.

나. 적성검사의 종류

일반적으로 많이 쓰이는 적성검사 중 GATB(General Aptitude Test Battery)는 일반직업적성검사라고 한다. 미국 노동청의 고용위원회가 1945년 개발하였고, 현재 직업에 관련된 자료를 얻기 위해 사용되고 있는 적성검사 도구이다. 검사결과로 얻어진 자료는 직업의 직무수행 조건과 적성을 비교하여 구직자에게 적합한 직업을 선택하게 하며, 학생들에게는 직업 지도의 자료로 활용된다.

노동부 산하 한국고용정보원에서는 일반 직업적성검사를 개발하여 각 학교와 기업체, 교육훈련장에서 많이 이용하고 있다. 이는 GATB의 도구측정검사 4가지를 제외하고 총 11개의 검사로 구성되어 총 7개의 적성을 추출하도록 제작되었다.

노동부 성인용 직업적성검사의 구성요소

적성요인	하위검사	측정내용	문항수
언어력	어휘력검사	동의어, 반의어, 단어 뜻 찾기	54문항
	문장독해력검사	주어진 문단의 주된 의미를 파악하기	16문항
수리력	계산력검사	가/감/승/제의 계산능력	20문항
	자료해석력검사	표나 도표를 읽고 제시된 숫자들의 관계성을 파악하기	17문항
추리력	수열추리1 검사	네트워크망으로 제시된 숫자들의 관계성을 파악하기	12문항
	수열추리2 검사	순차적으로 제시된 숫자들의 관계성을 파악하기	8문항
	도형추리검사	주어진 도형 간의 관계성을 파악하기	169문항
공간지각력	위치찾기검사	지도 안에서의 거리나 방향감각을 파악하기	12문항
	조각맞추기검사	조각난 도형과 제시된 조각과 합치되는 도형을 찾기	12문항
	그림맞추기검사	흩어진 그림의 조각을 바로 정렬하기	20문항
사물지각력	지각속도검사	동일한 자극인지 아닌지를 얼마나 빨리 파악할 수 있는가. 지각속도1, 지각속도2	30문항
상황판단력	상황판단력검사	주어진 상황에서 가장 바람직한 행동과 그렇지 못한 행동을 고르는 판단력 검사	15문항

기계능력	기계능력검사	과학적 원리를 이용하여 기계의 작동원리를 파악하기	18문항
집중력	집중력검사	방해자극 속에서 주어진 과제를 얼마나 빨리 수행할 수 있는가 하는 검사	60문항
색채지각력	색구별검사	유사한 색들 간의 차이를 파악하는 검사	12문항
	색혼합검사	두 가지 색을 제시하고 이를 혼합하면 나올 색을 예측하는 검사	12문항
사고유창력	용도찾기검사	하나의 자극을 제시하고 다양한 방안을 생각해내게 하는 검사	1문항
	상상하기검사	상상하기	1문항
협응능력	기호쓰기검사	주어진 기호를 짧은 시간 안에 많이 기입하게 하는 검사	200개

기타 적성검사의 종류

종류	적용대상	발행처	실시방법
KAT – M	중학생	한국행동과학연구소	개인, 집단
KAT – A	고등학생	한국행동과학연구소	개인, 집단
종합진로적성검사	중·고등학생	대한사립중고등학교장단	개인, 집단
적성탐색검사	대학생·성인	안창규	개인, 집단
음악적성검사	만4~7세	한국가이던스	개인
SDAT 안전운전적성검사	성인	이순철·신용균	개인, 집단
SDS-CE 자기탐색검사	중·고등학생	안창규·안현의	개인
SDS-R 자기탐색검사	대학생·성인	안창규·안현의	개인
종합적성 및 진로검사	유아~고등학생	대교	개인
진로 및 적성탐색검사	중학생~대학생	한국가이던스	개인, 집단
적성검사	초등학생~고등학생	한국교육개발원	개인, 집단

자료: 한국가이던스출판

이와 같은 직접적인 적성검사는 아니어도 적성검사에 참고가 되는 성격검사에는 캐서린 쿡 브릭스(Katharine C. Briggs)와 그의 딸 이사벨 브릭스 마이어스(Isabel B. Myers)가 카를 융(Carl Gustav Jung)의 성격유형 이론을 근거로 개발한 성격유형 선호지표인 MBTI가 있다. 이외에 인간의 성격을 6가지로 분류하고 이에 따른 직업적성 또한 6가지로 분류하여 구분한 홀랜드 진로발달검사와 홀랜드 적성탐색검사가 있다.

다. 적성검사의 문제

다양한 자료에도 불구하고 이러한 적성검사는 다음과 같은 문제점을 갖고 있다. 한국고용정보원의 2008년 보고자료에 의하면 직업심리검사를 학교에서 학생들을 대상으로 실시하는 경우 다음과 같은 어려운 점이 있었다는 보고가 있었다. 이는 직접 학생들을 지도하는 교사를 상대로 설문조사한 결과이다.

표를 보면 검사결과는 직접 학생들에게 도움이 되는 내용이어야 한다. 또 전문가의 도움이 필요하겠지만 그 정보가 어느 정도 학생들과 교사들이 직접 이해할 수 있어야 한다는 결론이 나오게 된다. 구체적으로는 고등학생들에게는 계열선택과 학과선택을 명확히 제시해 주어야 하고, 성인들에게는 적합한 직업과 더불어 직업유형과 업무수행기능을 안내해 줄 수 있어야 한다. 아동들의 경우는 그 부모에게 양육과 교육방법에 대한 정보도 제공해 줄 수 있어야 한다.

직업심리검사 실시 시의 애로사항						
심리검사 애로사항	적절한 검사 선택정보 부족	검사결과 해석 전문지식 부족	검사결과 해석 전문가 지원 부족	학생진로지도 에 도움 안 됨	검사시간 너무 김	무응답
응답률(%)	26.9	28.1	22.1	21.2	0.8	1.0

근래 직업적성검사의 다양한 문제점을 보완하고자 개발된 것이 홀랜드 이론을 배경으로 한 직업카드이다. 직업카드 분류방법은 내담자(학생)에게 직업카드를 주고 직관적으로 떠오르는 자신의 느낌에 따라 카드를 '좋아함', '모르겠음', '싫어함' 등으로 분류하게 하는 것이다. 내담자는 그렇게 분류하게 된 이유를 적어보고, 자신이 가장 선호하는 직업으로 분류된 직업 중에서 우선순위를 정하여 우선순위 직업들의 홀랜드 코드를 찾아 자신의 직업적 선호 영역을 밝혀보는 활동이다.

그러나 홀랜드 검사를 포함한 대부분의 적성검사가 자기보고식에 의한 검사이기 때문에 본인이 자라면서 경험하고 개발된 것에 국한되어 결과가 나올 수밖에 없는 시스템이다. 직업적성검사 또한 직접 수행하는 모습을 평가하지 않는 이상 반드시 그러한 항목대로 평가한 내용이 실제적으로도 수행이 될지는 의문이다. 그러므로 자신이 타고난 선천적성을 검사해주는 선천적성검사(AAT)는 큰 의미가 있으며, 자아실현을 위한 지름길을 제시할 수 있는 유일한 적성검사이다.

또한 위에서 제시한 적성검사 외에 주목할 만한 직업적성검사가 '인·적성검사'이다. 국내 유명 대기업들이 자신들이 원하는 인재를 선발하기 위하여 자체적으로 적성검사를 실시하겠다는 취지에서 제작된 직업적성검사이다.

삼성그룹에서 실시하는 검사는 SSAT(Sam Sung Aptitude Test)검사로 기초능력검사, 직무능력검사, 인성검사로 구성되어 있다.

Academic Intelligence	+	Practical Intelligence	+	Personality Inventory
기초능력검사		직무능력검사		인성검사

은행 및 금융권에서 실시하고 있는 검사로는 FAAT검사가 있다. 이는 인성검사, 직무능력검사, 영어/상식능력검사로 구성되어 있다. 이를 위한 수험서 및 실제 유사한 문제가 제작되어 입사를 원하는 지원자들에게 판매되고 있다. 다른 그룹의 인·적성검사로 DCAT(Doosan Comprehensive Aptitude Test, 두산종합적성검사), SK그룹 종합적성검사, LG전자와 LG CNS 직무적성검사(RPST), STX그룹 적성검사 SCCT 등이 있다.

이제 인재도 맞춤형 시대이다. 각 기업이 원하는 인재를 맞춤형 직업적성검사를 통하여 선발하는 시대이다. 이러한 사회분위기 속에서 자신에게 맞는 적성을 발견하고 계발해나가는 노력이 더욱 필요한 시기인 것이다.

2-5 한국인들의 직업성향

미국인들은 우리나라 사람들을 일지향적이라고 한다. 세계적으로 일을 빨리빨리 하는 나라를 꼽으라면 첫째라는 것이다. 그런 국민성은 세계 10대의 경제대국을 만들게 된 원동력이 되었을 것이다. 6·25전쟁 이후 폐허가 된 나라에서 산업혁명을 이룩한 위대한 국민성은 한반도라는 특수성을 말하기도 하지만 내 자식은 배고프지 않게 잘 키워 보겠다는 가족지향이라는 성향을 간과할 수는 없을 것이다. 이와 같은 점에 주목하여 우리나라의 사회변화에 따른 직업성향을 살펴본다.

가. 사회적 변화와 직업의식

1960년대 이전은 정치적, 사회적 혼란기로 직업에 대한 의식이 형성되지 못했던 시기였다. 그러나 경제발전계획을 추진하게 된 1960년대 이후에는 성취지향적이고 긍정적인 직업의식이 자리를 잡게 되었다. 1970년대에는 경제발전에 힘입어 소득은 늘어난 반면 오히려 빈부의 소득격차가 심해지고 계층간 불균형이 생기면서 직장에 대한 헌신보다는 여가를 선호하는 분위기가 조성되었다.

1980년대는 신흥개발도상국으로서 위상이 높아지면서 직업의식과 근로자의 권리에 대한 주장이 강해지는 시기가 되었다. 1990년대에는 민주화의 물결과 함께 물질주의적인 형태를 추구하는 분위기가 조성되었다. 하지만 IMF와 경제개방 등에 의하여 경제침체기를 맞이하면서 직장에 대한 소속감도 줄어들고 직장이 자신을 평생 동안 책임지던 평생직장의 개념은 바래지고 평생직업의 개념으로 직업의식이 변화되고 있다.

근래에는 사회문화적인 영향과 경제상황 악화로 인하여 실업문제와 정리해고 등으로 인한 어려움과 3D업종에 대한 기피라는 문제가 동시에 존재하고 있으며, 산업구조도 1차보다는 2차·3차산업이 더 많은 비중을 차지하고 있다.

나. 국민성과 직업의식

우리나라의 국민성은 무궁화처럼 피고 지고 또 피는 끈질김도 있지만. 가족이 불행을 당했다면 다 이해하는 국민성 그리고 집안에 큰일이 있었다면 모두 이해하는 국민성으로도 대표된다. 예로부터 '정'을 소중히 여기는 전통이 바로 그것이다. '정'이라는 개념은 모 상품을 히트시킨 키워드가 되기도 한 단어이다. 이러한 국민성은 한국인의 직업의식을 이루는 중요한 요인이 된다. 국민성은 그 나라 사람들의 의식구조와 함께 고유한 역사적 경험을 통해서 형성된다.

농경시대에는 수동적인 사고방식 속에서 농사도 하늘에 풍년을 기원하는 샤머니즘적인 의식이 있었다. 유교의 영향을 받으면서부터는 격식과 명예를 중히 여기며 충효를 소중히 여기는 전통을 확립하게 되었다. 한국인의 국민성에 의한 직업의식은 다음과 같다.

국민성과 직업의식의 관계	
국민성	**직업의식**
농경사회의 수동적인 국민성	직업을 천부적 개념으로 수용하는 직업의식
유교의 격식과 명예를 따지는 국민성	일보다는 사회적 지위를 더 따지는 직업의식
정을 소중히 여기는 국민성	공적 기준보다 가족적·파벌적 운영중심의 직업의식
'빨리빨리'의 국민성	실적 위주의 결과지향적인 직업의식

현재 우리나라는 많은 변화를 겪고 있다. 경제적 침체와 이로 인한 인간성 상실이라는 어려움도 있지만 변화의 시대에는 많은 기회와 가능성이 내포되어 있다. 남을 인식하는 체면(Face)과 겉치레를 지키려는 관념이 많이 사라지고 있으며 새로운 직업의식이 정립되어가는 시기를 맞이하게 되었지만, 가장 중요한 것은 자아실현을 통한 행복한 삶의 추구라는 점이다.

다. 개인적 성향과 직업의식

우리나라 사람들의 직업의식은 고유한 문화적 특징에 의하여 공통적인 부분도 있지만 개인적 성향에 따라서도 달라진다. 일과 발전을 먼저 생각하는 사람은 미래지향적이고 일지향적인 직업의식을 가질 것이다. 개인적 삶의 질을 더 소중히 여기는 사람은 여가지향적인 직업의식을 가질 것이다.

직업의식에 영향을 주는 개인적 성향	
미래지향	일과 발전을 먼저 생각하는 사람
여가지향	개인적 삶과 여유를 먼저 생각하는 사람

직업의식은 연령별로도 달라질 수 있다. 연령이 낮을수록 사회적 지위향상이라든가 사회적 성공보다는 여가지향적인 성향이 강하고, 연령이 높을수록 사회적 지위향상과 성취욕구 그리고 사회적 기대의 영향으로 일지향적인 성향이 높아진다.

결과적으로 개인적 성향은 그 나라 사람들의 국민성과 전통이라는 공통되는 조건을 떠나게 되면 사주의 구조에 따라 분석해야 하는 사항이 된다.

직업의식에 영향을 주는 사주구조 분석

사주구조	직업의식
인성격, 인성강	의식주 생활을 해결하는 중요한 수단으로서의 직업의식
비겁격, 비겁강	자아실현의 장으로서의 직업의식
식상격, 식상강	인간관계를 맺을 수 있는 활동무대로서의 직업의식
재성격, 재성강	자신의 능력을 인정받는 활동으로서의 직업의식
관성격, 관성강	사회적 지위를 얻고 명예를 얻고자 하는 직업의식
인 비 식	과정 중심의 여가지향적 직업의식
재 생 관	결과 중심의 일지향적 직업의식

직업의식은 이러한 개인적 성향과 함께 사회문화적 의식, 그리고 고유의 전통, 국민성 등이 어우러져 형성된다.

라. 직업가치관

가치(Value)란 좋고 싫은 것, 그리고 옳고 그른 것을 판단하는 의식적·무의식적 선호 요소로서 이 가치가 직업이나 일의 장면에 적용된 것이 직업가치이다. 가치는 직업선택에 있어서 판단의 기준이 되며, 직업활동에 있어서는 동기의 원천이며 만족도를 결정케 하는 요소가 된다.

한국인의 직업가치 통계

중요하게 고려되는 가치		중요하게 고려되지 않는 가치	
성취	67.9 %	애국	9.6 %
경제적 보상	55.5 %	적은 신체활동	10.5 %
직업안정	51.2	심신의 안녕	13.9
자율	32.1	영향력	13.9
지적 추구	30.1	개인 지향	15.3

자료 : 한국고용정보원 조사자료(2006), 40개 직업 209개 종사자 대상 직업 선택시 중요하게 고려되는 가치관

어디에 직업가치를 두는가는 그 사람의 직업선택의 기준이요 활동의 동기가 된다. 근본적인 직업가치관은 월지의 격에서 결정이 된다. 그러나 자신이 살고 있는 사회나 국가는 환경적이고 후천적인 영향을 준다. 위의 자료는 한국인의 직업가치로 성취와 경제적 보상, 자율성, 지적 추구가 중요하게 생각하는 직업가치임을 알 수 있다.

2-6 직업과 명리연구

명리학이 제도권 학문으로 진입한 이후 많은 연구가 활발히 이루어지고 있다. 명리학 이론을 바탕으로 발표된 직업 관련 학위논문들 중 의미있는 결과를 보인 논문이다.

가. 선천적성과 관련된 명리연구

■ 최영선(2004), 「사주에서 나타나는 선천적성과 종사 직업과의 상관관계 연구」 경기대학교 국제문화대학원 석사학위 논문

☞ 본 연구는 사주의 월지와 용신을 통해 나타나는 선천적인 직업군이 현재 직업에 종사하는 사람들과의 만족과 불만족의 일치여부를 조사한 연구이다. 연구결과로는 선천적인 직업적성군에 종사하는 사람은 직업에 대한 만족도가 높게 나타났으며, 그렇지 않은 사람은 불만족도가 높게 나타났다. 논문의 결론을 통하여 일치 여부와 구체적인 만족도에 대한 내용을 살펴보면 다음과 같다.

첫째, 교육자(학교 선생님, 학원 강사, 학습지 선생님, 개인 과외 등등)의 현재 직업의 만족도와 일치여부는 월지 식신과 편관이 가장 많았고, 용신은 편인과 정인이 많았으며, 만족도와 불만족의 일치도는 77% 이상을 차지하여 선천적인 직업군과 상관관계가 있음을 보였다.

둘째, 회사원(대기업, 중소기업, 소기업 등등)의 현재 직업의 만족도와 일치

여부는 월지 겁재, 식신, 편관, 정인으로 많았다. 용신은 정인이 가장 많았으며, 만족도와 불만족도의 일치는 75% 이상을 차지하여 선천적인 직업군과 상관관계가 있음을 보였다.

셋째, 공무원(경찰, 군인, 군청, 지방공무원 등등)의 현재 직업의 만족도와 일치여부는 월지 상관과 정관이 많았으며, 만족도와 불만족의 일치도는 70% 이상을 차지하여 선천적인 직업군과 상관관계가 있음을 보였다.

넷째, 서비스 직종(공항, 은행, 식당매니저 등등)의 현재 직업의 만족도와 일치여부는 월지 정관이 가장 많았고 용신은 편인이 많았다. 만족도와 불만족도의 일치는 65% 이상을 차지하여 선천적인 직업군과 상관관계가 있음을 보였다.

다섯째, 사업가(개인사업, 중소기업 등등)의 현재 직업의 만족도와 일치여부는 월지 편관이 가장 많았으며, 용신은 편인이 가장 많았다. 만족도와 불만족도의 일치는 75% 이상을 차지하여 선천적인 직업군과 상관관계가 있음을 보였다.

■ 이명재(2009), 「명리의 선천직업적성과 실제 직업유형과의 상관성 연구」
    국제문화대학원대학교 석사학위 논문

☞ 본 연구는 명리의 선천직업적성에 맞는 직업유형에 종사할 가능성이 크고 양자가 일치할 경우 직업에 대한 만족도는 높으므로 각자의 소질과 적성에 맞는 능력을 발휘함으로써 성공적인 직업생활을 할 가능성이 높다는 가설 아래 명리의 선천직업적성과 실제 직업유형과의 상관성에 대하여 연구한 논문이다.

연구결과로 명리선천직업유형이 직장형인 사람은 전체 187명 중에서 149명(79.68%)이 실제 종사하는 직업유형과 일치하여 선천직업유형 중에서 가장 높았고, 자유형은 63명 중 38명(60.32%), 사업형은 65명 중 39명(60.00%)이 일치하였다. 직업만족도는 명리선천직업유형과 실제 직업유형이 일치하는 경우에는 3.86인데 비해, 명리선천직업유형과 실제 직업유형이 불일치하는 경우에는 3.09로서 통계적으로 유의미한 차이를 보였다. 연구결과를 표로 살펴보면 다음과 같다.

직장형의 직업유형 일치도 및 직업만족도 분포							N = 187

명리선천 직업유형	실제 직업유형 과의 일치여부	사례수 (N)	비율 (%)	직업만족도			
				M	SD	F	p
직장형	일치	149	79.68	3.85	0.74	26.55	<.0001***
	불일치	38	20.32	3.16	0.68		
	소계	187		3.71			

*** p<.0001 ** p<.05 * p<.010

명리의 선천직업적성이 직장형인 사람의 실제 직업유형은 79.68%가 직장형이었으며, 명리선천직업유형과 실제 직업유형이 일치할 경우 직업만족도는 3.85로 불일치했을 경우의 3.16보다 통계적으로 유의미한 수준에서 높게 나타났다.

명리선천 직업유형	실제 직업유형 과의 일치여부	사례수 (N)	비율 (%)	직업만족도			
				M	SD	F	p
직장형	일치	39	60.00	4.00	0.69		
	불일치	26	40.00	3.08	0.69	20.30	0.0001***
	소계	65		3.63			

사업형의 직업유형 일치도 및 직업만족도 분포

*** p〈.0001 ** p〈.05 * p〈.010

명리의 선천직업적성이 사업형인 사람의 실제 직업유형은 60.00%가 사업형이었으며, 사업형이 아닌 경우는 40.00%으로 명리선천직업유형과 실제 직업유형이 일치할 경우 만족도는 4.00으로 불일치했을 경우의 3.08보다 유의미한 수준에서 높게 나타났다.

명리선천 직업유형	실제 직업유형 과의 일치여부	사례수 (N)	비율 (%)	직업만족도			
				M	SD	F	p
직장형	일치	38	60.32	3.74	0.72		
	불일치	25	39.68	3.00	0.58	15.08	0.0018***
	소계	63		3.44			

자유형의 직업유형 일치도 및 직업만족도 분포

*** p〈.0001 ** p〈.05 * p〈.010

명리의 선천직업적성이 자유형인 사람의 실제 직업유형은 60.03%가 자유형이었으며, 자유형이 아닌 경우는 39.70%로 통계적으로 유의미한 차이를 보였다.(p<.0001) 그리고 명리선천직업유형과 실제 직업유형이 일치할 경우 직업만족도는 3.74로 불일치했을 경우의 3.00보다 유의미한 수준에서 높게 나타났다.

나. 직업과 관련된 명리연구

■ 이원태(2005), 「사주이론과 전문직종의 연구」
　　　　경기대학교 국제문화대학원 석사학위 논문

☞ 본 연구는 서비스 관련 전문직 직종에 근무하는 사람들의 사주특성을 연구한 논문이다. 십성 중 식신과 상관을 이용하여 서비스 직업군에 종사하는 사람들을 대상으로 특성적으로 나타나는 사주의 작용과 그에 따른 만족도를 검증해 보았다.

식신이 있을 때의 만족도

직업	만족도			
	만족	보통	불만족	합계
교수	94.74%	0.00%	5.26%	100.00%
교사	79.31%	3.45%	17.24%	100.00%
승무원	90.24%	4.88%	4.88%	100.00%
기술자	75.86%	13.79%	10.34%	100.00%
금융업	63.64%	27.27%	9.09%	100.00%
언론인	55.56%	22.22%	22.22%	100.00%
연구원	74.47%	21.28%	4.26%	100.00%
가이드	66.67%	33.33%	0.00%	100.00%
연예인	85.71%	14.29%	0.00%	100.00%
디자이너	66.67%	25.00%	8.33%	100.00%

상관이 있을 때의 만족도

직업	만족도			
	만족	보통	불만족	합계
교수	66.67%	0.00%	33.33%	100.00%
교사	81.48%	7.41%	11.11%	100.00%
승무원	78.95%	21.05%	0.00%	100.00%
기술자	50.00%	29.17%	20.83%	100.00%
금융업	66.67%	20.00%	13.33%	100.00%
언론인	81.82%	18.18%	0.00%	100.00%
연구원	74.51%	25.49%	0.00%	100.00%
가이드	100.00%	0.00%	0.00%	100.00%
연예인	100.00%	0.00%	0.00%	100.00%
디자이너	83.88%	16.77%	0.00%	100.00%

앞의 표와 같이 사주에 식신과 상관이 있는 경우 서비스 관련 전문직 직종에 근무하는 사람들은 자신의 직업에 대한 만족도가 높게 나타났다.

■ 김상헌(2006), 「공무원사주의 특성연구」
경기대학교 국제문화대학원 석사학위 논문

☞ 본 논문은 공무원의 사주 특성에 관한 연구이다. 현직 공무원의 사주를 분석하여 사주구조 분류방법인 직업적성검사방법을 통하여 사주를 비교분석하고, 직업판단의 기준이 되는 격국·용신을 이용하여 5개의 검사도구를 사용하여 그 특성을 밝힘으로써 직업판단이론의 유용성을 확인하는 데 본 연구의 목적이 있다.

사주구조 분류와 격국과의 교차분석					N = 288
구 분	비겁격	식상격	재격	관격	인수격
수직구조	12	26	33	44	42
	7.6%	16.6%	21.0%	28.0%	26.8%
수평구조	16	20	25	2	18
	19.8%	24.7%	30.9%	2.5%	22.2%
혼합구조	7	10	9	18	6
	14%	20%	18%	36%	12%
계	35	56	67	64	66
	12.2%	19.4%	23.3%	22.2%	22.9%

구 분	비겁용신	식상용신	재성용신	관성용신	인성용신
사주구조 분류와 용신과의 교차분석 N = 288					
수직구조	4	20	10	71	52
	2.5%	12.7%	15.7%	45.2%	33.1%
수평구조	5	18	6	33	19
	6.2%	22.2%	9.8%	40.7%	23.4%
혼합구조	3	7	1	23	16
	6%	14%	2%	46%	32%
계	12	45	17	128	86
	4.2%	15.6%	5.9%	44.4%	29.9%

　　공무원 조직은 사무의 수평적 및 수직적 배치의 운영체이며, 특성지표로 복잡성에 따른 수평적 분화와 수직적 분화는 대표적 특성이라 할 수 있다. 이러한 특성은 사주명리이론의 선천직업적성분류에 의하여 응답자의 사주와의 비교 결과와 같이 일치하는 정도가 매우 높은 수준이며, 격국분석에서도 재격·관격·인수격이 67%, 용신분석은 관성·인성용신이 74%를 차지함으로써 직업적성 검사도구로 활용할 수 있는 가치가 충분하다고 판단된다.

Part 3

선천적성先天適性, Apriority Aptitude의 의미는 무엇인가? 먼저 어원語源의 의미를 살펴보면 다음과 같다.

선천적성의 어원의 의미		
한자	先-먼저 선 : 먼저, 나아가다, 옛날 天-하늘 천 : 천체, 천체의 운행, 태양 適-갈 적 : 가다, 이르다, 도달하다 性-성품 성 : 성질, 생명, 목숨	그 옛날 천체天體의 기운을 받고 태어난 성질性質을 말하는 것이니 바로 출생과 함께 소유하게 되는 유전적遺傳的인 의미를 말한다.
영어	Apriority Aptitude	선천적임, 선험성, 경향, 소질, 적성

선천적성이란 이렇게 타고난 출생과 함께 주어지는 유전적인 적성을 의미하는 것이다. 유전적遺傳的이라면 우리는 누구나 부모로부터 받는 것만 생각한다. 지극히 맞는 말이다. 그러나 유전을 주고받는 인간관계를 포함한 인류는 천체天體의 운행에 배속되어 있는 동시에 천

선천적성의 이해

체의 영향으로부터 자유로울 수 없다는 것을 생각해야 한다. 그렇다면 과연 부모에게서만 유전을 받는다고 할 수 있을까? 필자는 이 수수께끼 같은 의문을 파헤쳐 볼 것이다. 그리고 그 속에 21세기 인간이 바라보아야 할 위대한 과학을 소개해 나갈 것이다.

먼저 본 파트에서는 출생과 존재의 굴레로부터 선천적성은 과연 어디에서 오는가? 그리고 선천적성에 대한 명리학의 시야 등에 대하여 설명하도록 하겠다.

필자는 명리학을 현대명리학으로 발전시키기 위해 노력하였다. 명리철학으로서 연구를 진전시키다가 다시 심리적, 사회적 현상을 좌우하는 심리구조분석의 기틀을 마련하였다. 다시 과학명리科學命理로 발전시켜야 한다는 신념을 가진 뒤, 가장 먼저 인간 개인의 삶에 대한 숙제인 '무엇을 해야 잘 먹고 살 것인가?'에 대한 올바른 진로선택의 가이드 역할에 대한 중요성을 인식하고 명리직업상담으로서의 실제적이면서도 실현가능한 자아실현의 장을 펼치고자 하는 것이다. 그러나 이 모든 연구의 기저에는 언제나 인간은 우리를 둘러싸고 있는 우주와 함께 호흡하며 그 기운을 받고 있음을 간과해서는 안 된다. 여러 학설과 이론들이 있어도 가장 기본적인 것은 음양을 주관하고 오행을 주관하고 있는 우주론적인 입장에서 명리학을 바라보아야 한다는 것이다.

3-1 출생과 존재

인간은 자기복제라는 유전자에 의하여 출생을 통한 이기적인 존재의 시작이다. 존재는 영혼과 육신의 결합으로부터 인식하고 사고하며 행동하는 사회적인 인간이 되기 위해 이타를 습득하고 합리적인 방법론을 찾아가며 오늘날에 이르렀다. 그동안 시스템의 과학과 복잡한 정보가 팽배한 사회구조를 만들어냈고, 그 복잡한 시스템과 정보사회에 적응할 수 있는 독립적 능력을 동시에 배양한 인간이 공존하는 기술과 함께 독립적인 가치로 존재한다. 내가 탄생하기 위해 어머니의 자궁이 필요했듯이 생명체들의 존재는 우주라는 공간이 필요했다. 그러기에 우주의 존재를 인간의 존재 앞에 두고 연구하지 않을 수 없으며 온전히 그 세계를 밝힐 수 없고 동경하는 세계로 남겨두게 되는 것은 진리이다. 그 우주의 사이클에 의하여 수많은 생명체들은 탄생과 소멸을 거쳐오게 되었으며 생물학적인 인간 연구에 한계가 있는 것도, 천문학적으로 의학적으로 심리학을 만들어 인류사회가 연구되고 있으나 온전히 밝혀낼 수 없는 것은 우주가 인간의 출생에 미친 영향력을 밝힐 수 없기 때문이 아니겠는가?

가. 인간존재의 과제

인간의 출생과 존재는 먹고사는 방법을 해결해야 하는 과제를 안고 시작된다. 그 과제를 해결하기 위해 자신의 적성을 계발해야 하고 직업을 갖게 되는 것이니 학부모들의 열광적인 교육열, 과외, 명문대 진학 등은 모두 여기에 기인되고 있다. 그렇다! 알고 보면 모두 행복한 삶을 살기 위한 희망! 그것은 전 세계 공통과제인 것이며 바로 '무엇을 해야 잘할 수 있나?'이다.

동서양에서 인간의 올바른 진로선택을 위하여 개발되었거나 발달시킨 수많은 적성검사 방법은 의미있게 활용되어왔다는 것을 인정한다. 그러나 앞서 언급하였듯이 인간은 우주의 품에서 출생하였고, 그 우주의 영향력 하에 평생 존재하고 있는 것과 무엇보다 그 우주의 영향력으로 한 개인의 인생이 움직여지고 있는 것을 배제한 채 인간의 여러 가지를 측정해온 과학은 크나큰 실수를 한 것이다. 특히 심리학적인 질문지 검사법은 이기적인 유전자를 이타적으로 사용하기 위한 또 하나의 이기적인 행위에 불과하다.

나. 인간의 출생과 적성

  일반적인 적성검사 결과로 진로를 선택한 대다수의 사람들은 직장인 기준 48%가 이직을 생각한다고 한다. 이것은 인위적인 검사의 실효성에 의문을 주는 자료이다. 서양학을 받아들이며 숫자에 익숙한 학자들은 진정 자신의 출생과 존재를 담고 있는 우주의 영향력을 인정하지 않으려들고 있다. 더더욱 선진국에서는 우주학과 미래학의 발전이 눈부시게 이루어지고 있는 것을 감안하면 상당한 모순이 아닐 수 없다.

  고대의 유명한 철학자나 수학자들도 모두 천문학을 공부한 점성가들이었으며 프톨레마이오스, 코페르니쿠스, 티코 브라헤, 케플러와 같은 천문학자요 과학자인 이들도 모두 자신이 살았던 시대에는 유명한 점성가들이었다. 다행히 동양학적인 방법으로 수천 년 동안 우주와 인간의 관계를 보전해온 학문이 있었으니 명리학이며, 오랜 역사 속 모진 변화를 이겨내면서 발전되어온 분명한 사유가 있으니 그것은 바로 미래사회에 적응해야 할 인간의 타고난 선천적성을 밝히는 것이다. 다시 말해서 개인의 출생과 존재로부터 천체(우주)가 미친 영향력을 환산해내 자기가 잘할 수 있는 진로와 직업적성을 제시하는 것을 말한다.

3-2 우주과학과 명리학

과학이란 무엇이며 과학적이라는 의미는 무엇일까? 사전적 의미로 과학은 '보편적인 진리나 법칙의 발견을 목적으로 한 체계적인 지식'이며, 과학적이란 '과학을 바탕으로 정확성이나 타당성이 있는, 또는 그런 것'이다.

이렇듯이 인정받는 과학(科學, Science)이 되려면 보편적이며 타당한 학문적 체계를 갖추어야 한다. 즉 누구나 인정할 수 있는 근거가 필요하고 기승전결이 있는 이론적 정비가 되어야 한다. 명리학의 타당한 이론적 체계의 시원은 우주창조에서부터이다. 우주의 사이클을 이해하고 다시 우주의 일부분이 되어 있는 지구를 중심으로 우주에 존재하는 행성과의 관계로 다음과 같이 설명된다.

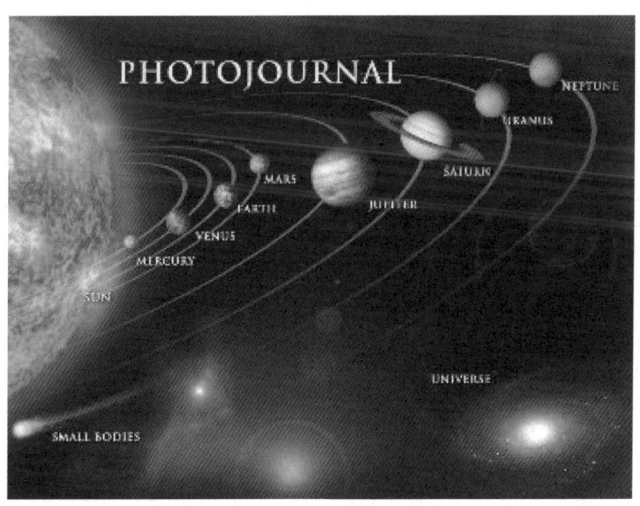

(나사 행성사진 저널 : http://photojournal.jpl.nasa.gov)

가. 오행과 오행성의 영향

인간의 출생은 가장 기본적인 상식에 의한다면 정자(精子, Sperm)와 난자(卵子, Ovum)의 수정으로 생명이 탄생하고 열 달 동안 모체에서 자란 뒤 출산과정을 거치게 된다. 출산 즉시 첫 호흡을 하면서부터 우주의 기를 받아들이고 우주의 영향력이 시작되는 이 출생일을 기준으로 사주명식으로 표현되는 고유한 음양오행의 기운을 체내에 가지게 되는 것이다. 그러니 한 생명의 출생과정은 부모만이 관여된 것이 아니라 우주도 함께 한 생명의 출생에 깊이 관여되었다는 과학적 원리를 생각해야 된다.

지구에서 달에 의한 여러 가지 현상은 누구나 상식처럼 알고 있는 과학이다. 밀물과 썰물의 변화라든지 여성의 생리주기와 해양생물들에 끼치는 영향 등은 누구나 알고 있는 사실이다. 지구상의 모든 양서류는 달의 주기를 이용해 충분한 수의 암컷과 수컷이 동시에 한곳에 모이며 보름달 아래서 일제히 짝짓기 활동을 한다. 이런 방법으로 번식의 성공을 극대화하고 포식자에게 잡아먹힐 위험을 줄인다.(영국 BBC방송) 장거리 여행 시 생기는 '비행시차증후군'이라는 현상도 간단히 햇볕을 적절한 시간에 쬐어주는 일주기 리듬 조정으로 치료가 된다는 것은 우리 인간이 우주의 영향을 언제나 받고 있다는 하나의 증거가 된다.

그러므로 우리가 살고 있는 지구를 포함한 태양계를 이루는 행성들이 우리 인간에게 미치는 영향도 당연히 존재함을 인정해야 한다. 오행을 이루는 木火土金水는 태양계의 목성, 화성, 토성, 금성, 수성의 존재를 예견했고 이러한 행성들은 앞으로의 연구성과를 통하여 우리 인간에게 미치는 영향이 구체적으로 밝혀질 것이다.

이러한 이론이 서양에서는 점성술, 천문학 등으로 발전하였고, 동양에서는 주역과 명리 등으로 발전하였는데 이들은 모두 행성의 위치와 관련되어 지구의 곳곳에 미치는 기(氣)에 관여된 우주과학적인 것이다.

음양오행과 우주의 질서							
양		중용		음			
태양		지구		태양 외의 우주			
목성	화성	토성		금성		수성	
아래는 실제 위치 : 양극즉음생 음극즉양생으로 바뀌어 존재							
태양	수성	금성	지구	화성	목성	토성	음 공간

위의 행성에서 화성은 낮에는 25도이나 밤에는 영하 85도까지 내려가는 행성이며, 금성은 음 기운으로 차갑다지만 표면온도 480도로 펄펄 끓어 뜨겁다. 지구와 가깝게 구성을 이루고 있는 오행성이란 이렇게 지구에 영향을 미치고 있으며, 정신적으로 물질적으로 오행의 작용을 하게 된다.

고요한 새벽 하루의 시작을 알리는 동트기 전 우리는 새로운 희망을 꿈꾼다. 아침햇살과 함께 시작되는 시간, 나팔꽃은 꽃을 피우고 해바라기는 태양을 향해 고개를 든다. 노을이 지는 시간이면 다시 나팔꽃은 꽃을 오므리며 해바라기는 태양을 따라 꽃의 방향을 돌리던 일을 멈춘다. 사람도 저녁이 되고 밤이 되면 하루를 마무리하느라 모두 각자의 집으로 돌아가 휴식을 취하고 잠을 청한다.

우리가 모두 습관처럼 해오던 일들이고 자연의 섭리로만 받아들였던 모든 일들이 우주와 태양의 영향으로 이루어진 일들이다. 가까이에 있는 달도 멀리 있는 태양도 모두 우리들에게 이렇게 영향을 미치고 있는 것이다. 그러므로 오행성의 영향도 필연적이다. 동양인이든 서양인이든 모두 나이가 들면 머리가 백발이 된다. 흰색은 금을 의미하며 결국 우리 모두는 죽어서 다시 자연으로 돌아가 다시 수로 시작되는 생명탄생의 시작을 소망하는 존재가 된다. 수는 생명이다. 그러므로 나무도 풀도 아름다운 꽃도 물이 부족하면 시들고 사람도 나이가 들면 수분이 빠져나가 주름이 진다. 모두 오행성으로 대표되는 오행의 원리 속에서 이루어지는 일들이다.

과거로부터 동양은 아침의 나라요 木으로 상징된다. 그러므로 새로 시작되는 신비의 지역이요 발전가능성이 많은 나라들이 많으며, 보통 동양은 생일도 아침상을 꼭 차려주고 해가 바뀌면 일출을 보러 너도 나도 동해바다로 몰려간다. 그러나 서양은 金으로 상징되며 금의 살벌함으로 영토전쟁과 권력전쟁을 기반으로 이미 많은 문명과 문화가 발전되었으며, 동양과는 다르게 저녁 파티가 중요한 문화이다.

지구는 오랜 세월에 걸쳐 모양이 바뀌고 빙하시대라는 모든 생물이 소멸하는 시기도 지나 오대양 육대주를 이루었다. 지구가 기울어진 관계로 태양으로부터 받는 영향도 달라지게 되어 위도의 변화에 따라 기후도 달라지게 되었고, 인류는 다양한 종족을 이루고 생김새도 생활도 달라지게 되었다.

성경의 「로마서」 1장 20절을 보면 다음과 같다.

창세로부터 그의 보이지 아니하는 것을 곧 그의 영원하신 능력과
신성이 그 만드는 만물에 분명히 보여 알게 되나니
그러므로 저희가 핑계치 못할지니라.

For since the creation of the world God's invisible qualities – his eternal power and divine nature – have been clearly seen, being understood from what has been made, so that men are without excuse.

종교적인 차원을 넘어 신의 섭리를 우주의 섭리로 볼 때에 그것을 알 만한 증거가 만물에 분명히 있다는 것이다. 그러므로 이러한 우주의 질서에 대하여 우리는 핑계치 못할 만큼 알 만한 증거들이 있다는 것이다. 우리도 오행성이나 태양으로부터의 영향을 직접적으로 만지고 느끼지는 못해도 이러한 현상과 자연의 질서를 관찰함으로써 우리는 오행성과 태양의 영향을 알게 되고 인정해야 한다는 결론에 자연스럽게 이르게 된다.

나. 오행성의 명리학적 분석

동양의 오행론은 동양철학에만 국한된 것이 아니다. 서양의 점성학(Astrology)과 천문학(Astronomy)의 발달을 살펴보아도 이러한 증거를 살펴볼 수 있다. 다만 현대과학이 요구하는 분명하고 정확한 데이터에 의한 자료가 다소 부족할 뿐이다. 그러므로 점성학을 기반으로 발달된 천문학은 과학으로 인정받고 있지만 보다 더 많은 역사와 이야기가 담긴 점성학은 아직 미신 정도의 인식으로만 남아 있다. 그러나 프랑스는 이러한 학문도 수용하여 현재 박사과정도 개설되어 있다.

이렇게 우주가 탄생되고 존재될 수 있는 음양과 오행은 치밀한 본질성과 적절한 상대성을 이루며 인간과 우주를 관리하게 된다. 오행성에 대하여 음양오행 이론과 비교분석한 내용은 다음과 같다.

오행성	수성(水星, Mercury)	
천문학적 특징	– 위성이 없다. – 달표면과 비슷하다. – 명왕성 다음으로 작은 크기 – 태양 가장 가까이에 있으나 낮과 밤의 온도차가 가장 심하다. 　낮에는 430도 , 밤에는 –160도(음극즉양생) – 자전주기 59일, 공전주기는 88일	
오행의 특성	– 양극즉음생, 음극즉양생의 관계로서 태양 가장 가까이에 오히려 음의 성질이 강한 水星과 金星이 자리를 잡고 있다. – 음의 기운이고 생명이 자랄 준비 단계이거나 소멸하는 단계이므로 水星과 金星은 위성이 없다. – 가장 음적인 행성이므로 가장 양 가까이에서 새로운 음의 탄생과 생명의 탄생을 준비하고 있는 水星이다. 이는 생명이 다 응축되어 있다고도 볼 수 있으며, 새로운 생명이 시작되려는 준비라고도 볼 수 있다.	
인간과의 역할	– 지(智) – 성품 : 슬기롭고 계획성이 탁월 – 속성 : 만물을 적셔주고 흐르고 굽이치며 변화, 변동하는 기운 – 계절은 겨울	* 방위 : 북방 * 인체 : 신장과 방광 * 맛 : 짠맛 * 색 : 흑색 * 수(數) : 1, 6
존재적 기능	양의 영역에 위치한 水星은 영상과 영하의 온도에서 공존한다. 水의 성분은 영하에서는 고체(얼음)로, 영상에서는 액체(물)로, 열이 가해지면 기체(수증기)로 체(體)를 변화시켜 다변적인 형태를 유지하는 것은 水만의 특징일 것이다. 이와 같이 변화에 능한 작용은 총명한 지혜의 상징이기도 하다. 또한 환경에 적응하며 생명체의 근원 역할을 수행하기 위한 작용으로 볼 수 있다. 우리가 뜨거운 커피와 아이스크림을 동시에 먹을 수 있는 것은 水星의 에너지로 비유할 수 있다.	

오행성	금성(金星, Venus)	
천문학적 특징	– 위성이 없다. – 유일하게 金星과 천왕성이 자전 공전 방향이 다르다. – 자전주기 243일, 공전주기는 224일 – 두꺼운 이산화탄소로 표면온도 480도의 불지옥이다 – 이산화탄소는 온실효과로 더욱 가열되게 한다. 데워진 뒤 적외선을 내보내어 식고자 하나 金星 대기의 이산화탄소 분자에 의해 쉽게 흡수되어 더 뜨거워진다.	
오행의 특성	– 水星과 마찬가지로 음의 성질을 가졌으므로 양과 더 가까이 있을 수 있다. – 계절적으로 보아 봄, 여름은 확산과 상승의 계절이다. 그러나 가을은 이 확산되어가는 기운을 수렴하며 자라나는 생명을 죽이고 또한 뜨거운 열을 식히려는 어찌 보면 억지스러운 일들이 벌어져야 음양의 이치를 따라 순환되게 된다. – 태양과 더 가까운 水星보다 金星이 더 뜨거운 것은 바로 그러한 여름과 가을이 뒤섞인 모습을 생각하게 한다. – 금성이 자전과 공전의 방향이 다른 것도 그러한 이유로 보여진	
인간과의 역할	– 의(義) – 성품 : 의리와 결단성이 있음. – 속성 : 사물의 형태를 바꾸고 변형시켜 따르게 하는 기운 – 계절은 가을	* 방위 : 서방 * 인체 : 폐장과 대장 * 맛 : 매운맛 * 색 : 흰색 * 수(數) : 4, 9
존재적 기능	金星은 지구에서는 음의 기운을 가지고 있으나 실제는 480도라는 고온의 행성이다. 양 속에 음이 존재함을 보여주고 있다. 이것은 철이 용광로에서 녹여질 때 엄청난 불덩이 액체로 존재하다가 식으면서 차가운 음의 성질로 바뀌어 존재하는 이유다. 또 金生水를 할 수 있는 것이 가장 강한 금(金)의 성분이지만 액체로 흐를 수 있다는 것을 대변한다. 강하지만 원하는 모양을 만들 수 있고, 쓰임이 견고하여 金의 성분으로 출생한 사람들은 견고한 성품을 갖게 된다.	

오행성	화성(火星, Mars)	
천문학적 특징	– 계절의 변화가 있다. – 작은 행성으로서 물이 존재했었고, 지금은 수증기만 있다. – 낮에는 25도, 밤에는 –85도 – 화산활동이 오랫동안 지속이 되었고, 태양계에서 가장 높은 산이 있다. – 자전주기는 1–1일, 공전주기는 690일 – 2개의 위성이 있다.	

오행의
특성
	– 앞의 水星, 金星과는 다르게 위성이 존재하기 시작한다는 것은
	  생명력이 있다는 것을 의미한다.
	– 화산활동도 화성의 활동력이 매우 활발하다는 것을 보여준다.
	– 木 기운이 생명을 움트게 하는 기운이라면 火星은 생명이 활짝
	  펴 나가는 기운이다. 따라서 이 火星에 생명이 있을 것이라고 유
	  추해 보는 것은 당연하며, 물이 존재했었다는 것도 그런 주장의
	  근거가 된다.
	– 이러한 활발한 생명활동의 근거지인 火星이 지구 가장 가까이에
	  위치하고 있는 것도 지구가 생명체를 갖게 된 이유가 아닐까 한다.	

인간과의 역할	– 예(禮) – 성품 : 예의 바르고 명랑 – 속성 : 위로 치솟아 타오르는 기(氣) 로 만물을 정화, 소화시키는 기운 – 계절은 여름	✱방위 : 남방 ✱인체 : 심장과 소장 ✱맛 : 쓴맛 ✱색 : 적색 ✱수(數) : 2, 7
존재적 기능	火星이 영하에서 존재하는 것은 음 속에 양이 존재하는 음양오행 의 이치이다. 양의 기운은 본래가 따뜻하거나 덥고, 뜨겁지만 火星 에서 온 기운이 지구에서 활용되는 것은 뜨거운 물질로만 볼 수 없 다. 영하에서 불이 존재하고 고체가 연료가 되어 불로 전환되고 전 기의 에너지로 불이 커지는 것과 차가운 영하의 석유(액체)가 불로 전환되는 것이 바로 火星에서 온 화(火)의 역할임을 알 수 있다.	

오행성	목성(木星, Jupiter)	
천문학적 특징	– 금성 다음으로 밝게 빛난다. – 자전은 9시간 55분, 공전주기는 11.86년 – 구름온도는 –121도 – 태양계 중 가장 큰 행성 – 木星의 중심부의 핵은 태양보다 더 뜨거운 20,000도로서 태양에서 받는 에너지의 2배를 자체에서 발생시키고 있다. – 木星의 위성 이오는 태양계에서 가장 활발한 천체이다. – 木星은 질량이 조금만 더 컸으면 또 하나의 태양이 될 뻔한 행성이다. – 질량이 20배가 되었으면 핵융합 반응이 가능하다. – 위성은 16개	
오행의 특성	– 생명이 움트기 위해서는 생명이 한창 자라는 시기보다 더욱더 강한 기운이 필요하다. 그러므로 목성이 가장 활발한 천체인 이오를 위성으로 가지고 있는 것이 당연하다. – 태양처럼 핵융합 반응이 일어나지는 않으나, 자체 에너지 발산을 할 정도의 활발한 행성이라는 점은 木星의 생명력을 잘 말해 주고 있다. 그런 만큼 위성도 많다.	
인간과의 역할	– 인(仁) – 성품 : 자상, 의욕, 정신, 의지 – 속성 : 성장, 약진. 발육을 의미 – 계절은 봄	* 방위 : 동방 * 인체 : 간담 * 맛 : 신맛 * 색 : 청색 * 수(數) : 3, 8
존재적 기능	木星은 영하에서 존재하므로 음 속에 양이 존재하는 이치를 증명하고 있다. 실상 영하에서 나무라는 생명체는 얼어 죽게 되어 있지만 목(木)의 생물체는 한겨울 얼음 속에서도 생명체를 잃지 않고 있으니, 이것은 영하 200도 이하에서 존재하는 木星의 음기운을 받기 때문에 가능하다는 설득력을 부정할 수 없는 것이다. 태양이 작열하면 나무는 말라죽게 되는데 이때 음기운이 강한 수분이 살릴 수 있는 것도 그 사유가 된다.	

오행성	토성(土星, Saturn)	
천문학적 특징	– 자전주기 0~426일, 공전주기 29~46년 – 목성 다음으로 크다 – 태양에서 멀어 영하 180도에 불과함. – 아름다운 고리를 가짐(갈릴레오가 발견). 이 고리는 土星의 조석력 때문에 뭉치지 못해서 생겼다고도 한다. 어떤 천체가 土星의 로쉬 한계 이내로 들어와서 土星의 강한 조석 력으로 부서져 고리가 되었다는 주장도 있다. – 위성 20개	
오행의 특성	– 모든 만물을 아우르는 土의 기운은 이렇게 가장 음쪽으로 기울 어 생명을 보호하는 완충역할을 하고 있으며, 아름다운 고리를 가진 아름다운 행성으로 탄생하였다. – 그리고 위성이 많고 많은 물질을 받아들인 土星의 고리는 土의 이러한 중용의 덕을 의미한다고도 보인다.	
인간과의 역할	– 신(信) – 성품 : 신용이 있고 참됨. – 속성 : 모든 만물을 번식. 번성시키는 　근원이자 중심의 기운 – 사계절	* 방위 : 중앙 * 인체 : 비장과 위장 * 맛 : 단맛 * 색 : 황색 * 수(數) : 5, 10
존재적 기능	土星은 가장 영하권에서 존재한다. 모든 오행을 내포하고 있으며, 영하와 영상에서 모두 자신의 본질을 잃지 않고 있는 것은 오행의 수용과 저장이라는 특성 때문이다. 진(辰)술(戌)축(丑)미(未)의 네개 의 土星이 있는 것은 음기운을 가진 축토(丑土)와 음을 저장한 진토 (辰土) 두 개는 土星에서 지구로 내린 기운이며, 음의 계절에 화(火) 를 저장한 술토(戌土)는 지구의 표면 아래 불기운의 용암이 있는 것 과 같고 양의 계절에 태양의 열을 흡수하는 미토(未土)는 지구의 것 이기 때문이라고 본다.	

우리가 기본적으로 알고 있는 오행의 기질과 오행성의 기질은 과학적으로도 유사한 점이 있음을 유추해 볼 수 있는 자료이다. 명리학의 기본적인 이론인 오행론에 입각하여 정리한 오행의 기질과 속성이 이와 같음을 생각해 볼 때 오행성이 갖고 있는 과학적 특징은 실로 많은 연구를 기대하게 된다.

보편적이고 타당한 지식적 체계가 필수조건이라는 기본에서 발달한 것이 귀납적 방법을 취한 서양의 과학이라면, 형이상학적인 개념에서 출발하여 타당한 증거가 뒤에 밝혀지는 연역적 방법을 통하여 발달해온 동양철학은 현재 이러한 내용들을 과학적으로 밝히는 연구가 제도권에서 활발하게 이루어지고 있다.

다. 음양오행과 사회변화

오행성이 지구와 인간에게 영향을 미치며 일어나는 현상은 우주는 물론 인간의 삶 속 모든 현상에 관여되고 있다. 즉 지구의 존재와 온난화에서부터 자연생태계의 변화는 물론 국제결혼의 성행, 인종 간의 화해, 국가 간의 대립, 기업 간의 경쟁, 개인 간의 경쟁 속에서도 단체를 구성하는 공존성, 전쟁과 파괴 속에서 또 새로운 문화가 창조되는 그 모든 이치가 그렇다. 한 사람의 마음도 자연만물도 사회와 국가, 전 세계를 지배하는 음양오행의 당연한 이치를 인정하고 포용하는 것이 명리직업상담의 직업정신이며 자연과 인간을 이해하는 진정한 상담사로서의 자격을 갖추게 된다. 뿐만 아니라 우리 인간은 사물을 인식하고 자연과 인간이해가 세상을 살아가는 기초가 되어야 한다. 그런 음양오행의 사회적 역할을 다음 표와 같이 정리할 수 있다.

음양오행의 원리와 사회변화	
구 분	**사회변화**
공존성	음양은 상대적이고 이질적이면서도 공존 오행은 다양성 인정의 바탕이 됨. 빈부와 다양한 사회체제가 존재하는 이유가 됨.
독립성	음양오행은 공존하되 고유한 영역존재 공존하여도 각자의 본질은 보존됨. 개인의 성격과 체질 및 특기가 됨.
분열성	음양오행의 극하는 작용은 분열의 원천이 됨. 개인과 단체 간의 미움과 원망, 경쟁, 다툼 지역 간·국가 간의 갈등, 전쟁, 힘의 균형의 원리가 됨.
화해성	음양오행의 생하려는 작용은 화해의 원천이 됨. 적대적의 관계가 해소, 화해, 사랑 국제협력과 인류화합의 원천이자 체제유지의 원리가 됨.
창조성	음양오행은 생극회합으로 창조적 에너지를 발생시킴. 사랑과 이별, 성공과 실패를 경험하며 새로운 인생을 창조 지구촌의 변화와 새로운 문화탄생의 원리가 됨.

라. 새로운 명리학사의 필요성

지구에는 수많은 생명들이 살고 있다. 그러나 인간만큼 가장 지구에 잘 적응하고 자신의 단점을 극복하면서 문화를 이룬 생명체는 없다. 그 이유는 무엇일까? 그것은 오행의 기운을 가장 잘 받아들인 것과 또 한 가지 지구와 인간은 동체적인 구조를 가졌기 때문이다. 가장 지구에 잘 적응할 수 있었던 체질을 가지고 태어났기 때문이다.

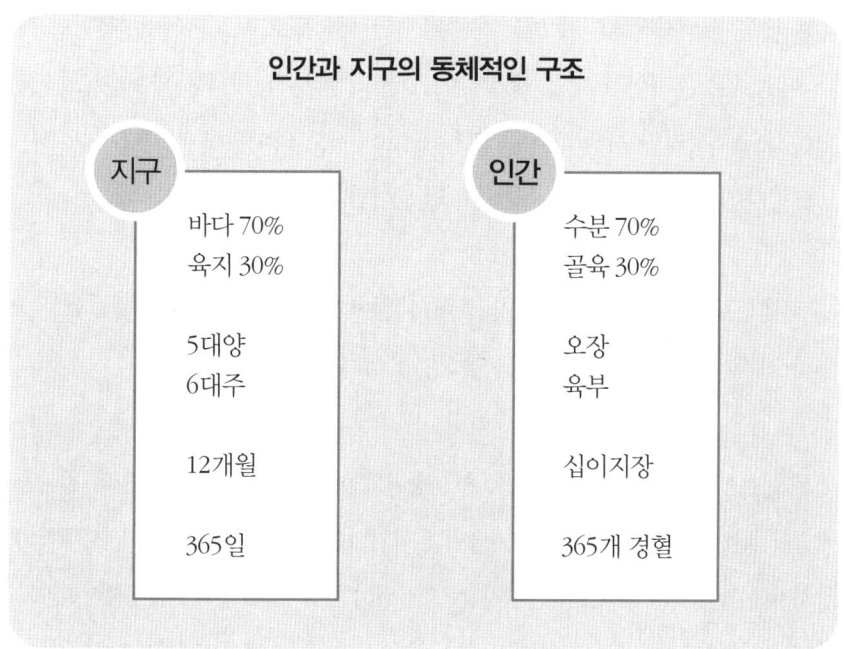

인간과 지구의 동체적인 구조

지구	인간
바다 70%	수분 70%
육지 30%	골육 30%
5대양	오장
6대주	육부
12개월	십이지장
365일	365개 경혈

　이에 더하여 리처드 도킨스(Richard Dawkins)의 『이기적 유전자』에서는 인간을 포함한 생명체는 유전자에 의해 창조된 기계라고 주장하고 있으며, 밈(Meme) 이론을 통한 문화적 진화의 주장과 인간의 본질에 관한 실제실험과 이론을 통해 인간의 본질에 대하여 설명한다. 즉, 생명체에 있어서 생물학적 자기복제가 유전자(Gene)에 의해서 자기복제를 하면서 번식을 한다면 밈은 모방이라는 방식을 통해 뇌에서 뇌로 자기복제를 한다고 설명한다. 즉, 밈은 문화에 있어서 유전자와 같은 복제단위로서 인간이 문화를 발달시켜나가는 원동력을 설명하는 이론이다.

　지구에서 가장 발달하기 적합한 뇌구조를 가진 인간은 이렇게 생물학적으로나 문화적으로나 최상의 조건을 갖추었다. 부모만이 한 생명을 낳은 것이 아니고 전 우주가 함께 합심하여 하나의 생명을 탄생시킨 것이다. 이것이 우주론적인 입장에서 바라본 명리학의 이론적 배경이요 결론이다.

　명리학을 논하고자 할 때 그 시작은 밤하늘의 별과 인간 스스로의 존재에 대한 물음에서 시작되어야 하고 우주론적인 시점으로 시작되어야 한다. 그러나 이런 우주론적인 관계를 통찰하여 명리의 학문적 체계를 확보하고 가장 실용적으로 정리한 시원(始原)을 고찰해 보는 것도 의미있을 것이다.

그렇다면 명리학을 처음 창시하고 발전시킨 사람은 누구인가?

『사주학의 역사와 격국용신의 변천과정 연구』(이용준, 2004)에서는 원천강이나 서자평이 아닌 곽박임을 다음과 같이 주장하고 있다.

본 논문에서는 사주학의 始原을, 서자평이 주석을 단 『玉照神應眞經』의 원문을 저술한 東晉 시대의 郭璞에까지 거슬러 올라간다는 것을 밝히고자 한다. 사주학의 창시자는 곽박이 되는 것이고, 원천강은 그 뒤의 인물이므로 사주학의 창시자라고 하기가 어렵다. 곽박은 동진 시대의 인물이며 서기 276년에서 324년까지 생존했던 인물이므로 당나라 시대의 인물 원천강보다 300년 이상 앞선 인물이며, 곽박이 사주학 관련 저술을 했다면 당연히 원천강보다 앞서게 되는 것이고, 사주학의 창시자가 되는 것이다.

명리학은 조선시대에 와서는 과거시험인 잡과(雜科)에 속하는 과목이기도 하였다. 조선시대 잡과는 명리·풍수·한의학이라는 3대 과목이었는데 매우 실용적인 과목들로 구성되었다. 또한 당시 명리는 천문지리에 밝아야 하였기에 과거시험 합격자들의 교육에 수없이 많은 별자리를 암기하도록 한 것을 보면 우주와 인간과의 연관성을 알고 있었던 조상들이 지혜가 돋보였다.

사주학은 형이상학적인 학문을 중시하던 사회적 분위기로 인하여 그 이론적 정립이라든지 체계적인 면에서의 역사성이 부족하였지만, 과학이 발달된 현재 우주과학적인 이론과 접목하고 심리학과 진로상담 및 교육, 경제, 경영학 등과의 융합으로 인간경영시대의 핵심적인 학문으로 급발전하게 된 것이다.

모든 생명에게 동일하게 적용되는 우주의 질서인 음양오행의 원리로 새로운 과학명리의 역사를 이루고 있는 이 시점에서 필자의 문제제기는 동서양의 모든 점성학 및 운명학과 미래학을 통섭하여 새로운 명리학사를 정립시켜야 한다는 것이다.

3-3 뼛속에 숨은 적성

한 사람의 적성은 선천적으로 타고난 25%의 재료와 후천적인 가정환경, 교육, 다양한 경험 등으로 구성된다. 그러므로 선천적으로 타고난 것이 아무리 훌륭해도 개발되지 못한다면 숨은 적성이 되고 만다. 선천적성검사(AAT)는 이러한 뼛속에 숨은 적성까지 찾아내어 개발할 수 있는 기회를 주고자 기획된 적성검사도구이다. 인간의 유전인자가 뼛속에 있다고 하는 것처럼 우주의 유전자도 역시 그렇게 말할 수 있다.

가. 선천적성의 개발

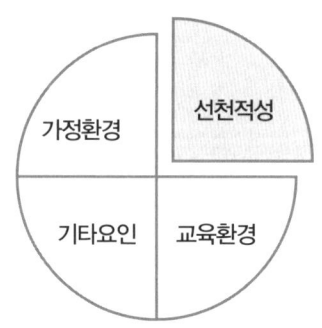

적성을 이루는 선천, 후천적 요소

적성을 구성하는 단 25%의 선천적성이 아주 작은 요인으로 보일 수 있지만 나머지 75%가 이를 개발하는 환경적 조건이 된다는 사실에 주목하면 정확한 선천적성의 진단이 얼마나 중요한지 알 수 있다. 선천적성에는 적성이 드러나 있는 사람, 적성이 평범한 사람, 적성이 다중한 사람, 적성이 미온적인 사람, 적성이 드러나지 않은 사람이 있다. 또 특별한 고민 없이 자신에게 우연히 주어진 일이 자신의 적성과 일치하는 사람은 대운과 세운의 영향 속에서 올바른 선택을 한 사람이다.

위와 같은 경우에 어떤 사람은 자신의 적성이 평균 50점이고, 그중에서 가장 잘하는 적성을 찾아주었는데 그 적성이 65점이다. 그렇다면 적성이 좋은 사람들의 평균치인 70에도 못 미치는 것이다. 그러나 그 적성을 찾아주어야 사회활동의 일반적 수준이 낮더라도 그 사람에게는 최선의 선택이 되고 자신의 삶을 유지할 수 있다는 것을 알아야 한다. 65점의 적성은 자신의 최대 적성이지만 전체의 평균에도 못 미치므로 적성상담이 잘되었다고 하지 않을 것이다. 그러나 대상자에게는 가장 잘된 적성검사가 되며, 다른 검사는 65점의 적성을 찾아줄 수 없다.

나. 적성과 과학명리

적성은 개발되어야 한다. 선천적성검사(AAT)는 위대한 과학명리의 원리를 기본이론으로 하여 제작된 검사도구이다. 과학적이라는 말의 의미는 앞에서 살펴보았다. 명리의 의미는 무엇인가? 명리의 한자적 의미는 命理, 즉 목숨을 다스린다는 것으로 하늘이 내린 목숨과 자연의 이치를 말하는 것이다. 주로 사주명식을 구성하여 한 개인의 길흉화복을 알아보는 협의의 의미로 많이 쓰였다. 사주란 四柱, 즉 네 개의 기둥이라는 의미로 출생연월시를 천간과 지지로서 각기 기둥처럼 구성하였으므로 이렇게 불리었다. 그러나 영어로 번역하면 사주(Four Pillars : 네 개의 기둥)로서 특별한 철학적 의미를 담지 못한다.

과학명리는 모든 생명이 살아가야 되는 이치를 논하는 철학적 의미를 담은 명리(命理)로서의 개념을 바탕으로 시작하여 출생이라는 우주와 인간의 불가

분의 관계, 즉 선천적성에서부터 출발되는 인간존재와 천체의 영향 그 공동
체적 사이클 개념을 이해하고 명리의 과학적 준거의 기틀을 정리할 것이다.

다. 관련 논문

■ 이문정(2007), 「명리이론을 활용한 초등학생 생활지도와 학부모상담」
　　국제문화대학원대학교 석사학위 논문

☞ 본 연구는 각 학생의 출생연월일시에 의한 정보로 사주명식을 구성하고,
명리이론으로 이를 분석한 자료를 토대로 9개월간 초등학교라는 교육현장에
서 학생생활지도와 학부모상담에 활용한 뒤 그 효율성을 분석한 논문이다.
　선천적성에 대한 내용은 학습지도와 진로지도에 활용되어 학생과 학부모
가 필요로 하는 많은 정보제공이 가능하였다. 교육이든 다른 학문적인 시도
든 모든 활동과 적용은 적시에 가장 효율적인 도구를 활용해야 가장 높은 효
과를 볼 수 있다고 할 때에 초등학교 현장이야말로 이와 같은 방법이 잘 활용
될 수 있는 곳이라고 판단하였다.

사주 명식	時 日 月 年 甲 乙 甲 丁 申 巳 辰 丑	– 겁재격 – 특이사항 : 을목 일간 양쪽에 갑목 겁재가 자리를 잡은 중에 식상이 투출되어 있으며 재성 진토와 축토에 인성을 갖고 있는 구조이다.
학습 지도		– 매우 경쟁력이 강하고 목표의식이 강한 유형이지만 체력적으로 뒷심이 다소 부족한 면이 보완되어야 좋은 학생이며, 논리수학적 지능이 우수하여 학업 성취도가 높은 유형이다. – 자신의 자아실현에 대한 욕구가 강하고 훌륭한 결과를 내고자 노력하는 유형이다. 심리적인 안정감이 부족한 점이 단점이므로 항상 친구나 가족들로부터 지지를 받고 있다는 편안한 기분을 느끼게 돕는 것이 중요하다. – 기억력이 다소 부족하므로 암기하는 습관과 기록하는 습관이 필요하다. – 흥미와 관심을 유발시키거나 친구들이 많이 하는 것에 대하여 무조건 시작해보는 성격이다. 자신이 할 수 있는 범위 내에서 계획성있게 준비하고 실속 있게 다져가는 것이 중요하다.
인성 지도		– 매우 경쟁력있는 심리구조로 인해서 개인적 발전도 오지만 정서적인 문제도 동반하게 되므로 자신이 할 수 있고 하고 싶은 것이 무엇인가에 대한 생각을 먼저 하고 활동의 범위를 정하는 것이 매우 중요한 유형이다. – 자신만의 독특한 발상과 창의적인 생각들이 학교나 사회에서 인정받기를 바라는 심리가 강하므로 많은 대회나 다양한 경험들을 통해서 자신의 기량을 보여주는 기회를 많이 갖는 것이 좋다. – 책임감은 강하지만 인내력이 다소 부족하므로 항상 욕심을 조금만 버리는 것이 필요하다.
진로 지도		– 장기적인 안목으로 볼 때에 공부를 많이 하는 것이 좋으므로 학업에 정진하는 기간을 길게 잡고 다소 여유 있는 마음으로 진로탐색을 하는 것이 좋고 자격을 갖춘 전문적인 능력을 갖추는 것이 좋다. – 자신감이 있으나 조급한 성격이므로 장기간보다는 단기간에 승부를 보는 업무에 적합하다. – 아이디어가 필요한 창의적인 업무에도 강점을 가지는 유형이므로 연구직에서도 능력을 발휘할 수 있다. – 우주과학자, 안경사, 체육교사, 의상디자이너, 매니저
종합 의견		– 매우 경쟁력이 강한 성격에 자아실현 욕구가 강하지만 인내심과 기획력이 다소 부족하므로 단기간에 승부를 보는 일에 강점을 가지며, 자신이 할 수 있는 것에 대한 범위를 정하고 활동하는 것이 좋고 공부를 많이 하여 일정한 자격을 반드시 갖추는 것이 필요하다.

사주 명식	時 日 月 年 戊 癸 甲 丁 午 未 辰 丑	- 상관제살격 - 특이사항 : 관성이 강한 중에 월간 갑목이 상관제살을 하고 있는 구조이다. 갑목의 역할이 항상 주목되는 사주이다.
학습 지도		- 항상 도전적인 심리가 강하므로 학습도 그러한 맥락에서 자신의 능력과 외적인 자극으로 인식하고 열심히 하는 유형이다. - 학습성취도도 높고 이해력도 높지만 인내심과 협력이 필요한 학습은 힘들어하며 개인적인 동기유발에 근거하여 자기주도적인 학습을 고집하는 유형이다. - 강한 자존심을 가진 이상으로 감정적인 면이 많으므로 감정조절이 학습에 영향을 많이 미치므로 주의할 사항이다.
인성 지도		- 이상과 현실의 괴리감 속에서 심리적으로 항상 도전하고 생각이 아주 많은 학생이다. - 외적인 자극이 강제성을 띤다는 강박관념과 내면적 수용거부의 심리가 불균형을 이루고 있지만, 외적으로는 이를 모두 극복한 이상적인 자아를 표현하기 위해 상반되는 행동을 보이는 유형이다. - 언제나 자신이 인정받기를 바라므로 장점에 대해서는 절대적으로 인정하고 칭찬해주며 잘못된 점에 대해서는 논리적으로 납득이 되게 설명해 주어야 되는 유형이다.
진로 지도		- 직장생활보다는 자격증이나 학문적 소양을 겸비한 자유전문직이 더 적절한 유형이지만 독자적인 영역이 보장된다면 직장생활도 가능하다. - 법을 많이 다루고 관청과 관련된 업무에 능하며 자신은 그러한 법이나 관청에 속해 있지는 않아도 그러한 종류의 업무에 강점과 흥미를 보이게 되는 유형이다. - 심리적으로는 바르고 정도를 걷고자 하지만 감정적인 면이 강하므로 항상 공적인 문제와 사적인 감정을 구분하고자 하는 개인적인 노력이 사회적 성공의 기반이 된다는 것을 명심해야 한다. - 기술, 작가, 법률분석가, 평론가, 감정평가사
종합 의견		- 매우 지능이 높고 문제해결에 있어서 도전적이고 능동적인 면이 많은 학생으로 자신의 언어지능과 전문지식의 활용이 기대되지만 감정적인 면과 강박관념으로부터의 심리적 극복이 가장 중요한 유형이다.

본 연구의 의의는 명리학 이론이 각 학생에 대한 학습지도, 인성지도 그리고 진로지도에 대한 내용을 정확하게 분석하고 적절한 대안과 양육방법을 제시해 주는 이론이라는 점이다. 또한 학생 스스로도 올바른 자아관을 갖도록 도울 뿐 아니라 양육을 담당한 학부모도 교사와 함께 학생에 대한 교육적 효율성을 높이기 위한 협조체제를 마련하는 방법이다.

결론적으로 선천적성을 발견하고 계발하도록 돕는 명리학이론의 적용은 초등학교라는 교육현장에서 학생생활지도와 학부모상담에 활용될 수 있는 효율성 높은 방법이다.

Part 4

인간은 모체 내에서 열 달 동안 육체가 자라고 지구에서 생존할 수 있는 준비를 하다가 태어나는 순간 우주의 기운을 받아들여 개인이란 고유한 존재가 되는 것이다. 인간의 모든 행동과 사고는 모두 선천적으로 유전받은 뇌腦가 주관한다. 그러므로 뇌과학에 대한 학문적 연구는 과학명리와 선천적성을 융합하여 발전돼 나가야 할 필수적인 학문 분야이다.

21세기에는 인간이 비생물학적 존재가 되면서 지능이 지금의 1조 배가 된다는 주장이 있다. 인간의 지능 활용성에 대한 연구가 중요한 학문이라면 지능과 직접적인 관련성이 높은 뇌과학에 관심을 갖지 않을 수 없다. 그러므로 미래에는 교육활동이 어떻게 이루어질 것인

좌우뇌기능과 명리

지 그 기능이 어떻게 변할지에 대하여 궁금하지 않을 수 없는 것이다.

선천지능과 유사한 이론인 다중지능이론을 확립한 하워드 가드너Howard Gardner 박사 또한 각 지능을 주관하는 뇌의 부위가 있음을 확인하였다. 그는 심리학자이기 이전에 뇌를 연구한 학자였다. 그러므로 선천지능도 뇌과학에 대한 연구를 바탕으로 보다 그 활용성이나 연구성과를 과학적으로 발전시켜 나가야 하기 때문에 명리연구가도 뇌에 대한 연구가 필요한 것이다.

4-1 뇌의 구조와 기능

생각이 변하면 성공이 보인다. 이는 아주 간단한 말이지만 영원히 변하지 않을 진리이다. 뇌과학이 발달한 지금 우리의 뇌가 변하면 생각이 변하는 것이고 생각이 변하면 성공이 보인다. 그렇다면 우리 인간의 행동양식과 삶을 주도하는 생각이 생성되는 뇌는 과연 무엇인가? 정신활동의 중심이요 한 인간의 모든 것을 결정해 주는 뇌, 뇌는 마치 컴퓨터의 저장장치에 각기 다른 내용이 저장되듯 각기 고유한 우주의 기운을 받아 저마다 다르게 포맷되는 곳이라 할 수 있다.

그러나 이 뇌도 우리의 육체와 다르게 취급받아야 되는 정신적 활동의 산물이지만은 않다. 뇌연구에 의하면 뇌의 노화를 방지하기 위해서는 학습보다는 꾸준한 운동이 더 중요하다는 연구결과가 나왔다.

'노화에 대해 가장 효과적으로 뇌 건강을 유지할 수 있다고 알려진 방법은 우리가 기대했던 바와는 사뭇 다르다. 그 답이 신체운동이니 말이다. 뉴런은 자신의 역할을 정확히 수행하기 위해 많은 원조를 필요로 하며, 노후의 순환기계통 문제는 뇌에 산소와 포도당을 나르는 혈액공급을 감소시킬 수 있다. 심박률을 상승시키는 종류의 정기적인 운동은 노후에 인지능력을 유지하기 위해 할 수 있는 유일하며 가장 유용한 일이다.'(네이버캐스트, 오늘의 과학)

뇌는 우리 인간을 정신과 육체로 분리하는 근거가 되어 주는 개념이 아니고 총체적인 개념으로 우리 인간을 이해해야 하는 이유를 말하고 있다. 그러므로 정신적 활동을 주관하는 뇌도 우리 인간의 육체와 긴밀한 관련성을 가지고 있다. 우리 인간의 뇌와 육체, 지구와 우주는 이렇게 같은 시간에 서로 영향을 주고받는다.

가. 뇌의 구조와 기능

뇌는 사람마다의 개성있는 성격과 함께 독창적이고 특별한 능력도 소유한다. 아름다운 시(詩)도 재미있는 이야기도 모두 인간의 뇌에서 창조되어 만들어진다. 이렇게 중요한 뇌는 손상을 입게 되면 그 부분이 담당하는 기능을 상실하여 정상적인 생활이 어려운 사람이 되기도 한다. 다양한 뇌의 기능 중에서 선천적성검사(AAT)는 개인의 뇌의 발달 정도에 따른 선천지능과 좌우뇌 기능 분화에 따른 좌우뇌기능 검사를 실시한다. 먼저 가장 기본적으로 뇌의 구조를 살펴보면 다음과 같다.

사람의 뇌는 신생아 때 약 400g이던 것이 성인이 되면 남자는 1,400g, 여자는 1,250g가량이 된다. 뇌의 무게나 주름의 수 등은 지능, 성격과는 직접적인 관계가 없는 것으로 알려져 있다.

뇌는 3개의 주요부분으로 구성되어 있는데 전뇌, 중뇌, 후뇌로 구성되며 운동신경을 담당한다고 알려진 소뇌는 후뇌의 일부로서 후뇌는 연수, 교, 소뇌로 구성되어 있다. 이 가운데에서 연수, 교, 중뇌, 전뇌의 일부 중앙부 구조들이 뇌간을 형성한다고 알려져 있다. 뇌량은 좌뇌와 우뇌를 연결해주는 역할을 하고 있는데 남성보다 여성이 더 발달했다고 한다. 불의의 사고가 나서 뇌를 다친 경우 여자는 남자보다 언어능력을 금방 회복할 수 있다고 한다. 그 이유로 남자는 언어작용을 할 때 거의 좌뇌만을 쓰는 반면, 여자는 좌뇌와 우뇌를 골고루 쓰기 때문이라는 주장도 있다. 또한 남자는 어떤 일을 할 때 그 일에만 집중하여 처리하는 반면, 여자는 동시에 2가지의 일을 할 수 있는 것은 여자가 뇌량이 더 발달했기 때문이라고 한다.

후뇌의 한 부분인 연수는 호흡, 심장박동, 구토, 침분비, 기침, 재채기 등과 같은 생명유지에 필요한 여러 반사를 뇌신경을 통하여 조절한다. 소뇌는 운동을 통제하는 것을 물론 운동을 이끌어내는 감각정보를 조직화하는 데 더 많은 역할을 한다고 한다.

중뇌는 뇌의 중앙에서 시작되며 전뇌로 둘러싸여 있다. 조류, 파충류, 양서류와 어류는 포유류의 중뇌보다 더 큰 비율을 차지한다. 중뇌는 감각정보를 관장하며 안구의 운동이나 홍채의 조절을 담당하고 주로 눈운동을 담당한다.

전뇌는 뇌의 가장 앞쪽에 위치하며 포유류의 뇌에서 가장 눈에 띄는 구조이고 전뇌의 바깥부분을 대뇌피질이라고 한다. 이 대뇌피질은 포유동물의 뇌에서는 잘 발달되어 있으나 파충류와 어류의 경우에는 발달이 미미하다. 대뇌피질은 작고 복잡한 주름과 홈으로 이루어져 있어서 주름이 많고 두께는 2~2.5cm 정도이며 세포의 수는 100억~140억 개로서 뇌 안에서 신경세포가 차지하는 비율이 가장 크다. 대뇌피질은 위치와 기능에 따라 전두엽, 두정엽, 측두엽, 후두엽으로 나눈다. 각각의 기능은 다음과 같다.

대뇌피질의 각 명칭과 기능	
두정엽	인식능력과 눈과 손의 협응력의 발달에 관여
전두엽	언어능력, 추론 등과 관련
측두엽	청각과 후각, 언어능력에 관여
후두엽	시각에 관여

뇌의 구조와 기능에 대한 설명을 더욱 세부적으로 살펴보면 감정과 정서가 발달되는 과정이라든지 각 뇌의 기능들이 어떻게 유기적인 관련성을 가지는지에 대한 설명이 있다. 그러나 이런 모든 설명을 함축하는 한마디가 있다. 발명왕 에디슨의 말이다.

'신체의 주요 기능은 두뇌를 수행하는 것이다.'

−Thomas Alva Edison

두뇌의 구조와 기능

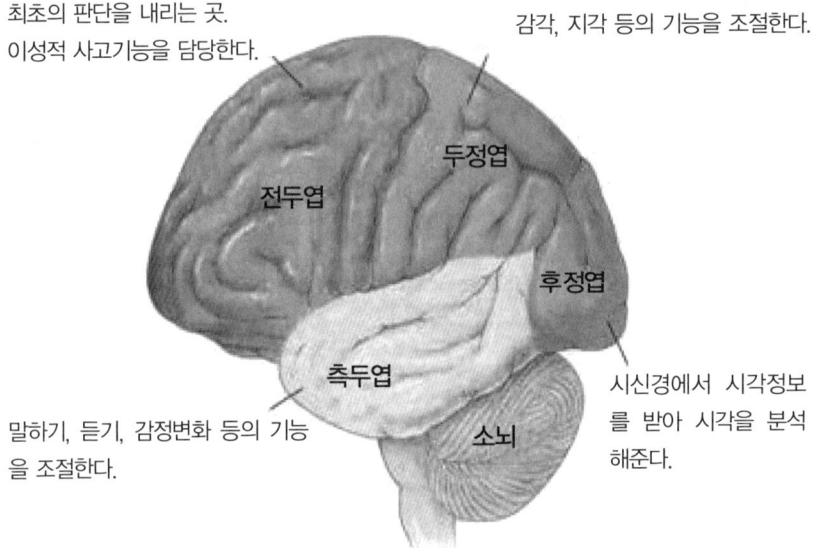

최초의 판단을 내리는 곳.
이성적 사고기능을 담당한다.

감각, 지각 등의 기능을 조절한다.

두정엽

전두엽

후정엽

측두엽

소뇌

시신경에서 시각정보
를 받아 시각을 분석
해준다.

말하기, 듣기, 감정변화 등의 기능
을 조절한다.

나. 좌우뇌 기능분화

대뇌피질의 좌반구는 신체의 우측에 있는 피부 수용기와 근육과 연결되어
외부 세계의 우측 절반만을 본다. 우반구는 반대로 신체의 좌측에 있는 감각
수용기 및 근육과 주로 연결되어 있고 외부 세계의 절반만을 본다. 바로 이러
한 내용이 좌우뇌 기능분화이다. 좌우뇌 반구는 뇌량을 통하여 정보를 교환
하게 되므로 뇌량이 없는 사람은 좌반구의 우측에서 들어오는 정보만을 처리
하고 우반구는 좌측에서 들어오는 정보에 대해서만 반응할 수 있다. 그러나
뇌량이 있는 대부분의 사람들은 양쪽에서 들어오는 정보를 모두 받아들일 수
있다.

이러한 기능적인 설명보다 더 중요한 것은 좌우뇌 기능에 대하여 누구나

어느 한쪽 뇌를 선호하는 경향이 있다는 것이다. 이러한 경향은 한 개인의 인생과 일의 방식에도 영향을 주게 되며, 그 선호도를 변경하기는 어려워도 사용이 저조한 반구의 능력을 개발하는 것은 가능하다는 것이다. 좌우뇌의 기능은 차이가 있기도 하지만 중복되는 기능이나 사고방식도 있다. 좌우뇌기능을 간단히 요약한 내용을 살펴보면 다음과 같다.

좌우뇌기능의 차이점	
좌뇌	**우뇌**
확신적 분석적 직선적 명쾌함 연속적 언어적 구체적 합리적 활동적 목적지향적	직관적 일시적　종합적 정서적　시각적 비언어적　확산적 예술적　상징적 육체적

　우뇌 우위든 좌뇌 우위든 인간은 누구나 독자적인 뇌조직에 맞추어 양뇌를 모두 사용하고 전환을 하게 된다. 좌우뇌기능 분화란 뇌의 기능이 하는 일에 적합하게 작용하는 정도를 의미하며, 논리적인 좌뇌와 감성적인 우뇌라는 커다란 특징을 갖는 것이다.

　뇌를 연구한 학자들은 이러한 뇌기능 분화에 대한 설명에서 양성 평등의 진정한 의미를 말하고 있다.

'여자와 남자는 처음부터 다르다. 평등하기 위해 필요한 것은 이 차이점 위에 기반을 둔 가치이다.'

즉, 여자의 경우는 언어지능이 이른 시기에 발달하며 뇌량이 발달하여 능숙한 정보교환이 가능하다. 이러한 융통성으로 인해 더욱 많은 언어적, 직관적인 기능을 부여받으며 남자는 이러한 통신이 결여되어 우뇌로 치우치게 정보가 전달되어 남자들이 공간적, 신체적 능력이 여성보다 우수해진다는 것이다.

좌우뇌 선호도는 어떤 뇌를 더 집중해서 사용하고 있는가를 측정하는 검사 도구로써 일명 BPI라고도 부른다.

아래 검사지는 고영희(1997), 『당신의 양쪽뇌를 사용하라』, 양서원을 참고함.

나의 번호	

좌우뇌 선호도(Brain Preference Indicator : BPI) 진단 테스트

뇌 선호도 유형

뇌 선호도	좌뇌	우뇌
점수		

사람들은 각기 나름대로 생각하고 느끼고 행동하는 방식이 서로 조금씩 다릅니다. 아래의 각 문항들은 그와 같이 서로 다른 방식을 기술하고 있습니다. 처음에 느껴지는 답에 체크하면서 빨리 푸세요. 이것도 해당되고 저것도 해당될 때는 당신의 태도나 행위에 더 가까운 쪽에 체크하세요. 각 문항 중 자신에게 가장 잘 맞는다고 생각되는 것을 하나만 골라서 해당란에 O표 하세요. 물론 정답이 있는 문제는 아닙니다.

1. 문제를 해결해야 하는 경우 당신은 어떻게 하는가?

a. _____ 산책하면서 곰곰이 해결방안을 생각한 다음 그것들을 토의한다.

b. _____ 생각하고, 모든 선택가능성을 적어 놓은 후, 중요성이 큰 것부터 순서를 매긴 다음 최상의 것을 고른다.

c. _____ 성공적이었던 과거 경험을 상기해서 그것을 보충한다.

d. _____ 자연스럽게 사태가 호전되는 것을 기대하며 지켜본다.

2. 공상에 빠지는 것은

a. _____ 시간낭비이다.

b. _____ 즐거우며 긴장을 풀어준다.

c. _____ 문제해결을 위한 진정한 도움과 창조적 사고에 도움을 준다.

d. _____ 나의 미래 계획에 실행가능성 여부를 부여하는 수단이다.

3. 아래의 그림을 재빨리 보고 질문에 대답하라.

그려져 있는 얼굴은 웃고 있는가?

a. _____ 예   b. _____ 아니요

4. 예감에 대하여 생각할 때

a. _____ 자주 강한 예감을 느끼며 그것에 따른다.

b. _____ 강한 예감을 느끼긴 하나 의식적으로 그것에 따르진 않는다.

c. _____ 때로 예감을 느끼나 그것을 많이 믿지는 않는다.

d. _____ 중요한 결정을 내리기 위하여 예감에 의존하고 싶진 않다.

5. 평상시의 당신 행동에 대해 생각해본다면 당신 스타일의 가장 전형적인 것은 무엇인가?

a. _____ 내가 해야 할 일, 만나야 할 사람들의 목록을 만든다.

b. _____ 갈 곳, 만날 사람, 할 일을 마음속에 그린다.

c. _____ 일이 일어나게 내버려둔다.

d. _____ 각각의 목록과 활동에 필요한 적당한 시간을 대략 적으면서 하루 일과표를 짠다.

6. 모든 물건을 일정하게 두는 장소를 정하며, 일을 할 때 언제나 정해진 방식대로 하며, 정보나 자료를 정리하는 능력이 있는가?

a. _____ 예   b. _____ 아니요

7. 가구를 옮기고, 집이나 사무실의 장식 바꾸기를 좋아하는가?

a. _____ 예   b. _____ 아니요

8. 다음의 행동 가운데에서 좋아하는 것은 어느 것인가?

(있는 대로 모두 체크 하세요)

_____ 수영	_____ 여행
_____ 테니스	_____ 자전거타기
_____ 골프	_____ 수집
_____ 야영 / 도보여행	_____ 글쓰기
_____ 스키	_____ 장기 / 바둑게임
_____ 낚시	_____ 카드게임
_____ 노래하기	_____ 도박
_____ 정원 가꾸기	_____ 모짓놀이(제스처게임)
_____ 악기연주	_____ 춤추기
_____ 집 개량	_____ 걷기

_____ 바느질   _____ 달리기

_____ 독서   _____ 껴안기

_____ 미술 / 공작   _____ 입맞춤

_____ 요리   _____ 접촉

_____ 사진   _____ 잡담하기

_____ 아무것도 하지 않는다   _____ 토론하기

9. 운동과 댄스를 배울 때 어떤 방법이 좋은가?

a. _____ 음악이나 게임의 느낌을 잡아 흉내를 내며 배운다.

b. _____ 순서를 잘 배워 스텝을 마음속에서 반복한다.

10. 운동을 하거나 대중 앞에서 연극을 할 때, 연습 때 익힌 실력이나 실력 이 상의 힘을 발휘하는 일이 자주 있는가?

a. _____ 예   b. _____ 아니요

11. 당신은 말로써 자신을 잘 표현하는가?

a. _____ 예   b. _____ 아니요

12. 당신은 목표지향적인가?

a. _____ 예   b. _____ 아니요

13. 지시사항, 이름, 뉴스기사 등을 기억하려 할 때 어떻게 하는가?

a. _____ 정보를 마음속에 그려본다. 정보를 시각화하여 기억한다.

b. _____ 기록한다.

c. _____ 입으로 말하며 외운다.

d. _____ 과거의 정보와 관련지어 기억한다.

14. 당신은 사람들의 얼굴을 잘 기억하는가?

a. _____ 예   b. _____ 아니요

15. 말을 사용할 때 당신은?

a. _____ 단어를 아름답고 멋있게 꾸민다.

b. _____ 리듬을 생각하고 은유를 넣기도 한다.

c. _____ 정확하고 적절한 표현을 선택한다.

16. 사람과 이야기할 때 어느 쪽이 더 편안한가?

a. _____ 듣는 편

b. _____ 말하는 편

17. 모임에서 즉석으로 연설해 달라는 요청을 받는다면 어떻게 하는가?

a. _____ 주장이 관철될 때까지 말한다.

b. _____ 주장을 뒷받침해 줄 수 있을 듯한 권위자를 찾는다.

c. _____ 뒤로 물러나 앉는다.

d. _____ 의자나 탁자를 밀거나 큰소리 치거나 한다.

18. 시계를 보지 않고 시간이 얼마나 지났는지 정확하게 맞출 수 있는가?

a. _____ 예   b. _____ 아니요

19. 다음의 어떤 사회적 상황을 좋아하나?

a. _____ 미리 계획된 상황

b. _____ 즉흥적인 상황

20. 새로운 일이나 어려운 일에 대비할 때 어떻게 하는가?

a. _____ 그 일을 능률있게 처리하고 있는 자신의 모습을 마음속에 그린다.

b. _____ 비슷한 경우에는 성공한 때를 기억해낸다.

c. _____ 그 일에 관한 광범위한 데이터를 준비한다.

21. 혼자서 일하는 것이 좋은가, 단체에서 일하는 것이 좋은가?

a. _____ 혼자

b. _____ 단체

22. 규칙을 왜곡하거나 또는 회사의 방침을 바꿔야 하는 것에 대해서 어떻게 생각하는가?

a. _____ 규칙과 방침에 따라야 한다.

b. _____ 체계화된 것의 도전에서 진보가 탄생된다.

c. _____ 규칙은 파괴되어지기 위해 있다.

23. 학생시절 당신이 선호한 것은?

a. _____ 대수

b. _____ 기하학

24. 글자를 쓸 때 연필은 어떻게 쥐는가?

a. _____ 정상적인 오른손잡이

b. _____ 갈고리 모양으로 굽혀서 쓰는 오른손잡이 (손가락이 가슴을 향하게)

c. _____ 정상적인 왼손잡이

d. _____ 갈고리 모양으로 굽혀서 쓰는 왼손잡이 (손가락이 가슴을 향하게)

25. 필기할 때 활자체로 쓰는 때가 있는가?

a. _____ 예   b. _____ 아니요

26. 어떤 목적으로 제스처를 하는가?

a. _____ 요점을 강조하기 위해서

b. _____ 감정 표현을 위해서

27. 어떤 결과가 맞거나 옳다고 본능적으로 느끼는가, 아니면 어떤 정보에 기초하여 결정을 내리는가?

a. _____ 느낀다.

b. _____ 결정한다.

28. 모험하기를 좋아하는가?

a. _____ 예   b. _____ 아니요

29. 뮤지컬 관람 후

a. _____ 곡의 선율 몇 개를 콧노래로 부를 수가 있다.

b. _____ 가사 몇 개를 생각해낼 수 있다.

30. 연필을 쥔 손을 몸 앞으로 뻗어라. 연필이 마루에 수직이 되도록 하며, 시선의 바로 앞에 가지고 온다. 조금 떨어진 곳에 있는 액자, 흑판, 문 등의 세로선과 맞추어라. 그대로 왼쪽 눈과 오른쪽 눈을 교차로 감아라.

a. _____ 왼쪽 눈을 감았을 때 연필이 움직이는 것같이 보였다.

b. _____ 오른쪽 눈을 감았을 때 연필이 움직이는 것같이 보였다.

31. 편안한 자세로 앉아 손을 깍지 끼어 무릎 위에 놓아라. 어느 쪽 엄지 손가락이 위로 가는가?

a. _____ 왼쪽

b. _____ 오른쪽

c. _____ 양쪽 나란히

32. 자신에게 해당된다고 생각하는 항목을 모두 선택하라.

a. _____ 계약서, 지도서, 법률관계서류 등의 의미를 적절히 잡을 수 있다.

b. _____ 모형과 도식을 이해할 수 있다.

c. _____ 등장인물, 무대장치, 연출법을 대담하게 마음속에 그려낼 수 있다.

d. _____ 친구가 방문하기 전에 미리 전화해 주는 것을 좋아한다.

e. _____ 전화로 잡담하는 걸 싫어한다.

f. _____ 여행의 세부사항을 계획하고 정리하는 것에 만족을 느낀다.

g. _____ 전화하기를 좋아한다.

h. _____ 사전에서 단어를, 전화번호부에서 이름을 잘 찾는다.

i. _____ 말장난을 좋아한다.

j. _____ 회의나 강의에서 필기를 많이 한다.

k. _____ 스트레스 속에서 기계를 조작할 때는 긴장한다.

l. _____ 아이디어가 종종 어디선지 모르게 떠오른다.

33. 기분이 자주 변하는가?

a. _____ 기분파이다.

b. _____ 거의 기분이 변하지 않는다.

34. 보디랭귀지(Body Language)에 대하여

a. _____ 보디랭귀지에 대해서는 그다지 의식하지 않고 상대가 말을 하는 것에 귀를 기울인다.

b. _____ 보디랭귀지를 잘 읽는다.

c. _____ 사람이 하는 말과 또 그들이 사용하는 보디랭귀지도 잘 이해한다.

이제 검사가 모두 끝났습니다. 감사합니다.

문항에 따른 점수판별법

이제 안내된 표를 참고로 채점한 점수를 합쳐서 당신이 체크한 답안의 '수'로 나누어보세요. (답안의 숫자는 8번과 32번 질문이 많은 수의 항목을 차지하고 있기 때문에 개인에 따라 다를 것이다. 예를 들면 만약 40개의 답안에 합한 총점이 300이면 당신의 뇌 선호도(BPI) 는 7.5가 될 것이다.)

자기 진단 테스트 득점율 계산하는 방법은 다음과 같이 선택한 답에 쓰여진 점수를 채점한다.

1. a=7 b=1 c=3 d=9   2. a=1 b=5 c=7 d=9

3. a=3 b=7   4. a=9 b=7 c=3 d=1

5. a=1 b=7 c=9 d=3   6. a=1 b=9

7. a=9 b=1

8.

수영=9	카드게임=2	독서=3
여행=5	노래하기=3	껴안기=9
테니스=4	도박=7	미술/공작=5
자전거타기=8	정원 가꾸기=5	입맞춤=9
골프=7	몸짓놀이(제스처게임)=5	요리=5
수집=1	악기연주=4	접촉=9
야영/도보여행=7	춤추기=7	사진=3
글쓰기=2	집 개량=3	잡담하기=4
스키=7	걷기=8	아무것도 하지 않는다=9
장기/바둑게임=2	바느질=3	토론하기=2
낚시=8	달리기=8	

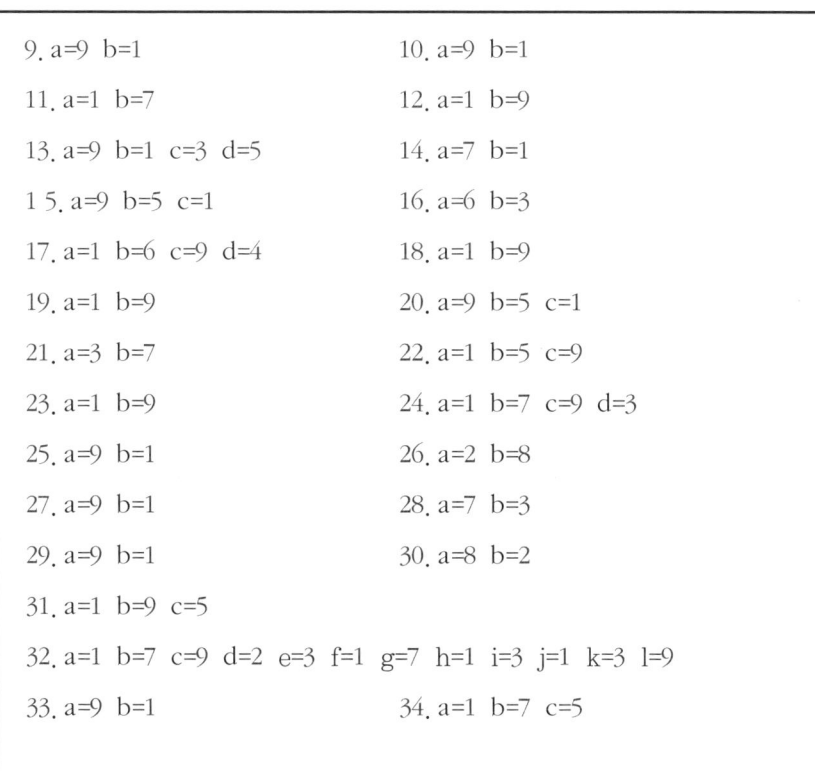

9. a=9 b=1   10. a=9 b=1

11. a=1 b=7   12. a=1 b=9

13. a=9 b=1 c=3 d=5   14. a=7 b=1

1 5. a=9 b=5 c=1   16. a=6 b=3

17. a=1 b=6 c=9 d=4   18. a=1 b=9

19. a=1 b=9   20. a=9 b=5 c=1

21. a=3 b=7   22. a=1 b=5 c=9

23. a=1 b=9   24. a=1 b=7 c=9 d=3

25. a=9 b=1   26. a=2 b=8

27. a=9 b=1   28. a=7 b=3

29. a=9 b=1   30. a=8 b=2

31. a=1 b=9 c=5

32. a=1 b=7 c=9 d=2 e=3 f=1 g=7 h=1 i=3 j=1 k=3 l=9

33. a=9 b=1   34. a=1 b=7 c=5

1. 총합계 점수 (   ) 점

2. 체크한 답안의 수 (   )개

3. 평균 (   )점

이 연속선 위에서 당신의 점수를 표시하세요.

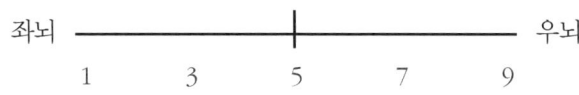

좌뇌 ————————————|————————————— 우뇌

1   3   5   7   9

좌우뇌기능 분화이론은 자신의 뇌사용 성향을 분석하여 균형된 삶을 이루도록 돕는 데 활용할 수 있는 이론이다. 그러나 위대한 사람들의 이점은 양쪽 뇌를 효과적으로 사용하는 경향이 있는 반면에 일반인들은 뇌의 한쪽에 편중되어 일단 그것을 사용하는 데 익숙해져 버리면 그쪽 뇌만을 사용하는 경향이 있다고 한다.

뇌반구가 서로 대조적인 기능을 가지는 좌우뇌로 기능분화를 이루고 다시 세부적인 구조를 가지는 것처럼 명리학도 먼저 음양을 나누고 다시 음양이 오행으로 분화되어 다양한 기질들이 파생된다. 우리의 몸에는 이러한 전 우주에 걸쳐 적용되는 일반적인 법칙이 고스란히 반영되어 있다. 그런 의미에서 살펴본다면 우리의 뇌구조가 좌우뇌로 분화되어 음양이 조화를 이루듯 서로의 존재가치를 높여주는 역할을 한다는 것은 그리 놀라운 일이 아니다.

성격심리의 면에서나 삶의 균형을 위해서나 사주구조에서 음양의 조화는 오행의 조화만큼이나 중요하다. 좌우뇌의 기능 또한 융통성있게 활용되고 고루 발달될 때 그 사람의 전 생애에 걸쳐 균형 있는 삶을 유지시켜 줄 수 있다. 명리직업상담론에서는 좌우뇌기능 또한 직업적성에 영향을 미치는 한 요인으로 파악하였다. 음양으로 대비되는 개념, 그리고 정편으로 대비되는 개념은 좌우뇌기능 분화와 밀접한 관련성을 가지는 명리이론이다.

4-2 선천지능과 뇌과학

생각은 뇌에서 나오고 이 뇌는 우주의 기운을 받아 그 기질이 형성된다. 그러므로 주어진 환경과 부모의 영향 속에서 유도된 생각과 기질을 벗어나 본래의 기질을 발휘하고 숨어 있는 적성과 성격과 기질이 올바르게 발휘할 수 있게 도와주는 것이 한 인간이 이 우주의 일부로 태어난 소명을 다할 수 있게 도와주는 최선의 길이다.

선천지능과 가장 이론적 맥락을 함께하는 이론이 가드너 박사의 다중지능이론이다. 한 개인의 사주구조가 전체적으로 일률적인 지능을 보여주는 것이 아니라 각 십성이 저마다의 지능을 발현한다는 이론은 다중지능이론과 그 주장이 동일하다. 가드너 박사는 각 지능을 주관하는 뇌의 분야가 있음을 주장하였고, 심리학자이기 이전에 뇌를 연구한 학자로서 다중지능을 뇌과학으로도 설명하였다.

좌우뇌기능에 대한 연구는 다중지능이론 발전에 한몫을 하였다. 많은 심리학자나 생리학자들이 뇌에 대한 연구를 거듭하였지만 아직도 뇌에 대해 많은 것을 밝혀내지 못하였다. 다중지능이론은 뇌에 대한 연구를 바탕으로 등장한 것으로 특히 1981년 미국의 노벨 의학상 수상인인 로저 페리(Roger Perry)가 발표한 좌우뇌이론이 다중지능이론을 뒷받침하는 데 큰 역할을 했다.

가. 지능의 조건

지난 100년 가까이 인간의 지능을 측정해 온 IQ 검사는 주로 언어와 논리수학적 지능만을 측정한 것으로 좌우뇌기능 중에서 좌뇌의 능력만을 측정한 것이다. 그러므로 가드너 박사는 인간 두뇌의 전반적인 기능을 측정해야 된다고 주장하였으며, 어떤 재능이 지능으로 인정을 받으려면 반드시 두뇌에서 어떤 부위와 관련성이 있음이 첫 번째로 증명해야 한다고 하였다. 두뇌와 관련된 조건을 포함하여 가드너는 다음과 같은 8가지 조건을 지능의 조건으로 주장하고 이를 충족시키는 지능만을 다중지능으로 발표하였다.

가드너 박사의 지능의 조건	
1	두뇌에 그 기능을 담당하는 곳이 있어야 한다.
2	지능에는 최고와 최저의 발달과정이 있어야 한다. : 즉 기초부터 시작해서 전문가에 이르는 발달과정이 있어야 한다.
3	지능이 발휘되기 위한 나름의 체계가 있어야 한다. : 컴퓨터의 작동을 위한 도스나 윈도의 체계가 있듯이 음악지능도 화음과 음률, 리듬의 체계가 있고 신체운동지능도 그 동작을 위한 체계가 있다.
4	지능은 실험 연구나 심리학적 연구로 검증될 수 있어야 한다. : 퍼즐은 공간지능, 논리적 패턴을 알아보는 일은 논리수학지능을 알아보기 위한 것처럼 심리학적 연구와 관찰로 지능의 존재를 인정할 수 있어야 한다.
5	지능은 독립적인 형태로 관찰 가능해야 한다. : 영화 〈레인맨〉의 자폐증상을 가진 주인공이 천재적인 수리계산능력을 가진 것이나 모차르트가 5세에 천재적인 음악지능을 보여주었듯이 지능 자체를 독립적으로 관찰할 수 있어야 한다.
6	특정 능력은 누구나 겪는 발달과정이 있어야 한다. : 모든 사람에게서 기본적이고 보편적으로 나타나서 그 수준에서 전문가가 되기까지 두드러진 능력이 보이는 독특한 발달과정을 통해 독립적 지능이 된다.
7	지능은 진화적인 특성을 갖고 있어야 한다. : 인간보다 먼저 존재했던 종으로부터 현재에 이르기까지 진화론적인 역사를 갖는 능력이어야 지능으로 볼 수 있다. 새들의 음악지능이라든지 동물의 공간지능이 그 대표적인 것으로 가드너는 자신이 제시한 8개의 지능이 모두 호모사피엔스 시대로부터 현재까지 그 진화과정을 추적할 수 있다고 주장했다.
8	지능은 관련된 상징체계를 갖고 있어야 한다. : 수학, 지도, 건축, 언어, 음악, 춤, 축구 등에서 사용되는 표식들로 숫자나 몸동작, 그림 단어 등으로 표현할 수 있어야 한다. 이러한 상징체계는 중요한 정보를 전달하며 관련 지능을 구체적으로 표현하는 역할을 한다.

나. 지능과 두뇌영역

다음으로 가드너 박사의 다중지능을 주관하는 두뇌의 영역을 살펴보면 다음과 같다. 각 지능은 이를 담당하는 두뇌의 부위가 존재하며, 다중지능이론의 자연친화지능을 제외한 7가지 지능을 정리해 보면 다음과 같다.

다중지능과 관련 두뇌 영역

지능	관련 두뇌 영역
언어지능	좌측두엽과 전두엽
논리수학지능	두정엽의 좌측과 우반구
공간지능	우반구의 후반구
신체운동지능	소뇌, 기저핵, 운동피질
음악지능	우측두엽
인간친화지능	전두엽과 측두엽, 변연계
자기성찰지능	전두엽, 두정엽, 변연계

4-3 명리와 좌우뇌기능의 관계

음양의 존재처럼 우리 인체도 내부와 외부, 그리고 좌뇌와 우뇌라는 상대적인 개념이 존재한다. 음양오행은 독립적이면서도 공존하는 원리가 적용된다. 좌뇌와 우뇌는 서로 분화되어 독립적인 기능을 가지고 있다. 그러나 서로 공조체제를 이루며 좌우뇌로 분화된 기능이 한 사람의 성격과 지능형성에 영향을 미치고 있다.

가. 십성의 기질과 좌우뇌기능

십성의 기질과 좌우뇌 기능과의 연관성은 좌우뇌의 분화된 기능이 발휘되는 특징과 명리의 음양오행의 성질 및 십성의 기질과 비교분석하여 아래와 같은 개념으로 3단계의 좌우뇌 기능점수 부여방법을 설정하였다.

좌우뇌기능 판별 단계	
1차	음양과 오행의 분포를 측정하여 분류
2차	십성의 정과 편의 이원화 분류에 의한 분포도 적용
3차	좌우뇌 기능의 특징과 매칭 되는 십성의 고유성을 점수로 환산

좌우뇌 기능과 관련된 십성 중에서도 상호 연관성이 있는 십성은 각기 적용되는 기질에 따른 비율을 두어 구별하였다. 위와 같이 설명되는 선천적성검사의 좌우뇌기능분화 점수 환산의 방법과 식은 이 지면에 논하기에는 복잡

할 뿐만 아니라 선천적성검사연구소의 AAT특허정보에 해당되어 생략한다.

나. 좌우뇌기능의 특성

선천적성검사(AAT)에서 좌우뇌기능 검사는 다음과 같은 기능을 비교하여
우위에 있는 뇌기능에 대한 정보를 제공한다.

좌우뇌기능 검사와 활용자료

좌뇌의 특성	우뇌의 특성
사실적이며 현실적이고 구조적이다	창조적이고 유동적이고 자발적이다
지성, 논리성, 객관성, 합리성	감성, 추상성, 주관성, 창조성
언어적 학습과 추리력의 수학학습에 유리	비언어적 학습과 시·공간적 학습에 유리
선택형 질문을 선호, 감정을 쉽게 자제	주관적 질문을 선호, 감정을 쉽게 표현
분석적 독서와 객관적인 판단력	종합적 독서와 직관적인 판단력
확실하고 정확한 정보를 선호	불확실하고 불분명한 정보를 선호
계획된 연구 및 작업에 적합, 귀납적	자유로운 연구 및 작업에 적합, 연역적

Part 5

심리학자들은 인간의 능력을 측정하기 위해 다양한 측정도구를 개발하고 임상실험을 거쳐 표준화하여 인간의 지능을 측정하려는 노력을 하였다. 명리직업상담론에서의 지능은 선천적으로 타고난 그 사람만의 고유한 장점지능을 발견하여 계발하는 데 목적을 두고 있다.

아리스토텔레스Aristoteles는 진정 가치있는 삶이란 '에우다이모니아Eudaimonia'를 낳는 삶이라고 말했다. 에우다이모니아는 그리스어로 '행복' 이란 의미를 가진 말로 아리스토텔레

명리의 선천지능

스가 일찍이 설파했던 명언이다. 즉, 자신이 가장 잘하는 분야에서 최선을 다하라는 명언으로 선천적성으로 발현되는 선천지능의 의미를 생각해보게 하는 말이다.

5-1 선천지능이론

십성에서 발현되는 선천지능은 다음과 같다.

가. 선천지능(Apriority Intelligence)의 구성

십성은 각각 개별적인 선천지능을 소유하므로 인간은 선천적 다중지능을 소유하게 된다. 이러한 선천지능이 사주에서 복합적인 작용을 하면서 분포된다.

선천지능은 사주 내 십성분포의 정도에 따라 인지, 행동, 사고, 흥미, 적성, 직무능력, 사회성 등등의 개별적이고 역동적인 기능을 측정할 수 있다. 바로 이러한 측정방법을 '선천적성검사'라고 한다. 그러므로 그 측정결과에 따라 훌륭한 인생의 길을 걸을 수 있도록 출생과 동시에 양육 및 교육방법의 효과적인 선택과 함께 적성에 맞는 학과전공 및 자신의 직무능력에 적합한 직업 유형을 선택할 수 있도록 한다.

선천적성검사(AAT)는 능률적인 사회인, 행복한 인간이 되도록 출생과 동시에 인생을 다하는 그날까지 일관되게 인간경영을 하는 것이다. 선천지능은 우주가 인간에게 내린 선물이다.

십성	특성	선천지능 명칭
		우주가 인간에게 내린 선물 – 열 개의 선천지능
정인	전통을 숭상. 기록력이 우수	사고지능 Thinking intelligence
편인	예술과 철학적 수용능력	인식지능 Cognition intelligence
비견	독립적인 현실적 해결사	자존지능 Self-existence intelligence
겁재	신체적 기술과 적극성	경쟁지능 Competition intelligence
식신	생산적 연구와 기술 노하우	연구지능 Research intelligence
상관	탁월한 설득력과 비판적 사고	표현지능 Expression intelligence
편재	공간지각력과 신속한 가치판단력	평가지능 Estimation intelligence
정재	치밀한 계산력과 분석력	설계지능 Design intelligence
편관	결단하고 판단하는 카리스마	행동지능 Action intelligence
정관	명예와 신념의 정직과 원칙	도덕지능 Moral Intelligence

나. 선천지능의 해석

선천지능의 해석은 10개의 십성이 지능으로 어떻게 발현되는가에 대한 설명이다. 각 지능은 고유한 기질과 목표를 지니며 이러한 선천지능의 공조는 새로운 능력을 일간에게 부여한다.

1) 사고(思考)지능(Thinking intelligence) **: 정인**

- 사고 : 목표, 계획에 따라 다루고 생각하여 마음에 느끼고자 하는 정신
  상태
- 상징어 : 인지, 상상력, 관념, 의식, 수용적, 쓰기를 통한 기록력, 정리를
  통한 안정성 추구, 과정 중시형, 보수적, 내향적
- 성향 : 해독능력, 역사성, 수용력, 정직성, 시간성, 아이디어, 기록능력이
  우수하다. 정리정돈을 잘하며 순서와 절차를 중시하고 명예와 의무적 성
  향이 강하다.
- 우수능력 : 모든 일을 순서와 순리로 행하는 안정감을 갖추고 있으며, 어
  떠한 교훈이나 이론적 지침을 여과없이 수용하여 장기적인 안목과 함께
  수행하는 능력이 우수하다.
- 사고지능의 결론 : 학습의 수용과 생각을 기록 정리하는 지능으로 기록
  능력, 암기력, 수용적, 학습적, 보수적, 내면성으로 대표되며 안정성 추
  구, 정리정돈, 항상성, 전통성중시 등이 주요 특징이다.

2) 인식(認識)지능(Cognition intelligence) **: 편인**

- 인식 : 인식과정의 결과로서 넓은 의미로는 인간 지식의 총체를 말하며,
  좁은 의미로는 일정 범위의 대상에 대한 지식
- 상징어 : 직관적, 순발력, 개인적 과정 중시, 공상력, 추리력, 종교적, 초
  현실적 예술성, 선별적 수용성
- 성향 : 추리력, 순발력, 상상력, 종교성, 자율성, 심리성, 예술성이 우수
  한 소유자로 자신의 기분 위주이며 개인적이고 재치와 추구적 성향이 강
  하다.
- 우수능력 : 재치 있고 순간 발상이 뛰어나며 풍부한 공상 및 상상력을 갖
  추고 있다. 대상과 사건에 대한 추리능력과 가설능력이 우수하다.

– 인식지능의 결론 : 추리와 직관력으로 여러 정보를 인식하는 지능으로 이해력, 암기력, 직관능력, 순발력, 창조적, 주관적으로 대표되며 추리력, 영성적, 초현실적 예술성, 현실성 중시 등이 주요 특징이다.

3) 자존(自存)지능(Self-existence intelligence) : 비견

– 자존 : 자기 인격성의 절대적 가치와 존엄을 스스로 깨달아가는 것과 품위를 스스로 지켜나가고 자기를 높여 자긍심을 추구

– 상징어 : 독창적, 협동적, 주관적, 성실성, 반항적, 열정적, 자기 결정 중시, 현재에 초점, 직선적

– 성향 : 자기 내부의 집중력이 강하고 이해와 긍정하는 사안에는 적극적이며 깊이 심취하는 형이다.

– 우수능력 : 주관적인 성향이 강하고 공동의식, 협동심, 경쟁심, 자존심, 질투심, 적극성의 소유로 자발적인 형태의 학습과 업무수행에 능력을 발휘한다.

– 자존지능의 결론 : 공익적 협동과 신체적 기술을 촉발하는 지능으로 독창적, 협동적, 주관적, 열정적, 직선적, 실험적으로 대표되며 집중력, 자기 결정 중시, 현실성, 결과지향 등이 주요 특징이다.

4) 경쟁(競爭)지능(Competition intelligence) : 겁재

– 경쟁 : 둘 이상의 관계에서 재물, 명예, 특정 목표 등 같은 목적에 대하여 이기거나 앞서기 위해 서로 겨루는 것으로 강력한 목표의식을 의미

– 상징어 : 주관적, 직선적, 비약적, 체험과 경험, 모험적, 현재에 초점, 의지적, 자기 결정 중시

– 성향 : 자기 내부의 집중이 강하고 현재에 초점을 맞추어 주어진 책임을 확실하게 수행하는 형이다.

- 우수능력 : 독립적인 성향이 강하고 투철한 경쟁력, 자존심, 질투심, 적극성의 소유자로 실천적이며 책임을 감수하는 독자적 학습과 업무에 능력을 발휘한다.
- 경쟁지능의 결론 : 경쟁과 모험의 독창적 자기 기술력 실험 지능으로 주관적, 직선적, 의지적, 자기 결정 중시, 몰입능력으로 대표되며 경쟁능력, 실험적, 체험과 경험, 결론지향 등이 주요 특징이다.

5) 연구(研究)지능(Research intelligence) : 식신

- 연구 : 어떤 일이나 사물에 대하여 깊이있게 조사하고 생각하여 진리를 따지는 것
- 상징어 : 사교적, 융통적, 이해력, 진실에 관점, 노하우, 기술력, 이행능력, 협조적, 감성적
- 성향 : 타인에 대한 배려와 주어진 프로그램을 수행하는 연구능력과 창의적인 사고와 생산능력이 우수한 형이다.
- 우수능력 : 이해와 친화력이 강하고 희생정신, 창조력, 연구력, 창의성, 양보심, 교합성이 우수한 소유자로 대인관계와 설득력이 우수하다.
- 연구지능의 결론 : 대인관계와 연구의 전문기술을 활용하는 지능으로 이타적, 깁싱적, 이해력, 유동적, 협조적, 기술력으로 대표되며 노하우, 이행능력, 진실에 관점, 미래지향 등이 주요 특징이다.

6) 표현(表現)지능(Expression intelligence) : 상관

- 표현 : 생각이나 느낌 등을 언어나 몸짓의 형상으로 드러내어 나타내는 것과 시각적으로 보이는 사물의 여러 모양과 형태
- 상징어 : 표현력, 미감적, 감정적, 묘사적, 직설적, 독창적, 응용력, 변화관점, 과정중시

- 성향 : 사교성, 감각성, 감수성, 외교력, 언어구사, 모방, 발상, 변화에 우수한 소유자로 예술과 정신적 성향이 강하다.
- 우수능력 : 임기응변과 언어표현능력을 탁월하게 갖추고 있으며, 직설적이고 비판적인 동시에 감수성이 예민하고 미적 감각이 뛰어나다.
- 표현지능의 결론 : 창의성과 모방 및 설득과 비판의 언어표현 지능으로 표현능력, 감각적, 묘사에 능함, 예술성, 직설적으로 대표되며 독창적, 응용력 우수, 변화 관점, 미적 중시 등이 주요 특징이다.

7) 평가(平價)지능(Estimation intelligence) : 편재

- 평가 : 사물의 가치나 수준 따위를 평가하는 것과 또 사람의 능력, 재능, 실적, 업적 등의 정도에 대한 수준 및 가치를 평가하는 것
- 상징어 : 수리력, 통제력, 가치판단력, 결과에 초점, 유동적, 기회포착에 능함, 활동적, 외향적 에너지의 흐름
- 성향 : 평가능력, 방향감각, 통제력, 계산력, 응용력, 가치환산능력 우수한 소유자로 탐재와 유동적 성향이 강하다.
- 우수능력 : 사물의 가치평가에 대한 판단이 빠르고 수리계산능력이 좋으며, 활동적인 동시에 변화와 개혁 및 기회포착과 적응력이 우수하다.
- 평가지능의 결론 : 사물의 가치를 평가하고 결과를 내는 지능으로 수리능력, 가치판단력, 유동적, 활동적, 공간지각으로 대표되며 선과 색채구분, 순간포착, 자율성, 결과중시 등이 주요 특징이다.

8) 설계(設計)지능(Design intelligence) : 정재

- 설계 : 어떠한 목적을 세우고 그 목적에 따라 앞으로 할 일의 절차, 방법, 규모 등을 미리 헤아려 실제적인 계획을 도면 따위로 명시하는 일을 말함.

- 상징어 : 계산력, 논리적 가치판단력, 구성력, 치밀함, 섬세함, 현실적 가치판단, 실리적, 외적 에너지의 내향적 활용
- 성향 : 공간능력, 검소성, 계획성, 논리력, 구성력, 계산력, 섬세성 우수한 소유자로 노력과 실리적 성향이 강하다.
- 우수능력 : 실리적이고 논리적이며 장점과 작은 공간과 작은 수치까지 섬세하게 활용하는 능력을 갖추고 있는 동시에 계획성 및 설계능력이 우수하다.
- 설계지능의 결론 : 치밀하게 계산된 업무를 설계하고 수행하는 지능으로 논리적, 계산력, 현실적, 치밀함, 설계능력, 실리적으로 대표되며 가치판단, 구성력, 에너지 축적, 장기적 결과중시 등이 주요 특징이다.

9) 행동(行動)지능(Action intelligence) : 편관

- 행동 : 현대심리학의 연구대상인 인간생활의 육체적·정신적·사회적 영역에서의 명시적 또는 잠재적 활동능력
- 상징어 : 행동력, 개혁적, 신속한 결정력, 이상에 관점, 내적 에너지의 외향적 활용, 결과중시
- 성향 : 기억력, 도전력, 행동력, 결단력, 수행력, 분별력, 신속성, 인내력 우수한 소유자로 결단과 행동적 성향이 강하다.
- 우수능력 : 충성심과 책임감이 강하며, 신속한 판단과 화끈한 결정력을 갖추었으며 이론보다는 행동적이고 개혁과 도전정신이 우수하다.
- 행동지능의 결론 : 과감하게 판단하고 결정하여 실행하는 지능으로 신속한 결정, 기억력, 판단력, 결과중시, 관리능력으로 대표되며 이상에 관점, 조직구성, 에너지의 현실적 활용 등이 주요 특징이다.

10) 도덕(道德)지능(Moral Intelligence) : 정관

- 도덕 : 관습이나 관행에 의해 육성된 개인의 도덕의식, 도덕적 심정, 태도, 성격 또는 도덕성 그 자체를 의미
- 상징어 : 규범적, 도덕적, 공정성, 공익적, 내향적, 보수적, 내면적 결과 중시, 정교성
- 성향 : 지각력, 도덕성, 합리성, 정교성, 의무성, 책임감 우수한 소유자로 논리적이고 섬세하며 규범과 모범적 성향이 강하다.
- 우수능력 : 신사적인 처사와 공정한 판단력을 갖추고 있으며, 정교하고 세심한 업무파악과 합리적으로 수행하는 능력이 우수하다.
- 도덕지능의 결론 : 원칙과 기준을 세우고 모범적인 사회성 지능으로 공정성, 판단능력, 기억력, 규범적, 도덕적, 보수적으로 대표되며 정교성, 설계능력, 명분, 내면적, 가능성 중시 등이 주요 특징이다.

다. 선천지능의 발현에 대한 관련논문 및 저술

■ 김기승(2006), 『사주명리를 통한 초등학생 영재판별 방법의 연구』
　　　　　　　　청소년지도학회

☞ 본 연구는 사주명리를 통한 영재판별 방법으로 일간을 기준으로 오행의 상생과 상극관계를 십성의 명칭으로 표출시켜 대입하는 과정에서는 여러 가지의 고유한 작용을 판별하게 된다. 영재판별을 받은 초등학생들의 사주를 비교분석하고 그 결과가 지능검사의 도구로 가능한가를 확인하여 영재판별 방법의 도구로 개발하고자 하는 것에 연구의 목적이 있다.

사주의 지능발현 유형과 영재사주의 비교결과

지능발현 유형코스	비교분석 검증내용	일치	%
B형 1코스	자아(E)를 기준으로, (A-인성)지식의 수용과 (B-식상)지식의 응용이 활발하게 이루어 질때 지능이 가장 높게 발현된다.	74명	64.36%
C형 2코스	자아(E)를 기준으로, (A-인성)지식의 수용과 (C-재성)수리능력이 공조관계를 형성할 때 지능이 높게 발현된다.	18명	15.65%
D형 3코스	자아(E)를 기준으로, (B-상관)지식의 응용(창의성)과 (D-관성)분별력이 정밀하게 공조할 때 지능이 높게 발현된다.	14명	12.17%
비교분석 종합결과		106명	92.17%

　　사주명리이론의 지능발현 특성 작용에 준거하여, 영재판정을 받은 초등학교 학생들의 자기 보고에 의한 출생연월일시로 구성되는 사주와의 비교분석에서 일치하는 정도가 종합 92.17%의 매우 높은 수준으로 이는 사주명리를 통한 지능검사도구로 활용할 수 있는 가치가 충분하다고 판단되는 결과가 나왔다.

■ 김기승(2005), 『사주심리와 인간경영』, 창해

　☞ 본 저서는 1부 인간과 사주심리, 2부 인간경영론으로 구성된 저술로 2부에서는 성격심리검사와 지능검사, 선천적성검사의 이론적 배경이 되는 내용들이 수록되어 있다. 위 연구의 지능발현 코스를 다음과 같이 제시해주고 있다.

지능발현 1코스 B형 단계는 일간을 기준으로 인성의 생을 받는 조건에서 식상으로 설기하는 체제를 갖춘 예로 지능이 가장 높게 발현되는 기준이 된다. 즉, 자아(E)를 기준으로 (A-인성)지식의 수용과 (B-식상)지능의 활용관계로 형성될 때 지능이 높게 발현되는 구조가 된다. 지능이 높은 사람들의 사주에서 가장 많은 구조로 나타난다.

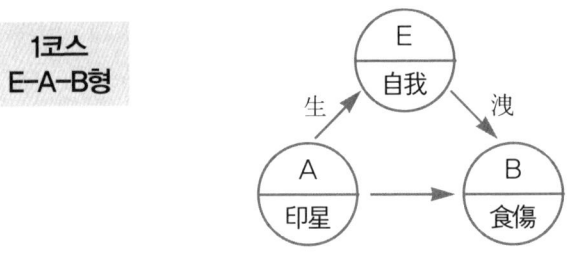

〈편인과 식신〉〈편인과 상관〉〈정인과 식신〉〈정인과 상관〉

지능발현 2코스 C형은 [B형] 단계와 다르게 인성의 생은 받으나 설기하는 식상이 없는 구조이다. 이때 사주 내에 재성이 유리한 작용을 하게 될 때 지능발현이 높게 나타난다. 앞서 말했듯이 식상과 재성은 지능의 활용 포인트이기에 식상이 없어도 재성이 활용과 응용을 대행할 수 있음이다. 즉, 자아(E)를 기준으로 (A-인성)지식의 수용과 (C-재성)수리능력이 공조관계를 형성할 때 지능이 높게 발현되는 구조가 된다. 식상이 없는 상태에서 지능이 높게 나타나는 사람들의 사주로 그 대상자는 많지 않다.

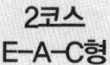

2코스
E-A-C형

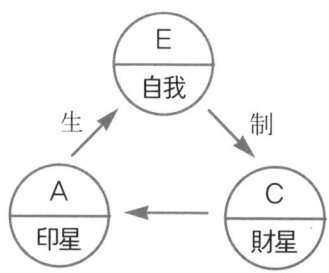

〈편인과 편재〉〈편인과 정재〉〈정인과 편재〉〈정인과 정재〉

- 지능발현 3코스 : E-B-D형
행동지능과 도덕지능이 연구지능과 표현지능에 의해 비범성을 갖는 코스

지능발현 3코스 D형은 식상의 활용성과 응용성이 있는 구조에서 일간으로의 지식유입체계가 되는 인성이 없는 구조이다. 인성을 대행할 수 있는 관성이 유리하게 작용한다면 지식을 유입시키는 역할을 하게 되어 지능이 잘 발현된다. 즉 자아(E)를 기준으로 (B-상관)지식의 응용(창의성)과 (D-관성)기억력이 정밀하게 공조할 때 지능이 높게 발현되는 기준이 된다. 인성이 없는 상태에서 지능이 높게 나타나는 사람들의 사주이며 그 대상은 많지 않다.

3코스
E-B-D형

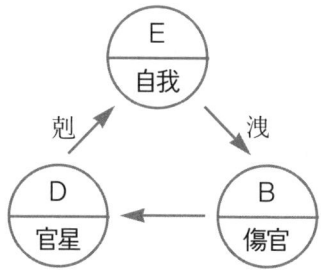

〈편관과 식신〉〈편관과 상관〉〈정관과 식신〉〈정관과 상관〉

5-2 일반적 지능이론

지능(知能, Intelligence)에 대한 정의는 학자마다 다양하지만 지능이 완전히 발달한 성취물이기보다는 일종의 능력 또는 잠재력이며 생물학적 근거를 가지고 있다는 것에 의견을 같이하고 있다. 지능에 대한 정의를 정리해 보면 다음과 같다.

- 사전적 의미 : 문제해결 및 인지적 반응을 나타내는 개체의 총체적 능력
- Piajet의 이론 : 환경에 적응하는 과정이며 단계별로 기본적인 지적 기능이 발달
- Wechsler의 이론 : 목적을 가지고 행동하고 합리적으로 사고하며, 효과적으로 환경에 대처하는 개인의 총괄적 능력
- Sternberg : 상황적으로 적절한 행동을 방출하는 정신능력
- Gardner : 한 문화권 혹은 여러 문화권에서 가치있게 인정되는 문제를 해결하거나 산물을 창조해내는 능력

가. 지능검사의 시작

최초의 지능검사는 19세기 정신지체아를 분류하기 위해 Binet가 실시한 검사에서 비롯되었으며 이후 1917년 미국이 1차 세계대전에 참전하면서 신병을 상대로 군대알파(Army-Alpha)라는 집단지능검사가 대규모로 실시되었다.

지능은 주로 언어능력과 논리수학적 능력을 검사하기 때문에 지능과 당시의 학교성적과는 관련성이 깊으나 지능과 사회적 성공과의 관련성을 밝히는 데는 상당히 많은 어려움이 있다. 또한 지능발달에 있어서 유전과 환경의 관계 역시 완전히 파악되지 않았다. 이에 대한 의문으로 따로 양육된 일란성 또는 이란성 쌍둥이의 각각의 성취도를 검토하는 등의 다양한 방식으로 연구되

기도 하였다. 다음은 이와 관련된 기사이다.

쌍둥이 자매가 태어나자마자 헤어졌다가 35년 만에 다시 만난 사연이 뒤늦게 알려졌다. 비운의 자매는 프랑스 파리에서 단편영화 감독 겸 작가로 활동하던 엘리스와 미국 뉴욕에서 활동하는 작가 폴라 번스타인. 조사 결과 자매는 뉴욕에서 태어나 입양기관에 함께 맡겨졌으나 1979년 아동심리학자 피터 노이바워 박사가 이끄는 실험 대상으로 선정돼 각각 다른 집에 입양됐다. '사람의 인성 형성에 유전과 환경 중 어느 쪽이 더 중요한가'를 알고 싶어 하는 과학자들의 실험 대상으로 선정돼 관찰 대상이 된 것이다.

여류 저술가이자 영화감독인 엘리스 셰인 씨는 35세 때인 2004년 자신의 생모를 찾아나섰다. 하지만 생모는 이미 30여 년 전 사망했고 입양기관 관계자는 '당신에겐 일란성 쌍둥이 자매가 있었다'고 귀띔해 줬다. 뉴욕에 사는 쌍둥이 자매 폴라 번스타인 씨에게 연락이 닿았다. 35년 만에 만난 쌍둥이는 밤새워 이야기를 나누며 부정할 수 없는 서로의 공통점을 확인했다. 둘 다 어릴 때부터 프랑스 파리 여행을 꿈꾸다 마침내 꿈을 이뤘고, 고교 때는 학교신문 편집을 했으며 대학에선 영화를 전공했고, 지금은 글을 쓰고 있다는 것이었다. 자매가 알게 된 더 놀라운 사실은 자신들이 '유전 대 환경'의 실험 대상이었다는 점이다.

1960년대 후반 저명한 아동심리학자인 피터 노이바워 박사가 주도하는 연구팀은 입양기관에 맡겨진 6쌍 13명(세 쌍둥이 포함)의 쌍둥이들을 일부러 각각 다른 집으로 입양시켰다. 입양한 부모들도 이를 몰랐다. 과학자들은 아이들의 성장과정을 담은 사진과 지능발달 기록 등을 수시로 얻어 분석한 것으로 알려졌다.

자매는 노이바워 박사를 찾아갔다. 몇 차례의 거절 끝에 자신의 발언을 녹음하지 않는다는 조건으로 면담 요청에 응한 노이바워 박사는 1980년에 연구를 중단했으며, 연구결과는 예일대 자료실에 2066년까지 밀봉된 채 보관될 것이라고 말했다. 실험이 중단된 것은 윤리적으로 문제가 있다는 지적 때문이었다. 뉴욕 주는 1981년 입양기관들에 쌍둥이 분리 입양 자제를 요구했다. 노이바워 박사는 '당시 과학자들은 쌍둥이라고 똑같은 옷을 입히는 식으로 키우는 것보다 따로 키우는 게 아이들에게 더 좋은 영향을 미친다고 믿었다'고 주장했다고 자매는 전했다.

2004년 엘리스와 상봉한 폴라는 '우리를 갈라놓은 것은 자연의 섭리를 거역한 범죄행위'라고 분통을 터뜨렸다. 자매는 이런 사연을 담은 책 『일란성 타인(Identical Strangers) (랜덤하우스)을 최근 펴냈다.(〈동아일보〉, 2007년 10월 30일 기사)

※『일란성 타인(Identical Strangers)』(랜덤하우스)

위의 기사로 미루어 본다면 한 사람의 지적능력은 환경적인 영향도 있겠지만 선천적으로 타고나는 유전적인 요소도 강하다는 것을 알 수 있다. 비록 윤리적이지 못한 실험으로 인간을 상대로 다시는 실시되지 말아야 하는 실험이지만 위의 기사는 선천적성에 대한 확신을 주는 내용이다.

그렇다면 지능점수가 높으면 모든 능력에서 우수하고 지능이 낮으면 모든 능력이 떨어지는가? 1950년경까지의 견해는 이렇게 통합된 개념으로 이해되었으나 1950년대 이후로 J. P. 길퍼드(Guilford)는 일반지능이라는 개념을 3가지 일반적 표제, 즉 논리적 과정, 처리되는 정보의 종류 및 그러한 처리의 산물에 따라 분류한 120가지의 특수한 능력들로 분석했다. 지능수준은 점차 환경의 영향, 특히 유전된 재능에 대한 사회경제구조의 영향과 상관관계를 가지게 되었다.

나. 지능검사의 종류

지능검사 중 스탠퍼드-비네 검사(Stanford-Binet Test)와 성인 · 아동에 대한 검사를 포함하는 웩슬러 검사가 가장 널리 알려져 있다. 스탠퍼드-비네 검사는 원래 프랑스에서 개발된 비네-시몽 검사(Binet-Simon Test)를 미국에서 응용한 것으로 스탠퍼드 대학의 심리학자인 루이스 터먼(Lewis Madison Terman)이 1916년에 도입했다.

지능검사는 지능지수(IQ)로 점수를 매기는데, IQ 개념은 독일의 심리학자 빌헬름 슈테른(Wilhelm Stern)이 처음으로 제안하고 스탠퍼드-비네 검사에서 루이스 터먼(Lewis Madison Terman)이 채택했다. IQ는 원래 사람의 신체연령에 대한 정신연령의 비율에 100을 곱한 것이다. 그러므로 10세 아동의 정신연령이 12세라면(즉 검사에서 수행한 수준이 12세 아동의 평균수준이라면) 이 아동의 IQ는 (12/10)×100=120이다. 정신연령과 신체연령이 같은 100이면 IQ는 보통이고, 100보다 높으면 보통 이상이며, 100보다 낮으면 보통 이하이다.

IQ 검사는 이제 많은 나라에서 법으로 금지되어 있다. 정상아인지 비정상아인지를 판단해야 하는 특별한 경우에만 학부모와 전문가의 의견을 들어서 학교장의 허락 하에 IQ 검사를 하게 한다. 본인이 원하는 경우에는 검사를 실시해 주지만 분포도 정도의 정보만을 제공해 준다. 지능검사를 비판하는 사람들은 지능검사가 유복한 배경을 가진 집단들에게 유리하며 힘없는 인종 · 민족 · 사회집단을 차별하고 있다고 비난해왔다.

지금까지 IQ, 즉 지능지수(Intelligence Quotient)에 대한 여러 이론들과 주장들을 살펴보았다. 그러나 오늘날 이 지능지수 IQ는 대니얼 골먼(Daniel Goleman)의 감성지능 EQ 이론이 나오면서 더욱 주도권을 상실하기 시작했다. 사람들이 실제 거두는 성과는 오로지 지능(IQ)에 의해 결정되는 것이 아니라 패배를 견뎌낼 수 있는 능력과 자신에게 동기부여를 하고 좌절 속에서도 밀고 나가며 자신의 기분과 감성을 좌우할 수 있는 감성지수 EQ에 달려 있다고 주장한 것이다. 그 이후로 대니얼 골먼은 사회지수 SQ에 대한 주장도 하여 단순한 지능지수로는 우리 인간의 능력을 설명할 수 없다는 사회적 분위기를 조성하였다.

5-3 다중지능이론

다중지능의 개념과 선천지능과의 비교는 다음과 같다.

가. 가드너의 다중지능

하버드 대학의 하워드 가드너(Howard Gardner) 박사는 지능을 '여러 문화권에서 가치있다고 인정되는 문제를 해결하는 능력 또는 특정 문화상황에서 가치있게 여기는 산물을 창조해내는 능력'이라고 정의하였다. 가드너 박사는 인간의 지능을 주관적 요인분석(Subjective Factor Analysis)에 의해 8개의 다중지능으로 분류하였다. 각 지능들은 하나의 과제를 수행하는 동안 상호작용을 하지만 하나의 지능이 손상되었다고 해서 다른 지능도 손상되는 것이 아니라 지능은 각각 독립적이라고 하였다. 또한 한 개인의 지능이 얼마나 실현될 수 있는지는 환경에 달려 있으며, 개별화된 교육과정과 수행평가를 통한 지능평가를 주장하였다. 8개의 다중지능과 그 외의 지능을 살펴보면 다음과 같다.

① **언어지능**(Linguistic Intelligence)
– 단어를 효과적으로 사용하는 능력(구두 / 글로 표현)
– 언어를 이해하고 실용적 영역을 조작하는 능력
② **논리수학지능**(Logical–Mathematical Intelligence)
– 숫자를 효과적으로 사용하는 능력
– 사물 사이의 논리적 계열성을 이해하고 유사성과 차이점을 측정하고 사

정하는 능력

③ **공간지능**(Spatial Intelligence)

- 방향감각, 시각, 대상을 시각화하는 능력

- 색, 줄, 형태, 구조에 관련된 지능으로 사물을 인지하는 능력

- 내적인 이미지와 사진과 영상을 창출하는 능력

④ **신체운동지능**(Bodily-Kinesthetic Intelligence)

- 신체의 운동을 손쉽게 조절하는 능력

- 손을 사용하여 사물을 만들어내고 변형시키는 능력

⑤ **음악적 지능**(Musical intelligence)

- 음악에 대한 전반적인 직관적 이해와 분석적이고 기능적인 능력(음에 대한 지각력, 변별력, 변형능력, 표현능력)

⑥ **대인관계지능**(Interpersonal Intelligence)

- 다른 사람의 기분, 의도, 동기, 느낌을 분별하고 지각하는 능력

- 타인에게 동기를 부여하고 변화에 대해 유추하는 능력

- 감각과 대인관계의 암시를 구별해내는 능력

- 실용적 방식으로 암시에 반응하는 능력

⑦ **자기이해지능**(Intrapersonal Intelligence)

- 자아를 이해하는 데 관련된 지식과 그 지식을 기초로 적응하는 능력

- 자신에 대해 정확히 알고, 그에 따른 자아훈련, 자아이해, 자존감을 위한 능력

- 메타인지, 영혼의 실체성 지각 등 고도로 분화된 감정들을 알아내어 상징화하는 능력

⑧ **자연탐구지능**(Naturalist Intelligence)

- 사물을 구별하고 분류하는 능력과 환경의 특징을 사용하는 능력

- 분별-대처기능으로 사물을 분별하고 그 사물과 인간과의 관계를 설정하

는 대처기능

⑨ **실존지능**(Existentialist Intelligence)

- 인간의 존재 이유, 생과 사의 문제, 희로애락, 인간의 본성, 가치 등 철학적이고 종교적인 사고를 할 수 있는 능력
- 처음에는 영적 지능(spiritual intelligence)으로 불렸던 것으로 철학적이면서 상당히 종교적인 사고를 할 수 있는 능력이다. 이 지능은 뇌에 해당되는 부위가 없을 뿐 아니라 아동기에는 이 지능이 거의 나타나지 않기 때문에 가드너는 다른 여덟 가지 지능과 달리 반쪽 지능으로 여기기도 한다.

이외에도 새롭게 제기될 수 있는 지능으로는 도덕적 감수성(moral sensibility), 성적 관심(sexuality), 유머(humor), 직관(intuition), 창의성 (creativity), 요리능력(culinary cooking ability), 후각능력(olfactory perception (sense of smell)), 타 지능을 분석하는 능력(an ability to synthesize the other intelligences) 등도 새로운 지능으로 주목받고 있다.

하워드 가드너 박사는 세계적으로 저명한 경제학자인 미하이 칙센트미하이(Mihaly Csikszentmihalyi)와 교육학자 윌리엄 데이먼(William Damon)이 함께 저술한 『Good Work』에서 냉혹한 시장 중심의 사회에서 우리가 훌륭한 직업인으로 성공하려면 가장 기본적인 두 가지, 즉 윤리성과 유능성을 갖춰야 한다고 하였다.

서울대학교의 문용린 박사는 그의 저서 『지력혁명』에서 '경쟁의 시대가 가고 공존과 협력의 새 시대가 다가온 것이다. 최근 개인적인 능력이나 지식보다는 인성이나 인간관계를 중시하는 방향으로 기업의 신입사원 선발방식이 획기적으로 변하고 있는 것이 이를 입증한다.'고 하였다.

나. 전통지능이론과 다중지능이론의 비교

하워드 가드너 박사의 다중지능이론은 단순한 지적 능력 이상의 개념이며 사회적 성공과 윤리성을 동시에 겸한 지능이론이다. 전통적 개념의 지능이론과 다중지능을 비교해보면 다음과 같다.

전통적 지능이론과 다중지능이론의 비교	
전통적인 지능이론	**다중지능이론**
지능은 단답형 검사로 측정 가능	다중지능은 단답형 검사로 측정 불가능 : 기존의 지능검사는 단답형 검사에서 얼마나 잘 답할 수 있는가와 단편적인 기억 정도밖에 측정하지 못함.
지능은 한 가지 척도로 측정 가능	모든 사람마다 지능이 있으나, 각자 지능의 발달 정도는 다름.
사람의 지능은 불변하며 한 사람의 능력을 총체적으로 지배	모든 사람은 지능을 향상시킬 수 있으나 사람에 따라 지능의 향상 속도가 다름.
지능은 논리적 능력과 언어적 능력으로 구성	8가지 지능 외에도 많은 지능이 존재가능
전통적인 교실에서는 모든 학생들에게 똑같은 학습자료를 가지고 가르침.	다중지능이론을 응용한 교실에서는 개별학습이 실시되어야 함.
전통적인 교실에서 교사들은 '주제'나 '교과'를 가르침.	다중지능이론을 응용한 교실에서는 학습활동을 재구성하며 학생들의 독특한 특성에 가치를 둠.

5-4 선천지능과 다중지능의 비교분석

사주의 각 십성은 고유한 지능을 소유하며 이를 선천지능이라고 한다. 선천지능 (Apriority Intelligence)은 전통적 개념의 지능이 아닌 다중지능(Multiple Intelligences)의 개념으로 이해되어야 한다.

가. 선천지능과 다중지능의 연관성

선천지능은 하워드 가드너 박사의 이론과 같이 각 지능이 독립적이라는 점과 환경에 의하여 다르게 개발된다는 이론과 일치한다. 다음은 선천적성검사 (AAT)에서의 선천지능과 가드너 박사의 다중지능을 서로 비교한 내용이다.

선천지능	가드너 박사의 다중지능
비견-자존지능(Self-existence Intelligence)	자기이해지능(Intrapersonal Intelligence)
겁재-경쟁지능(Competition Intelligence)	신체운동지능(Bodily-Kinesthetic Intelligence)
식신-연구지능(Research Intelligence)	대인관계지능(Interpersonal Intelligence)
상관-표현지능(Expression Intelligence)	언어지능(Linguistic Intelligence) - 표현
편재-평가지능(Estimation Intelligence)	공간지능(Spatial Intelligence)
정재-설계지능(Design Intelligence)	수학지능(Mathematical Intelligence)
편관-행동지능(Action Intelligence)	자연탐구지능(Naturalist Intelligence)
정관-도덕지능(Moral Intelligence)	논리지능(Logical Intelligence)
편인-인식지능(Cognition Intelligence)	실존지능(Existentialist)
정인-사고지능(Thinking Intelligence)	언어지능(Linguistic Intelligence) - 쓰기

각 지능들은 이를 설명하는 방법상의 차이를 보이고 있지만 관련성을 발견하기에 충분하다. 10개의 십성이 고유한 지능을 소유한다는 선천지능의 이론은 각기 독립된 지능을 말하는 다중지능의 이론과 일치한다.

다중지능은 십성에 의한 선천지능과 매우 유사한 관련성을 가지고 있지만, 선천지능이론과 완벽하게 일치되는 합일점을 찾는다는 것은 어려운 일이다. 각 선천지능의 고유한 기질과 성격, 심리, 지능은 현대과학과의 융합을 통하여 그 이론을 보다 더 과학적으로 정립해 나갈 수 있을 것이다.

■ 김종상(2007), 「사주의 십성구조와 언어능력과의 상관성연구」
국제문화대학원대학교 석사학위 논문

☞ 본 연구는 언어능력의 말하기, 쓰기/읽기 능력과 십성구조의 상관성에 대한 연구로 용신십성에 따라 말하기 능력에 대해 살펴본 결과는 용신에 있어서는 식상 사주를 지닌 학생이 3.38로 말하기 능력이 가장 높았다. 다음으로 비겁 3.00, 인성과 관성 2.96, 재성 2.80 순으로 나타났으며, 통계적으로도 유의미한 차이를 보였다(F=3.99, p<.01). 따라서 용신에 있어서는 식상 사주를 지닌 학생이 다른 학생보다 말하기 능력이 높음을 알 수 있었다.

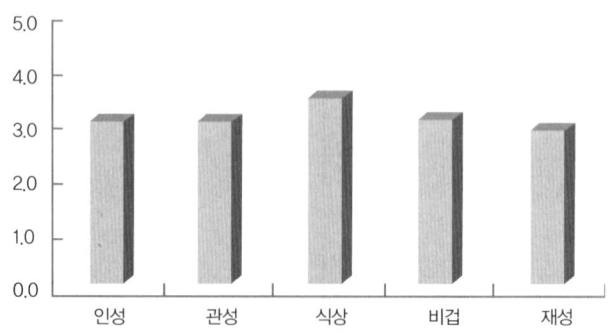

남녀 학생의 용신십성에 따른 말하기 능력

격국에 있어서는 식상 사주를 지닌 학생이 3.26으로 말하기 능력이 가장 높았다. 다음으로 관성 3.05, 인성 2.95, 비겁 2.93, 재성 2.77 순으로 나타났으며, 통계적으로도 유의미한 차이를 보였다(F=4.13, p<.01). 따라서 격국에 있어서는 식상 사주를 지닌 학생이 다른 학생보다 말하기 능력이 높음을 알 수 있다.

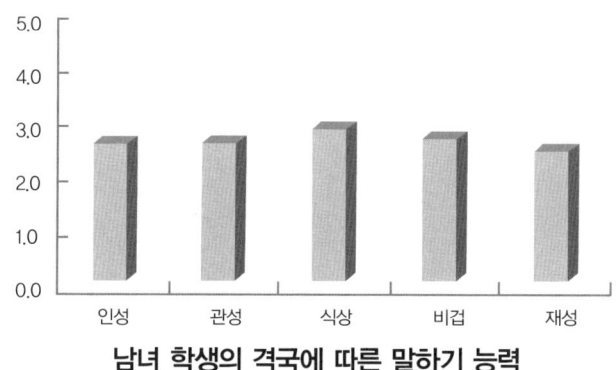

남녀 학생의 격국에 따른 말하기 능력

언어능력 중에서 쓰기 / 읽기 능력에 대한 결과는 다음과 같다.

용신에 있어서는 인성 사주를 지닌 학생이 3.13으로 쓰기 / 읽기 능력이 가장 높았다. 다음으로 식상 2.90, 관성 2.87, 재성 2.55, 비겁 2.46 순으로 나타났으며, 통계적으로도 유의미한 차이를 보였다(F=8.45, p<.001). 따라서 용신에 있어서는 인성 사주를 지닌 학생이 다른 학생보다 쓰기 / 읽기 능력이 높음을 알 수 있었다.

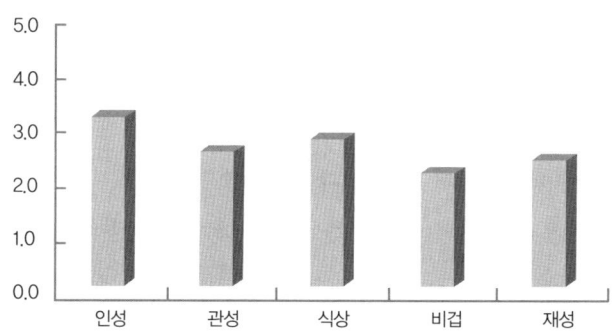

남녀 학생의 용신십성에 따른 쓰기 / 읽기 능력

또한 격국에 있어서도 인성 사주를 지닌 학생이 3.27로 쓰기 / 읽기 능력이 가장 높았다. 다음으로 식상 2.80, 관성 2.78, 비겁 2.69, 재성 2.63 순으로 나타났으며, 통계적으로도 유의미한 차이를 보였다(F=7.18, p<.001). 따라서 격국에 있어서는 인성 사주를 지닌 학생이 다른 학생보다 쓰기 / 읽기 능력이 높음을 알 수 있다.

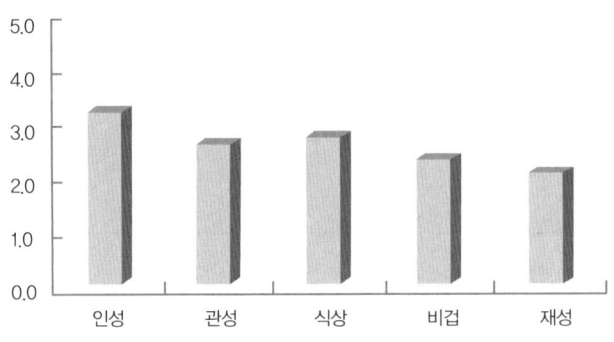

남녀 학생의 격국에 따른 쓰기 / 읽기 능력

나. 다중지능과 현대명리학의 방향

하워드 가드너 박사는 다중지능이론 25년을 총결산하면서 『다중지능』(2007)이라는 책을 발간하였다. 다음은 명리직업상담론의 입장에서 가드너 박사의 다중지능을 평가한 내용이다.

- 가드너는 **수행평가만이 진정한 다중지능을 평가**할 수 있다고 하였다. 그러므로 현재 개발되고 있는 다중지능검사를 위한 지필평가법은 언어지능에 의한 평가일 뿐이므로 올바른 평가가 될 수 없다. 그러므로 선천적 성검사(AAT)만이 타고난 다중지능을 올바르게 측정할 수 있는 검사도구

이다.

- 다중지능이라 명명하지 않았을 뿐 **고대로부터 다중지능을 말하는 이론들이 존재했음**을 가드너 박사는 인정했고, 다중지능이론이 생기기 이전부터 그러한 생각으로 교육을 실시한 학교에 대하여 자신의 이론이 이론적 근거를 후발적으로 제공했다고 말하고 있다.(북이탈리아의 레지오에밀리아의 유치원들과 프로젝트 제로 팀은 수년간 교류를 함) 그러므로 선천적성검사(AAT)는 1,000년 동안 직업상담을 해온 명리학이라는 뿌리가 있고, 역사가 있는 학문적 기반을 가진 검사도구이며 십성의 발현에 의한 지능발현은 바로 다중지능의 이론과 일맥상통한다.

- 가드너 박사는 다중지능을 말하면서 유능성과 윤리성을 동시에 추구하는 '굿 워크'에 초점을 맞추었는데, 이러한 점은 선천지능검사가 정관에 의한 도덕지능을 검사하고 있다는 것에 비추어볼 때 **현대사회는 유능성과 윤리성 모두를 추구해야 한다**는 점을 시사하는 바이다.('프로젝트 제로'가 유능성을 위한 지능연구라면 '굿 워크'는 윤리성을 위한 연구였다.)

- 가드너 박사는 실존지능을 8과 2분의 1 지능이라고 하는데, 이는 뇌에 이를 관장하는 부위가 아직은 없다는 것으로 측두엽 부근일 거라지만 아직 미확인 상태이다. 다중지능이 인정받은 것은 이러한 생물학의 발전과 컴퓨터공학의 발전에 기인한다고 말하고 있다. 이는 선천지능검사가 **과학명리를 추구**하고 있는 점과 동일한 정신을 가졌음을 시사한다.

- 현대사회의 모든 기업의 문제는 새로운 아이디어를 발견하는 것이 아니라 기존의 생각을 떨쳐내지 못하는 것이라고 한다. 그러므로 새로운 세

대가 오면 모든 이론들은 혁신을 달리겠지만 **다중지능은 개인차를 설명할 수 있는 가장 중심적 이론**이므로 지속될 거라 말하였다. 그러므로 선천적성검사(AAT)는 앞으로 가장 유력한 검사도구로서 자리매김을 할 수 있으며, 자기 보고식이나 지필평가도 아닌 우주과학명리이론에 근거한 가장 정확하고 편리한 검사도구가 될 것이다.

– 가드너 박사는 다중지능의 측정이 다양한 프로젝트와 박물관과 같은 환경에서만 측정되며 바로 그 지능에 해당되는 방법으로만 측정된다고 하였다. 예를 들어 언어지능은 외국어를 익히는 과정에서 측정하고, 신체운동지능은 새로운 동작을 익히면서 측정해야 한다고 하였다. 또한 지능은 처음부터 발현되는 것이 아니고 **하나의 자질이나 소질로 갖고 태어나며, 이의 계발은 문화적 환경이나 조건**에 의해 계발되기도 하고 강화되거나 약화되거나 방해를 받는다고 한다. 타고난 선천적성은 한 사람에 있어 25%를 좌우하는 조건이지 전부가 아니며, 대운이라는 생애주기에 의한 변화와 후천적인 환경적 영향을 받는다는 것과 동일한 주장이다.

– 현재 여러 사람들이 지필평가로 다중지능을 측정하는데 **가드너 박사는 자신도 스스로 아직 그러한 평가방법 개발을 못 이루어서 많은 반대세력이 있다**고 말하고 있다. 분명히 다중지능은 지필평가로 검사해낼 수 없다는 것이다. 그러나 선천적성검사(AAT)는 각 십성의 위치, 통근의 정도, 지장간 등을 고려하여 각 지능의 발달 정도를 수치화하는 데 성공했다. 따라서 지필평가가 아닌 출생정보로서 선천지능을 측정하는 검사도구이다.

– 다중지능은 지능에 대한 새로운 해석이요 지능을 가장 잘 설명해주는 이

론이다. 그러나 측정이 거의 불가능하거나 시간 또는 물질적 투자가 상당히 많이 이루어져야 측정이 가능한 이론이다. 다중지능의 단점을 극복한 획기적인 방법이 바로 선천적성검사(AAT)로 명리직업상담사는 앞에서 제시한 장점을 습득하고 본 이론을 정확하게 활용할 수 있어야 한다.

Part 6

성격은 타고난다. '세 살 버릇이 여든까지 간다'는 속담은 이를 뒷받침하고 있다. 분석심리학의 창시자라 불리는 융(Carl Gustav Jung, 1875~1961)은 그의 성격이론에 대한 영감을 주역의 음양이론에서 얻었다고 한다. 과학명리이론은 성격이론을 핵심으로 심리이론과 밀접한 앵글을 이루었다.

그렇다면 성격은 인간에게만 있을까? 동물에게도 각자 타고난 성격 내지 기질이 있다. 생명을 가진 동물이나 식물까지도 모든 것들은 성격이 있다고 본다. 말은 성격이 급하여 뛰다가 죽고, 거북이는 성격이 느긋하여 경기 도중에도 잠을 자고, 해바라기는 햇살에 하루의 인생을 산다.

이 모든 것들은 천체의 영향을 받아 선천적인 성격이 나타나므로 인간의 성격도 출생에서 영향을 받음은 자명한 사실인 것이다. 그 성격에 영향을 준 것이 음양과 오행이므로 또한 그

명리와 성격심리

성격을 분석해낼 수 있는 것도 바로 음양과 오행인 것이다 성격에 관한 학사늘의 많은 견해와 정의가 있지만, 다음의 글은 성격에 대하여 중요한 한 가지를 시사해준다.

성격의 씨앗을 뿌리면, 운명의 열매가 열린다.
―나폴레옹(Napoleon Bonaparte)

성격이란 단지 그 사람의 특성만을 구성하는 것이 아니고 삶 전체를 좌우할 수 있는 커다란 힘을 가지고 있다. 성격에서 시작된 일들은 모두 운명이라는 열매로서 실체를 가지게 된다. 본 파트에서는 한 사람의 적성과 직업유형에까지 연결되는 개념으로서의 성격을 파악하고자 한다.

6-1 성격이론

성격에 대한 정의와 성격에 대한 학자들의 다양한 관점은 다음과 같다.

가. 성격의 정의

성격이란(Personality)이란 말은 어원적으로 탈 혹은 가면의 뜻을 함축한 라틴어 페르소나(Persona)를 내포한 말로 겉으로 사람들에게 보여지는 개인의 모습 및 특성을 나타낸다. 즉 겉으로 드러난 탈의 모습을 통해 그 사람의 성격을 미루어 알 수 있다는 말이다.

성격에 대한 견해는 성격심리학자가 성격을 연구하는 데 설정하는 가정에 따라 달라진다. 즉, 성격이론가들은 그들이 보는 인간에 대한 입장을 바탕으로 성격의 정의를 다양하게 내려왔다. 성격의 정의는 성격을 연구하는 이론가만큼 무수히 많다. 이런 점에서 성격이 무엇인가를 분명하게 정의 내린다는 것은 불가능하지만 성격심리학자들이 정의한 몇 가지 성격의 정의를 제시하면 다음과 같다.

- 성격은 개인의 특유한 행동과 사고를 결정하는 심리신체적 체계인 개인 내의 역동적 조직이다. - Allport, 1961
- 성격은 보통 개인이 접하는 생활상황에 대해 적응의 특성을 기술하는 사고와 감정을 포함하는 구별된 행동패턴을 의미한다. - Mischel, 1976
- 성격은 개인이 소유한 일련의 역동적이고 조직화된 특성으로서 이러한

특성은 다양한 상황에서 개인의 인지, 동기, 행동에 독특하게 영향을 준다. - Ryckman, 2000
- 성격은 인간의 행동, 사고, 감정의 특유한 패턴을 창조하는 심리신체적 체계인 인간 내부의 역동적 조직이다. - Carver & Scheier, 2000
- 성격은 일관된 행동패턴 및 개인 내부에서 일어나는 정신내적 과정이다. - Burger, 2000

나. 성격에 대한 다양한 관점

학자들의 다양한 정의를 바탕으로 성격이란 말이 의미하는 바를 '성격심리학'의 관점으로 정리해 보면 다음과 같다.

- 외부와의 교류로 발달되고 형성됨.
- 보편적인 성향이 존재하여 성격유형 분류가 가능함.
- 일관되고 안정적인 행동패턴을 가짐.

명리직업상담론에서 성격은 사주구조의 분석과 사주를 이루는 음양오행에 대한 분석으로 설명할 수 있다. 성격은 지속적으로 그 사람의 천성(天性)을 이루며 일관된 성격적인 특징을 확립한다. 성격은 한 개인의 행동양식을 결정짓는 요소이기도 하지만 사람 자체를 상징할 수 있는 상징성을 지니기도 한다.

6-2 음양오행의 성격심리

음과 양은 서로가 존재함으로써 더욱 명확해지는 상대적인 개념이며 또한 음과 양은 동시에 공존한다. 우주에서 모든 것을 빨아들이고 모든 것이 사라진다는 블랙홀의 개념에서 이와 반대로 우주의 천체가 생성되는 곳이 있을 것이라는 생각으로 나온 가설이 화이트홀 이론이다. 음양이론의 상대성과 오행이론의 다양성은 명리직업상담 성격이론의 기본을 이룬다.

가. 음양의 성격심리

1) 음양의 이해

음이 있으므로 양이 있듯이 밝음이 있어야 어둠이 생긴다. 성경에서도 빛을 창조하였으므로 어두움이 생겼다고 하였다.

창세기 1장 3~4절 : 하나님이 가라사대 빛이 있으라 하시매 빛이 있었고, 그 빛이 하나님의 보시기에 좋았더라. 하나님이 빛과 어두움을 나누사 빛을 낮이라 칭하시고 어두움을 밤이라 칭하시니라.

God said, 'Let there be light.' And there was light. God saw that the light was good. He separated the light from the darkness. God called the light 'day.' He called the darkness 'night.'

우리의 몸도 음양이 공존하면서 생로병사(生老病死)가 진행된다. 신체에서 아래로 내려가기 쉬운 음의 기질을 가진 水, 즉 물은 반대로 올라가야 되고 위로 솟구치기 쉬운 火, 즉 불은 아래로 내려가서 음양의 조화를 이루어야 우리 몸은 건강하고 장수한다. 이것이 수승화강(水昇火降)의 원리이다.

그렇기 때문에 처음 생명이 잉태된 순간 거의 물 100%의 생명 자체였다가 태어나는 순간 지구의 물의 비유와 비슷한 70%의 물을 몸에 지니고 태어난다. 어릴수록 얼굴에 물이 올라 팽팽하고 촉촉하지만 늙을수록 수분이 빠져나가서 50% 이하로 물이 남으면 주름이 심하게 지면서 병들어 죽게 된다.

재미있는 비유로 어릴 때는 火의 기운이 발에 있으므로 양말도 안 신고 하루 종일 아이들은 뛰어다닌다. 청년기에 화의 기운은 몸의 중심부로 옮겨와서 성에 눈을 뜨게 된다. 성인이 되면 드디어 가슴으로 火의 기운이 올라와 사랑을 알고 가슴이 뜨거워진다. 그러므로 사랑을 아직도 가슴으로 느끼는 사람은 젊은 감성을 가진 사람이다. 화의 기운이 입으로 올라오는 4, 50대는 말하기를 좋아한다. 火기운이 마지막으로 눈을 거쳐 뇌를 지나 火의 기운이 빠져나가고 水의 기운도 빠져나가면 사망에 이른다.

2) 성격심리

음양의 원리를 성격이론으로 분석하면 다음과 같이 3단계로 분석이 가능하다.

음양의 3단계 분석

1단계 간지의 음양	• 양간지는 정신적인 면을 추구하고 일차적인 양성 표출 • 음간지는 물질적인 면을 추구하고 일차적인 음성 표출
2단계 기후조건의 음양	• 한습구조 : 사색적, 인내, 내밀성, 분석적 • 난조구조 : 외향적, 조급, 단순성, 율동적
3단계 신강과 신약의 음양	• 신강구조 : 적극적, 자신감, 능동적, 통제력, 자만심 • 신약구조 : 소극적, 수축감, 피동적, 의지력, 방어심

- **1단계 간지의 음양** : 천간의 甲, 丙, 戊, 庚, 壬과 지지의 寅, 辰, 巳, 申, 戌, 亥는 양에 속하며 천간의 乙, 丁, 己, 辛, 癸와 지지의 子, 丑, 卯, 午, 未, 酉는 음에 속한다. 이는 기본적인 음양의 구별이며 양간지는 정신적인 면을 추구하고 일차적인 양성을 표출하게 된다. 음간지는 물질적인 면을 추구하고 일차적인 음성을 표출한다. 양간지로 치우친 구조는 외적인 표출이 강하고 음간지로 치우친 구조는 표현력이 약하며 내성적이다.

- **2단계 기후조건의 음양** : 金水로 구성되어 한습한 구조를 가지게 되면 사색적이고 인내심이 많으며 내밀성이 높고 분석적이다. 木火로 구성되어 난조한 구조를 가지게 되면 외향적이고 조급하며 단순성이 높고 율동적이다. 북유럽이나 한습한 지역 사람들에게서는 철학가가 많이 배출되었으며, 난조한 지역 사람들은 율동적인 무용이나 축제문화가 발달하였다.

- **신강과 신약의 음양** : 사주구조에서 신강은 양이요, 신약은 음으로 구별될 수 있다. 신강구조는 적극적이고 자신감이 넘치고 능동적이며 통제력이 높고 자만심이 강하다. 신약구조는 소극적이고 수축감으로 인하여 피동적이며 의지력이 강하고 방어심이 강하다.

음양에 의한 3단계 성격분석은 가장 기본적인 명리직업상담론의 이론이다. 또한 음양에 의한 성격분석은 다음과 같이 음양의 다중성에 의한 공조심으로도 분석이 가능하다. 10개의 천간은 각기 양간 5개와 음간 5개로 구성되어 있다. 각 천간은 서로 음양으로 합을 하고 있다.

일간과 음양의 공조심리

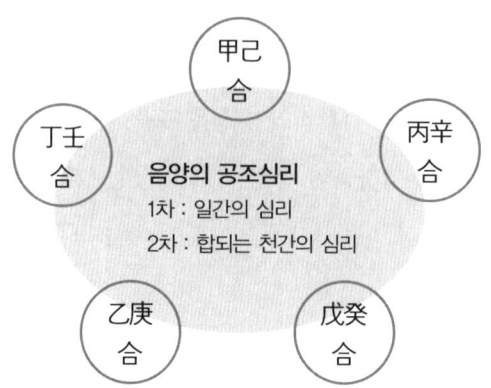

천간의 합과 음양의 성격심리

일간	1차 성격발현	2차 성격발현
甲木 일간	甲木 일간의 성격	합이 되는 己土의 성격이 발현
乙木 일간	乙木 일간의 성격	합이 되는 庚金의 성격이 발현
丙火 일간	丙火 일간의 성격	합이 되는 辛金의 성격이 발현
丁火 일간	丁火 일간의 성격	합이 되는 壬水의 성격이 발현
戊土 일간	戊土 일간의 성격	합이 되는 癸水의 성격이 발현
己土 일간	己土 일간의 성격	합이 되는 甲木의 성격이 발현
庚金 일간	庚金 일간의 성격	합이 되는 乙木의 성격이 발현
辛金 일간	辛金 일간의 성격	합이 되는 丙火의 성격이 발현
壬水 일간	壬水 일간의 성격	합이 되는 丁火의 성격이 발현
癸水 일간	癸水 일간의 성격	합이 되는 戊土의 성격이 발현

각 천간은 사주명식에서 한 사람의 일간으로서 1차 성격을 표출하고 있지만, 2차적으로 합이 되는 천간의 성격이 반드시 발현된다. 甲木 일간은 甲木의 성격이 1차적으로 표출되지만 동시에 己土의 성격도 가지고 있다. 乙木 일간은 乙木의 성격이 1차적으로 표출되지만 동시에 庚金의 성격도 가지고 있다. 이는 천간이 음양으로 합을 이루고 있는 것에서 연유되며, 음과 양은 이렇게 상대적이기도 하지만 공존하고 있는 개념인 것이다.

나. 오행의 성격심리

1) 오행의 이해

오행은 木火土金水로 상징되어지는 개념이다. 오행 중에서 생명탄생과 가장 관련이 깊고 음을 대표하는 水와 양을 대표하는 火는 상극 또는 상조의 공조를 이루며 중요한 역할을 담당하고 있다. 명리학은 음양과 오행의 학문이라고 할 수 있는 것처럼 음양오행을 진실되게 이해할 때만이 명리를 통찰할 능력이 발현되는 이유이다. 음양과 오행이 중화를 이루고 있을 때는 안정된 심리의 성격이 발현되나 음양과 오행의 조화가 어그러진 경우에는 불안정되고 편협한 심리의 단점이 드러나게 된다.

과학명리를 기초로 새로운 명리학의 역사와 음양오행설의 역사를 논할 때는 음양과 오행이 시작되는 우주에서부터 시작되어 연구하고 기록되어야 한다. 이러한 견지에서 우주론적인 명리학사를 기록하면서 오행성에 대한 내용을 심화하여 다루었으므로 본 장에서는 오행의 성격심리에 대한 내용을 제시하고자 한다.

2) 성격심리

오행에 의한 성격은 각 오행이 지니는 기질에서 비롯된다. 또한 없는 오행은 성격적인 발현은 오행의 부재로 인한 부재심리를 표출한다.

오행의 특성과 부재심리

구분	오행의 특성	오행 부재의 심리
木	사고와 정신을 관장	정신적 문제인 불안과 우울동반 및 집중력 저하 유발
火	정열과 표현의지 관장	정신적 생산력의 저하 및 편협한 사고로 인화력 결핍
土	수용력과 생성력의 근원	무기력과 권태 유발 및 주체성과 의지박약의 회의심리
金	판단력과 추진력의 힘	무계획적이고 분별력 약화로 자기중심적 성격발현
水	적응성과 탐구력의 주체	대처능력 및 수용정신과 이해력에 대한 모순적 심리도출

- 木 : '사고와 정신'을 관장하며 오랜 세월이 지나도 끊임없이 자라는 나무와 같이 자기 발전을 위한 노력을 아끼지 않으며, 어디서나 우뚝 서고 싶은 리더의 기질을 가진다. 부재 시에는 이에 상응하는 정신적 문제인 불안과 우울동반 및 집중력 저하가 유발되는 단점을 지닌다.

- 火 : '정열과 표현의지'를 관장하며 형체가 없어도 주변에 존재감을 강하게 어필하는 기질을 가진다. 부재 시에는 이에 상응하는 정신적 생산력의 저하 및 편협한 사고로 인화력이 결핍되는 단점을 지닌다.

- 土 : '수용력과 생성력'의 근원이며 모든 것을 받아주고 생명 탄생의 기반이 되어주는 흙처럼 자신을 숙임으로써 자신과 모든 이를 돋보이게 만드는 기질을 가진다. 부재 시에는 이에 상응하는 무기력과 권태 유발 및

주체성과 의지박약의 회의 심리를 지닌다.

– 金 : '판단력과 추진력'의 힘을 상징하며 새로운 시작을 위하여 멈추고 잘라야 할 때를 구별하여 실행하는 강력한 기질을 가진다. 부재 시에는 무계획적이고 분별력 약화로 자기중심적인 성격으로 발현된다.

– 水 : '적응성과 탐구력'의 주체로서 강한 생명력은 어디서나 적응하고 순응할 줄 알며 하염없이 흐르는 물처럼 제자리에 머무는 법이 없이 언제나 지혜와 지식을 갈구하는 기질을 가진다. 부재 시에는 대처능력 및 수용정신과 이해력에 대한 모순적 심리를 도출하는 성격으로 발현된다.

이렇게 음양과 오행에 의한 성격심리는 다중성과 공조성을 지니고 있다. 이와 같은 이해구도를 갖추고 음양과 오행 그리고 십성에 의한 성격심리도 이해할 수 있어야 한다.

6-3 십성의 성격심리

음양오행이 서로 생하고 극하는 생극관계에서 파생된 개념이 십성으로, 음양오행의 추상적이고 상징적인 개념들을 인간관계, 직업적성, 성격심리 등으로 분석하는 것이 성격심리 연구의 시작이다.

가. 천간과 지지

십성을 논하고자 할 때는 반드시 천간지지에 대한 설명이 선행되어야 한다. 먼저 천간은 외면적 심리를 대표하며 지지는 내면적 심리를 대표한다.

천간은 객관성을 지니고자 하며 사회적이고 외면으로 그 사람의 흥미를 드러내어 직업적성에 지대한 영향을 준다. 지지는 주관성을 가지려는 기질이 강하고 개인적이며 내면적으로 그 사람의 취미생활을 관장한다.

천간과 지지의 심리성향		
구분	간지	심리성향
천간	甲 乙 丙 丁 戊 己 庚 辛 壬 癸	객관성, 사회적, 흥미 외면적 심리를 대표
지지	子 丑 寅 卯 辰 巳 午 未 申 酉 戌 亥	주관성, 개인적, 취미 내면적 심리를 대표

나. 십성 정편의 심리

10개의 십성을 정과 편으로 나누어 구분하면 다음과 같다.

십성의 정과 편	
정(正)	비견 · 식신 · 정재 · 정관 · 정인
편(偏)	겁재 · 상관 · 편재 · 편관 · 편인

정은 내면의 가치화 심리를 추구하며 편은 외면의 가치화 심리를 추구한다. 음양오행도 조화를 이루어야 하고 십성의 정편도 조화를 이루어야 가장 무난하고 포용력있는 성격심리를 지니게 된다. 그러므로 십성의 성격심리는 '뭉치면 죽고 흩어지면 산다.'고 표현할 수도 있다. 상식을 뒤집는 정리겠지만 하나의 십성으로 태과한 구조야말로 가장 부조화된 성격심리를 이루며, 각 십성이 고르게 조화된 구조는 음양오행도 고르게 분포된 성격심리를 이루게 된다.

십성의 정편에 의한 심리			
십성구분	공통저인 심리	내외면 심리	공통적인 행동심리
비견 식신 정재 정관 정인	순수성, 순박성, 정직성, 보수적, 자연적, 이타적, 고정적, 정확성, 합리적, 객관성, 논리적, 분석적	내면의 가치화 심리	순서를 잘 지킴 원칙적 변화에 둔감
겁재 상관 편재 편관 편인	변화적, 인위적, 자율적, 이기적, 활동적, 직관적, 창의적, 감성적, 주관성, 이중성, 유동성, 다변적	외면의 가치화 심리	상황에 대처를 잘함 응용적 변화에 민감

다. 인성과 식상의 공조심리

사주구조를 인코스(in-course)와 아웃코스(out-course)로 나누면 인코스는 관인의 코스이며 아웃코스는 식재의 코스로 구분할 수 있다. 여기에서 인성과 식상은 일간과 가장 밀접한 관계를 형성하면서 성격심리에 직접적인 영향을 주는 십성이다.

인성은 인풋(input)의 내면, 식상은 아웃풋(output)의 외면을 담당하며 각기 다른 심리역할을 하고 있다. 그러나 이 두 코스는 상호 간 치밀하고 긴밀하게 공조역할을 한다. 사주심리의 매우 중요한 기본기는 여기에서부터임을 명심해야 한다. 이를 도표로 구성하여 설명하면 다음과 같다.

십성의 내면(input)과 외면(output)의 공조심리

내면의 식상 심리			외면의 인성 심리	
input	정인	←→ 식신		output
	편인	←→ 상관		

정인과 식신의 공조심리

사주의 정인은 식신과 천연적인 공조를 하므로 두 십성이 사주 내에서 공존하게 되면 사고체계가 분명하고 연구력이 우수하다. 그러나 사주에 정인이 있고 식신이 없을 때 정인은 식신의 역할을 대행하게 되며, 사주에 식신이 있고 정인이 없을 때 식신은 정인의 역할까지 담당한다.

공조심리 사례 – 인성과 식신의 공존(여)

時	日	月	年
辛	丙	乙	庚
卯	辰	酉	戌

丙火 일간이 乙卯 정인과 일지 辰土의 식신이 공존하는 사주다. 이 사람은 지식과 학습의 수용력과 사고능력이 우수하고 적극적인 연구활동과 긍정심리를 소유하고 있다.

공조심리 사례 – 정인 유, 식신 무(남)

時	日	月	年
癸	癸	庚	己
亥	丑	午	酉

癸水 일간이 월간 庚金 정인을 두었으므로 논리적이고 체계적인 학습능력이 우수하다. 식신이 없으나 정인은 식신의 역할을 대행하므로 이 사람은 아이들의 교육을 담당할 수 있는 것이다.

편인과 상관의 공조심리

사주의 편인은 상관과 천연적인 공조를 하고 있으므로 두 십성이 사주 내에서 공존하게 되면 두뇌회전이 빠르고 인식능력과 표현능력이 탁월하다. 그러나 사주에 편인이 있고 상관이 없을 때 편인은 상관의 역할을 대행하게 되며, 사주에 상관이 있고 편인이 없을 때 상관은 편인의 역할까지 수행한다.

```
  공조심리 사례- 편인과 상관의 공존(남)
        時  日  月  年
        丙  乙  丁  癸
        子  卯  巳  丑
```

乙木 일간이 연간의 癸水와 시지의 子水 편인과 함께 시상의 丙火 상관이 공존하고 있는 구조다. 인식능력이 탁월하고 표현능력 또한 우수하여 인정받는 상담활동을 하고 있다.

```
   공조심리 사례- 상관 유, 편인 무(여)
        時  日  月  年
        丙  乙  丁  辛
        戌  卯  酉  卯
```

乙木 일간이 시상 丙火 상관을 두었으므로 표현력과 설득력이 우수하여 의약업계 단체장을 역임했다. 상관은 편인의 역할을 대행하여 인식능력이 뛰어나 학업성적도 우수하였다.

인성과 식상의 심리적 공조와 대체효과를 알게 되면 성격의 다변적인 면까지 이해가 가능하며 보다 실제적인 성격심리를 설명할 수 있다.

라. 일간의 전이성(轉移性)

水일간과 火일간은 타 간지와 지장 간에 겁재가 존재하는 경우 전이한다. 그 결과로 천간에 있는 십성은 음양을 바꾸어 활용하게 된다.

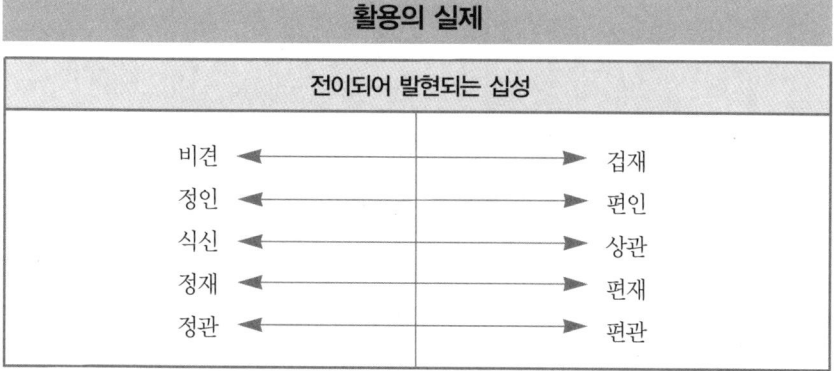

활용의 실제
전이되어 발현되는 십성

비견	겁재
정인	편인
식신	상관
정재	편재
정관	편관

위의 설명과 같이 일간은 타 간지와 지장 간에 겁재가 있는 경우 겁재로 전이되어 천간에 있는 십성을 위의 표와 같이 바꾸어 활용하게 되는 심리적 특성을 지닌다. 水와 火 이외의 일간에 있어서는 더 검증해야 되는 단계가 남아 있다.

일간의 전이성의 구도

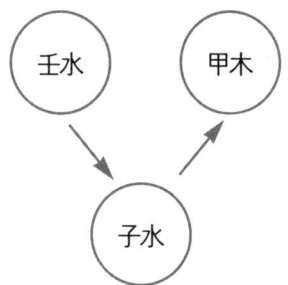

위의 예시를 보면 일간이 壬水이고 지지에 子水가 존재하는 경우, 일간의 마음은 子水에 있는 겁재에게로 전이된다. 그러므로 천간에 있는 甲木을 식신이 아닌 상관으로 활용하게 된다. 이런 식으로 癸水, 丙火, 丁火도 동일한 작용이 존재한다.

天干의 전이성 사례

時	日	月	年
辛	丁	甲	丙
亥	卯	午	申

丁火 일간이 午月 비견이며 월간 甲木 정인으로 활용하고 있으나 연간의 丙火로 전이될 때는 甲木을 편인으로 午火를 겁재로 申金을 편재로 활용하게 되는 것을 볼 수 있다.

干支의 전이성 사례

時	日	月	年
辛	丁	丁	己
丑	巳	丑	亥

丁火 일간이 己土 식신과 편재 辛金으로 식신생재의 구조를 이루고 있다. 일간 丁火는 일지 巳火로 전이될 수 있으며, 이때는 식신을 상관으로 편재를 정재로 활용하게 된다.

```
地支의 전이성 사례
時 日 月 年
丙 癸 甲 戊
辰 亥 子 戊
```

　癸水 일간이 월간 甲木 상관, 시간 丙火 정재를 두고 있다. 癸水가 일지의
亥水로 전이되면 壬水의 역할를 하게 되니 상관을 식신으로 정재를 편재로
활용하게 된다.

6-4 사주구조의 성격심리

성격심리에서 기본적으로는 음양오행과 십성에 의한 성격심리를 파악하고 사주구조에 의한 성격심리로 모든 것이 귀결되어야 한다. 사주구조를 통한 성격심리 분석이야말로 음양오행과 십성 모두에 대한 완벽한 이해와 사주를 입체적으로 파악하는 안목을 가져야만 가능한 성격심리 분석이기 때문이다. 이를 인코스(in-course)와 아웃코스(out-course), 조화된 직업코스 및 부조화된 직업코스로 나누어 살펴보도록 하겠다.

가. 인코스와 아웃코스

in-course : 관인상생 – 내면적 수용심리

out-course : 식상생재 – 외면적 표현심리

일간을 중심으로 입력 방향으로 성격이 발현되는 관인상생은 인코스로 구별할 수 있으며, 내면적인 수용심리로서 이해되는 코스이다. 일간을 중심으로 출력 방향으로 성격이 발현되는 식상생재는 아웃코스로 구별할 수 있으며, 외면적인 표출심리로서 이해되는 코스이다. 2가지 코스가 공존하는 구조인 경우에는 2코스의 기질을 모두 가진 것으로 분석하거나 일간과 월지를 중심으로 강하게 자리잡은 코스로 판단하면 된다.

인코스 사례

時	日	月	年
己	壬	壬	丁
酉	戌	子	未

壬水 일간이 비겁강으로 신강하다. 연지 未土와 일지 편관 戌土, 시상 정관 己土가 시지 酉金 정인으로 향하는 인코스를 이루고 있다. 수용능력이 우수한 공학박사이다.

아웃코스 사례

時	日	月	年
壬	丁	己	戊
寅	未	未	申

丁火 일간이 식신 상관이 태강하여 신약하다. 월주 식신 己未, 연간의 상관 戊土를 통하여 연지 申金 정재로 향하는 아웃코스의 구조이다. 의상디자이너로 활발한 사람이다.

나. 상생 4코스의 심리

사주분석에 있어서 가장 기본이 되는 상생 4코스는 십성 간 서로 상생하며 공조를 이루는 관계 속에서 정보를 교환하며 이루어진 자연스러운 코스이다.

상생 4코스	구조심리	사회성
인 비 식	내외향 유용심리	자기 주체, 자율성, 전문성,
식상생재	외향가치화 심리	경쟁을 통한 실현, 자율성, 활동성
관인상생	내향구조화 심리	사회 주체, 구조성, 수행성
재 생 관	외적 가치의 내재화심리	사회와 자기 주체, 활동성, 권력성

1) 인비식의 구조

내외향 유용심리로서 자신을 주체로 한 자율성을 관장하고 전문성을 주관하며 감정의 소통이 자연스러운 성격심리를 가진다.

인비식 구조의 사례(여)

時	日	月	年
戊	戊	乙	乙
午	辰	酉	丑

戊土 일간이 월지 상관 酉金이 합국을 이루고 시지 午火 정인으로 인수와 식상의 공조를 이루고 있다. 전문성이 탁월한 구조로 현재 하버드 대학에 재학 중이다.

2) 식상생재의 구조

외향가치화 심리로서 경쟁과 자율성으로 실현하는 과정을 중요시하며 가장 활동성이 강하고 사교적인 심리를 가진다.

식신생재 구조의 사례(남)

時	日	月	年
庚	丁	辛	甲
戌	丑	未	寅

丁火 일간이 월일시지 식신상관을 통하여 월간 편재 辛金과 시간의 정재 庚金으로 식상생재를 이루는 구조이다. 사교적인 심리의 소유자로 금융회사 매니저로 재직한다.

3) 관인상생의 구조

내향구조화 심리로서 사회생활 가운데 주체성을 가지고 수행력이 우수하며, 사물을 구조적으로 파악하는 데 유리한 성격심리를 가진다.

관인상생 구조의 사례

時	日	月	年
甲	庚	丙	乙
申	申	戌	未

庚金 일간이 월지 편인 戌土를 통하여 월간의 편관 丙火가 관인상생을 이루고 있는 구조이다. 주체성과 수행능력이 우수한 소유자로 육군 대령 출신이다.

4) 재생관의 구조

외적 가치의 내재화심리를 가지며, 사회생활 가운데 자신을 주체로 한 활동과 권력추구의 심리를 소유한다.

재생관 구조의 사례

時	日	月	年
辛	丙	癸	甲
卯	寅	酉	辰

乙木 일간이 월지 酉金 및 시간의 정재 辛金을 통하여 월간 정관 癸水로 향하는 재생관의 구조이다. 권력을 추구하는 심리가 강하여 국회의원선거에 출마했던 의사이다.

다. 상극관계 4코스

기본 상생 4코스 외의 상극 4코스는 상호 간 극을 통하여 성격심리를 갖게 되는 만큼 단점을 지적하는 작용과 고정관념을 변화시키는 작용이다. 상극관계의 반목현상이 드러나기도 하지만 존재나 의식을 일깨워 사고를 전환시키는 비범성을 소유하는 장점이 있다. 즉, 서로 극하는 구조가 조화를 이룬 구조이므로 다변적이고 유동적인 성격심리를 가지게 됨을 유추할 수 있다.

상극관계 4코스의 성격심리 발현		
상극 4코스	구조심리	성격심리의 발현
비겁과 재성 용신의 구조	제화된 군겁쟁재의 심리	강력한 목표의식 부여 자율적인 강력한 추진력 발현
재성과 인성 용신의 구조	제화된 재극인의 심리	실현성 강한 기획력 부여 생산성 높은 강력한 가치판단
관성과 비겁 용신의 구조	제화된 관성극비겁의 심리	조직력과 수행력 부여 강력한 책임의식 발현
식상과 관성 용신의 구조	제화된 식상제살의 심리	사물을 재구성하는 능력 부여 도전과 변화를 통한 발전력

1) 비겁과 재성용신 구조

재성을 향한 목표의식과 함께 강한 소유욕구로 집중력과 추진력을 발현시키는 성격심리를 나타낸다.

비겁과 재성용신 구조의 사례(여)			
時	日	月	年
壬	辛	辛	辛
辰	酉	卯	丑

辛金 일간이 비견이 많아 신강하다. 월지의 卯木 편재와 시상의 상관 壬水가 상관생재를 통한 용신을 이루고 있다. 왕성한 활동과 추진력이 강한 사회교육강사이다.

2) 재성과 인성용신 구조

정적인 사고를 동적으로 전환시키며 신속한 가치관의 변화로 인한 창의력이 발현되는 성격심리를 나타낸다.

```
        재성과 인성용신 구조의 사례
           時  日  月  年
           戊  甲  丙  庚
           辰  子  戌  戌
```

甲木 일간이 편재가 강하여 신약하다. 일지의 정인 子水가 일간을 생하는 용신으로 재성의 극을 통한 사고의 전환이 빠르므로 직장을 떠나 대형 카페를 운영한다.

3) 관성과 비겁용신 구조

강력한 책임의식을 바탕으로 조직에 순응하는 정신과 수행능력을 부여하여 자율적 활동을 발현시키는 성격심리를 나타낸다.

```
        관성과 비겁용신 구조의 사례
           時  日  月  年
           己  癸  丁  壬
           未  丑  未  子
```

癸水 일간이 관성이 다하여 신약하다. 연주의 겁재 壬子 水가 일간을 돕는

용신의 구조이다. 책임의식과 조직에 순응하며 자율적 활동성향이 우수한 공무원이다.

4) 식상과 관성용신 구조

틀과 제도를 개혁하는 변화를 바탕으로 사물을 재구성하고 설득의 미학이 발현되는 성격심리를 나타낸다.

식상과 관성용신 구조의 사례

時	日	月	年
乙	己	庚	戊
亥	卯	申	申

己土 일간이 상관이 강하여 신약하다. 식상제살 중 식상이 강하면 일지 卯木과 시간의 편관 乙木이 용신으로 설득력과 변화를 주도하는 능력이 뛰어난 공인중개사이다.

라. 십성의 상호관계에 따른 심리

사주구조에서 뚜렷하게 자리를 잡은 십성은 각기 고유한 성격심리를 발현한다. 생하고 설기하는 관계를 가진 구조의 심리는 자연스러운 에너지의 소통을 통한 긍정적인 심리를 가진다. 극과 제화하는 관계를 가진 구조의 심리는 발상의 전환과 상식을 뛰어넘는 에너지의 급진적인 소통을 통한 창의적인 심리를 가진다. 십성 편중의 심리는 편중된 십성이 부각되는 에너지의 집약을 통한 강력한 개성발현의 심리를 가진다. 일정한 코스와 별개로 십성의 상호작용에서 파생되는 심리는 다음과 같다.

생, 설기 관계의 심리

구분	심리
인비	지식의 지속적 탐구, 보수적, 수용적, 계획적, 삶의 좌표를 스스로 확인, 차례와 순서를 지키며 전통성을 중시하는 심리를 소유한다.
인식	외부와의 직접적 관계 중시, 정보의 수집과 활용에 관심, 과정중시, 감성과 논리를 겸용하는 자기 전문성의 심리를 소유한다.
비식	활동과 과정 중시, 다양한 인간관계 추구, 표현과 감성 지향, 신체의 감각이 우수하고 스스로 긍정하는 일에 몰입하는 심리를 소유한다.
식재	능동적, 외향적, 활동적, 미래지향적, 진보적, 자유와 물질적 가치 추구, 공개경쟁력을 바탕으로 실험적인 창조심리를 소유한다.
재관	논리적, 결과중시, 물질적 가치와 명예추구, 삶의 목적과 방향성이 뚜렷한 설계지향적인 심리를 소유한다.
관인	내향적, 명예추구, 환경에 의한 행동결정, 보수적, 책임감과 의무감, 참모적인 업무수행과 공적인 기준을 중시하는 심리를 소유한다.

극, 제화 관계의 심리

구분	심리
재극인	계획의 신속한 실현 추구, 자신의 가치상승 목적, 정보활용능력이 우수, 신속한 발상의 전환과 사고의 다변적인 심리를 소유한다.
식상제살	개혁적, 도전적, 개인적이며 자립적, 명예 추구, 적극적이며 탁월한 설득력으로 고정관념을 변화시키는 심리를 소유한다.
관비	규칙과 질서 추구, 명예중시, 신속한 결단과 행동력, 분명한 목표 중시, 공명심과 대의적 명분을 중시하는 심리를 소유한다.
비재	개인적 영역 구축, 가치판단에 의한 행동, 물질적 가치 추구, 자신만의 공간을 확보하고 현실적인 만족감을 중시하는 심리를 소유한다.

십성 편중의 심리	
구분	심리
인성왕	주체적, 개인적, 인식능력 우수, 암기력 우수, 자기 체면 중시, 명분과 사유에 관점을 둔 심리
비겁왕	주관적, 이기적, 경쟁력 우수, 신체활동 우수, 자기 존재감 중시, 자기 우월성에 관점을 둔 심리
식상왕	이타적, 희생적, 타인의 이해능력 우수, 직관을 활용한 결정, 비교와 차별성에 관점을 둔 심리
재성왕	주도적, 공개적, 공간활용능력 우수, 수리능력 우수, 개인적, 구성과 충족에 관점을 둔 심리
관성왕	사회적, 공익적, 판단능력 우수, 인내심 우수, 책임감, 안전성과 규칙, 규범에 관점을 둔 심리

6-5 선천적성검사(AAT)의 성격심리

선천적성검사(AAT)의 성격심리검사에 대한 작용을 논하기 전에 먼저 성격검사의 종류와 현재 활용되고 있는 성격검사에 대하여 살펴본다.

가. 성격검사

성격검사(Personality Test)란 성격의 특징이나 성격 유형을 판단하기 위한 검사라고 할 수 있다. 일반적으로는 표준화된 검사를 가리키며 검사목적에 따라 성격이상자의 진단이나 학교에서의 부적응아를 발견하기 위한 목적, 진로 지도의 자료로서 그리고 기업에서 직원채용을 위한 도구로서도 활용된다.

성격검사를 검사방법에 의하여 분류하면 다음과 같다.
- 몇 개의 짧은 질문항목에 '예', '아니요' 등의 간단한 대답을 하는 질문지법
- 직접 면접하거나 관찰하여 판정하는 평정법
- 일정한 작업을 시키고 수행과정을 지켜보는 직업검사법
- 지각자극을 이용하여 그것을 어떻게 보며, 선택하며, 구성하는가를 검사하는 투영법

마지막의 투영법은 검사가 의식적인 면만이 아니라 무의식적인 경향까지

도 진단하고자 한다는 특징을 가지며 대표적인 검사로서는 로르샤흐 검사·주제통각검사·연상검사·문장완성법·인물화·모자이크 검사 등이 있다.

　구체적인 성격검사로는 홀랜드 검사와 성격성향을 분석해보는 에니어그램이나 MBTI성격유형검사 그리고 미네소타 다면적인성검사(MMPI) 등과 같이 다양한 검사가 있다. 이에 대하여 간단히 살펴보면 다음과 같다.

나. 홀랜드 이론

　홀랜드 이론은 6가지 성격 유형 중의 하나로 사람들을 분류한다. 여기서 6가지 유형에는 '현실적(realistic : R), 탐구적(investigative : I), 예술적(artistic : A), 사회적(social : S), 진취적(enterprising : E), 관습적(conventional : C)' 등의 유형이 있는데, 머리글자를 따서 흔히 RIASEC(리아섹)이라고 한다. 이러한 성격유형은 이에 상응하는 직업유형도 있다고 보고 적성검사와 직업카드에서도 활용되고 있다.

Holland의 진로성격유형

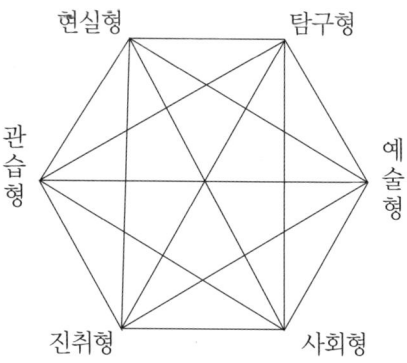

다. 에니어그램

에니어그램(Enneagram)이란 그리스어에서 '에니어(Ennear, 9, 아홉)'라는 단어와 '그라모스(Grammos, 도형·선·점)'라는 단어의 합성어로 '아홉 개의 점이 있는 그림'이라는 뜻을 가진 인간의 기본적인 9가지 성격유형에 대한 이론이다.

인간은 누구나 9가지 성격유형으로 분류되며, 어떤 사람이라도 그 가운데 하나를 가지고 태어난다는 것이 에니어그램의 기본원리다. 원과 아홉 개의 점, 그리고 그 점들을 잇는 선으로 구성된 단순한 도형이지만 그 안에는 우주의 법칙과 인간 내면의 모든 것이 상징적으로 표현되어 있다.

에니어그램은 9가지 성격 분류 자체가 목적이 아니라 각 유형별로 형성되어 있는 집착을 찾아내어 그것을 극복하게 하는 것이 목적이다. 에니어그램은 성격의 이해와 개선, 재능과 소질 개발, 인간관계 개선, 내면의 평화, 공동체의 성장, 영적 성숙을 목적으로 한다. 또한 심리상담 분야, 학습교육 분야, 기업조직 분야, 종교영성 분야 등에 활용되고 있다. 9개의 성격유형에 대한 명칭에는 다소 차이가 있지만, 다음과 같은 공통적인 성격유형을 설명하고 있다.

에니어그램의 9가지 성격유형

구분	긍정적인 면	부정적인 면
1. 개혁자	높은 인격과 이성	완벽주의와 분노
2. 돕는 사람	치유의 힘과 너그러움	사람에 대한 소유욕과 아첨하는 기질
3. 성취하는 사람	비범함과 진실성	성공과 지위를 맹목적으로 추구
4. 개인주의자	창조성과 직관력	우울증과 자의식
5. 탐구자	지성과 창의력	괴팍한 은둔자
6. 충실한 사람	용기와 혁신	반항과 불안
7. 열정적인 사람	다재다능하며 정열적	충동적이고 인내심 부족
8. 도전하는 사람	강하고 관대한 리더	사람들을 위협하고 통제하는 폭군
9. 평화주의자	화합하고 갈등을 치유	수동적이고 고집스러움

라. MBTI 성격유형검사

MBTI는 마이어스 브릭스 유형지
표(The Myers–Briggs Type Indicator)
의 약어로 1921~1975년에 브릭스
(Katharine Cook Briggs)와 마이어스   캐서린 쿡 브릭스   이사벨 브릭스 마이어스
(Isabel Briggs Myers) 모녀에 의해 개
발된 자기 보고식(Self Report) 성격유형지표이다.

MBTI 성격유형검사의 이론적 근거는 융(C. G. Jung)의
심리유형론이다. 이는 인간행동이 다양해 보여도 질서정
연하고 일관된 경향이 있다는 믿음에서 출발하였다. 그
리고 인간행동의 다양성은 개인이 인식(Perception)하고
판단(Judgement)하는 특징이 다르기 때문이라고 보았다.

융(C. G. Jung)

이러한 인식과 판단에 대한 융의 심리적 기능이론, 그
리고 인식과 판단의 향방을 결정짓는 융의 태도이론을 바탕으로 하여 각 개
인이 인식하고 판단할 때 각자 선호하는 경향을 찾고, 이러한 선호경향들이
여러 개 합하여 16개의 성격유형을 구성하여 인간의 행동에 어떠한 영향을
미치는가를 파악하는 성격검사이다.

MBTI 4가지 선호경향

E	외향(extraversion)	← 에너지방향, 주의초점 →	내향(introversion)	I
S	감각(sensing)	← 인식기능(정보수집) →	직관(intuition)	N
T	사고(thinking)	← 판단기능(판단,결정) →	감정(feeling)	F
J	판단(judging)	← 외부대처행동양식 →	인식(perceiving)	P

16가지 성격유형에 대한 이 도표는 위의 4가지 선호경향을 배치하여 16가지 마이어스와 브릭스가 고안하였다. 생각이 많은 내향성은 도표의 위쪽 두 줄에 배치하고 적극적이고 활동적인 외향성은 도표의 아래쪽 두 줄에 배치하였다. 감각형은 왼쪽 두 줄에 직관형은 오른쪽 두 줄에 배치하였고, 분석적이고 논리적인 사고형은 도표의 왼쪽과 오른쪽에, 관계지향적인 감정형은 도표의 중앙에 배치시켰다. 정리를 잘하는 판단형은 도표의 위와 아래에 배치하고 개방적이고 즉흥적인 인식형은 도표의 가운데에 모아서 구성하였다. 16가지는 각기 고유한 성격유형을 가진다. 16가지 성격유형을 간단히 재미있게 설명한 문구를 소개하면 다음과 같다.

MBTI 16가지 성격유형	
ISTJ	교과서 같은 유형. 원칙주의자
ISFJ	참모가 어울리는 유형. 의무수행자
INFJ	예언가적인 기질의 유형. 영감을 주는 작가
INTJ	확고한 신념을 가진 유형. 과학자
ISTP	관찰력이 뛰어난 유형. 극기훈련의 대가
ISFP	성인군자 같은 유형. 순수예술가
INFP	인간의 향기를 느끼게 하는 유형. 탐구가
INTP	수재형인 유형. 건축가
ESTP	몸으로 움직이는 유형. 프로모터
ESFP	인간관계에 탁월한 유형. 엔터테이너
ENFP	활력적이고 창의적인 유형. 열정가
ENTP	모험적·진취적인 유형. 발명가
ESTJ	불도저 같은 유형. 행정가
ESFJ	사교계의 여왕 같은 유형. 사교가
ENFJ	화합의 지도자 유형. 교육가
ENTJ	지도자 기질을 타고난 유형. 사령관

그러나 MBTI 성격유형은 누구나 어느 한 방향으로 강제 배당하여 판단한다는 단점이 있다. 중도적인 성격경향을 가진 사람에 대하여서는 합리적이지 못한 결과가 나올 수 있다.

마. 선천적성검사(AAT)의 성격검사

위의 성격검사들이 자기 보고식에 의한 검사 혹은 판정이나 분석이 어려운 투영법에 의한 검사라면 선천적성검사(AAT)는 선천적으로 타고난 각 개인의 사주를 분석한 맞춤형 성격검사이다. 주관성과 객관성 검사도 가능하며 출생과 동시에 검사가 가능하다.

명리직업상담에서의 성격검사는 직업적성에 영향을 주는 요소로 분석하여 업무수행기능과 직업유형 등에 적용한다. 명리일반상담에서는 인간관계에 영향을 미치는 요소로 분석하여 이성문제, 자식문제 등에 적용한다. 사주구조에 의한 성격분석은 성격심리에 대한 분석을 총망라한 내용이다.

6-6 성격심리와 명리연구논문

성격심리와 관련된 논문은 현재 많이 발표되어 있다. 주제별로 살펴보면 다음과 같다.

■ 김종만(2005), 『육신의 편중에 의한 성격특성 연구』
　　경기대학교 국제문화대학원 석사학위 논문

☞ 본 연구는 사주가 사람의 선천적 성격특성을 예측할 수 있는 가장 합리적인 도구라는 확신으로 설계하였다. 사주의 편중된 육신에 의한 욕구는 매슬로(Abraham Maslow)의 욕구이론과 매우 유사한 상관관계를 보이므로, 사주의 편중된 육신은 사람의 성격특성을 예측할 수 있는 도구로서의 가능성이 있음을 밝혔다.

가설검증 결과 종합

가설	가설 내용	채택여부
가설1	자기 보고에 의한 성격특성과 사주 명식에 의한 성격특성은 일치할 것이다.	채택
가설2-1	사주명식의 편중된 인성은 생리적 욕구의 성격특성과 상관관계가 있을 것이다.	채택
가설2-1	사주명식의 편중된 관성은 안전의 욕구의 성격특성과 상관관계가 있을 것이다.	채택
가설2-3	사주명식의 편중된 식상은 소속과 애정의 욕구의 성격특성과 상관관계가 있을 것이다.	채택
가설2-4	사주명식의 편중된 비겁은 자존심 충족의 욕구의 성격특성과 상관관계가 있을 것이다.	채택
가설2-5	사주명식의 편중된 재성은 자아의 욕구의 성격특성과 상관관계가 있을 것이다.	채택
가설3-1	편중된 육신이 월지에 있을 때는 성격특성의 일치율이 높게 나타날 것이다.	채택
가설3-2	편중된 육신이 천간으로 투간하여 격을 이루었을 때는 성격특성의 일치율이 매우 높게 나타날 것이다.	채택

위의 가설은 아래와 같은 통계결과를 통하여 검증이 되었다. (N=500)

가설검증을 위한 통계결과

가설	빈도	%	성격일치 빈도	성격일치율
가설2-1	84	100.0	62	73.8
가설2-2	83	100.0	63	75.9
가설2-3	89	100.0	65	73.0
가설2-4	94	100.0	72	76.6
가설2-5	95	100.0	65	68.4

■ 손연숙(2007), 「사주의 오행분포가 성격형성에 미치는 영향」
국제문화대학원대학교 석사학위 논문

☞ 본 연구는 사주의 오행분포와 성격형성과의 관련성에 대한 논문으로 사주에서 강하게 분포된 木오행은 木오행에 해당되는 성격적인 특징이 발현되는 분포가 54.72%였으며 火오행은 61.97%, 土오행은 78.18%, 金오행은 68.52% 그리고 水오행은 44.44%로 각기 분포도는 달라도 각 오행별로 가장 높은 우위를 차지하고 있었다.

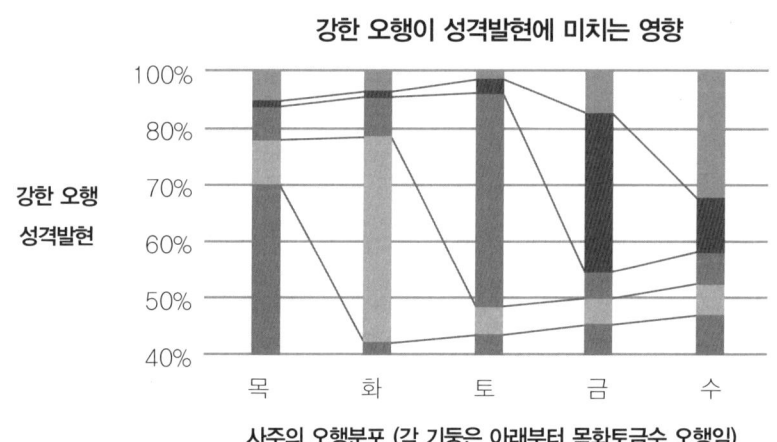

강한 오행이 성격발현에 미치는 영향

사주의 오행분포 (각 기둥은 아래부터 목화토금수 오행임)

부재오행에 의한 성격발현에 대한 결과는 부재된 木오행에 의한 성격발현의 분포는 57.89%였다. 火오행은 68.57%, 土오행은 57.58%, 金오행은 85.19%, 水오행은 84.39%로 각기 분포도는 달라도 각 부재오행별로 가장 높은 위치를 차지하고 있었다.

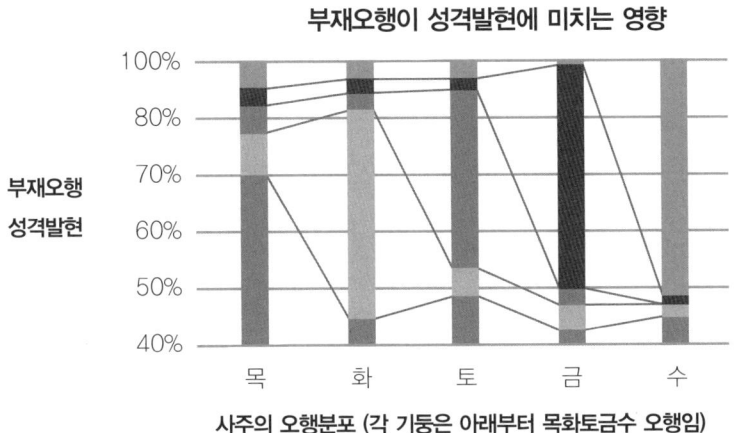

부재오행이 성격발현에 미치는 영향

부재오행
성격발현

사주의 오행분포 (각 기둥은 아래부터 목화토금수 오행임)

■ 홍재관(2007), 「사주적성과 Holland 진로유형과의 상관관계 연구」
국제문화대학원대학교 석사학위 논문

☞ 본 연구는 사주적성과 Holland의 진로성격유형과의 직업적 성향이 종합 진로적성검사 중에서 학생들의 직업선호도와 어떤 상관관계가 있는지 밝히기 위해, 사주십성은 월지의 격(格)으로만 보고 『사주심리와 인간경영』의 직업적성검사 방법론과 상관관계 여부를 확인한 구체적인 연구결과를 요약하면 다음과 같다.

첫째, Holland 진로성격유형의 현실형은 일지에서 인성 사주를 지닌 학생과 연지에는 식상 사주를 지닌 학생, 그리고 연간에서는 비겁 사주를 지닌 학생이 다른 학생보다 높은 것으로 나타났으며, 탐구형은 시간에서 재성 사주를 지닌 학생과 월간에서 식상 사주를 지닌 학생이 다른 학생보다 높은 것으로 나타났다.

둘째, Holland 진로성격유형 중 관습형은 시지에서 인성 사주를 지닌 학생과 일지에서 식상 사주를 지닌 학생, 그리고 월지에서 관성 사주를 지닌 학생이 다른 학생보다 높았고, 예술형은 일지에서 관성 사주를 지닌 학생과 월지에서는 비겁 사주를 지닌 학생, 또한 연지에서는 식상 사주를 지닌 학생이 다른 학생보다 높은 것으로 나타났다.

셋째, Holland 진로성격유형 중 진취형은 시지에서 식상 사주를 지닌 학생과 월지에 비겁 사주를 지닌 학생, 그리고 월간에서 관성 사주를 지닌 학생이 다른 학생보다 높으며, 사회형은 월지에서 식상 사주를 지닌 학생과 월간에서 인성과 재성 사주를 지닌 학생이 다른 학생보다 높은 것으로 나타났다.

■ 이성우(2008), 「사주가 개인의 정서적 안녕에 미치는 영향」 경기대학교 국제문화대학원 석사학위 논문

☞ 본 연구는 사주가 개인의 정서적 특성을 예측하는 도구로서 타당성이 있는지를 확인하려는 데 그 목적이 있다. 오행의 편중이 정서적인 영역에서 어떻게 발현되는지에 관해 이해하고 이를 수량화하기 위한 시도를 해보았다. 본 논문은 사주 원국의 음양, 오행의 분포와 편중, 조후에 따라 정서적인 영역이 어떻게 발현되는지에 초점을 두었다.

이 가운데 주목할 연구결과로 목성으로 편고된 사주의 분노의 표출수준이 가장 높으며, 이는 신경계를 관장하는 木성의 부재가 가장 강한 영향력을 가진 것으로 보인다. 木성의 부재는 특질불안과 상태불안을 높이며, 木성으로 사주가 편고되게 되면 감정을 잘 통제하지 못하고 분노표출의 수준이 높아진다.

	부재오행	목	화	금	수	오행
		사주의 부재오행에 따른 불안의 집단 간 차이 사후검증				
상태불안	목	–	5.55**	4.40*	2.08	3.69*
	화		–	−1.15	−3.47	−1.87
	금			–	−2.31	−.71
	수				–	1.60
	오행					–
특질불안	목	–	4.81*	6.75**	4.41*	4.53**
	화		–	1.94	−.41	−.29
	금			–	−2.35	−2.23
	수				–	.12
	오행					–

* $p < .05$, ** $p < .01$

결과에 나타난 바와 같이 목성의 부재와 화가 갖추어진 사주가 금의 부재와 오행이 갖추어진 사주에 비해 높은 상태불안 수준을 보임을 알 수 있다.

Part 7

학과적성분류

본 파트에서는 학과적성과 직업과의 관련성, 그리고 학과적성검사의 실제를 알아보고자 한다. 구체적인 직업선택 이전에 이루어지는 학과야말로 장래 직업생활의 만족도 향상과 활용성에 직접적인 영향을 주게 된다. 평생교육 시대를 맞이하여 정규 교육과정 이후에도 다양한 경로를 통하여 자신의 업무수행에 필요한 지식과 정보를 얻게 된다. 하지만 학과선택을 통한 진학은 우리 모두에게 직업생활과 자아실현을 위한 중요한 선택이 된다.

7-1 진로지도의 필요성

자신의 선천지능에 적합한 전공을 선택하고 전공에 적합한 직업을 선택하여야 차후 직업 생활에 있어서도 활용도와 만족도가 높아진다. 고등학교 진학과 동시에 일반계와 실업계, 그리고 예술계 고등학교로 나누어지며 일반 고등학교에 진학해서도 2학년이면 문과와 이과를 선택해야 한다. 그러므로 적성검사는 조기에 실시되어야 효과가 높다.

가. 진로지도 현황

한국고용정보원 2007년도 자료에 의하면 중·고등학교 교사들은 학생 진로지도를 위한 자료나 정보가 매우 부족하다고 느끼고 있으며, 대다수가 학교 내에 직업정보 자료실을 운영하기를 희망하고 있는 것으로 나타났다. 한국고용정보원은 진로지도 연수를 받은 중·고등학교 교사 400명을 대상으로 학생들에 대한 진로지도 현황을 설문조사한 결과 이같이 나타났다고 밝혔다.

조사에 따르면 중·고등학교의 학생 진로지도를 위한 자료나 정보 보유 정도에 대해 '불충분하다'는 응답이 69.3%로 가장 많았으며, '매우 불충분하다'도 19.8%를 차지해, 10명 중 9명이 각 학교의 진로지도 자료 보급이 미흡하다고 느끼고 있었다.

학교 진로지도 관련 소장 자료 및 정보의 정도

	매우 충분함	충분함	불충분함	매우 불충분함	전체
응답자	1	42	276	79	398
비율	0.3%	10.6%	69.3%	19.8%	100.0%

나. 필요성

학과적성은 직업생활과 매우 밀접한 관련이 있다. 차후 직업생활을 위해서도 매우 중요한 선택이다. 이는 취업 후 임금과도 관련이 있고 직업만족도와도 관련성이 깊다. 다음은 2008년 한국고용정보원 보도자료로 첫 일자리의 전공불일치 분야 비율은 28.7%이며, 특히 인문계열과 자연계열 졸업자의 전공불일치 비율은 각각 39.8%와 36.1%로 다른 전공계열에 비해 높게 나타났다. 전공일치 분야 취업 시 월평균 임금은 160만3천원으로 전공불일치 분야 취업 시(144만8천원)보다 15만5천원을 더 받는 것으로 나타났다.

전공계열별 전공일치 취업 및 만족도

구분	전공일치 취업여부(%)		월평균 임금(만원)		전반적 만족도(점)	
	전공일치	전공불일치	전공일치	전공불일치	전공일치	전공불일치
인문계열	60.2	39.8	141.4	144.0	3.40	3.18
사회계열	67.7	32.3	172.8	150.4	3.46	3.11
교육계열	90.3	9.7	139.4	126.8	3.57	3.13
공학계열	71.1	28.9	179.7	152.1	3.42	3.14
자연계열	63.9	36.1	147.4	138.9	3.31	3.21
의약계열	91.4	8.6	167.4	130.0	3.31	3.00
예체능계열	74.3	25.7	121.5	125.4	3.29	3.14
전체	71.3	28.7	160.3	144.8	3.40	3.14

적합한 전공의 선택은 직업선택만큼이나 중요하며 장래 직업선택을 위한 선행과정이요 학문적 기반을 다지는 시작이 되는 것이다.

전공은 직업선택을 위한 준비로서 매우 신중하게 결정되어야 한다. 그러나 이러한 전공선택이 잘못된 경우 본인이 겪는 갈등도 있지만, 취업을 위한 준비에서부터 많은 어려움이 따르기 시작한다. 그 예로 한국고용정보원 진로교육센터 보도자료에 따르면 전공과 희망직업이 일치하는 집단과 일치하지 않는 집단은 취업을 위한 비용면에서도 차이가 있음을 알 수 있었다. 즉, 희망직업-전공불일치 집단은 희망직업과 전공이 다르기 때문에 학교 교육에서 배우지 못하는 지식과 기술을 학원에서 습득해야 하므로 학원비 지출이 더 많은 것으로 해석된다는 것이다. 아래 표는 구체적인 비용의 자료이다.

희망직업-전공일치 여부에 따른 취업준비 비용

(단위 : %)

구분	전문대학		일반대학		전체 평균 (만원)
	전공일치 평균(만원)	전공불일치 평균(만원)	전공일치 평균(만원)	전공불일치 평균(만원)	
인문계열	12.7	14.9	14.7	23.5	15.1
사회계열	15.4	17.8	19.4	28.8	18.0
교육계열	7.1	0.00	13.8	14.8	11.1
공학계열	14	15.9	16.2	14.4	15
자연계열	14.7	14.7	16.3	21.4	15.9
의약계열	8.8	13.9	8.8	11.1	8.9
예체능계열	14.3	22.5	18.6	32	17.6
전 체	12.7	16	15.4	23.1	14.7

전문대학의 경우 희망직업-전공불일치 집단은 월평균 학원비로 16만원을 쓰는 데 비해 희망직업-전공일치 집단은 이보다 적은 12만7,000원을 지출했다. 일반 4년제 대학 역시 희망직업-전공불일치 집단이 23만1,000원을 학원비로 투자한 반면 희망직업-전공일치 집단은 15만4,000원을 썼다.

7-2 학과정보

다음은 진학진로정보센터 사이트(http://www.jinhak.or.kr)에서 제공하는 고등학교 계열 안내이다. 계열별로 구분하여 학문의 성격, 필요한 적성과 흥미, 대학진학 가능 계열, 졸업 후의 진로까지 간단한 표이지만 명료하게 소개해 주고 있다.

가. 고등학교 계열정보

1) 인문계열(과정)

인문계열을 선택할 학생들에게 적합한 교육과정으로서 수학, 과학 과목에 대한 흥미나 소질보다는 언어, 문화, 역사, 철학 등에 관심과 재능이 있는 학생들에게 적합하다.

학문의 성격	인간 근원 문제에 대한 탐구와 사회, 문화, 역사 등을 연구하는 학문
필요한 적성과 흥미	• 사물의 이치를 냉철하게 분석하는 능력 • 객관적인 비평 능력과 통찰력 • 인간과 사회, 문화에 대한 관심과 애정
대학진학 가능 계열 (관련 학과)	교육학과, 사학과, 종교학과, 철학과, 문화인류학과, 심리학과 등
졸업 후의 진로	교육기관 및 교사, 학자, 연구직, 방송인, 비평가, 저널리스트, 작가 등

2) 외국어과정

언어 능력과 문학적 소질을 바탕으로 외국의 문화와 문학을 공부하고자 하는 학생들을 위한 과정으로 언어, 사회, 문학 등에 관심과 소질이 있는 학생들에게 적합하다.

학문의 성격	외국어 구사 능력과 문학작품 이해를 통해 국제적인 안목과 세계에 대한 인식을 높이고 문화적인 이해를 연구하는 학문
필요한 적성과 흥미	• 언어적인 지각과 구사 능력 • 외국에 대한 호기심과 외국어에 대한 관심 • 문학적 소양
대학진학 가능 계열 (관련 학과)	영어영문학과, 독어독문학과, 불어불문학과, 중어중문학과, 일어일문학과, 서반어과, 아랍어과, 한문학과, 언어학과 등
졸업 후의 진로	외교관, 관광 안내원, 번역, 통역, 무역업, 기업체, 방송국, 공무원, 교사, 항공사 등

3) 사회과학계열(과정)

인간 사회의 여러 문제에 관심과 흥미를 가지고, 실용적 성격이 강한 법학, 경영학, 정치학, 사회학 등을 공부하고자 하는 학생들에게 적합한 과정이다.

학문의 성격	인간 사회의 정의를 실현하거나, 사회현상의 규칙성을 찾아 현상을 예측하고 조정함으로써 사회를 발전시키고자 연구하는 학문
필요한 적성과 흥미	• 균형잡힌 객관적 사고 능력과 넓은 안목 • 인간관계 능력, 국제적인 감각과 통계, 경제 분석력과 통찰력 • 사회현상에 대한 이해와 분석력
대학진학 가능 계열 (관련 학과)	• 법정계열(법학과, 행정학과, 정치학과, 경찰행정학과 등) • 상경계열(경영학과, 경제학과, 무역학과, 회계학과 등) • 사회과학계열(사회학과, 신문방송학과, 사회사업학과, 관광학과, 문헌정보학과, 사회복지학과 등)
졸업 후의 진로	• 행정공무원, 변호사, 금융계, 기업체, 비평가, 저널리스트, 작가 등 • 금융인, 학자, 세무사, 투자분석가, 공무원 물류유통 관련 업무 종사자 등 • 언론인, 공무원, 공익단체 및 사회단체, 기업체, 여론조사기관, 손해사정인, 정보검색사 등

4) 자연과학계열(과정)

자연현상 및 생활과 주변의 원리를 과학적으로 분석하여 합리적인 해결방안을 찾아내어 인류 복지에 기여하고자 하는 탐구 정신이 강하며, 수학, 과학 관련 과목에 흥미와 관심을 가진 학생에게 적합한 과정이다.

학문의 성격	생물, 약학, 생명공학, 의학, 화학, 환경, 농학 등의 첨단기술 및 산업적 연구 개발을 가능하게 해 주는 기본 원리를 연구하는 학문
필요한 적성과 흥미	• 수학, 과학 과목에 대한 흥미와 관심 • 자연현상에 대한 호기심과 탐구 정신 • 주의 집중과 관찰력, 끈기와 인내심 등
대학진학 가능 계열 (관련 학과)	자연 · 의학 · 약학계열(수학과, 화학과, 생물학과, 농학과, 식품공학과, 약학과, 의학과, 한의학과, 유전자공학과, 미생물학과, 신소재학과 등)
졸업 후의 진로	연구원, 변리사, 벤처 기업가, 의사, 약사, 한의사 수의사, 교사, 교수, 보건 행정직 공무원 등

5) 공학계열(과정)

인류의 미래와 국가 경쟁력을 좌우하는 첨단 정보기술의 개발 등 실용적인 학문 분야를 공부하고자 하는 학생들을 위한 과정으로 수학, 과학 교과에 흥미와 관심을 가지고 있는 학생들에게 적합한 과정이다.

학문의 성격	기계공학이나 건축공학과 같이 산업의 근간을 이루는 전문적인 공학 기술을 연구하거나, 정보의 수집, 가공, 정장 등의 정보 시스템 구축 및 활용 방법을 연구하는 학문
필요한 적성과 흥미	• 컴퓨터 활용 능력 • 응용수학에 대한 학문적 소양 • 개척 정신과 도전 정신 및 문제 해결 능력
대학진학 가능 계열 (관련 학과)	공학 · 컴퓨터계열(기계공학과, 산업공학과, 도시공학과, 건축공학과, 전기 · 전자공학과, 컴퓨터공학과, 멀티미디어학과 등)
졸업 후의 진로	제조업, 연구원, 교수, 교사, 건설회사, 건축 설계사, 전산 감리사, 시스템 엔지니어, 웹마스터, 소프트웨어 개발자 등

6) 예 · 체능계열(과정)

예 · 체능계열의 대학에 진학할 학생들을 위한 교육과정으로 이 계통에 특별한 소질과 재능이 있으며, 이를 좋아하는 학생들이 선택할 수 있는 과정이다.

학문의 성격	건강한 육체와 탁월한 신체능력, 예술을 통해 자기 표현과 수용 능력의 함양이란 이상을 실현하기 위한 학문
필요한 적성과 흥미	• 체육, 미술, 음악 등의 영역에 대한 관심 • 기능 습득을 위한 꾸준한 노력과 인내력 • 전공 영역에 해당하는 기초 기능 및 수행 능력
대학진학 가능 계열 (관련 학과)	체육관련학과, 음악관련학과, 미술 관련학과, 사진, 연극, 영화 관련학과, 영상학과 등
졸업 후의 진로	교수, 교사, 체육인, 음악가, 미술가, 방송국, 언론인, 박물관, 예술가, 영화배우 등

학생들은 다양한 사이트와 학교에서 얻은 많은 정보를 참고로 하여 계열을 선택하고 학과를 선택하고 졸업 후에 직업도 선택하게 된다. 그러나 보통 자신들의 성적을 참고로 하거나 적성검사, 보호자의 의견 그리고 선생님의 의견을 참고로 하여 선택한다. 명리직업상담에서는 성격심리 및 사주구조를 분석하고 가치관과 흥미 등을 모두 고려하여 학과계열 선택을 돕는다.

한국고용정보원의 2008년 자료에 의하면 학생들이 고교진학 시 계열을 선택하는 이유에 대한 자료를 다음과 같이 발표하였다. 적성을 따라 선택하기보다는 단순히 성적에 맞추어 선택하거나 대학진학을 고려해서 선택했으며, 더욱 문제되는 점은 아무 이유없이 그냥 선택했다는 것이다. 이 점은 진로교육에 있어서 커다란 문제로 작용되며, 잘못된 계열선택과 적합하지 않은 전공선택에 따른 사회적 개인적 비용 측면에서도 개선되어야 할 사항이다.

고교진학 시 계열 선택 이유

결정이유	적성	성적	부모기대	대학진학	친구	장래희망	이유없음	교사추천
전문계(%)	15.8	27.7	3.8	14.6	1.0	15.0	17.5	2.1
일반계(%)	4.3	11.1	9.9	15.4	6.1	6.5	40.3	0.0

나. 대학교 학과정보

다음은 한국고용정보원에서 직업선택을 위한 학과정보로 제공한 자료 (2008)이다.

직업선택을 위한 학과정보

인문계열	
언어학	언어학과
국어 · 국문학	국어국문학과/ 문예창작학과
일본어 · 문학	일어일문학과
중국어 · 문학	중어중문학과
영미어 · 문학	영어영문학과
독일어 · 문학	독어독문학과
러시아어 · 문학	노어노문학과
스페인어 · 문학	스페인어문학과
프랑스어 · 문학	불어불문학과
기타아시아어문학	기타아시아어문학
기타유럽어문학	기타유럽어문학
문헌정보학과	문헌정보학과
문화 · 민속 · 미술사학	문화인류학과/미술사학과/문화재학과
심리학	심리학과
역사고고학	사학과/고고학과
종교학	종교학과/불교학과/신학과
국제지역학	국제지역학과/일본학과/중국학과/미국학과/독일학과/ 러시아학과/프랑스학과
철학 · 윤리학	철학과/윤리학과

사회계열	
경제	경제학과
경영	경영학과/국제경영학과/마케팅학과/경영정보학과/(응용)경영학과
금융 · 회계 · 세무	금융보험학과/회계학과/세무학과
무역 · 유통	무역학과/유통학과
관광	관광경영학과/호텔경영학과/항공서비스과
광고 · 홍보	광고홍보학과
법	법학과
가족 · 사회 · 복지	사회복지학과/아동 · 청소년 · 노인복지학과
국제	국제관계학과
도시 · 지역	도시계획학과
사회	사회학과
언론 · 방송 · 매체	언론정보학과(신문방송학과)/정보미디어학과
정치 · 외교	정치외교학과
행정	행정학과/경찰행정학과/보건행정학과/비서학과(국제사무학과)
지리	지리학과

자연계열	
농업학	농학과/농공학과/축산학과/축산가공학과
수산학	수산가공학과
산림 · 원예학	산림학과/임산공학과/원예학과
생명과학(생명공학)	생명과학과(생명공학과)
생물학	생물학과
동물 · 수의학	수의학과(수의예과)/애완동물과
자원학	사원학과
화학	화학과
환경(공)학	환경(공)학과
가정관리학	아동가족학과/소비자주거학과
식품학	식품영양학과/식품공학과/식품조리과/제과제빵과
의류 · 의상학	의류 · 의상학과
수학	수학과
통계학	통계학과
물리 · 과학	물리학과
천문 · 기상학	천문우주학과/대기과학과
지구학	지질학과/지적학과

공학계열	
건축공학	건축(학)과/건축공학과/건축설비(공학)과
조경학	조경(학)과
토목공학	토목공학과
도시·교통공학	도시공학과/교통공학과
기계공학	기계공학과/메카트로닉스공학과/자동차(공학)과
항공우주·해양공학	항공우주공학과/해양공학과
전기·전자공학	전기공학과/전자공학과
광학·에너지공학	광학공학과/안경광학과/에너지공학과
소재·재료학	재료공학과/반도체공학과/섬유공학과
컴퓨터·정보통신공학	컴퓨터공학과/소프트웨어공학과/정보통신공학과
산업공학	산업공학과
화학공학	화학공학과

교육계열	
교육학과	교육학과
교육공학과	교육공학과
교육심리학과	교육심리학과
유아교육과	유아교육과
보육학과	보육학과
특수교육학과	특수교육학과
초등교육학과	초등교육학과
언어교육과	국어교육과/영어교육과/일어교육과/독어교육과/불어교육과
인문교육과	윤리교육과
사회교육과	사회교육과/역사교육과/지리교육과
공학교육과	컴퓨터교육과
자연계교육과	가정교육과/과학교육과/물리교육과/생물교육과/수학교육과/지구과학교육과/화학교육과
예체능교육과	미술교육과/음악교육과/체육교육과

예체능계열	
디자인	산업디자인학과/시각디자인학과/공업디자인학과/패션디자인학과/실내디자인학과
공예	공예학과/도예학과
사진 · 만화	사진학과/애니메이션학과
영상 · 영화 · 연극	방송영상학과/영극영화학과/방송연예학과
미용	뷰티아트과
무용학	무용학과
체육학	체육학과/사회체육학과/레저스포츠학과/운동처방과/경호학과
순수미술학	회화과/동양화과/서양화과
조형학	조소과
음악	기악과/성악과/작곡과/국악과/실용음악과

의약계열	
의학	의학과(의예과)
치의학	치의학과(치의예과)
한의학	한의학과(한의예과)
간호학	간호학과
약학	약학과/제약학과/한약학과
치위생학	치위생과
보건(관리)학	보건(관리)학과
임상병리학	임상병리(학)과
방사선학	방사선과
응급구조학	응급구조과
재활학	재활학과/물리치료학과/작업치료(학)과
의료공학 · 의료장비	의료공학과/치기공과

7-3 선천지능과 전공학과

선천지능과 전공학과는 직업을 선정하는 과정과 동일한 과정을 거친다. 직업과 전공이 일치해야 직업만족도도 높다. 전공이란 내가 원하는 직업을 위해 필요로 하는 능력을 갖추기 위하여 숙련하는 과정이다. 선천지능은 한 사람의 성격과 취미는 물론 적성과 소질에도 영향을 미치는 요인이 된다.

가. 전공과 관련된 십성의 기질

십성은 선천지능으로 발현되며 동시에 고유한 기질로 인하여 직업 및 전공에 대한 적합성 여부를 판별하는 기준이 된다. 십성은 각 사주에서 하나의 패턴을 이루어 뚜렷한 능력을 보이며 구조적인 특징을 가진다. 일반적으로 십성의 조화는 각 개인의 직업적성 유형과 전공분야에 대한 복합적인 정보를 제공한다. 이를 분석하여 가장 적합한 전공을 선택한다. 다음은 전공과 관련된 십성의 기질이다.

- **비견** : 행동하는 직업인 프리랜서에 적합
  신체활동이 강한 분야나 대인활동이 활발한 분야가 적합
  식신이 좋은 경우 연구에 몰두
- **겁재** : 비견과 대체로 동일하여 신체활동과 대인활동이 활발한 분야가 적합
  경쟁심이 강하므로 경쟁력이 필요한 분야에 적합

- **식신** : 제작하고 만들어내는 일에 꾸준한 창의성 발휘

　　　　연구하는 심성으로 정해진 일에 충실하고 능률적

　　　　공적 희생과 봉사정신이 필요한 분야에 적합

- **상관** : 표현력이 우수하므로 예술계통과 새로운 도전이 필요한 분야에

　　　　적합

　　　　말로 상대를 이해시키는 능력이 좋아 설득력이 요구되는 분야에

　　　　적합

- **편재** : 수리력과 공간활용에 관련된 활동이 있는 분야에 적합

　　　　사업적 기질이 강하고 설계와 경영하는 분야에 적합

- **정재** : 신용과 치밀한 관리력이 필요한 분야에 적합

　　　　행정직이나 급여생활에 적합

　　　　정밀한 수리력과 정해진 규율대로 관리하는 분야에 적합

- **편관** : 새로운 분야에 도전하고 모험을 즐길 수 있는 분야에 적합

　　　　이론보다는 행동으로 보여주고 군중을 이끄는 분야에 적합

　　　　순간적 결정력과 스피드를 요하는 분야에 적합

- **정관** : 원칙을 고수하는 공적인 활동과 행정적인 분야에 적합

　　　　안정된 조직 속에서 봉사와 규율을 존중하는 분야에 적합

- **편인** : 순발력과 창의력을 요하는 분야에 적합

　　　　신비주의적, 예술적, 종교적 성향이 강한 분야에 적합

　　　　보이지 않는 이면을 보는 안목있는 시야를 요하는 분야에 적합

- **정인** : 전통을 계승하고 보수적인 분야에 적합

　　　　수용하는 자세로 학업능력이 우수하므로 학문탐구 분야에 적합

　　　　생각을 정돈된 글로 표현하는 분야에 적합

이와 같은 십성의 기질을 바탕으로 각 십성에 적합한 전공학과를 구분하여

살펴보면 다음과 같다. 그러나 이는 전공분석을 위한 가장 단편적인 구분이므로 기초적인 단계의 작업에서 참고로 활용해야 한다.

십성과 전공학과와의 관계

구분	십성의 단면적 전공학과
비견	경호학과, 안경학과, 체육과, 약학과, 한의학과, 치과, 기계공학과, 수의학과, 방사선과, 물리치료학과, 국악과
겁재	경제학과, 경호학과, 장의사학과, 안경학과, 체육학과, 약학과, 외과, 치과, 국제금융학과, 국제정치학과, 국제변호사학과, 조소과
식신	경영학과, 교육학과, 사회복지과, 의학과, 미래과학과, 미술학과, 어문학과, 사회심리학과, 미생물학과, 식품공학과, 아동심리학과
상관	정신과, 정치외교학과, 연극과, 관광통역과, 무역학과, 사진예술학과, 언론학과, 천문기상학과, 호텔학과, 정보통신과, 문예창작과
편재	수학과, 경영학과, 건축과, 항공학과, 토목과, 무역학과, 외교학과, 철도학과, 정형외과, 설치미술, 조소학과, 산부인과, 실내건축
정재	식품영양학과, 경제학과, 금융학과, 원예과, 분석심리학과, 성형외과, 재료분석학과, 회계학과, 건축공학과, 물리학과, 가정관리학과
편관	경기지도학과, 국방대학, 경찰대학, 경호학과, 사관학교, 정치학과, 체육학과, 신학대학, 요리학과, 장례지도학과
정관	법학과, 행정학과, 사회학과, 정치학과, 독서지도학과, 교육학과, 비서학과, 사관학과, 문화재관리학과
편인	종교학과, 심리학과, 디자인학과, 철학과, 정신과, 약학과, 교육학과, 정보학과, 무용학과, 음악과(관현악), 신문방송학과
정인	교육학과, 행정학과, 국문학과, 신문방송학과, 문예창작과, 사회과, 유아교육과, 어문학과, 종교학과, 문화인류학과

전공에 관련된 논문 중 「사주구조와 운동선수의 적성관계 연구」(강경옥, 2007)에서는 운동선수들의 사주구조를 분석한 결과 비겁성향과 비겁격이 많은 결과가 나왔다.

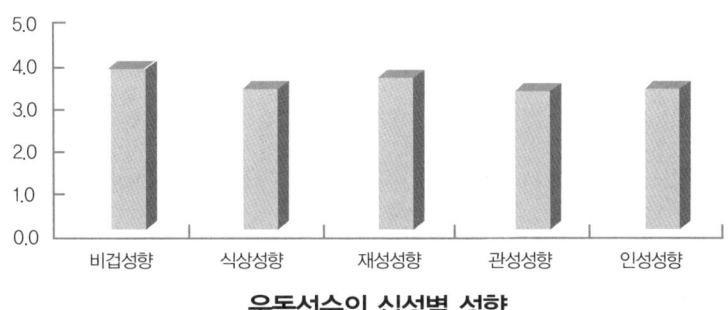

운동선수의 십성별 성향

운동선수의 격국 십성

위의 표를 보면 설문지를 통하여 운동선수들의 성향을 조사한 결과는 비겁성향이 높았고, 격국을 비교해 보아도 비겁격이 많았다. 십성과 적성은 관련성이 깊다는 것을 보여주는 연구결과이다.

나. 선천적성검사(AAT) 학과계열 배정기준

　명리직업상담에서 학과계열은 문과, 이과, 교육, 예술, 체육 이렇게 5개 분야로 나누며 2차로 전공학과에 대한 추천을 하게 된다. 문과는 정인과 식상의 공조를 살핀다. 이과는 재관의 구조를 파악하고 교육은 정인의 활용성을 살펴보며, 예술은 편인과 상관, 체육은 비겁과 재성의 구조를 파악한다. 이러한 구분은 고등학교 교육과정에서 이러한 결정을 해야 하는 학생들에게 직접적인 도움을 주고자 하는 구분이다. 점수분포가 비슷한 경우에는 전공학과나 최종적으로 추천되는 직업군을 보고 판별되게 된다.

　사주명식에 있는 모든 십성은 각기 학과계열 점수를 부여받게 되는데, 그 결과로 나온 점수는 다음과 같은 판정에 따라 자신의 학과를 선택할 수 있도록 정보를 제공해 준다.

학과점수 판정표

점수	70 미만	70~79	80~89	90 이상
판정	보통 이하의 학과적성	보통 정도의 학과적성	적합한 학과적성	매우 적합한 학과적성

　80점 이상을 적합한 학과적성으로 판정하며, 위의 점수표에 의한 판정은 적합도를 살펴보는 것이지 점수에 의한 개인의 능력에 대한 평가가 아니므로 진출학과와 적합한 직업과 직무유형 업무수행기능 등을 더 주의깊게 살펴봐야 한다.

　전공은 직업과 직접적인 연관성이 있음에 착안하여 적성검사 Triangle 구조를 파악한다. 격국, 용신, 천성을 3가지 요소로 파악하고 각 사주구조에서 이를 분석하여 전공을 추천한다.

적성검사 Triangle

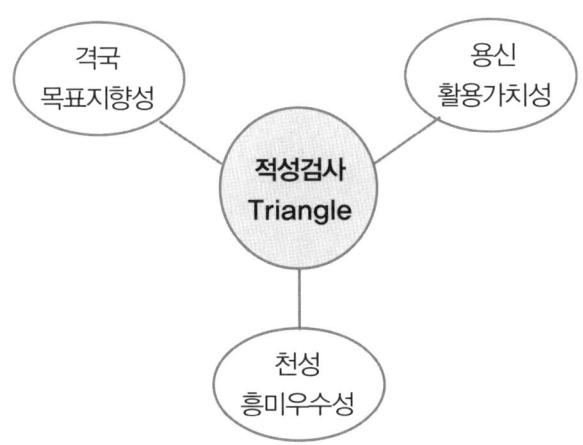

적성검사 Triangle은 선천적성을 파악하는 가장 중요한 3요소의 작용을 분석하는 방법이다. 본 이론에 대하여서는 Part 9에 직업과 관련지어 더 자세히 소개되어 있다. 따라서 본 장에서는 학과와 전공의 의의와 중요성에 대하여만 언급하고자 한다.

적성검사 Triangle에 의한 전공사례	
격국 천성 용신	학과전공 사례
비견 상관 비견	의예과, 법학과, 상담교육학과, 사회복지학과, 정보통신공학과, 경영학과, 통역학과, 디자인과, 전자공학과, 아동학과, 교육학과, 연기학과, 사회복지학과, 안경학과, 생활체육과
겁재 편인 비견	의예과, 특수교육학과, 전자공학과, 공예과, 건축전문대학원, 정보처리학과, 연극영화학과, 경호학과, 상담교육학과, 임상병리과, 경기지도과, 생활체육과, 사회복지학과, 물리치료학과
식신 편인 편재	한의학과, 한약학과, 경영학과, 회계학과, 교육계학과, 행정학과, 무역학과, 경제학과, 이벤트기획과, 보건학과, 수학과, 국제경제학과, 마케팅학과, 건축공학과, 관광학과

상관 정인 겁재	한의학과, 연극영화학과, 의학과, 방송연예과, 법학과, 식품영양학과, 외국어학과, 소프트웨어공학과, 심리학과, 경영학과, 문헌정보학과, 산업공학과, 정보통신학과, 사회복지학과, 의류학과
정재 정재 식신	경제학과, 교육계학과, 마케팅학과, 회계학과, 건축학과, 수학과, 경영학과, 디자인학과, 지적학과, 사회복지학과, 도시공학과, 항공교통관리학과, 항공학과, 부동산학과, 소프트웨어공학과
편재 편인 정관	한의학과, 외국어과, 경영학과, 국제경제학과, 정보통신공학과, 방송연예과, 무역학과, 경제학과, 행정학과, 심리학과, 화학공학과, 토목공학과, 광고홍보학과, 경찰대학, 금융학과
정관 정인 편재	건축공학과, 의학과, 약학과, 교육계학과, 화학과, 경영학과, 소프트웨어공학과, 국제경제학과, 금융학과, 경찰행정학과, 신문방송학과, 정보처리학과, 세무학과, 언론정보학과, 경제학과
편관 편재 정인	교육계학과, 생물학과, 의학과, 법학과, 경제학과, 지리학과, 화공과, 경영학과, 법학과, 문헌정보학과, 경찰대학, 정보통신학과, 사회학과, 회계학과, 보건학과
정인 정재 식신	기계공학과, 경영학과, 국제경제학과, 유통학과, 교육계학과, 관광학과, 정보통신공학과, 국문학과, 사학과, 약학과, 소프트웨어공학과, 회계학과, 조리과, 미용학과, 금융학과
편인 정인 편인	교육계학과, 철학과, 문예창작과, 문헌정보학과, 외국어과, 언론정보학과, 사회학과, 심리학과, 정보통신학과, 문화재학과, 미술과, 작곡과, 디자인과, 사회복지학과, 부동산학과

위의 표는 위에서부터 격국-목표지향성, 천성-흥미우수성, 용신-활용 가치성의 순서로 되어 있다. 천성은 Part 9에서 자세히 설명되겠지만 격국, 용신 외에 일간에게 가장 큰 영향을 주는 십성이다.

7-4 평생직업과 학과선택

학과계열 선택은 평생직업을 위한 첫 번째 선택이다. 2차적으로 대학의 전공을 선택하고 3차로 직업선택을 하게 된다. 현 사회는 평생직장보다는 평생직업의 개념으로 직업을 이해하고 있다.

가. 평생직업과 유망직업

한 사람에게 있어서 평생직업으로 삼을 수 있는 유망직업에 대한 선택은 어떻게 하는 것이 가장 좋은가? 명리직업상담이 추구하는 것은 그 시대에 맞는 유망한 직종을 선택하는 것이 아니라 본인이 가장 잘할 수 있는 것 그리고 신나게 평생 할 수 있는 일을 찾아주자는 것이 명리직업상담의 정신이다.

'W이론'으로 유명한 서울대학교의 이면우 교수는 다음과 같이 말하였다.

유망산업- 유망학과- 유망직업은 없다. 자녀가 하고 싶어하는 것에서 유망 분야를 찾아라! 현재 유망하다고 인정되는 직업은 얼마 지나지 않아 10년 이내에 사양길을 걸을 것이다. 현재 선망의 대상이 되고 있는 산업은 유망하지 않다. 변할 것은 현재 유망한 산업이고, 변하지 않는 것은 현재 생소한 분야 중에서 유망산업이 나온다는 것이다. 그렇다면 무엇이 가장 유망한 분야인가? 그것은 바로 본인이 하고 싶은 분야이다. 10년 단위로 빠르게 변하는 분야보다 평생 마음이 끌릴 분야가 유망한 것이다.

이 말은 바로 명리직업상담이 추구하는 바를 정곡으로 찌른 말이라고도 할 수 있다. 변화의 시대에 보이는 것을 포기하고 보이지 않은 것을 추구하라고 한 이 교수는 불확실한 미래를 밝혀주는 희망의 신사고 5가지 중 한 가지로 가슴이 울렁거려야 한다고 하였다. 목표가 명확하고 이를 이룬 순간을 상상할 때 가슴이 울렁거리고 신바람나고 빨리 성취해야겠다는 조바심이 나고 현실적 고통을 잊을 수 있어야 한다고 하였다.

이제 학과선택은 시대적 흐름에 따른 다양한 정보공유라는 필수요건은 참고하되 본인이 하고 싶고 잘할 수 있는 것을 소신있게 선택할 수 있도록 타고난 선천적성을 발견하고 가슴이 울렁거리게 신날 수 있는 공부를 하도록 도와야 한다.

나. 학과전공 선택과 직업

장래직업에 대하여 조사한 결과 장래 희망직업이 없다고 답한 학생들은 그 이유로 '내게 맞는 장래 희망직업을 아직 찾지 못해서'가 32.7%로 가장 많았고, '무엇을 잘할 수 있을지 몰라서'(23.5%), '내가 어떤 일을 좋아하는지 몰라서'(18.1%) 등이 뒤를 이었다. 이는 학생들이 가지고 있는 직업정보가 제한적이고, 자신에 대한 이해가 부족하며, 진로 관련 정체성에 대한 혼란을 경험하고 있기 때문인 것으로 볼 수 있다.

조사 대상 초중고생의 절반 이상인 65.9%는 '장래 희망직업을 이루기 어렵다고 느낀 적이 있다'고 답했다. 학년이 높을수록 '장래 희망직업을 이루기 어렵다고 느낀 적이 있다'고 응답한 비율이 증가했다. 즉, 초등생은 54.8%, 중학생은 68.4%, 고교생은 75.7%가 '어렵다고 느낀 적이 있다'고 답했다.

장래 희망직업을 이루기 어렵다고 느낀 이유로는 '성적이 낮아서'(47.8%)가 가장 많았고, '그 직업과 관련된 능력이 부족해서'(12.8%), '부모님이 원하지 않아서'(7.3%), '돈이 많이 들어서'(7.2%) 등의 응답들이 이어졌다. 즉, 장래희망을 이루기 어려운 이유는 주로 '성적 및 능력부족' 때문(초 27.3%, 중 48.7%, 고 60.4%)인 것으로 조사됐다.

장래 희망직업을 이루기 어렵다고 느낀 이유

이유	응답 비율(%)
성적이 낮아서	47.8
그 직업과 관련된 능력이 부족해서	12.8
부모님이 원하지 않아서	7.3
돈이 많이 드는데 없어서	7.2
학교에서 방법을 가르쳐주지 않아서	6.6
현재 고등학교와 관련성이 낮아서	5.9
기타	12.4

이와 같은 현실을 볼 때 학과계열에서부터 학과전공까지도 학생들은 선택에 있어서 매우 어려움을 호소하고 있음을 알 수 있다. 그리고 단지 성적에 의해 희망직업의 성취여부를 가늠한다는 것은 학생들에게 있어서 다양한 직업에 대한 정보도 부족하지만 우리 사회의 현실을 생각해 보게 된다.

직업학 용어로 진로신화는 은연 중에 진로와 관련하여 얻어진 근거없는 믿음, 정보에 대한 왜곡된 해석 등을 의미한다. 우리나라 청소년들은 사회문화적 영향으로 인하여 독특한 진로신화를 갖고 있는데, 80% 이상이 '최고성 신화'와 '검사신화'이다. 이 가운데 '최고성 신화'는 일등주의와 최고만을 고집하는 신념으로 높은 지위를 얻어서 미래의 행복을 보장받는 것, 대기업에 취업하여 좋은 직업을 갖는 것, 사람들이 부러워하는 곳에서 일하는 것이다.

희망직업이란 본인이 희망하는 것이 아니라 주변 사람들의 희망직업일 수도 있다. 또한 잘못된 학과전공 선택으로 인한 비용은 고스란히 본인의 부담이 되고 있음을 볼 때 학과적성의 선택은 매우 중요하다.

Part 8

명리교육방법

교육이란 한 사회 또는 국가의 먼 장래를 좌지우지할 수 있을 만큼 중요하다. 그 중요한 교육의 결과는 짧은 기간에 나오는 것이 아니므로 오래 공을 들여 먼 미래를 위해 투자하는 것이다. 그 나라의 미래의 모습을 보려면 현재 한창 자라고 있는 청소년들을 보면 된다고 한다. 아직 결정되지 않은 그들의 모습에서 많은 가능성도 볼 수 있고, 그렇지 않은 부분도 볼 수 있기 때문이다. 한 국가의 멋있는 미래설계는 현재 청소년들에게 교육적 환경을 우선 제공해 줄 수 있어야 그 실현이 가능하게 된다.

8-1 명리와 교육

모든 학문이 궁극적으로 추구하는 것은 행복한 삶이라고 할 수 있다. 교육은 학습이라는 개념 이상의 의미를 지니는 말이다. 자아실현을 위한 모든 총체적인 활동을 교육이라고 해도 큰 무리가 없다. 그리고 가장 '나'답게 가장 자신에게 맞는 길을 찾아갈 수 있도록 돕는 일련의 모든 활동도 교육이라고 할 수 있다. 명리직업상담은 우리 자신에 대한 가장 정확한 정보와 방향을 제시해 주고 있으며 가장 교육적인 학문이기를 추구한다.

교육의 단어와 명리의 의미해석	
敎 – 가르칠 교	인수 ← 관 : 교육, 학문, 노력, 결과
育 – 기를 육	식상 → 재 : 양육, 연구, 노력, 결과

가. 총체적 교육의 중요성

교육이라고 하면 한국 어머니들의 교육열은 다른 어느 나라에 못지않다. 그 덕분에 우리나리의 교육수준이 많이 높아졌으며 경제성장의 바탕을 이루었다. 그렇다면 세계에서 노벨상 수상자를 가장 많이 배출하고 세계의 경제 흐름을 쥐고 있는 유대 민족의 자녀교육법은 어떠한가?

유대인들의 교육은 밥상머리 교육이라고 한다. 그들은 식사를 위해 어머니를 돕는 것이 일상이며 온 가족이 함께 참여한다고 한다. 식사와 가정교육과 예배를 따로 분리하지 않고 종합적인 교육을 한다고 한다. 그 덕분에 던킨도너츠, 하겐다즈 아이스크림, 허시초콜릿, 배스킨라빈스와 같은 세계적으로 유명한 브랜드의 창업자가 모두 유대인이라고 한다.

식사준비나 가사일이 가족 간의 협조로 이루어지는 분위기가 아직 미흡한 한국의 현실과는 달리 유대인의 밥상에는 후식과 함께 반드시 대화가 꼭 이어졌고, 어릴 때부터 '좀 더 나은 후식이 없을까?' 고민하다 위에서 언급한 유명한 식품 브랜드가 탄생했다고 한다.

자연스럽게 그리고 가장 가까운 가족이 있는 가정에서 즐겁게 이루어지는 교육, 교실에서만 이루어지는 것이 아닌 총체적인 교육이 중요하다. 명리직업상담에서는 이러한 취지에서 잘할 수 있고 좋아하는 것을 찾아주고 가장 절실하게 부족한 부분을 채워주고자 하는 총체적인 교육적 효과를 추구한다.

나. 명리교육의 의의

과학명리를 통한 선천적성에 대한 연구는 교육열 높은 우리나라 어머니들에게 새로운 교육이론과 교육방법론을 제공할 것이다. 외적인 행동 교정만이 아닌 우리 아이들의 마음을 이해해주고 어루만져줄 수 있는 교육, 그리고 성적 올리기가 아닌 진정 우리 아이들이 신나게 일하고 몰입할 수 있는 일을 찾아주는 교육, 그런 교육의 장을 열고자 하는 것이다.

모든 출발은 자기 자신을 아는 것에서 시작된다. 어느 검사보다도 그리고 오랜 시간 관찰한 내용보다도 더 정확한 선천적 기질의 파악은 과학명리로 탄생한 선천적성검사(AAT)가 최상의 대안으로 부각되었다.

8-2 명리교육과 심리

명리직업상담론에서는 성격심리론과 선천지능론을 펼치면서 명리교육에 대한 이론을 완성했다. 명식에 나타난 십성으로 성격심리를 분석하여 심성적인 면에서의 올바른 양육방법에 대한 정보를 제공하게 된다. 다시 명식에 나타난 십성으로 선천적성을 분석하여 인지적인 면에서의 교육방법에 대한 정보를 제공하게 된다.

가. 명리교육과 성격심리

십성은 각기 고유의 기질을 가지고 성격, 지능, 적성과 학습에 이르기까지 다양한 면에서 심리작용의 바탕을 이루고 있다. 이러한 성격심리는 학습전반에 걸쳐서 한 개인에게 많은 영향을 주게 된다.

명리교육과 성격심리

정인	성격발현의 기저심리	내 인생의 플래너 순수함과 순종의 미학
	십성의 강에 의한 성격심리	언제나 정리정돈하며 순서에 따라 일이 진행되어야 안심하며 계획에 따라 생활함.
	십성의 약에 의한 성격심리	기억과 순서와 정리정돈에 취약하며 계획성 없는 행동성향이 단점임.
편인	성격발현의 기저심리	동시다발적인 상상력과 발상 독특한 커리어의 주인공
	십성의 강에 의한 성격심리	생각이 다소 독특하고 종교적 성향이 있으며, 개성이 강한 분야에서의 전문성이 강함.
	십성의 약에 의한 성격심리	수용적인 듯하나 반발하고 자신만의 전문적인 분야를 추구하지만 정보수집에 약함.

비견	성격발현의 기저심리	주관과 추진력의 근본 협동과 동지애의 시작
	십성의 강에 의한 성격 심리	자기주장이 강하며 자신을 과신하는 경향이 있고 일에 대한 추진력도 좋음.
	십성의 약에 의한 성격 심리	자신감과 자기 존재감이 약하여 양보하고 타인의 의견에 따르는 경향이 있음.
겁재	성격발현의 기저심리	애착과 집요한 의지 나와 너의 we-feeling
	십성의 강에 의한 성격 심리	지나친 경쟁심과 승부욕으로 절대 지지 않으려 하며 반드시 성공하고자 노력함.
	십성의 약에 의한 성격 심리	경쟁력과 자기 존재감이 부족하며 타인의 의견에 쉽게 동조하는 경향이 있음.

식신	성격발현의 기저심리	한 우물을 파는 노하우 대화와 친교의 대명사
	십성의 강에 의한 성격 심리	인간관계에 매우 치중하며 말하기를 즐기고 형식에 얽매이는 것을 싫어함.
	십성의 약에 의한 성격 심리	말과 행동에서 세련된 자연스러움이 떨어지고 사람들과의 관계 맺음이 다소 어색함.
상관	성격발현의 기저심리	모방을 통한 창조 멋과 화려한 사교의 아이콘
	십성의 강에 의한 성격 심리	호기심이 많고 자신을 화려하게 보이고 싶어하며 고정관념을 깨려는 기질이 강함.
	십성의 약에 의한 성격 심리	자신을 치장하고 꾸미는 것에 관심이 적고 자기 자신의 감정을 잘 표현하지 않음.

정재	성격발현의 기저심리	보장된 안정성 추구 꼼꼼함과 확실한 믿음
	십성의 강에 의한 성격 심리	매우 섬세하고 꼼꼼하며 현실적인 이해득실에 대하여 과민하게 반응함.
	십성의 약에 의한 성격 심리	자신의 것을 꼼꼼하게 챙기는 욕심이 적으며 현실적 이득에 대하여 민감하지 않음.
편재	성격발현의 기저심리	도전과 의욕의 중심 열정과 행운의 상징
	십성의 강에 의한 성격 심리	기분파적인 기질이 강하고 자신만의 공간을 갖고 싶은 욕구가 강하며 물질적임.
	십성의 약에 의한 성격 심리	가치판단력이 약하고 자신이 활동한 결과에 대하여 만족감이 떨어지는 성격임.

정관	성격발현의 기저심리	존경과 공정함의 평판 건전한 문화시민의 표상
	십성의 강에 의한 성격 심리	원칙주의자로 모범적이고 규범적인 마인드가 강하며 주어진 틀대로 살고자 함.
	십성의 약에 의한 성격 심리	원칙을 지키고 스스로 절제하는 자세가 필요하며 규 범을 준수하려는 마음이 취약함.
편관	성격발현의 기저심리	이상을 꿈꾸는 카리스마 강력하고 과감한 실천력
	십성의 강에 의한 성격 심리	행동력이 강하고 결단한 바는 반드시 실행해야 하는 기질로 의리를 중요하게 생각함.
	십성의 약에 의한 성격 심리	실천력이 약하고 결단력이 부족하며 용기있게 박차고 나가는 기질이 약함.

모든 십성은 성격이 발현되는 가장 기본적인 심리를 바탕으로 각 십성의 강약에 따라 고유한 성격발현의 모습이 존재한다. 교육현장에서는 지식의 전수 이상으로 사회성, 인간관계, 학습방법, 자기관리 등 다양한 면에서의 성격심리 조명이 필요하다.

나. 명리교육과 시간관리

현대사회에서는 시간관리가 매우 중요하다. 자기관리가 곧 시간관리가 되는 것이 기본이다. 시간관리에 대한 교육도 자기관리의 가장 중요한 핵심으로서 의미가 있다. 미래학자들이 시간이 곧 돈이 되는 그러한 시대가 바로 미래가 될 것이라고 예견할 정도로 시간관리는 매우 중요하다. 그러므로 교육적 입장에서 십성에 따른 시간관리 능력을 조명해보고 단점을 보완해야 한다.

다음의 내용은 시간관리에 대하여 십성별로 분석한 내용이다. 시간을 활용하는 다양한 양상의 원인과 과정을 심리분석을 통하여 설명한 내용이다. 객관적인 입장에서의 시간활용 능력에 대한 평가도 중요하지만, 한 사람이 시간을 어떻게 운용하느냐 하는 데 대한 평가와 대안이 더욱 중요하다.

십성별 시간관리 능력에 대한 지침

십성구분	강약	정인 편인의 시간관리 능력에 대한 지침
정인	강	상황이나 시간에 관계없이 순서대로 일이 차분히 진행되어야 하고 정리에 많은 시간을 할애합니다. 그러므로 당신은 정확한 업무수행에는 강하지만 너무나 많은 생각을 하는 사람으로 결정력이 약하여 시간적인 기회포착에 느린 점은 보완해야 합니다.
	약	당신에게 필요한 점은 시간운용에 있어서 일의 순서와 절차에 따라 시간을 관리해야 한다는 점입니다. 이는 일의 오차를 줄이고 짜임새 있는 결과를 위해 필요한 사항입니다. 그러나 융통성이 필요한 경우에는 순서에 관계없이 일을 처리하는 장점이 되어주기도 합니다.
편인	강	순발력 있는 생각의 전환으로 타이밍과 기회포착에 강합니다. 하지만 나만의 생각에 빠져 객관적이지 못한 결정을 내리면서 일을 다시 해야 되는 경우도 있으므로 이러한 시간낭비를 줄이기 위해서는 객관성을 유지해야 합니다.
	약	당신에게 필요한 점은 시간운용에 있어서 계획성이 부족하고 일의 과정까지 세밀하게 생각해보는 면이 없으므로 항상 생각하고 시작하는 시간관리 능력을 키워야 한다는 점입니다. 그러나 갑작스런 사안에 대해서는 오래 심사숙고하여 일이 느려지는 면은 적습니다.

십성구분	강약	비견 겁재의 시간관리 능력에 대한 지침
비견	강	자신이 정한 목적을 향해 매우 저돌적으로 시간을 활용해 나가고, 모든 중심이 자신이 되는 주체적인 시간관리 유형입니다. 그러나 매우 조급하여 시간을 여유있게 관리하지 못한다는 단점이 있으므로 느긋한 마음으로 순간순간을 즐기는 노력이 필요합니다.
	약	당신에게 필요한 점은 일을 추진해가는 과정에서 주체성을 키워 내가 원하는 대로 시간을 운용하는 자세입니다. 시간도 공간도 모두 나 자신이 있으므로 존재한다는 자신감이 중요하다는 것입니다. 그러나 남들에게는 겸손하게 보일 수 있는 장점이 될 수도 있습니다.
겁재	강	강력한 추진력으로 시간을 매우 효율적으로 활용하지만 경쟁심과 조급한 마음으로 시간적인 여유를 잃기 쉬운 유형입니다. 그러므로 시간 활용에 있어서 사람들과 자기 자신이 중요함을 스스로 잘 새겨서 주객이 전도되는 일이 없도록 노력해야 합니다.
	약	당신에게 필요한 점은 일을 추진해가는 과정에서 자신의 이득을 확실히 챙기는 경쟁력이 떨어진다는 것입니다. 자신감을 가지고 자신의 믿음과 결정대로 한 번뿐인 시간을 활용해야 합니다. 그러나 타인들에게는 자신을 낮추는 예의바른 사람으로 보일 수도 있습니다.

십성구분	강약	정재 편재의 시간관리 능력에 대한 지침
정재	강	결과가 작든 크든 목적과 결과가 분명한 일에만 자신의 시간을 투자하고 싶어합니다. 그리고 시간적인 순서와 절차가 명확한 것을 좋아하여 확실한 일에만 시간을 할애하는 매우 꼼꼼한 시간관리 유형입니다.
	약	당신에게 필요한 점은 시간활용에 있어서 분명한 목적과 결과를 의식해야 한다는 점입니다. 일의 과정도 중요하지만 좋은 결과는 만족스런 삶의 기반이 되어주기 때문입니다. 그러나 주어진 이득이 없어도 내 시간을 내어주는 여유는 인간적인 모습으로 장점이 됩니다.
편재	강	목적의식과 결과물이 분명한 경우 매우 신속하게 일을 진행하고 타이밍에 강한 장점이 있습니다. 그러나 불확실한 결과가 예견되는 경우와 특별한 사안이 없는 평소에는 시간의 활용능력이 다소 떨어지는 유형으로 항상심을 유지하려는 노력이 필요합니다.
	약	당신에게 필요한 점은 사물과 공간에 대한 평가와 결과를 보고자 하는 신속성을 키워야 한다는 점입니다. 일의 결과에 대한 적극성과 신속성을 스스로 익혀 신속한 시간관리 능력을 키워야 합니다. 그러나 이해득실을 따지지 않는 것이 더 많은 장점이 될 수도 있습니다.

십성구분	강약	식신 상관의 시간관리 능력에 대한 지침
식신	강	매우 느긋하고 여유롭게 시간을 활용하고자 하므로 시간에 얽매이지 않고 행동하는 경우가 많습니다. 그러므로 시간관리 개념은 객관적으로 약하지만 재미있는 일에 잘 몰입하여 시간 자체를 즐길 줄 아는 사람입니다.
	약	당신에게 필요한 점은 시간활용에 있어서 자신만의 속도대로 일을 진행해가는 여유가 부족하므로 여유를 찾아야 한다는 점입니다. 무엇이든 순리대로 가야 편하다는 것을 알아야 합니다. 그러나 때로는 급박한 결정을 위해서는 이러한 면이 장점이 될 수도 있습니다.
상관	강	매우 개인적인 기준으로 시간을 운용하는 사람으로 순간적인 발상과 기분에 의해 매우 유동적인 시간활용을 잘합니다. 그러므로 감정의 흐름이 시간의 흐름이라는 개념을 대체하는 유형의 사람입니다
	약	당신에게 필요한 점은 시간을 효율적으로 사용하는 것도 중요하지만, 즐겁고 재미있는 시간들이 모여서 나의 인생이 된다는 점을 기억해야 합니다. 때로는 시간이 나를 위해 기다려주기도 한다는 여유를 부리는 것이 내가 시간의 주인이 되는 지름길이기도 합니다.

십성구분	강약	정관 편관의 시간관리 능력에 대한 지침
정관	강	조직과 규칙을 중시하므로 시간을 아끼고 약속을 꼭 지키고자 하는 개념이 확고합니다. 이러한 노력들이 사회를 지탱하는 중요한 요소라고 생각하는 점은 매우 모범적이고 훌륭하지만 시간보다 더 소중한 사람을 잃지 않도록 융통성 있는 마인드가 필요합니다.
정관	약	당신에게 필요한 점은 공적인 신뢰를 얻기 위해 약속된 시간은 반드시 지켜야 된다는 시간관리 개념을 강화해야 한다는 것입니다. 일의 과정과 결과도 중요하지만 객관적으로 보여지는 면도 중요합니다. 그러나 개인적으로는 매우 느긋하고 여유로운 장점도 되어 줍니다.
편관	강	결정력이 강하여 신속한 일 추진을 잘하므로 시간활용이 매우 목표지향적이며, 단체 활동을 중시하는 면이 있습니다. 많은 사람들의 시간을 존중하고 한 사람보다는 전체를 더 고려하는 점은 중요한 사항이지만 인간미를 잃지 않도록 주의해야 합니다.
편관	약	당신에게 필요한 점은 일에 대한 판단력과 결정력을 키워 중요한 사안에 대하여 시간이 지연되지 않게 해야 한다는 점입니다. 타이밍에 약할 수 있다는 것입니다. 그러나 깊이 생각하고 다양한 국면을 고려해 보는 것은 시간이 허락하는 한도 내에서는 필수입니다.

다. 명리교육과 학습심리

본 장에서는 학습적인 면과 정서적인 면에서도 효과적인 지도가 이루어질 수 있도록 사주구조의 구성유형별 학습심리를 다각도로 분석할 수 있는 툴을 구성한다.

학습이라는 인지적 활동은 각 개인이 세계를 인식하는 틀에 의하여 다르게 이루어진다. 명리교육을 위한 학습심리 이론은 교육적 요소들에 대한 개별적인 활동을 학습심리로 분석하고 장점과 단점에 대한 강화책과 보완책을 제시해주는 것에 의미가 있다.

사주구조의 구성유형별 학습심리

인성	**개인적 만족형인 과정중시형** 주관적 기준에 의한 행동결정 경향이 강함.	**식상**
내향적으로 지능이 발달한 유형 지식의 in-put이 좋음. 지식의 수용과 보수적 학문에 강함.	인비식 구조 관인상생 식상생재 구조 구조 재관 구조	**외향적으로 지능이 발달한 유형** 지식의 out-put이 좋음. 지식의 응용과 미래지향적 학문에 강함.
관성	**사회적 인정요구형인 결과중시형** 객관적 기준에 의한 행동결정 경향이 강함.	**재성**

위의 표는 일간을 중심으로 직접 또는 간접적으로 상생상극을 하는 십성의
역할이 개인의 학습심리에 어떠한 영향을 주는지를 체계화시킨 표이다. 일간
과 비겁을 중심으로 인-식-재-관의 파트별 순환고리를 만들어 나오는 십성
패턴에 따른 특징은 다음과 같다.

1) 관인과 식재

일간을 기준으로 입력과 출력을 담당하는 십성이므로 지식의 in-put, 그
리고 지식의 out-put으로 구별하여 보수적인 성향과 미래지향적 성향으로
나누어 대조적으로 비교해보았다. 그러므로 관인은 학습의 입력에 있어서 좋
은 작용을 하므로 암기력과 기억력이 우수하다. 그리고 지식에 대하여 수용
적인 태도를 보이고 전통성과 역사성이 있는 학문 분야와 활동을 선호한다.

그러나 식재는 학습의 출력에 있어서 좋은 역할을 하므로 지식의 응용과 활용 그리고 미래지향적인 새로운 학문과 지식에 대하여 허용적인 태도로 대하는 학습심리를 소유한다.

```
관인과 ⇔ 식재 사례 - 대학교수(남)
       時  日  月  年
       庚  壬  壬  庚
       戌  寅  午  辰
```

壬水 일간이 시주로 관인상생을, 일지와 월지로 식신생재를 이루었다. 사시에 합격하고 법관에 임용되었으나 후학을 양성하는 대학교수로 일생을 지내왔다. 즉, 관인의 보수와 식재의 미래지향을 모두 수용했다.

2) 인성과 식상

일간과 직접적인 生과 洩의 교환작용을 하는 역할로서 개인적이며 주관적인 입장에서 사물을 해석하며 역사와 현재 미래를 기록하는 과정중시형이다. 그러므로 학습에 있어서도 지식을 탐구하는 과정을 즐기고 학문의 이론적 체계와 원리의 발견 자체에 의미를 두는 학습심리를 소유한다.

```
인성과 ⇔ 식상 사례 - 미술학원 원장(여)
       時  日  月  年
       壬  庚  甲  己
       午  辰  戌  酉
```

庚金 일간이 인성이 다 (多)하여 신강하며 시상의 식신으로 유출되는 구조이다. 주관적인 입장에서 기록하고 식신의 창의성을 활용하는 학습태도로 대학에서 미술을 전공하고 미술학원을 운영하고 있다.

3) 재성과 관성

일간과 직접적인 상생에 거리를 두고 일간이 훼하거나 반대로 일간을 훼하는 역할로서 사회적인 안목과 객관적인 시야로 학문과 자기 자신을 바라보므로 결과중시형이다. 그러므로 학습에 있어서도 탐구결과와 효용성, 그리고 실효성에 의미를 두며 치밀하게 과학적으로 입증된 것만이 진리가 되는 사고의 학습심리를 소유하게 된다.

재성과 ⇔ 관성 사례 – 피부미용전공 강사(여)			
時	日	月	年
甲	己	己	丙
戌	亥	亥	午

己土 일간이 월, 일지의 재성에서 투간된 시상의 甲木으로 재관이 뚜렷한 구조이다. 객관적인 성향과 학문을 사회적인 활용을 위하여 수용하는 동시에 실험실습을 통한 결과에 목적을 두고 학습하는 사람이다.

8-3 명리교육 및 양육방법론

명리교육이론에 따른 양육방법론은 앞에서 완성한 명리교육이론에 대한 방법론적 내용이다. 각 명리교육방법론은 십성의 기질과 각 십성의 태과와 부족에 의한 성격심리 및 명리교육 내용을 구체적인 방법론으로 반영한다. 아이는 반드시 양육하는 보호자를 필요로 한다. 그러므로 명리교육방법론에서는 양육자로서 부모가 주의해야 하는 사항을 십성의 강약에 따라 분석하였다.

가. 십성의 강약과 양육 및 교육방법

다음은 십성의 강약에 따른 양육방법, 인간관계 지도지침 그리고 학습전략이다. 강한 십성과 없거나 약한 십성은 반드시 심리적 · 성격적 특성으로 드러나게 되며, 양육하는 보호자나 부모는 이러한 점에 주의하여야 한다.

		정인
양육방법	강	이론으로 익힌 내용이 어떻게 활용되는지 응용력을 길러주어야 합니다. 이해가 되지 않는 부분에 너무 얽매이지 않도록 해야 합니다. 부진한 과목이 있어도 최대한 인격을 존중해주며 격려해야 합니다.
	약	학습계획을 세우도록 하며 우선순위를 두어 학습하도록 해야 합니다. 이해하는 것도 중요하지만 요점은 반드시 외워야 함을 주지시킵니다. 학습준비와 과제해결은 스스로 미리 하는 습관이 중요합니다.
인간관계 지도지침	강	자신의 기준으로 사람을 판단하지 말고 다양성을 인정하게 합니다. 너무 오래 생각하는 면은 모임의 분위기를 무겁게 할 수 있습니다. 배려하는 마음을 적절히 활용하면 인간미를 많이 보여줄 수 있습니다.
	약	나를 주장하기 전에 먼저 상대방을 순수하게 받아들이도록 합니다. 최대한 상대방의 말을 끝까지 들어주는 습관을 기릅니다. 항상 신중하게 생각하고 말하도록 하여 오해를 만들지 않게 합니다.
학습전략	강	지식의 습득 자체에 관심이 많은 유형으로 학문을 순수하게 수용하고 계획성 있게 학습합니다. 다른 사람들에게 자신의 학문적 가치를 인정받고 싶어하며 꾸준히 노력합니다. 융통성은 부족하나 심오한 학문적 매력을 존중하며 글쓰기와 정돈된 기록을 잘합니다.
	약	학습 시에 이해하는 과정과 기록, 정리하는 과정이 있어야 학습한 내용이 장기기억화됩니다. 순수한 학문적 배움의 기쁨보다는 목적과 필요성이 분명해야 학습이 잘 진행됩니다. 학습을 위해 시간관리를 철저히 하고 의도적으로 학습계획을 세우고자 노력해야 합니다.

편인		
양육방법	강	계획성은 좋으나 다소 즉흥적이므로 진지한 태도가 필요합니다. 자존심이 강하므로 부진한 과목이 있어도 인격적인 격려가 필요합니다. 이론적인 주입보다 현실적이고 구체적인 결과에 대해 칭찬합니다.
	약	공부의 시작이 적극적인 만큼 마무리도 잘하도록 도와주어야 합니다. 우선순위를 고려한 학습계획과 과목별 전략을 잘 세워야 합니다. 중요한 내용은 암기하고 기록하는 습관을 갖도록 해야 합니다.
인간관계 지도지침	강	놀이문화에 잘 빠지므로 적절한 조절이 필요합니다. 문제가 생길 경우 너무 오래 고민하지 말고 직접적인 대화가 좋습니다. '나눔의 삶'에 대해 생각하고 행동으로 옮겨 자신의 할 일을 찾습니다.
	약	지속적인 인간관계를 위해서 경청하는 태도가 매우 중요합니다. 다른 사람의 단점도 이해해주고 받아들여주는 여유가 필요합니다. 행동하기 전에 2번 생각하여 가볍다는 인상을 주지 않도록 합니다.
학습전략	강	현실적인 분야에 대한 관심이 높으며 한 분야에 몰입하여 전문적인 실력을 갖추고자 노력합니다. 가장 효용성 있는 능력개발을 통한 자기만족감이 중요한 유형입니다. 직관력과 추리력이 우수하고 순발력있는 문제해결력을 갖추어 흥미있게 심취합니다.
	약	자신이 관심을 가지는 분야에 대하여 순발력있게 익히고 활용하는 능력을 키워야 합니다. 자신이 목표한 직업 분야에 대하여 분명한 목적의식을 가지고 꾸준히 노력해야 합니다. 직관력과 추리력을 키워 효용성있는 문제해결력을 배양해야 합니다.

비견		
양육방법	강	경쟁보다는 이해력과 포용력을 기를 수 있는 교육환경을 제공합니다. 역사와 전통문화와 같은 교양교육이 항상 필요합니다. 개인의 특기를 장점으로 살릴 수 있는 교육이 도움이 됩니다.
	약	이론보다 행동과 결과를 우선하는 체험학습을 우선적으로 합니다. 영웅전, 성공전기 등의 서적을 많이 읽어 자신감을 갖게 합니다. 자기 주도적인 학습태도를 길러 스스로 하는 성취감을 갖게 합니다.
인간관계 지도지침	강	관용과 이해로 남을 포용하고 존중하는 자세를 가지게 합니다. 자존심을 앞세우지 말고 충고나 충언을 귀담아 듣게 합니다. 운동이나 활동적인 모임에서 친구를 사귀는 것이 아주 좋습니다.
	약	청소년 단체나 여러 활동에 의도적으로 참여하고 가입하게 합니다. 독단적인 모습보다는 다수의 의견에 따르는 모습을 보여주도록 합니다. 지킬 수 있는 약속과 지키지 못 할약속을 분명하게 합니다.
학습전략	강	자신과 타인에 대하여 관심이 많은 사람이므로 가장 자신이 닮고 싶은 모델의 제시가 좋습니다. 모방욕구를 불러일으키는 대상이 있으면 학습태도가 긍정적으로 변화하는 성향을 가집니다. 긍정적인 영향을 주는 집단에 속할 수 있도록 배려해주는 것이 중요한 유형입니다.
	약	자신이 원하는 것을 위해 주관을 가지고 자신감있게 학습에 임하는 자아존재감이 취약합니다. 신체활동 지능을 높이기 위해 놀이활동이나 운동을 병행하는 것이 좋습니다. 자신에게 필요한 학습내용을 확인하고 수준에 맞는 학습계획을 세우는 것이 매우 중요합니다.

겁재의 강약과 양육 및 교육방법

겁재		
양육방법	강	자기만족을 우선으로 하여 지나친 경쟁의식에 빠지지 않게 합니다. 학습결과도 중요하지만 정서적인 면을 항상 염두에 두어야 합니다. 학습시에 목표의식을 심어주면 전반적인 학업성취도가 좋아집니다.
	약	스스로 해낸 결과에 대해 성취감을 갖도록 칭찬이 매우 효과적입니다. 존경하는 인물의 삶을 보며 뚜렷한 학습목표를 세우는 것이 좋습니다. 약속을 지키게 유도하며 또래집단과 함께하는 교육체계가 좋습니다.
인간관계 지도지침	강	칭찬에 인색하지 말고 상대방의 장점을 보는 눈을 갖게 합니다. 리더가 되기를 좋아하므로 인정받는 행동을 하도록 독려해줍니다. 경쟁심이 강하므로 자기 발전을 위한 선의의 경쟁을 하게 합니다.
	약	많은 사람들과 친분을 쌓고 협력하는 것을 생활화합니다. 친구들 간의 비밀이나 약속을 잘 지켜주는 모습을 가지도록 합니다. 상대방에게 자신의 생각을 분명하게 전달할 수 있게 합니다.
학습전략	강	모든 일에 강한 경쟁심과 성취 자체에 대한 만족감이 중요한 유형입니다. 성취감에 대한 희열감에 더 만족하므로 적절한 목표를 제시해주는 것이 중요한 유형입니다. 강한 승부근성과 경쟁심을 가지고 학습에 임하며 책임감있게 학습량도 완수하고자 합니다.
	약	자신이 원하는 것은 반드시 하겠다는 근성과 자아감을 키워 학습에 임해야 합니다. 학습목표를 성취한 성취감을 맛볼 수 있는 기회를 많이 가지도록 노력해야 합니다. 신체활동 지능도 부족한 편이므로 다양한 놀이활동으로 보충하는 것이 필요합니다.

식신		
양육방법	강	자격증을 갖추도록 노력하며 끊임없이 이론 습득에 주력하게 합니다. 타고난 적성과 흥미가 진로와 관련지어 개발되도록 안내해줍니다. 넓은 시야를 갖고 규칙적인 학습활동이 이루어지게 합니다.
	약	학교와 교사에 대한 신뢰를 바탕으로 긍정적인 생각을 하도록 합니다. 학습동기 유발이 가장 중요하므로 어릴수록 부모의 안내가 필요합니다. 활동적이면서 다양한 학습법을 시도해보는 것도 효과적입니다.
인간관계 지도지침	강	자기 통제력을 발휘하여 충동적인 모습을 보이지 않게 도와줍니다. 말을 앞세우지 말고 실천을 통해 상대방의 신뢰를 얻도록 합니다. 지나친 배려와 관심이 간섭으로 보이지 않게 적절히 조절해야 합니다.
	약	표정관리와 같이 친근감을 줄 수 있는 작은 노력이 중요합니다. 자신만의 세계에 잘 빠지므로 타인들에게도 관심을 두게 합니다. 상대에게 얻고자 한다면 먼저 자신이 양보하는 마음을 갖게 합니다.
학습전략	강	자율적이고 능동적인 학습유형을 선호하며 연구력과 기술습득 능력이 우수합니다. 외적인 자극보다는 모든 행동변화가 스스로의 결정에 바탕을 두고 이루어집니다. 관심이 가는 한 분야에 몰입하여 스스로 만족하며 진행하는 것이 가장 학습효과가 좋습니다.
	약	인지적인 면보다는 정의적인 차원에서 편안하고 여유있게 학습에 임하는 자세가 취약합니다. 자신만의 노하우를 기르기 위해서는 배운 학습내용을 다양하게 응용하는 능력을 길러야 합니다. 실제적인 문제풀이나 충분히 이해하는 학습의 내면화 과정을 반드시 거쳐야 합니다.

상관		
양육방법	강	선천적인 적성과 흥미를 살려서 고유한 특기를 갖도록 교육합니다. 학습결과로 자격증을 딸 수 있는 학습이 효과적입니다. 자기표현 욕구가 강하므로 활동적이고 체험적인 학습이 좋습니다.
	약	자신의 생각을 분명하게 표현하는 발표력을 키워주는 것이 필요합니다. 응용력이 약하므로 학습 후에는 반드시 문제해결능력을 키워줍니다. 운동, 취미 등의 스트레스 해소법을 미리 마련해 두는 것이 좋습니다.
인간관계 지도지침	강	말실수를 가끔 하기 쉬운 성격이므로 평소에 신뢰를 쌓아야 합니다. 감정변화가 심하지만 가까운 사람에게 더 예의를 갖추도록 가르칩니다. 타인의 단점을 지적하기보다 장점을 먼저 칭찬하는 습관을 키워줍니다.
	약	남을 위해 양보하고 배려하는 마음을 먼저 보여주게 합니다. 자신의 의사를 명확하게 표현하는 대화법이 중요합니다. 새로운 친구에 대한 두려움이 많지만 먼저 말을 거는 것도 좋습니다.
학습전략	강	학습의 근원이 호기심에 근거하므로 다양한 분야에서의 흥미유발이 중요한 유형입니다. 외적인 강요에 강하게 반발하므로 스스로의 결정에 맡기는 것이 중요합니다. 언어표현력이 뛰어나고 응용력과 창의력을 활용한 분야에 우수합니다.
	약	언어에 의한 표현력이 약하고 발표학습에 취약하므로 충분한 준비와 연습이 필수적입니다. 응용력을 키우려면 철저히 이해하고 다양한 과제 해결능력을 키워 이러한 점을 보충해야 합니다. 학습목표에 대한 성취도 좋지만 학습과정 자체를 즐기는 여유로움도 키워야 합니다.

편재		
양육방법	강	학습결과에 집착하므로 과정을 중요시하는 지도가 필요합니다. 수리능력이 우수하므로 이 점을 격려하여 학습동기를 부여합니다. 즉흥적이고 감정적이므로 진지한 학습태도를 갖게 해야 합니다.
	약	지속적이며 계획성있는 생활과 학습이 필요합니다. 작은 결과에도 칭찬하고 노력의 결과를 인정할 수 있도록 합니다. 학습내용에 대한 명확한 이해와 수준별 학습이 중요합니다.
인간관계 지도지침	강	모임의 분위기를 잘 유도하나 즉흥적인 면은 고칠 필요가 있습니다. 인적 자본은 물질적 가치 이상의 것임을 알도록 해야 합니다. 말보다 실천이 앞서는 모습을 보여주고 시간관념을 철저히 합니다.
	약	자발적이며 부담없는 마음으로 사람들을 만날 기회를 많이 만듭니다. 다양한 체험활동에 참여하여 다양한 사람들을 만나보는 것이 좋습니다. 성실한 언행으로 대인관계를 유지하고 신용을 얻도록 합니다.
학습전략	강	학습시에 확실한 결과가 있어야 효율적인 유형이며 기분파적인 경향이 있습니다. 단순히 좋은 결과만이 아니라 얼마나 자신이 돋보일지에도 관심이 많습니다. 수리력이 뛰어나고 신속한 가치판단력을 바탕으로 학업진행 속도도 빠릅니다.
	약	확실한 목표의식을 가지고 항상 도달해야 할 목표를 정하는 습관을 길러야 합니다. 신속한 결과를 내고 자신이 노력한 결과로 만족감을 얻는 경험이 반드시 필요합니다. 수리력 향상을 위한 꾸준한 노력과 유연한 사고방식을 길러 빠른 결정력도 키워야 합니다.

정재		
양육방법	강	자신이 기대한 학습결과에 대해 지나치게 집착하지 않게 합니다. 수리능력이 우수한 장점을 이용하여 자신감을 갖게 합니다. 학습의 결과로 자격증이나 구체적 보상이 있는 것이 효과적입니다.
	약	수준별 학습이 매우 효과적이므로 진단평가가 수시로 필요합니다. 노력한 결과가 만족스럽지 않아도 인정할 수 있게 합니다. 동기부여나 기분전환으로 가끔 독서실이나 그룹지도를 이용합니다.
인간관계 지도지침	강	자기관리에 치밀한 면이 계산적인 모습으로 보이지 않게 합니다. 시간관념을 철저히 하고 약속을 잘 지키도록 합니다. 인간관계도 결과보다는 우정을 쌓아나가는 과정을 중요시해야 합니다.
	약	양보심을 배양하고 때로는 손해 볼 줄도 알아야 합니다. 주변 사람들을 꼼꼼히 챙기는 세심함이 많은 도움이 됩니다. 시간약속은 반드시 지켜서 신뢰감있는 이미지를 갖도록 노력합니다.
학습전략	강	스스로 할 일을 계획하고 실행해나가는 유형이며 논리에 강하고 계산력도 우수합니다. 구체적이고 실제적인 계획을 잘 세우고 실행해나가며 현실적이고 실천력이 강합니다. 수리력이 우수하고 매우 꼼꼼한 내용의 학습에도 장점을 보이며 계획적으로 학습합니다.
	약	치밀하게 계획하고 실천하는 능력과 실질적인 성취도를 검토하는 치밀함이 병행되어야 합니다. 아주 사소해 보이는 면과 구체적인 사항까지도 짚어서 검토하고 체크하는 습관을 길러야 합니다. 논리력과 계산력을 향상시키기 위해 꾸준한 연습과 노력으로 보충해야 합니다.

정관		
양육방법	강	학습공간이 안정적이어야 하고 자극을 피하도록 합니다. 피해의식을 갖기 쉬우므로 학습의 성과에 대해 칭찬을 많이 해줍니다. 정확한 원칙을 고수하므로 학습과정에서 융통성을 갖게 합니다.
	약	매우 주관적이므로 학습의 이유와 동기유발이 자율적이어야 합니다. 학습 시 바른 자세와 안내심을 길러주어야 합니다. 다른 학생보다 개별지도에 의한 학습효과가 더 좋습니다.
인간관계 지도지침	강	규범이나 모범에 치우치기보다 부드러운 모습을 보여주어야 합니다. 강한 책임감을 상대방에게도 강요하는 부담을 주지 말아야 합니다. 강한 자존심도 좋지만 상대방에게 자신을 맞춰주는 것도 필요합니다.
	약	시간약속을 지키고 단체법규를 준수하도록 노력합니다. 친화적인 관계를 유지하고 믿음을 주는 것이 바람직합니다. 약속을 할 경우 문서로 남겨서 불필요한 언쟁을 피하는 것이 좋습니다.
학습전략	강	자긍심을 가지려는 욕구와 타인에게 보여지는 자신의 모습을 위해서 학습성취도가 높습니다. 책임감도 강하고 스스로 노력하는 경향도 강하므로 자율적인 학습이 가능한 유형입니다. 본인이 원하는 방향으로 목표를 제시해주면 모범적인 태도로 무리없이 학습이 진행됩니다.
	약	책임감과 스스로 정한 학습목표에 도달하겠다는 의지력을 키워야 합니다. 어디서나 존중받는 사회인이 되도록 노력하는 정의적인 면도 함께 기르는 것이 좋습니다. 학습결과는 공적인 활동에 많은 도움이 됨을 체험 하는 것이 중요합니다.

편관		
양육방법	강	명예욕에 근거한 경쟁심이 강하므로 선의의 경쟁을 유도합니다. 학습공간과 분위기가 절대적으로 심리적인 안정을 주어야 합니다. 피해의식을 갖지 않도록 하고 칭찬을 많이 해주는 것이 좋습니다.
	약	행동에 절도가 있도록 하며 학습 시 약간의 통제도 효과적입니다. 공동체 속에서의 자존감이 약하므로 잘하는 과목이 있도록 돕습니다. 인내심이 자연스럽게 길러지도록 학습동기를 지속적으로 부여합니다.
인간관계 지도지침	강	자신의 생각을 강하게 주장하기보다 남들의 의견을 포용하게 합니다. 책임감 있는 자세는 좋으나 상대방이 부담스럽지 않게 행동합니다. 최대한 부드러운 모습으로 상대방을 대하려는 노력이 중요합니다.
	약	좋은 관계의 친구라도 책임질 수 있는 것만 약속하게 합니다. 자신의 말을 실천하여 상대방에게 믿음을 주는 것이 바람직합니다. 단호한 결정을 내려야 하는 경우 자신있게 실천하도록 도와줍니다.
학습전략	강	책임감이 강한 유형이므로 학습에 있어서도 책임있게 완수해나가는 유형입니다. 암기력이 우수하고 탁월한 실천력과 결정력으로 놀라운 성취도를 보입니다. 사회에서 인정받고 남들의 이목이 집중되는 방향으로의 목표설정이 더욱 성취도를 높입니다.
	약	도달하고 싶은 학습목표에 대한 과감한 결정력과 추진력이 취약합니다. 암기력을 키워야 하며 학습내용에 대한 이해력 증진으로 완벽한 학습이 되어야 합니다. 효과적인 학습방법을 상황에 맞게 도입하여 활용하는 융통성을 길러야 합니다.

나. 자녀교육에서 부모의 개선점

십성의 강약에 따른 명리양육방법론은 먼저 십성의 편향에 따른 교육과 양육방법을 제공할 수 있다. 그다음 자녀와 양육자 모두를 비교 분석한다. 부모 사주의 십성편향으로 인한 성격적 심리적 특성은 반드시 자녀의 양육과 교육에 영향을 미치고 있으므로 자칫 부모의 양육과 교육방법에 더 문제가 있을 수 있다. 이를 보완하기 위한 방법은 아래의 표와 같이 정리되며, 영유아 및 청소년의 상담에는 반드시 참고해야 할 사항이다.

자녀에게 미치는 부모의 성향과 개선방향

부모 사주	부모의 문제점	개선방향
인성편향	부모 기준 우선 지나친 간섭	자녀의견을 존중할 것 신뢰감 형성
비겁편향	무시하는 경향 자기 흥분	자녀의 인격존중 우선 기분의 절제
식상편향	자기 노출 심화 언행의 무절제	자녀에게도 예절에 중점 언행에 주의
재성편향	이해타산적 현실에 집착	자녀를 배려하는 습관 미래를 관망
관성편향	지나친 권위와 체계 과도한 임무	자녀에게도 친구가 되라 개성 인정

다. 명리교육과 관련논문

■ 김의인(2004), 「사주심리증후군과 교육방법의 상관관계 연구」
　　　　　경기대학교 국제문화대학원 석사학위 논문

☞ 본 논문은 사주 십성의 증후군별 보완 교육방법과 학과 만족도 간의 상관관계를 알아본 연구로 사주 명리학과 사주 심리치료학에 대한 문헌을 고찰하여 경험적 연구를 설계하였다. 선천적 심리증후군과 자기 보고식 심리 증후군이 일치하고, 학과 만족도가 높게 나타날 경우 선천적 증후군을 보완하는 교육방법을 선택하는 경우의 수가 높게 나타난다면, 사주명식의 십성이라는 정보가 개인의 만족도를 어느 정도 높여줄 수 있다고 보았다.(심리증후군에 관한 이론은 김배성, 2004, 사주심리치료학 이론을 기본으로 함.)

가설 검증결과

	가설	채택여부
가설1	사주 구성에서 十星의 강약에 의해 나타난 심리증후군과 자기보고에 의한 심리증후군은 일치할 것이다.	채택
가설2-1	학과 만족도가 높다면 사주 구성에서 十星의 증후군을 보완하는 교육방법을 선택했을 것이다.	채택
가설2-2	학과 만족도가 낮다면 사주 구성에서 十星의 증후군을 보완하는 교육방법을 선택하지 않았을 것이다.	채택

연구결과로 첫째 사주구성에서 십성의 강약에 의해 나타난 십성의 증후군과 자기 보고식 증후군 간의 일치도는 높은 수준으로 나타났다. 따라서 자기보고식 검사방법에 드는 시간과 노력, 그리고 검사가 가능한 시점까지 기다리는 측면을 고려한다면 사주명리학의 十星 强弱을 이용하여 심리증후군을 알아내는 것은 매우 활용가능성이 높다고 하겠다.

둘째, 사주명식에서 십성의 강약에 의해 나타난 성격증후군을 극복하기 위한 교육방법과의 상관관계는 매우 높은 수준으로 나타났다. 즉, 학과 만족도가 높을 경우 십성 증후군을 보완하는 교육방법을 선택했음을 검증할 수 있었다. 따라서 교육학에서 제공하는 교육방법과 심리학에서 제공하는 동기부여 관점에서 본다면 이 또한 활용 가능성이 아주 높은 방법이라고 하겠다.

■ 김혜균(2009), 「엄마의 선천자아에 대한 자존감이 자녀양육에 미치는 영
   향 연구」, 국제문화대학원대학교 석사학위 논문

☞ 본 연구는 엄마의 선천자아에 대한 자존감이 자녀양육에 미치는 영향을
분석하여 어떤 상관관계가 있는지 파악하고 그 결과에 따른 엄마의 자녀양육
지침을 제시하는 데 그 목적이 있다.

자존감 수준과 공감적 양육태도 수준

구분		공감적 양육태도 수준		계	$x2(df)$	p
		높음	낮음			
선천 자아적 자존감	높음	88 (40.7%)	46 (21.3%)	134 (62.0%)	21.9 (1)	0.00
	낮음	27 (12.5%)	55 (25.1%)	82 (38.0%)		
계		115 (53.2%)	101 (46.8%)	216 (100.0%)		

$p < 0.05$

 엄마의 선천자아에 대한 자존감이 높은 응답자 중에서 공감적 양육태도가
높은 경우가 공감적 양육태도 수준이 낮은 경우보다 1.9배 이상 높았다. 이는
자존감이 낮은 경우도 비슷한 양상을 보이므로 엄마의 자존감 수준과 공감적
자녀 양육태도의 수준은 상호 비례하는 것으로 조사되었다. 그리고 엄마의
선천자아적 자존감의 수준과 공감적 양육태도 수준은 교차분석 결과 통계적
으로 의미가 있는 것으로 나타났다.

■ 민윤경(2009), 「중 · 고등학생의 독서량과 사주 십성의 상관성 연구」
   국제문화대학원대학교 석사학위 논문

☞ 본 연구는 유아기의 아이가 혹시라도 독서를 싫어할 가능성은 어떻게

발견할 것인지 밝히기 위해 중·고등학생들을 대상으로 설문을 받아 출생에서 주어지는 사주(四柱)의 십성(十星) 구조를 분석, 독서량과의 상관관계를 검증함으로써 성장하는 아이들과 양육하는 부모들에게 독서를 잘할 수 있는 방법론을 제시하려는 데 목적을 두었다.

구체적인 방법으로는 사주구조의 성격심리에 따른 천성(일간에게 가장 큰 영향을 주는 십성. 직업분류 이론에서 설명됨)과 4코스를 설문지와 함께 분석하여 검증결과를 얻고자 하였다. 이론적인 배경으로는 독서이론은 물론 사주의 십성이 추구하는 능력과 심리욕구가 무엇인지 분석하고, 각 사주 특성별 천성과 코스가 '중·고등학생의 독서량'과 어떤 상관성이 있는지 연구하여 다음과 같은 연구결과를 얻었다.

첫째, 사주의 십성(十星) 중 천성(天性)이 식상(食傷)인 학생들이 독서량이 가장 많았다.

천성에 따른 월평균 독서량

구분		7권 이상	5~6권	3~4권	1~2권	계	거의 읽지 않는다	x2(df)	p
천성	비겁	6 (14.6)	1 (2.4)	12 (29.3)	14 (34.1)	8 (19.5)	41 (11.6)	81.19*** (16)	0.000
	식상	29 (41.4)	11 (15.7)	8 (11.4)	12 (17.1)	10 (14.3)	70 (19.8)		
	재성	4 (5.0)	8 (10.0)	17 (21.3)	37 (46.3)	14 (17.5)	80 (22.6)		
	관성	5 (5.4)	2 (2.2)	19 (20.4)	38 (40.9)	29 (31.2)	93 (26.3)		
	인성	10 (14.3)	5 (7.1)	11 (15.7)	35 (50.0)	9 (12.9)	70 (19.8)		

둘째, 4코스 중 인비식(印比食) 코스의 학생들이 가장 독서량이 많았다.

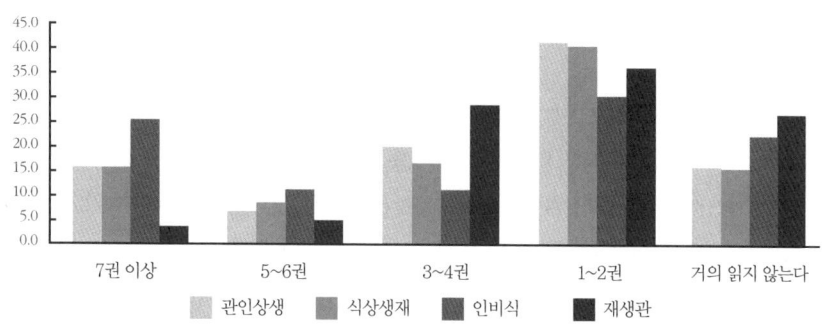

코스에 따른 월평균 독서량

셋째, 사주의 십성(十星) 중 천성(天性)이 관성(官星)인 학생들의 독서태도
가 가장 부정적이었다.

천성에 따른 독서태도

구분		N	Mean	SD	F	p
천성	비겁	41	3.09	0.72	7.42***	0.000
	식상	70	3.55	0.80		
	재성	80	3.29	0.56		
	관성	93	3.01	0.65		
	인성	70	3.37	0.62		

*** p<.001

교육과 관련된 명리학 논문은 현재 다양한 분야에서 연구되고 있다.

8-4 명리교육의 목적

미래를 위한 가장 확실한 투자는 자기 자신이 원하는 것을 발견하여 신바람나게 일할 수 있도록 하는 것이다. 그러므로 미래를 준비하기 위한 개인의 정보탐색은 필수적이다. 명리직업상담론에서는 인간의 미래정보를 탐색하여 제공할 수 있으며, 미래에 성공하기 위한 방법을 교육적 · 명리직업상담론적인 측면에서 제시하면 다음과 같다.

가. 변화의 수용과 새로운 창출

경제전략 중에 블루오션전략(Blue Ocean Strategy)이 있다. 이는 프랑스 유럽경영대학원 인시아드의 한국인 김위찬 교수와 르네 마보안(Renee Mauborgne) 교수가 1990년대 중반 가치혁신(Value Innovation) 이론과 함께 제창한 기업 경영전략론이다.

블루오션(푸른 바다)이란 수많은 경쟁자들로 우글거리는 레드오션(Red Ocean : 붉은 바다)과 상반되는 개념으로, 경쟁이 없는 새로운 시장을 창출하려는 경영전략을 의미한다. 2005년 2월 하버드 대학교 경영대학원 출판사에서 같은 제목의 단행본이 출간되자마자 세계적 베스트셀러로 주목받으며 26개 언어로 전 세계 100여 개국에서 번역 출간되었다. 한국에서도 S사와 L사가 블루오션전략을 경영전략으로 도입할 것을 선언하면서 정계 · 재계 지도자들의 필독서가 되었다.

새로운 창출! 이것만큼 불확실한 미래를 확실히 준비하는 지침이 없을 것이다. 명리직업상담에서는 각 개인별로 새로운 창출과 차별화된 교육방법을 제공한다.

나. 1cm의 탤런트 찾기

　블루오션을 개척할 수 있는 저력은 어디에서 나오는가? 이면우 교수가 제안하는 '세계 지도자를 만드는 자녀교육 10계명'을 보면 명리직업상담론의 정신과 통하는 것으로 다음과 같은 내용이 있다.

　전문가가 되도록 당부하라 : 남들이 성공한 분야에선 최고가 될 수 없다. 앞으론 남이 손대지 않은 분야에서 1cm만 앞서도 최고가 된다.

　명리의 선천성은 개별적 특성에서 남들보다 손톱만큼 눈에 띄는 탤런트로 남과 다른 점을 인정받게 되고 또 그것으로 성공할 수 있는 것이다. 그러니 만약 남들이 아예 손대지 않은 분야라면 1cm만 앞서도 최고가 되는 것이다. 자신만이 가진 1cm 뛰어난 선천적성을 찾아내어 계발시키는 것이 곧 성공의 지름길이며 생의 효능감을 높이는 것이다.

Part 9

명리는 천년 동안 인간의 직업상담을 해왔다. 오랜 과거 사회에서부터 운명을 감정하며 사람들의 불투명한 미래방향과 무엇을 해야 먹고살지를 안내했고 잘할 수 있는 것과 하지 않아야 될 것을 제시해왔던 것은 현대의 진로상담과 같은 맥락이다. 이처럼 오랜 세월 동안 직업상담을 해온 학문은 바로 명리학인 것이다.

현대의 명리학은 일반인들이 모두 인정하는 보편성을 갖춘 것은 물론 대학의 정규과정에서 그동안 수많은 논문을 발표하여 그 사실관계를 입증하였다. 학문들이 서로 융합하여 발전해나가는 시대이다. 그러한 도전과 시도가 더욱 학문의 발전을 이루어내고 있는 시점에서 본 명리직업상담론은 인간의 존재에 대한 근원을 탐구하고 개인의 직업정보를 명확히 제공하는 것은 물론 심리적 변화와 교육방법까지 제시해줄 수 있는 이론적 체계를 갖추었다.

직업은 한 사람의 일생을 통하여 경제생활을 영위하게 하며 자신의 능력을 발휘하는 장이 되어준다. 사회생활과 하루의 오랜 시간을 투자하게 되는 직업생활의 바람직한 선택은 한 개인의 삶의 질을 좌우하고 안정된 가정을 이루는 기반이 되어주기도 한다.

인류의 역사가 시작되면서 직업의 역사가 시작되었다고 해도 과언이 아니다. 모든 유물과 유적을 보면 그 시대 사람들이 무엇을 하면서 먹고 살았는지가 가장 관심의 중심이 되고 있

직업적성 분류방법

다. 또한 다른 나라를 여행하는 과정에서도 그 나라의 생산활동의 중심이 되고 있는 산업이 무엇인가가 사람들의 관심을 모은다.

현대명리에서는 새로운 직업적성 분류방법이 투입되어야 한다. 과거의 시대는 신분제도 가 있었던 시대였다. 고전의 내용을 참고로 해보아도 그 시대는 관성이 중요한 부와 지위를 좌우하는 십성이었고, 재성두 재생관이 원리에 의히여 **중요하게** 살피넌 십성이었다. 하지만 현대사회는 산업의 다양화와 정치, 경제, 사회, 문화에 걸친 다양한 분야에서 새롭게 대두되 는 직업이 매우 다양해지고 사람들의 능력을 발휘할 수 있는 장이 복합화되었다.

그러므로 과거의 이론에 의한 직업적성을 기반으로 보다 발전시킨 이론으로 분석해야 한 다. 또한 격과 용신으로 분석하던 방법에 새로운 요소를 투입하고 이를 주목하여 볼 필요가 있다.

가치관은 어떠한 대상에 대한 저마다의 독특한 생각이다. 명리직업상담이 생각하는 직업 에 대한 가치관이 어떻게 반영되었으며, 다른 직업 관련 체계들은 어떻게 직업을 분류하고 적성을 분류하였는지 그 가치관을 비교해보며 직업관에 대한 비교도 이루어질 것이다.

9-1 십성과 사회성

십성의 사회성은 깊은 이해와 통찰이 필요하다. 각 십성이 독자적 또는 연합을 이루는 과정에서 발현되는 고유하고도 다변적인 심리와 사회성의 특질적인 성향이 발현된다는 것이다. 여기서는 비범성, 몰입에너지, 지각능력, 대인관계의 발현과정을 논한다. 이러한 높은 수준의 분석기법들을 익혀야 직업적성분류의 세밀한 분석이 가능하다.

가. 비범성

여기서의 비범성이란 어떠한 상황의 판단능력은 물론 남과 다른 총명성이 특별나고 매사 범상하지 않은 행동과 판단을 하는 것을 말하며, 비범성을 갖춘 사람은 각 분야에서 전문성이 매우 뛰어나므로 자신의 진로를 올바른 방향으로 선택하고 전문적인 교육을 받았을 때 성공할 확률이 높다는 특징이 있다.

비범성을 이루는 관계			
순	십성관계	기질적 작용	능력발현	부정적 작용
①	인성 ⇔ 식상	생과 설의 속도	수용과 창조능력	언행의 부조화
②	관성 ⇔ 식상	고정관념 탈피	변화와 설득능력	규정과 틀 이탈
③	인성 ⇔ 재성	발상의 전환	인식과 수리능력	과도한 무리수
◆	충극 ⇔ 작용	문제제기와 해결	상황 대처능력	불안정심리

사례 ① 인성 ⇔ 식상 : 연구능력이 우수한 대학교수

時	日	月	年
丙	乙	壬	壬
戌	未	子	辰

S대학교 수의학과 교수 역임(생명공학자)

동물복제로 세계적인 주목을 받았다.

언변이 탁월하였으나 언행의 부조화를 겪었다.

사례 ② 관성 ⇔ 식상 : 변화와 창조를 주도하는 대학교수

時	日	月	年
丙	癸	甲	戊
辰	亥	子	戌

제도권 대학을 설득하여 명리전공 학과 개설함.

'사주를 이용한 성격 및 적성검사방법' 특허취득

이공계에서 명리학을 전공하여 대학교수가 됨.

사례 ③ 인성 ⇔ 재성 : 발상의 전환이 뛰어난 초등학교 교사

時	日	月	年
辛	壬	丙	丁
亥	申	午	未

초등학교 교사(과학교육전공, 명리교육전공)

선천적성검사(AAT) 특허연구에 참여 공헌하였음.

초등학생의 생활지도에 명리를 적용한 논문 발표

나. 몰입능력

몰입에너지는 한 사람의 성공을 좌우하는 데 지대한 영향을 미친다. 몰입에너지가 있는 사람은 짧은 시간에 많은 양의 업무를 수행하거나 생각하고 있던 그 무엇을 창조해내는 능력이 탁월하다. 물론 몰입에너지의 방향이 부정적으로 향한다면 정신적, 환경적, 인간관계, 사회적 문제가 드러날 수 있다. 사주의 편중된 십성은 일반적인 해석에서 기신으로 취급되거나 부정적인 문제를 논하게 되지만, 편중 자체가 적절하고 긍정적으로 활용되는 포인트를 놓쳐서는 안 된다. 사주구조의 복합성분과 편중에 따라 몰입능력을 판단할 수 있으며, 십성편향의 몰입작용은 아래의 표와 같다.

십성편향에 다른 몰입관계

십성특징	몰입환경	몰입에너지	만족성향
비겁 강	긍정과 자존심	경쟁적 감정 중심	현실적 만족
인성 강	의무와 인정	정신적 명분 중심	내면적 만족
식상 강	흥미가 유발	시각적 욕구 중심	정신적 만족
재성 강	이익과 가치	현실적 만족 중심	실현성 만족
관성 강	명예와 권리	권위적 책임 중심	성과적 만족

사례 ① 비겁 강의 구조

時	日	月	年
辛	丁	丙	丁
亥	卯	午	未

丁火 일간이 비겁이 多하여 경쟁심리가 강하다.
자존심이 걸린 문제에 몰입능력이 발현되는 형
시작하면 반드시 종결을 내는 몰입에너지가 풍부

사례 ② 인성 강의 구조

時	日	月	年
戊	辛	己	乙
戌	卯	丑	酉

辛金 일간이 인성이 多하여 정신적 명분이 강하다.
인정하고 의무를 느끼는 상황에 매우 몰입하는 형
의무적 성과에 대한 내면적인 만족감이 높음.

사례 ③ 식상 강의 구조

時	日	月	年
甲	癸	乙	辛
寅	亥	未	卯

癸水 일간이 식상이 多하여 시각적 욕구가 강하다.
자신이 흥미를 느끼는 분야에는 매우 몰입하는 형
정신적인 만족감으로 몰입에 대한 보상을 받음.

사례 ④ 재성 강의 구조

時	日	月	年
己	戊	乙	甲
未	申	亥	子

戊土 일간이 지지 재가 多하여 현실에 집착한다.
자신에게 이익이 주어지는 상황에 몰입하는 형
노력의 대가에 대한 보상에 만족감이 높음.

사례 ⑤ 관성 강의 구조

時	日	月	年
戊	癸	戊	丙
午	卯	戌	午

癸水 일간이 관성이 多하여 책임욕구가 강하다.
자신에게 책임자 역할이 주어지는 것에 몰입함.
명예와 권리의 수행에 대한 자부심이 강함.

다. 지각능력

십성은 개별적인 능력이 있으며 복합적 조합을 이루고 특별한 지각능력을 갖게 된다. 기억을 잘하는 관성은 사물의 모양이나 인물, 사건에 대한 부분적인 기억을 해내는 능력이 뛰어나며 암기를 잘하는 인성은 언어나 문장, 언어의 암기력이 우수하여 어학에 적합하다. 기타 십성의 혼합에 따른 지각능력은 아래 표와 같다.

십성의 지각능력 관계		
구분	십성	능력
기억력	관성	사물, 인물, 사건 등의 기억
암기력	인성	문장, 단어, 언어 등의 암기
인지력	인성, 식상	이해, 수용,
행동성	비겁, 관성	도전, 결정, 책임
인내심	관성, 인성, 비겁	인내심, 생각, 수용
유연성	식상, 재성	표현, 여유, 포기, 이타
관조성	인성, 관성	생각, 시간, 원인

라. 대인관계

사회생활에서의 성공 포인트는 대인관계가 매우 중요하다. 십성은 개별적인 인간관계의 성분을 소유하고 있으며, 역시 십성의 조합에 따른 특별한 대인관계의 성향이 드러나게 된다. 대인관계에 대한 십성의 조합을 대입하여 판단할 수 있음으로써 원만한 사회인으로서의 지침을 줄 수 있다. 대인관계에서 중요한 절제된 표현과 이해 및 설득력, 대상과 환경에 맞는 복장과 눈높이, 기록과 문서작성능력, 분위기를 파악하여 대처하는 쇼맨십 등 커뮤니케이션의 필수적인 과제에 장점으로 활용되는 십성의 조합은 다음과 같다.

십성의 지각능력 관계		
구분	십성의 조합	대인관계
신(身)	비겁, 관성, 식상	태도, 자세, 복장, 눈높이, 시선
언(言)	식상, 관성, 인성	표현력, 설득력, 발음과 단어
서(書)	인성, 재성, 식상	글쓰기, 문장력, 서류작성, 기록
판(判)	관성, 재성, 인성	판단력, 타이밍, 절제력

사례 ① 신(身) : 태도 (비겁, 관성, 식신)

時	日	月	年
丙	乙	庚	乙
子	卯	辰	酉

정관격이며 일지비견, 시상상관의 구조

태도와 자세가 바르고 설득력이 우수하다.

청소년학을 전공한 대학교수다

사례 ② 언(言) : 표현 (식상, 관성, 인성)

時	日	月	年
癸	丁	己	乙
卯	卯	丑	巳

식신격이며 시상편관, 일시지에 편인의 구조다

표현력과 타인을 설득하는 능력이 우수하다.

중국어를 전공하고 대학에서 명리학 강의한다

사례 ③ 서(書) : 글쓰기 (인성, 재성, 식상)

時	日	月	年
庚	庚	乙	癸
辰	申	卯	亥

정재격이며 연주식상, 시지 편인의 구조

직접 시나리오를 써서 영화를 제작한다.

대학에서 영화를 전공하고 미국유학을 떠남.

사례 ④ 판(判) : 판단력 (관성, 재성)

時	日	月	年
丙	辛	乙	甲
申	巳	亥	申

편재격이며 시상정관 연간정재의 구조

이성적이고 정교한 판단력이 우수하다.

법학을 전공하고 변호사를 하는 여성

9-2 명리적성검사의 메커니즘

'당신이 사랑하는 것을 찾으십시오. 사랑하는 사람에게 하는 것처럼 일에도 진실하십시오. 여러분의 일이 삶의 많은 부분을 채울 것입니다.(You've got to find what you love. And that is as true for your work as it is for your lovers. Your work is going to fill a large part of your life.)'

이 글은 스티브 잡스(Steve Paul Jobs)가 미국 스탠포드 대학 졸업식에서 한 연설의 일부로 그는 인생의 역경 속에서도 신념을 가지고 자신의 삶을 개척하여 애플사의 공동창업자요 컴퓨터 애니메이션 제작사인 픽사의 CEO로서 많은 성공을 거두었다. 그는 자신이 진정 원하는 일을 찾았기 때문에 성공한 사람이었다. 선천적성검사(AAT)는 이러한 마인드로 제작된 검사도구이다.

선천적성검사(AAT)에서의 직업적성 분석은 3가지 단계에 걸쳐 이루어진다.

1단계 : 사회적 활동방법 진단 - 직업유형 분석
2단계 : 개인적 활동방법 진단 - 업무수행기능 분석
3단계 : 구체적 직업적성 진단 - 직업가치, 흥미, 활용성 분석

본 장은 3단계에 대한 구체적인 설명으로 직접적인 직업적성의 분류법과 검사법에 대한 내용이다. 직업적성 분류를 위한 3가지 요소는 격국과 용신 그리고 천성인데, 이 가운데에서 신천석성검사(AAT)에서만 적용되는 천성에 대한 이론적 설명은 다음과 같다.

가. 천성의 탄생과 이해

선천적성검사(AAT)에서는 격국, 용신, 천성을 직업적성을 구성하는 3요소로 하여 직업을 1,000가지 패턴으로 분류한다.

과거 IQ 지능검사의 높고 낮은 결과만으로 적성을 찾던 시대에 명리이론도 격국과 용신으로 대부분의 직업을 분류하여 제공하였다. 그러나 정보와 과학이 지배된 첨단사회에서는 교육수준이 높고 직업의 다양화로 인하여 자신의 성격과 흥미가 직업과 연결되어야 능률적이고 경쟁력을 갖출 수 있다. 즉, 격국과 용신의 판단만으로는 많은 학과계열 및 전공과 직업의 종류를 분류하여 개인에게 적합한 정보를 제공하기는 불가능하다.

다행히 명리에서 성격과 흥미를 주도적으로 발현시키는 주역은 바로 사주명식에서 일간에 근접하여 강하게 영향을 미치는 십성이라는 것을 밝혀내게 되었다. 필자는 이 조건을 수많은 대상에게 임상을 하였다. 출생정보가 정확한 사람을 기준으로 95% 이상 적중하는 신뢰성을 확인함에 따라 '사주를 이용한 성격 및 적성검사'의 특허를 취득할 수 있었다. 앞으로 성격과 흥미, 직업적성을 검사하기 위해 명리학의 골격과 심장부인 격국, 용신과 함께 혈관역할을 하게 될 강자에게 성격과 흥미의 의미를 부여한 '천성(天性)'이란 명칭으로 과학명리이론에 추가 적용하여 사용하기로 하였다.

직업적성분석의 변화		
구분		성격 및 직업적성 판단
과거	① 격국 ② 용신	격국과 용신을 대입하여 성격, 직업분석 오행, 신살 등 단편적인 판단
현재 미래	① 격국 ② 용신 ③ 천성	격국과 용신을 설정하고 천성을 추가 3자를 대입하여 성격, 직업적성분석 구조적 코스로 맥락적인 판단

나. 천성의 신뢰도 검증과 선정방법

격국과 용신을 선정하는 방법은 이미 필자의 『명리학정론』, 『격국용신정의』

에서 상세하게 설명되었기 때문에 생략한다. 여기서는 새롭게 제시된 천성(天性)의 신뢰도 검증과 선정방법을 설명한다.

1) 천성의 신뢰도 검증

선천적성검사에서 새롭게 제시된 천성의 신뢰도는 매우 중요하다. 그 신뢰도는 국제문화대학원대학교 미래명리문화교육전공 석사논문『기술직 종사자의 사주특성과 직무만족도』(강한길, 2009)에서 다음과 같은 결론이 나왔다.

천성과 평균값이 높은 설문 성향의 일치여부

구분	십성	십성별 평균값이 높은 설문 성향	평균	일치여부
천성	비겁	비겁	3.20	일치
	식상	재성	3.13	불일치
	재성	재성	3.42	일치
	관성	관성	3.21	일치
	인성	인성	3.43	일치

응답자의 사주명조와 평균값이 높은 설문 성향의 일치여부를 세부적으로 살펴보면, 사주명조의 격(格)과 용신(用神)보다 천성(天性)에서 식상을 제외한 비겁, 재성, 관성, 인성이 응답자의 설문 성향과 일치하고 있다. 따라서 사주명조와 평균값이 높은 설문 성향과의 일치도는 사주명조의 천성과 상관성이 매우 높음을 알 수 있다.(2009. 강한길)

위에서 보듯 사주의 격과 용신만으로는 개인의 중요한 선천직업적성에 해당하는 흥미유발 성향을 알 수 없음을 증명하고 있다. 이는 미래 명리를 이용한 성격 및 적성검사에서 천성의 판단이 반드시 필요함을 입증하는 것이다. 한편 특허 선천적성검사(AAT)의 신뢰도를 증명하는 것이기도 하다.

2) 천성의 선정방법

천성의 선정은 상담자가 임의로 적절하게 선정해야 하는 문제로 상담자 간에 이견이 있을 수 있는 한계가 있으나 대체적으로 트라이앵글 범위 내라면 선천적성에 큰 변화를 주지는 않음을 참고하기 바란다.

* 사주에서 격과 용신 외에 일간에게 가장 강력하게 작용하는 십성을 선정한다.
* 일간과 직접적인 영향을 미치는 십성이다.
* 경우에 따라서는 선정된 격국이나 용신이 중복되어 천성이 될 수도 있다.
* 가급적 천간에서 선정해야 하나 지지에서 선정될 수도 있다.
* 삼합국이나 방합국을 이루어 강력한 작용을 하고 있을 때 설정할 수 있다.
* 천성을 선정하는 순서는 격을 정하고 용신을 정한 다음 일간에게 가장 영향을 많이 주는 십성을 선택한다.

천성 선정 사례 1

時	日	月	年
己	戊	乙	甲
未	申	亥	子

격국 – 乙木이 亥水의 생을 받아 정관격이다.

용신 – 신약사주로 겁재 己土가 용신이다.

천성 – 재성이 강하여 편재가 천성이다.

천성 선정 사례 2

時	日	月	年
丙	壬	甲	癸
午	辰	子	卯

격국 – 월지 子水에서 투출된 癸水로 겁재격이다.

용신 – 子月 생으로 편재 丙火가 용신이다.

천성 – 일간을 설기하는 식신 甲木이 천성이다.

천성 선정 사례 3

時	日	月	年
辛	壬	丙	丁
亥	申	午	未

격국 – 丙午 월의 천간 丙火가 격으로 편재격이다.

용신 – 재가 왕하여 시지 亥水가 용신이다.

천성 – 일간에게 유정한 辛金 정인이 천성이다.

천성 선정 사례 4

時	日	月	年
戊	癸	戊	丙
午	卯	戌	午

격국 – 월간의 戊土 정관이 격으로 정관격이다.

용신 – 종관격으로 정관 戊土가 용신이다.

천성 – 火局을 이루고 투출한 丙火 정재가 천성이다.

천성 선정 사례 5

時	日	月	年
辛	己	戊	庚
未	酉	子	午

격국 – 월지 子水의 정기 癸水가 격으로 편재격이다.

용신 – 午火가 충되어 월간의 戊土를 용신으로 선정한다.

천성 – 사주에서 강한 시상의 식신 辛金이 천성이다.

다. 적성검사 Triangle

사주 명식을 구성하는 열 개의 십성은 각기 고유하게 가진 기질로서 일간에게 영향을 미치게 된다. 즉, 일간을 기준으로 십성은 각 위치와 강약에 따라 미치는 영향이 다르며 발현되는 성격심리와 직업성분도 다르게 작용한다. 일간에게 주도적인 역할을 담당하는 격, 용신, 천성의 삼자의 구성을 적성검사 Triangle이라고 명칭을 정하였다. 다음 표와 그림의 구성과 같다.

적성검사 Triangle		
① 격국	목표지향성	선천적으로 받은 의무적인 직업성분
② 용신	활용가치성	노력과 결과로 이어지는 직업성분
③ 천성	흥미우수성	흥미와 열정적 에너지의 직업성분

적성검사 Triangle 모형

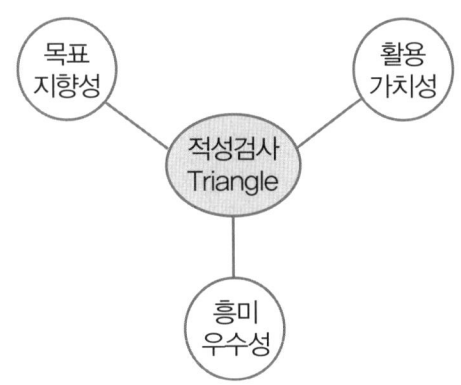

적성검사 Triangle의 시스템은 삼자가 이루는 상생상극관계가 개입되며 긴밀한 상호작용으로 한 개인의 성격, 가치관, 직업유형과 업무능력을 분류하고 자신만의 직업적성을 표출해낸다.

첫째, 격국은 선천적으로 부여받은 의무적인 직업성분이다.

가치관을 주관하여 직업적성의 목표성을 부여한다. 명식의 구조에 따라 능력이나 흥미와 무관하지는 않지만 근본적으로 능력과 흥미와는 별개로 일간이 추구하고자 하는 도달점에 해당되는 기질을 발현시키는 성분이다.

둘째, 용신은 활용에 주요한 역할을 담당하며 노력과 결과로 이어지는 직업성분이다.

격국이 하고 싶은 것으로 일간에게 목표성을 부여한다면 용신은 활용성으로 일간이 가진 능력과 흥미를 바람직한 방향으로 유도하여 실현시키는 중요한 역할을 한다.

셋째, 천성은 흥미를 유발하는 작용을 담당하며 천성으로 명칭된 강자이다.

이는 명식에서 가장 강력하게 자리잡고 있거나 일간에 가장 근접하고 있는 십성이다. 다중지능이론에 의하면 가장 발달된 지능을 활용할 때 가장 높은 성과가 나온다. 격국이 '하고 싶은 것'에 해당된다면 천성은 '잘할수 있는 것'이 된다. 하고 싶은 것을 잘할 수 있다면 가장 바람직한 직업적성이 되겠지만, 선택을 해야 한다면 잘할수 있는 것을 해야 흥미도 생기고 사회적으로 인정도 받게 된다. 남들보다 1cm라도 앞설 때 우리는 그를 전문가라고 부르며 그의 능력을 인정한다. 그러므로 천성은 흥미와 열정적 에너지의 직업성분이다.

라. 적성검사 Triangle의 작용

격국, 용신, 천성으로 구성된 적성검사 Triangle의 십성별 내용은 다음과 같다. 격국은 직업에 있어서 가치와 목표를 부여하며 용신은 격국과 천성의 활용을 위하여 노력하여야 하는 성분이 되어준다. 천성은 강력한 흥미와 높은 지능이 된다.

십성	적성검사 Triangle	인성의 직업목표, 활용가치, 흥미유발
정인	격국	전통과 명예, 의무를 중시하는 보수성과 학문을 수용하는 사명감을 통하여 배움의 성과를 인생과 생활의 바탕으로 삼고자 하는 학자풍의 전통성을 지향한다.
	용신	아는 것이 힘이 될 수 있도록 이론적 체계를 구축, 공인자격증을 갖추고 정확한 기록 및 데이터관리의 업무능력을 키워 적극 활용해야 한다.
	천성	체계와 순서에 정확성을 기하는 자료정리 및 기록관리 업무에 능하고 생각과 신념이 완고한 철학적 교육자 기질로 사고지능이 우수하다.
편인	격국	직관력과 추리력을 바탕으로 철학, 종교, 예술적인 학문을 추구하며 뛰어난 기회포착능력과 복합적인 사고력을 발휘하여 자신만의 차별화된 전문성을 지향한다.
	용신	철학적 가치관과 사물의 이면을 볼 수 있는 직관력과 인식능력, 순발력을 살리고 실용학문의 전문성을 배양하여 적극 활용해야 한다.
	천성	초현실적, 예술적, 종교적인 기질로 남들과는 다른 관점으로 세계를 인식하고 평가하며 새로운 아이디어를 내는 인식지능이 우수하다.

십성	적성검사 Triangle	비겁의 직업목표, 활용가치, 흥미유발
비견	격국	강한 주체성에 근거한 영역확보를 추구하며 육체활동과 공적인 마인드를 바탕으로 구성원들과의 협동을 통한 현실적 이득을 추구하는 업무를 지향한다.
	용신	사람들과의 융합과 협동정신을 발휘하여 인적 자원 네트워크를 확보하고 경쟁이 곧 자기발전이 될 수 있도록 적극 활용해야 한다.
	천성	공적인 태도로 타인들과 협동하며 현실적 이득을 추구하는 기질로서 자기영역확보와 주체적인 활동을 실현하게 하는 자존지능이 우수하다.
겁재	격국	공익과 명분을 중시하는 군중 속의 리더십 가운데 자기주도적인 경쟁력을 갖추어 독자적인 기술력 발휘로 신속한 결과와 이득추구를 지향한다.
	용신	협동과 융화를 바탕으로 인적 자원을 활용할 수 있는 사회성을 실현하고 자신만의 독창적이고 특별한 기능과 특기를 확보하여 적극 활용해야 한다.
	천성	대의명분과 타인과의 인적 관계 속에서 자신의 현실적 이득을 위한 독립적이고 전문적인 기술력과 독창성을 발휘하는 경쟁지능이 우수하다.

십성	적성검사 Triangle	식상의 직업목표, 활용가치, 흥미유발
식신	격국	안정과 문화적 풍요로움을 기반으로 인간적인 친화력을 활용하는 분야에서 창의력과 기술력을 축적하여 연구, 제조, 가공, 교육하는 생산성을 지향한다.
	용신	대인관계에 헌신적인 노력이 필요하며 한 가지 일에 집중적인 연구력과 기술력을 배양하여 자신만의 노하우로 쌓아 이를 적극 활용해야 한다.
	천성	미래지향적 기질로 대인관계를 통한 홍보 및 인적 관리능력이 있고 생산활동을 위해 자신만의 연구, 설득력, 표현력, 노하우를 활용하는 연구지능이 우수하다.
상관	격국	뛰어난 임기응변과 언어능력을 바탕으로 고정관념을 깨는 창의성과 원만한 대인관계를 통하여 설득력과 차별화된 비판성을 지향한다.
	용신	능동적인 변화대처능력을 키워 비판적 사고와 언어표현능력을 갖추고 고정관념을 깨는 발상의 창의성과 개성을 적극 활용해야 한다.
	천성	자유로움과 미적인 변화를 끊임없이 추구하는 기질로, 발상의 전환을 통하여 모방과 창조를 발휘하고 비평과 설득의 언어적 표현지능이 우수하다.

십성	적성검사 Triangle	재성의 직업목표, 활용가치, 흥미유발
편재	격국	직관에 의한 뛰어난 수리계산력과 신속한 가치판단능력을 바탕으로 성취욕구의 실현을 위하여 현실적이고 신속한 결과와 유동성을 지향한다.
	용신	고정관념을 탈피하고 융통성 있는 현실감을 살려 세상을 평가하는 폭넓은 시야를 확보하고 신속한 가치판단력과 수리능력을 키워 적극 활용해야 한다.
	천성	새로움에 대한 도전의식과 낙천적인 인생관의 자유로운 기질을 바탕으로 현실상황의 손익계산에 신속히 가치평가를 내리는 평가지능이 우수하다.
정재	격국	보장된 안전성과 실리를 중시하며 보수성과 정확성을 바탕으로 치밀한 분석능력을 발휘하고 설계 및 정리정돈을 통한 신뢰성을 지향한다.
	용신	치밀하게 계산하고 정확하게 계획을 수립하는 수행능력을 배양하며, 사물의 이면을 평가하는 시야를 확보하고 규격화시키는 능력을 적극 활용해야 한다.
	천성	장기적이고 안정적인 실리를 추구하는 경제활동과 섬세하고 정돈된 행정업무에 강하며, 정확하고 치밀하게 계획하고 분석하는 설계지능이 우수하다.

십성	적성검사 Triangle	관성의 직업목표, 활용가치, 흥미유발
편관	격국	리더십과 책임감을 바탕으로 자신의 믿음대로 개혁하고 실현할 수 있는 권력을 추구하며 신속하고 과감한 판단력을 통한 실천력과 관리능력을 지향한다.
	용신	신속한 분별력과 결정력을 스스로 배양하고 인내심을 수용하여 책임감 있는 관리능력을 수행하는 리더십을 적극 활용해야 한다.
	천성	권력과 책임이 부여되는 리더로서의 관리업무에 강하며 개혁적인 변화에 담대한 심성으로 과감하고 신속한 결정력을 발휘하는 행동지능이 우수하다.
정관	격국	체계와 원칙을 중시하는 집단적 공익성과 도덕적 가치를 바탕으로 장기적인 안정성이 보장된 명예와 권리를 추구하며 보수적인 정통성을 지향한다.
	용신	단체와 사회의 구성원으로서 도덕성과 보수적인 마인드를 갖추고 공정한 판단력을 수행할 수 있는 규정과 원칙을 적극 활용해야 한다.
	천성	원칙을 중시하는 기질로, 공정한 판단력을 발휘하고 권리와 규정을 수항하는 수직적 행정업무에 능력을 발휘하는 도덕지능이 우수하다.

마. 직업적성 메인코스와 서브코스

직업적성은 사주의 격국, 용신, 천성 삼자의 트라이앵글로 주어지는 패턴이 공조하면서 이루는 메인코스와 서브코스가 무엇에 해당하는가에 따라 설정된다. 하나의 사주에서도 메인코스가 중복될 수 있으며, 서브코스 또한 동시에 중복될 수 있다. 그러나 트라이앵글을 이루는 구조는 결국 사주의 선천적성이 되고 있다는 것에 주목해야 한다.

4개의 메인코스

코스	직업능력	전문성
인 비 식	전문성 강	자기중심 전문성, 수용성, 활용성
식상생재	경쟁사업 강	경쟁을 통한 실현, 자율성, 활동성
관인상생	수행능력 강	사회주체, 구조성, 수행성, 책임성
재 생 관	개척능력 강	사회와 자기주체, 활동성, 권력성

이외에 에너지의 흐름에 따라 3가지 코스로 분류할 수 있다.

에너지의 흐름에 따른 3코스

구분	에너지의 흐름	구조분석
인코스(in-course)	에너지의 유입	일간으로 생하는 구조
아웃코스(out-course)	에너지의 유출	일간이 생하는 구조
어게인스트코스(against-course)	에너지의 대립	강력한 극의 구조

바. 직업적성 분류방법

▶ 상담자의 사주를 구성하고 ①격국 ②용신 ③천성 순으로 구별한다.

▶ 구별된 삼자가 4개의 메인코스, 서브코스 중 무엇에 해당하는지를 대입한다.

▶ 코스가 복합, 중복되었을 시에 일간과 가장 유력한 관계를 대입한다.

▶ 이렇게 삼자를 대입한 십성의 관계를 트라이앵글 패턴이라고 한다.

▶ 트라이앵글 패턴은 1,000개로 분류되어 있으며, 하나의 사주를 대입하여 구해지는 트라이앵글의 값이 곧 개인의 선천적성유형이 되는 것이다.

[참고] 선천적성검사 프로그램에서는 삼자를 구분하면 트라이앵글 값의 패턴은 자동으로 설정되어 검사결과가 나오게 됨.

적성검사 Triangle 적용 직업적성분석 사례 1(68년생 여)	
時 日 月 年 辛 甲 丁 戊 未 午 巳 申	삼자 구별 ① 격국 : 상관 ② 용신 : 상관 ③ 천성 : 정재
구성분석	상관생재 · 상관견관 · 식상생재의 복합구성
적성검사 Triangle	[상관] ⇔ [상관] ⇔ [정재]
추천직업	교육행정가, 변호사, 의사, 아나운서, 디자이너, 쇼핑호스트, 마케팅전문가, 회계사, 기계기술자, IT기술자, 건축사, 화공기술자, 토목기술자, 교육자, 연구원
추천학과	교육계학과, 법학과, 의예과, 방송연예과, 디자인과, 심리학과, 국제경제학과, 회계학과, 기계공학과, 컴퓨터공학과, 건축학과, 화학공학과, 토목공학과, 교육계학과, 국제경제학과

적성검사 Triangle 적용 직업적성분석 사례 2(58년생 남)	
時 日 月 年 戊 丙 壬 戊 戌 子 戌 戌	삼자 구별 ① 격국 : 식신 ② 용신 : 편관 ③ 천성 : 식신
구성분석	식신제살 · 제살태과의 복합구성
적성검사 Triangle	[식신] ⇔ [편관] ⇔ [식신]
추천직업	법관, 공기업임직원, 인사교육전문가, 교육행정가, 기술직공무원, 일반직공무원, 기계공학연구원, 직업군인, 간호사, 직업상담사, 항공기승무원, 생산관리전문가, 신문기자, 광고홍보전문가, 전문비서
추천학과	법학과, 경영학과, 사회학과, 교육학과, 보건학과, 행정학과, 기계공학과, 사관학교, 간호학과, 직업학과, 항공운항과, 기계공학과, 언론정보학과, 광고홍보학과, 비서학과

적성검사 Triangle 적용 직업적성분석 사례 3(52년생 여)	
時 日 月 年 庚 乙 己 壬 辰 酉 酉 辰	삼자 구별 ① 격국 : 정관 ② 용신 : 정인 ③ 천성 : 편관
구성분석	관인상생 · 재생관 · 재극인의 복합구성
적성검사 Triangle	[정관] ⇔ [정인] ⇔ [편관]
추천직업	일반직공무원, 법관, 기술직공무원, 군인, 경찰직공무원, 교육자, 연구원, 안경사, 초등학교교사, 건축기술자, 직업상담사, 주택관리사, 사회복지사, 재무전문가
추천학과	행정학과, 법학과, 물리학과, 사관학교, 경찰행정학과, 교육계학과, 경제학과, 안경학과, 사회학과, 교육대학과, 건축공학과, 심리학과, 부동산학과, 사회복지학과, 회계학과

9-3 직업적성 코스

십성의 코스는 직업 목표가 있다. 그에 따른 직업적성의 코스에는 서로 상생관계의 조화를 이룬 조화된 직업코스가 있고, 서로 극하는 관계의 편향된 십성과 이에 대립되는 용신으로 구성된 부조화된 직업코스가 있다. 이 직업의 목적과 코스를 이루는 작용은 검사도구가 될 수 있는 것이다.

가. 십성의 직업목표

개인의 직업목표는 최초 격국에 의해서 이루어지는 것이 기본이다. 그다음이 격과 함께 이루는 코스이며, 최종적으로 일간을 중심으로 하여 격과 코스에 중심축을 이루는 십성의 상관관계로 분석된다. 직업목표란 일간이 이루고 싶은 마음과 가장 잘 적응하고 수행해낼 수 있는 선천적성이기도 하다. 그러나 직업목표에 대한 실현 결과는 개개인의 특성적인 사주구성과 함께 환경에 따라 같을 수 없다. 명리직업상담에서의 목적은 이처럼 경쟁력 있는 자신의 적성을 찾아주는 것이다.

1) 노력과 결과

일간을 중심으로 각 십성은 서로 노력과 결과라는 관계를 가진다. 이를 표로 나타내면 다음과 같다. 식상을 통한 노력은 재성이라는 결과로 나타난다. 식상없는 재성은 식상에 해당되는 연구나 활동이라는 노력없이 돈이나 성과라는 결과만을 얻으려는 심리작용이 내재되며, 재성없는 식상은 노력해도 그 결과를 담을 그릇이 없는 심리가 내재된다.

인성을 통한 노력은 관성이라는 결과로 나타난다. 인성없는 관성은 지식축적이나 자격증취득 등의 노력없이 명예나 지위와 같은 결과만 얻으려는 심리작용이 내재되며, 관성없는 인성은 노력해도 그 결과를 담을 그릇이 없는 심리가 내재된다.

노력과 결과에 따른 십성의 관계

관성	→	인성	→	일간	→	식상	→	재성
결과	←	노력				노력	→	결과

2) 과정과 결과에 따른 직업목적

구 분	직업목적과 활동유형
인성 ↔ 식상	노력(공부)해서 활용하는 노력의 전문성이 직업목적
	과정 중시형
관성 → 인성	노력(공부)해서 관의 임무를 수행하는 것이 직업목적
	과정과 결과 중시형
식상 → 재성	노력(연구)해서 공개경쟁을 통한 이익창출이 직업목적
	과정과 결과 중시형
관성 ≒ 재성	주어진 환경을 활용한 이익과 권력창출이 직업목적
	결과 중시형(과정보다 결과가 중요)

각 십성은 노력한 결과를 얻어내는 과정과 결과 중시형이 기본이 되고, 여기에 다른 십성이 각기 개입되면 한쪽으로 치우친 직업목적을 가진 구조를 만들어낸다. 식상생재와 관인상생은 서로 노력한 결과가 주어지므로 과정과 결과 2가지가 조화된 코스를 이룬다. 그러나 인비식과 재관으로 이루어진 코스는 인비식이 과정 중시형의 직업목적을, 재생관은 결과 중시형의 직업목적을 가진다.

나. 조화된 직업코스

조화된 직업코스는 십성의 직업목표에 근거하여 이루어진다. 아래 표에서 보듯이 사주분석에 있어서 가장 기본이 되는 메인 4코스와 구조가 일치하는 것을 볼 수 있다. 이렇게 명조 내에 분포된 십성이 직업적성 구조와 코스를 적절하게 갖추었을 때는 일생 동안 안정된 직업을 유지하게 된다. 직업코스는 직업적성에 직접적인 영향을 주므로 한 사람의 직업을 결정하는 요인이 된다. 한편 용신의 역할은 그 직업을 공인화시키는 것이다.

위 메인 4구조를 조화된 직업코스로 표현하면 다음과 같으며, 이는 서로 상생하는 관계로 이루어지는 천연적인 적성의 발현이다.

조화된 직업코스	
인수, 비겁, 식상의 유기상생 구조	인 비 식 구조
식신과 재성의 유기생재 구조	식상생재 구조
관성과 인성의 유기생인 구조	관인상생 구조
재성과 관성의 유기생관 구조	재 생 관 구조

1) 인비식의 구조

학문의 수용력과 응용력이 우수하여 선천적으로 학자풍의 직업적성을 소유한다. 일간을 중심으로 입력과 출력이 동시에 활성화되어 있는 구조로서 항상 정신력의 소통이 원활하다. 에너지의 흐름이 일간과 직접적이며 원활하게 편성된 구조가 된다면 심리적인 안정을 최대치로 부여한다. 이는 활동하는 자체에 의미를 두는 과정 중심형이다. 학문적 연구에 몰두하고 활동하는 자체에 더 의미를 두므로 결과나 이득에 집착하기보다 일 자체에 더 목적을 두는 유형이다. 그러므로 사업적인 기질보다는 연구하는 학자풍의 직업적성에 더 적합하며, 사업 분야에서는 학문적 성취의 누적된 노하우를 통하여 컨설팅 업무가 가능하다.

```
인비식 구조의 사례 (대학교수)
時  日  月  年
丙  乙  壬  壬
戌  未  子  辰
```

子月생으로 年月干에 정인 壬水가 일간을 생하고 시상의 丙火 상관으로 설기되는 전형적인 인비식의 구조이다.

2) 식상생재의 구조

생산력과 연구력이 우수하여 판매 및 생산을 겸한 경제활동에 있어서 우수한 선천적 직업적성을 소유한다. 에너지 소모가 강한 구조이므로 심리적 공허와 에너지 소진의 방지차원에서 일간은 신강함이 요구되는 유형이다. 활발한 활동을 통하여 반드시 결과를 얻고자 하므로 사회적인 평가나 지위보다는 자신에게 확실하게 돌아오는 이익에 더 많은 관심이 있다. 사업적인 기질이 가장 강한 유형이지만 조직적인 활동을 하는 기업이나 국가를 대상으로 하는 활동이 이루어지려면 관성 협조가 요구된다. 식재의 구조에 다른 십성이 개입하는 상황에 따라 성격과 심리, 활동유형은 변화를 보인다. 즉, 관성이 개입되면 조직력을 추구하여 공적인 단체를 구성하거나 브랜드를 활용한 생산 및 판매 활동을 하게 되고, 인성이 개입되면 학문적 분야와 자격을 갖춘 사회적 역할이 추가된다.

```
식상생재 구조의 사례 (사업가)
時 日 月 年
丁 庚 丁 乙
丑 申 亥 卯
```

庚金 일간이 亥月생으로 식신격이며 식신 亥水는 연주의 정재 乙卯를 생하는 전형적인 식신생재의 구조이다.

3) 관인상생의 구조

책임감이 강하여 공적인 위치에서 주어진 과제와 업무수행능력이 우수한 선천적 직업적성을 소유한다. 에너지가 유입되는 방향의 구조이므로 일간의 의지보다는 외적인 환경이 매우 중요하다. 주어진 과제와 부여된 임무를 수행하는 원칙주의자의 사고방식이므로 창조성과 자율성보다는 조직 및 단체와 국가를 위한 목표지향적 직업관을 갖게 된다. 한편 관인의 구조에 다른 십성이 개입하는 상황에 따라 성격, 심리, 활동유형은 변화를 보인다. 즉, 재성이 개입되면 많은 사람들을 관리하게 되고 식상이 개입되면 주어진 환경에 대한 혁신의지가 발생하여 조직과 단체의 새로운 방향모색과 발전을 위한 변화를 추구하게 된다.

```
관인상생 구조의 사례 (주미대사)
時 日 月 年
乙 己 庚 己
丑 卯 午 丑
```

己土 일간이 午月생으로 편인격이며 일지 卯에서 투출한 시상의 乙木편관을 용신하는 관인상생격의 구조다.

4) 재생관의 구조

가치판단과 명예추구의 심리가 강하여 사람들을 관리하고 조직력을 구성하는 우수한 선천적 직업적성을 소유한다. 일간이 극하거나 일간을 극하는 십성이 서로 조화를 이루며 구성된 구조로서 주어진 목표에 대한 실현의지를 강하게 추구하는 결과지향형이다. 자연스런 에너지의 흐름이 상호 소통하지 않는 십성끼리의 조합이므로 일간은 강함이 요구되는 구조이다. 공적이며 객관적이므로 최종적인 결과가 자신의 가치판단에 중요한 기준이 된다. 재관의 구조에 다른 십성이 개입하는 상황에 따라 성격, 심리, 활동성향에 변화를 보인다. 즉, 인성이 개입되면 목표지향적으로 행동과 실천에 절차를 중요시하는 계획성이 부여된다. 식상이 개입되면 주변의 환경과 조건들을 타진해나가는 스타일이 되므로 원만한 대인관계를 형성하는 사회성을 갖게 된다.

재생관 구조의 사례 (대학총장)

時	日	月	年
丙	乙	庚	乙
子	卯	辰	酉

乙木 일간이 辰月생으로 월지 정재이며, 월지의 정재 辰土가 월간의 정관 庚金을 생하는 재생관의 구조이다.

나. 부조화된 직업코스

상호 극하는 십성구조로 인하여 발현되는 장점이 많으나 경우에 따라서 직업의 순수성을 결정짓는 격과 용신, 천성을 거부하는 직업코스를 가지고 타고난 사람은 직업에 대하여 평생 갈등을 겪거나 여러 직업을 찾아 전전할 수 있다. 이런 사주를 직업부조화의 사주라고 한다. 직업적성 구조가 부조화를 이루면 성격이 졸렬하거나 무모하고 부정적 심리를 갖게 되는 단점이 존재한다. 한편 비범성을 나타내기도 하지만 보편타당하기보다는 다소 위험한 발상에 전념할 가능성이 높다. 직업적성이 부조화를 이룬 사람들이라고 무조건 사회인이 안 되는 것은 아니다. 조기교육과 직업훈련을 받는다면 충분히 건전한 사회생활을 할 수 있다는 점도 상담자들은 깊이 인식해야 한다.

부조화된 직업코스
재성용신과 → 비겁편향의 구조
인수용신과 → 재성편향의 구조
식상용신과 → 인성편향의 구조
비겁용신과 → 관성편향의 구조
관성용신과 → 식상편향의 구조

이들 직업부조화의 사주구조는 직업코스를 이루지 못한 경우가 많아서 좋은 직업을 가지게 되었어도 운에 따라 변동이 많이 따르므로 다변적이고 유동적인 성격심리를 가지게 됨을 유추할 수 있다. 그러나 다음과 같은 긍정적인 면을 잘 활용하여 상담에 임해야 한다.

재성용신과 비겁편향의 구조는 독립심과 추진력이 우수한 기질로서 경제활동을 하는 사업가적 성향이 강한 직업적성으로 파악될 수 있다. 목표를 향한 몰입력이 우수하고 다양한 대인관계 속에서 활동하는 유형이다. 자신의 사회적 위치설정과 인간관계의 문제를 늘 생각하게 되며 그런 방면에 변화가 많은 유형이다.

인수용신과 재성편향의 구조는 자아실현과 목적달성을 위한 추진력이 우수한 기질로서 학문적 성향이 강한 직업적성으로 파악될 수 있다. 기획력이 우수하고 다양한 가치들을 조합하여 하나의 이론을 생산하는 능력이 우수하다. 사회적 목표 속에서의 선택의 문제와 자신의 능력을 늘 생각하게 되며 그런 방면에 변화가 많은 유형이다.

식상용신과 인성편향의 구조는 학문적인 탐구심과 기획력이 우수한 기질로서 다양한 활동력과 창의성을 사회적으로 인정받게 자격화시키는 성향이 강한 직업적성으로 파악될 수 있다. 실험정신과 도전정신에 입각하여 구상된 것들을 현실화시키는 능력이 우수하다. 자신의 생각을 조율해야 하는 갈등이 수반된 가운데 사회활동을 전개해야 되는 부담감이 항상 존재하는 어려움이 있는 유형이다.

비겁용신과 관성편향의 구조는 조직을 통한 활동력과 조직구성력이 우수한 기질로서 사람들을 지도하고 관리하는 성향이 강한 직업적성으로 파악될 수 있다. 보수적이고 공정성을 추구하나 신속한 결정력과 판단력으로 결과를 보는 능력이 우수하다. 이상향을 추구하나 에너지의 내향적 활용으로 인한 자신만의 내적 갈등과 고민이 항상 존재하는 유형이다.

관성용신과 식상편향의 구조는 언변과 인간관계를 통한 사회활동력이 우수한 기질로서 고정관념을 깨는 기발한 창의성을 발휘하는 성향이 강한 직업적성으로 파악될 수 있다. 무형의 가치든 유형의 가치든 만들어가고 성장시켜나가는 과정을 중시하지만 과감한 행동력으로 승부를 내는 능력이 우수하다. 에너지의 외향적 흐름으로 자유로움을 추구하지만 자신만의 내적 규율로 제어해야 한다는 강박감이 항상 갈등의 요소가 되는 유형이다.

9-4 직업적성과 취업

직업은 한 사람의 삶을 영위하는 데 필수적인 경제활동의 근간이요 생계의 수단이면서 자아실현의 장이 되어준다. 업무를 수행하기 위한 자격을 갖추고 자신의 직업적성에 맞는 직업을 갖는다는 것은 가장 행복한 사회생활의 출발이 될 것이다. 또한 자신의 전공을 살려서 취업을 하게 된다면 배운 것을 100% 활용할 수 있게 된다. 이러한 이상적인 직장생활을 영위할 수 있다면 누구나 만족스러운 사회생활을 하게 될 것이다. 그렇다면 취업과 관련된 현실은 어떠한지 그리고 취업을 위한 적성검사가 과학명리를 통하여 어떻게 활용되고 있는지 알아보겠다.

가. 취업과 이직

다음은 한국고용정보원 2008년 자료로 2005년 대학졸업자의 취직 후 20개월 간 경로추적결과이다. 희망직업과 전공일치 여부에 따른 취업여부 결정 기준을 조사한 것이다. 희망직업과 전공이 일치하는 경우는 취업을 결정하는 기준이 자신이 전문성을 실리거나 자아실현을 위한 것으로 파악이 되고있다. 하지만 희망직업과 전공이 불일치하는 경우는 앞의 경우와는 달리 사회적 안정도를 최고의 취업결정 기준으로 삼았다. 그러므로 직업선택은 한 개인에게서 매우 중요한 문제가 아닐 수 없다.

구분	취업 결정기준							전체
	임금	고용 안정성	전문성	사회적 인정	자아 실현	장래성	근무 여건	
희망직업-전공일치	832 (15.8)	1,009 (19.2)	1,184 (22.5)	309 (5.9)	1,155 (21.9)	381 (7.2)	397 (7.5)	5,268 (100)
희망직업-전공불일치	123 (12.9)	160 (13.7)	93 (7.3)	70 (18.5)	197 (14.6)	43 (10.1)	45 (10.2)	732 (100)

현재 우리 사회는 취업난도 문제지만 이직률이 높은 점도 사회문제로 대두되고 있다. 다음은 한국고용정보원의 2008년 '대졸자 직업이동 경로조사' (Graduates Occupational Mobility Survey, 약어 GOMS) 심포지엄 자료로 대졸 취업자 10명 중 3명이 1회 이상 이직을 경험하며, 졸업 후 20개월 동안 평균 1.4회 일자리를 경험한다고 한다. 여기에 이직자 중 1년 이내 직장을 그만두는 비율은 65%에 달해 직업적성에 대한 올바른 진로지도가 필요함을 실감할 수 있

이직자의 일자리 경험횟수 (단위 : 명, %, 회)

구분		1회	2회	3회	4회 이상	전체	평균 일자리 횟수
전체		312,943 (69.1)	107,359 (23.7)	26,247 (5.8)	6,321 (1.4)	452,870 (100.0)	1.40
성별	남성	159,603 (72.9)	45,899 (21.0)	10,967 (5.0)	2,591 (1.2)	219,060 (100.0)	1.35
	여성	153,339 (65.6)	61,460 (26.3)	15,281 (6.5)	3,730 (1.6)	233,810 (100.0)	1.45
학교 소재지	수도권	137,286 (70.1)	45,411 (23.2)	10,842 (5.5)	2,388 (1.2)	195,927 (100.0)	1.38
	비수도권	175,657 (68.4)	61,948 (24.1)	15,406 (6.0)	3,933 (1.5)	256,944 (100.0)	1.41
학교 유형	전문대학	142,231 (66.6)	53,173 (24.9)	14,750 (6.9)	3,454 (1.6)	213,608 (100.0)	1.44
	대학교	165,777 (70.9)	53,683 (23.0)	11,406 (4.9)	2,807 (1.2)	233,674 (100.0)	1.37
	교육대학	4,935 (88.3)	502 (9.0)	91 (1.6)	60 (1.1)	5,588 (100.0)	1.17
전공 계열	인문계열	30,293 (67.3)	11,199 (24.9)	2,770 (6.2)	780 (1.7)	45,043 (100.0)	1.42
	사회계열	81,974 (72.7)	24,805 (22.0)	4,866 (4.3)	1,148 (1.0)	112,793 (100.0)	1.34
	교육계열	21,178 (75.6)	5,630 (20.1)	924 (3.3)	263 (0.9)	27,995 (100.0)	1.30
	공학계열	92,576 (71.8)	28,379 (22.0)	6,690 (5.2)	1,281 (1.0)	128,927 (100.0)	1.36
	자연계열	30,018 (66.7)	11,244 (25.0)	3,119 (6.9)	631 (1.4)	45,012 (100.0)	1.44
	의약계열	21,510 (65.8)	8,729 (26.7)	2,071 (6.3)	398 (1.2)	32,709 (100.0)	1.43
	예체능계열	35,392 (58.6)	17,372 (28.8)	5,807 (9.6)	1,821 (3.0)	60,392 (100.0)	1.58

이직 횟수별로 살펴보면, 1회 이직을 한 사람은 10만7,359명(23.7%), 2회 이직자는 2만6,247명(5.8%), 3회 이상 일자리를 옮긴 사람은 6,321명(1.4%)이 었다. 대학 졸업 후 약 20개월이 경과한 시점에서 취업 경험자들은 평균 1.4 회의 일자리를 경험했으며, 남녀·학교유형 등 집단별로 평균 일자리 경험 횟수를 비교하면, 여성(1.45회)은 남성(1.35회), 비수도권 대졸자(1.41회)는 수 도권 대졸자(1.38회), 전문대 졸업자(1.44회)는 4년제 대졸자(1.37회), 예체능계 열 졸업자(1.58회)는 교육계열 졸업자(1.3회)보다 많았다.

첫 일자리를 그만둔 이유는 '근로시간, 보수 등 근로여건에 대한 불만'이 33.9%로 가장 많았다. '보다 나은 직장으로의 전직을 위해'(16.5%), '학업의 계속이나 재취업 준비'(14.5%), '계약기간이 끝나서'(6.2%), '전공·지식·기 술·적성 등이 맞지 않아서'(5.4%) 등도 첫 직장을 그만둔 주요 이유로 꼽혔다

첫 일자리를 그만둔 이유

이유	남성	여성	전체
근로여건(근로시간, 보수 등) 불만족	26,083 (35.4)	33,582 (32.8)	59,664 (33.9)
차별을 받아서(성차별, 고용형태 차별 등)	451 (0.6)	1,202 (1.2)	1,653 (0.9)
전공, 지식, 기술, 적성 등이 맞지 않아서	4,253 (5.8)	5,238 (5.1)	9,490 (5.4)
학업의 계속이나 재취업 준비	9,544 (12.9)	15,911 (15.5)	25,455 (14.5)
창업 또는 가족사업을 하려고	1,894 (2.6)	1,312 (1.3)	3,207 (1.8)
계약기간이 끝나서	3,528 (4.8)	7,319 (7.2)	10,847 (6.2)
직장의 휴·폐업 등으로	3,622 (4.9)	4,588 (4.5)	8,210 (4.7)
권고사직, 정리해고, 명예퇴직으로 인해서	1,166 (1.6)	1,476 (1.4)	2,642 (1.5)
상사 또는 동료와의 갈등 때문에	2,349 (3.2)	3,259 (3.2)	5,607 (3.2)
경제적인 여유가 있거나 여가를 즐기기 위하여	476 (0.6)	691 (0.7)	1,167 (0.7)
보다 나은 직장으로의 전직을 위하여	13,908 (18.9)	15,159 (14.8)	29,068 (16.5)
건강이 좋지 않아서	1,772 (2.4)	3,455 (3.4)	5,227 (3.0)
육아	–	1,872 (1.8)	1,872 (1.1)
결혼	192 (0.3)	2,037 (2.0)	2,229 (1.3)
가족적인 이유로	616 (0.8)	724 (0.7)	1,340 (0.8)
기타	3,852 (5.2)	4,511 (4.4)	8,362 (4.8)
전체	73,705(100.0)	102,337(100.0)	176,042(100.0)

그러나 직업이 활동의 산물로 생계유지를 위한 금전적 보상을 바라는 것임에 주목할 때 '근로여건에 대한 불만'은 이와 관련된 이유이다. 이외의 다른 이유들은 모두 직업적성을 구성하는 직업유형과 업무수행기능에 따른 부적합한 직업선택으로 인한 것들이다.

그렇다면 이직을 하게 되는 본질적인 문제는 무엇일까. 그것은 대학생들이 자신의 적성을 올바로 파악하지 못한 채 전공을 하였거나 취업을 했다는 것을 반증하는 것이다.

각 대학에서 취업지원센터를 운영하면서 각종 적성검사를 실시하고 있다는 점을 감안할 때 적성검사의 실효성 또한 생각해보지 않을 수 없다.

또한 직업에 초점을 맞춰 분석하고 분류한 현재의 직업분류의 현실성에 대해서도 아쉬움이 남는다.

명리로 개발된 선천적성검사가 그런 단점을 보완하기에 충분하다고 강조하는 사유는 1,000개의 패턴으로 직업적성 3요소를 분류하는 선행작업 후에, 미리 분석과정을 마친 직업군에 따라 학과계열을 제공함으로써 개인별로 타고난 전공과 직업을 연결하여 선정해주는 적성검사로서 직업에 있어서 주체가 누구인지에 주목한 인간중심의 적성검사이기 때문이다.

나. 직업상담사례

다음은 K대학 인적자원개발센터에서 실시한 선천적성검사(AAT)결과 중 일부로서 성격, 학과, 직업유형, 직업적성만을 함축하여 상담한 결과를 제시했다.

상담의뢰 1. 장○○(남)

내담자 사주구성	
時　日　月　年 丙　丙　辛　庚 申　戌　巳　午	– 산업경영공학과 1학년 – 미래 희망직업 2가지 : ① 공무원 ② 사업가 – 알고 싶은 내용 : ① 성공가능성이 높은 직업 　　　　　　　　　　② 나의 사회성

[검사결과]

▶ 성격과 사회성

당신의 타고난 본성은 예의 바르고 개성적입니다. 지적 자산을 바탕으로 체면과 명분을 중시해 자존심이 강하며, 감정적인 직언도 서슴지 않지만 뒤 끝없이 처세합니다. 표현력이 좋고 호기심 많고 명랑한 언행은 외향적으로 화려하며 용기있는 자유인을 희망합니다.

당신의 또다른 이면의 성격은 깔끔한 성품과 강한 자존심 때문에 타인으로 부터 받는 의심이나 무시를 참아내지 못할 뿐 아니라 매우 냉정하고 보수적 입니다. 스스로 쉬운 길을 선택하지 않고 무엇이든 마음속에 가두어두지만 결백과 정통성을 유지하는 성향입니다.

▶ 적합한 학과적성 검사결과

의예과, 생명공학과, 회계학과, 정보처리학과, 치위생과, 사회복지학과, 생활체육과, 디자인과, 전자공학과, 작곡과, 경영학과, 조경학과, 산업공학과, 물리치료학과, 식물자원학과

▶ 직업유형 검사결과

장○○ 님 직업유형은 [사업형], 업무수행 기능은 [리더기능]이 우수합니다. 자립적 사업을 직접 경영하는 직업유형에 적합하며, 사업가들의 의견을 규

합하고 주도적인 리더십을 발휘하여 다수의 이득을 창출하는 업무수행력이 우수합니다.

▶ 장○○님의 성공가능성이 높은 직업 추천!

정형외과의사, 생명과학연구원, 감정평가사, 정보기술컨설턴트, 치과위생사, 사회복지사, 스포츠매니저, 디자이너, 시스템관리사, 지휘자, 유통관리사, 원예조경사, 제조사업경영, 물리치료사, 작물재배기술자

[상담조언]

선천적성 검사결과 장○○님이 희망하는 직업 중 공무원은 부적합한 결과로 나왔으며 사업가가 다소 적합한 결과로 나왔습니다. 또한 직업유형도 사업가유형임을 참고하시기 바랍니다. 하지만 제조생산과 투자관련 사업은 불리하며 자기 전문성을 가진 1인 기업형임을 참고하기 바랍니다.

상담의뢰 2. 이○○(여)

내담자 사주구성	
時 日 月 年 己 辛 己 庚 亥 卯 卯 午	– 문헌정보학과 1학년 – 미래 희망직업 : ① 전문사서 ② 사서교사 – 알고 싶은 사항 : ① 위의 직업성공도와 만족도 　　　　　　　　　② 나의 타고난 직업

[검사결과]

▶ 성격과 사회성

당신의 타고난 본성은 온화한 심성으로 예절과 지성을 바탕으로 합니다. 정서중심적인 명분을 앞세우는 이기심이 내재되어 있으나 자신과 긍정적인 관계 속의 타인에게는 헌신적으로 봉사하는 희생정신을 보입니다. 따뜻하며

생기발랄함을 지닌 외향적 성향입니다.

당신의 또다른 이면의 성격은 큰 스케일로 활동적이며 대범한 기획력과 부여된 책임을 완수하는 강박감이 있습니다. 기발한 발상에 능한 지혜로움과 예리한 지성을 소유한 사람으로 창조적이며, 바다처럼 넓은 도량과 솔직한 마음으로 인해 유연하면서도 긍정적입니다.

▶ 적합한 학과적성 검사결과

부동산학과, 항공학과, 수의학과, 유통학과, 교육계학과, 경영학과, 정보통신공학과, 외국어과, 생명공학과, 간호학과, 토목공학과, 사회복지학과, 문헌정보학과, 심리학과

▶ 직업유형 검사결과

이○○ 님 직업유형은 [직장형], 업무수행 기능은 [참모기능]이 우수합니다.

조직력을 갖춘 수직관계의 직장에 적합한 직업유형이며, 사명감을 가지고 조직과 리더를 보좌하여 전체의 이득을 창출하는 업무수행력이 우수합니다.

▶ 이○○님의 성공가능성이 높은 직업 추천!

펀드매니저, 항공기조종사, 수의사, 서비스업경영자, 교육사업경영자, 외환딜러, 공학자, 통역사, 생명공학연구원, 간호사, 도시계획가, 사회복지사, 사서, 피부미용사, 직업상담사

[상담조언]

선천적성검사결과 이○○님은 공간 활용능력이 뛰어나고 암기력이 좋아 본인이 희망하는 전문사서나 사서교사는 매우 적합한 직업입니다. 원하는 직종에서 직업의 성공확률이 높으며 직무만족도 역시 매우 우수합니다.

상담의뢰 3. 이○○(여)

내담자 사주구성	
時 日 月 年 甲 乙 庚 丙 申 未 子 寅	– 국어국문학과(부전공 : 경영정보학과) 4학년 – 미래 희망직업 2가지 : ① 한국어교사 ② 은행원 – 알고 싶은 사항 : ① 잘할 수 있는 직업 　　　　　　　　　② 나의 타고난 직업

[검사결과]

▶ 성격과 사회성

당신의 타고난 본성은 인자하고 자상하며 표현과 활동이 자유로운 외향성일 것 같으나 실생활에서 보여지는 언행은 많은 것을 받아들이고 포용하는 차분함입니다. 질서와 체계를 존중하며 원칙적인 조화와 융화를 기조로 삼는 본성으로 보수성과 고지식함이 있는 내향적 성향입니다.

당신의 또다른 이면의 성격은 이성적 논리에 의한 완결성과 흑백논리에 강합니다. 침착하고 부드러운 외면에 비해 자기주장과 소신이 강하지만, 내면의 포용력으로 인해 타인을 위한 배려에 아낌이 없습니다. 그러나 스스로 인정한 것에는 과감히 행동하는 대쪽같은 카리스마를 보입니다.

▶ 적합한 학과적성 검사결과

교육계학과, 생물학과, 의학과, 법학과, 해양학과, 지리학과, 화공과, 경영학과, 법학과, 문헌정보학과, 경찰대학, 정보통신학과, 사회학과, 회계학과, 보건학과

▶ 직업유형 검사결과

이○○님 직업유형은 [직장형], 업무수행 기능은 [참모기능]이 우수합니다.

조직력을 갖춘 수직관계의 직장에 적합한 직업유형이며, 사명감을 가지고

조직과 리더를 보좌하여 전체의 이득을 창출하는 업무수행력이 우수합니다.

▶ 이○○님의 성공가능성이 높은 직업 추천!

교육자, 연구원, 의사, 법관, 조선공학기술자, 지리정보기술자, 품질검사전문가, 경영전략전문가, 손해사정사, 사서, 경찰공무원, IT기술자, 일반직공무원, 회계세무전문가, 위생검사원

[상담조언]

선천적성 검사결과 이○○님의 희망직종인 한국어교사는 매우 적합한 결과를 보이고 있습니다. 은행원 또한 조직 적응능력이 우수하여 안정된 직업적성이며 대학의 전공과 부전공 또한 선천적성과 일치함을 보이고 있어 원하는 직군으로 진출한다면 장래 직업인으로서 자기 효능감이 우수할 것으로 예견됩니다.

다. 관련논문

다음은 직업적성 중에서 격국이 직업의 목표성에 영향을 주는지에 관련된 논문이다.

■ 함혜수(2007), 「사주의 격이 개인의 직업목표에 미치는 영향」
국제문화대학원대학교 석사학위 논문

☞ 본 연구의 목적은 사주 十格의 활용가능성을 확인하고 그것을 실제로 활용할 수 있는 방법을 모색하는 데 있다. 그러므로 연구를 위해서 각 사의

의 격이 추구하는 전문능력이 무엇인가를 분석하고 각 십성이 추구하는 직업
목표에 해당되는 직업군을 추출하여 이론적인 정리를 하였다.

구체적인 자료분석은 출생연월일시의 정보를 통하여 사주명식을 구성하고
설문문항을 분석하여 사주명식의 格이 추구하는 직업목표와 설문지 문항 분
석결과가 제시하는 직업목표가 일치하는지를 비교하였다.

사주의 격에 따른 직업목표와 연구결과

	일치여부	사례수(N)	비율(%)
정편인격	일치	32	71.11
(N=45)	불일치	13	28.89
비겁격	일치	56	65.12
(N=86)	불일치	30	34.88
식상격	일치	43	68.25
(N=63)	불일치	20	31.75
정편재격	일치	45	76.27
(N=59)	불일치	14	23.73
정관편관	일치	30	61.22
(N=59)	불일치	11	38.78

첫째, 인성이 格인 사람은 기억력, 분석력, 기획력, 창조력, 수집력, 논리를
전문능력으로 한 교육, 육영, 종교, 출판, 언론 등을 통한 직업을 직업목표로
하며 사주의 격과 설문지를 통한 직업목표 71.11%의 높은 일치율을 보이고
있다.

둘째, 비겁이 格인 사람은 독립성, 적극성, 책임감, 포용력, 실천력, 추진을
전문능력으로 한 프리랜서, 기술, 스포츠, 경호업무 등을 통한 직업을 직업목
표로 하며 사주의 격과 설문지를 통한 직업목표 65.12%의 높은 일치율을 보
이고 있다.

셋째, 식상이 格인 사람은 친화력, 섭외력, 응용력, 설득력, 어휘력, 민첩성

을 전문능력으로 한 연구원, 예능, 강사, 제조업, 서비스업 등을 통한 직업을 직업목표로 하며 사주의 격과 설문지를 통한 직업목표 68.25%의 높은 일치율을 보이고 있다.

넷째, 재성이 格인 사람은 활동성, 수리력, 현실성, 실용성, 조직력, 분석력을 전문능력으로 한 금융업, 상업, 관리, 투자사업 등을 통한 직업을 직업목표로 하며 사주의 격과 설문지를 통한 직업목표 76.27%의 높은 일치율을 보이고 있다.

다섯째, 관성이 格인 사람은 조직력, 분별력, 관리력, 통제력, 인내력, 도덕성을 전문능력으로 한 행정관, 관공계, 정치자, 군인 등을 통한 직업을 직업목표로 하며 사주의 격과 설문지를 통한 직업목표 61.22%의 높은 일치율을 보이고 있다.

결론적으로 사주의 格은 개개인이 가진 선천적인 적성을 나타내므로 대상자들의 직업유형은 자신이 가진 선천 적성과 대부분 일치하였다.

Part 10

직업유형과 업무기능

직업적성을 분류하는 방법은 직업을 보는 가치관에 따라 그 기준이 달라질 수 있다. 직업 자체를 분석하여 분류하는 직업중심의 분류법과 그 직업을 수행하는 사람을 중심으로 하는 인간중심의 분류법이 있다. 통상적으로 직업을 분류하는 방법은 그 직업이 가지는 직무상의 특징과 직무를 수행하는 사람의 능력이라는 2가지를 매트릭스시켜 구분한다.

선천적성검사(AAT)에서는 이 2가지 개념을 포함하여 1차적으로 7장에서 소개한 격국, 용신, 천성의 적성검사 Triangle로 분류한 후, 2차적으로 십성의 구조를 분석하여 직업유형 및 업무수행기능으로 분류한다. 그러므로 여기서 말하는 직업유형 및 업무수행기능은 선천적성검사(AAT)에서 활용되는 새로운 개념이다.

10-1 직업분류

직업적성의 요소는 한 사람에 대한 사주명식을 분석하여 가장 적합한 직업을 선택해주기 위한 기준이다. 그러므로 선천적성검사(AAT)는 직업분류 이전의 개념으로서 한 인간이 가지고 있는 능력과 기질과 성향에 맞추어 직업을 추천해주어야 한다는 인간존중의 가치관을 가지고 제작된 검사이다. 이를 위하여 직업을 분석하는 판단기준으로서 직업분류에 대하여 알아보고자 한다.

가. 직업분류의 방법

직업을 분류하는 방법에는 여러 가지가 있다. 그러나 보편적으로 직능수준(Skill Level)과 직능유형(Skill Specialization)에 따라 구분하는 것이 통상적이다. 여기서 직능(skill)이란 주어진 직무의 업무와 과업을 수행하는 능력(the ability to carry out the tasks and duties of a given job)으로 직능수준과 직능유형을 매트릭스시킨 개념으로 직업을 분류한다.

직업에 대한 가장 많은 정보는 1997년에서 2006년까지 현장 직무조사를 거쳐 제작한 가장 방대한 직업정보 데이터베이스인 '한국직업사전'을 이용할 수 있다. 이를 통해 각 직업의 직무개요 및 내용뿐만 아니라 직무를 수행하는 데 필요한 교육 및 훈련기간, 요구되는 자격, 작업강도 등의 자료도 얻을 수 있다. 명칭별, 조건별, 한국표준직업분류별, 한국표준산업분류별로 구분하여 검색이 가능하다.

한국직업사전에서 명칭별 검색은 가나다순으로 정리되어 있는 직업명칭을 선택하여 직무개요와 수행직무 외에 부가직업정보로 교육수준, 숙련기간, 작업강도 및 작업환경 등에 대하여 검색이 가능하다. 조건별 검색은 교육수준,

작업강도, 숙련기간, 작업장소의 4가지 조건을 선택하면 조건에 맞는 직업이 검색된다. 한국표준직업분류별 검색은 한국표준직업분류에서 사용하는 대분류, 중분류, 소분류, 세분류, 세세분류의 순으로 검색이 가능하다. 한국표준산업분류별 검색은 산업별로 분류된 직업을 따라 검색이 가능하다.

그러나 직업에 대한 가장 실제적인 정보를 얻는 것은 한국표준직업분류와 한국고용직업분류이다. 한국표준직업분류는 통계청에서 관리하는 국가수준의 직업분류체계이다. 이외에 한국고용직업정보는 한국고용정보원에서 개발한 국가수준의 직업분류체계이다.

나. 직업분류의 실제

1) 한국고용직업분류 : 직능유형 기준

한국고용직업분류(KECO : Korea Employment Classification of Occupations)는 노동시장과 수요에 적합하도록 각종 직무를 분류한 것으로 직업정보의 제공을 통한 노동시장 효율성의 제고를 기본목적으로 한다.

현대적 개념의 직업분류는 직능유형(Skill Type)과 직능수준(Skill Level)에 의해 결정된다.

직업분류의 기준	
직능유형	**직능수준**
그 일을 수행하기 위해 필요한 지식, 능력, 기질(KSA : Knowledge, Skill, Attribute)로 과학, 교육, 서비스 판매, 제조 등	KSA의 수준을 말하는 것으로 전문가, 일반직(사무, 기능, 조작, 농업숙련), 단순직 등으로 구분

한국표준직업분류는 직능수준을 우선으로 한 분류로 여러 개의 대분류에 걸쳐 관련 직업들이 배치되어 있어서 전체 분류체계를 외우고 있어야 정확한 분류가 가능했다. 한국고용직업분류(KECO)는 이런 단점을 극복하고자 직능유형을 우선분류방식으로 채택함으로써 동일한 대분류안에 관련 직업들이 모두 포함되도록 하여 누구나 쉽게 이해하고 사용할 수 있도록 하였다. 즉, 기존에 3개의 대분류에 걸쳐 존재한 법률관련 종사자를 하나의 대분류 동일 유형 직업에 배치하였다.

한국고용직업분류의 특징은 분류단위와 분류구조를 시장에 적합하도록 조정하여 우리나라 직업세계의 현실을 가장 잘 반영하고 있는 직업분류라고 할 수 있다. 대분류 7개, 중분류 24개, 소분류 119개, 세분류 392개로 구성하였는데, 중분류를 대분류로 사용하여 데이터의 활용성을 확대하였다. 중분류 24개와 대분류는 다음과 같다.

대분류	중분류(사실상 대분류로 사용)
I 관리직	01. 관리직
II 경영재무직	02. 경영, 회계, 사무 관련직
	03. 금융, 보험 관련직
III 사회서비스직	04. 교육 및 자연과학, 사회과학 연구 관련직
	05. 법률, 경찰, 소방, 교도 관련직
	06. 보건, 의료 관련직
	07. 사회복지 및 종교 관련직
	08. 문화, 예술, 디자인 방송 관련직
IV 판매 및 개인서비스직	09. 운전 및 운송 관련직
	10. 영업및판매관련직
	11. 경비 및 청소 관련직
	12. 미용, 숙박, 여행, 오락, 스포츠 관련직
	13. 음식 서비스 관련직

	14. 건설 관련직
	15. 기계 관련직
	16. 재료 관련직
	17. 화학 관련직
V 건설생산직	18. 섬유 및 의복 관련직
	19. 전기, 전자 관련직
	20. 정보통신 관련직
	21. 식품가공 관련직
	22. 환경, 인쇄, 목재, 가구, 공예 및 생산단순직
VI 농림어업직	23. 농림어업 관련직
VII 군인	24. 군인

공장자동화의 도입과 지식산업의 발전에 따라 다수의 수작업을 요하는 기능직이 기계를 사용하는 조작직으로 변화하고 있으며, 직무상에는 차이가 별로 없는 지식직업의 증가에 따라 직무중심의 구분보다 해당 직무를 수행하기 위해 필요한 지식(knowledge)과 기술(skill)의 영역을 중심으로 분류하는 것이 적절하다고 할 것이다.

한국표준직업분류는 직능수준우선분류로서 전체 분류체계를 어느 정도 외우고 있어야 분류가 가능하지만, 한국고용직업분류는 직능유형 우선분류방식을 채택함으로써 누구나 쉽게 이해하고 사용할 수 있도록 하여 조사 및 활용의 용이성과 정확성을 확보하였다.

2) 한국표준 직업분류 : 직능수준 기준

우리나라에서 체계적인 직업분류를 작성한 것은 1960년 당시 내무부 통계국에서 국세조사에 사용한 것이 처음이었다. 그 후 통계업무를 경제기획원에서 관장하게 됨에 따라 통계표준분류를 설정하게 되어 1958년 제정, 각국에서 사용토록 권고된 ILO 국제표준직업분류(ISCO-58)를 근거로 1963년 한국표준직업분류가 제정되었다.

그 이후 표준직업분류와 고용직업분류의 연계가 어려워 통계자료의 비교성 문제가 제기되어 두 분류 간의 연계성 강화를 통한 통계의 활용성을 높이는 한편, 우리나라 노동시장에 적합한 분류로 개정하기 위해 노력하였다. 제6차 분류개정은 2005년도 말부터 검토를 시작하여 2007년 6월에 작업을 완료하였으며, 통계청 고시 제2007-3호(2007.7.2.)로 확정·고시하고 2007년 10월 1일부터 시행하게 되었다.

대분류는 국제 비교성을 위해 국제표준직업분류를 따르기로 원칙을 정하고, 중분류 이하는 우리나라 노동시장의 현실을 반영하도록 하였다. 우리나라 노동시장의 구조와 조사의 편리성을 고려하여 전문가 및 준전문가(기술공)는 통합하고, 중분류 이하는 직능유형에 보다 중점을 두어 분류하기로 하였다. 표준직업분류와 고용직업분류 간의 불일치에 따른 문제점 해소를 위해 고용자 수 등을 감안하여 고용직업분류의 세분류 명칭을 일치시키기로 하였다.

국제표준직업분류(ISCO-08)에서 직무(Job)는 '자영업을 포함하여 특정한 고용주를 위하여 개별 종사자들이 수행하거나 또는 수행해야 할 일련의 업무와 과업(tasks and duties)'으로 설정하고 있으며, 직업(Occupation)은 '유사한 직무의 집합'으로 정의된다. 여기에서 유사한 직무란 '주어진 업무와 과업이 매우 높은 유사성을 갖는 것'을 말한다.

수입(경제활동)을 위해 개인이 하고 있는 일을 그 수행되는 일의 형태에 따라 체계적으로 유형화한 것이 직업분류이며, 우리나라 직업구조 및 실태에 맞도록 표준화한 것이 한국표준직업분류(Korean Standard Classification of Occupations)이다.

한국표준직업분류는 주어진 직무의 업무와 과업을 수행하는 능력인 직능을 근거로 편제되며, 직능수준과 직능유형을 고려하고 있다. 직능수준은 직무수행능력의 높낮이를 말하는 것으로 정규교육, 직업훈련, 직업경험 그리고 선천적 능력과 사회 문화적 환경 등에 의해 결정된다. 직능유형은 직무수행에 요구되는 지식의 분야, 사용하는 도구 및 장비, 투입되는 원재료, 생산된 재화나 서비스의 종류와 관련된다.

국제표준직업분류(ISCO)에서 정의한 직능수준은 정규교육을 통해서만 얻을 수 있는 것은 아니며, 비정규적인 직업훈련과 직업경험을 통하여서도 얻게 된다. 따라서 분류에서 사용되는 기본개념은 정규교육 수준에 의해 분류되는 것이 아니라 직무를 수행하는 데 필요한 특정업무의 수행능력이다. 이러한 기본개념에 의하여 설정된 분류체계는 국제적 특성을 고려하여 4개의 직능수준으로 구분하고, 직무능력이 정규교육(또는 직업훈련)을 통하여 얻어지는 것이라고 할 때 국제표준교육분류(ISCED-97)상의 교육과정 수준에 의하여 다음과 같이 정의하였다.

표준직업분류와 직능수준의 관계

제1직능 수준	일반적으로 단순하고 반복적이며 때로는 육체적인 힘을 요하는 과업을 수행, 최소한의 문자이해와 수리적 사고능력 필요
제2직능 수준	일반적으로 완벽하게 읽고 쓸 수 있는 능력과 정확한 계산능력, 그리고 상당한 정도의 의사소통 능력 필요
제3직능 수준	복잡한 과업과 실제적인 업무를 수행할 정도의 전문적인 지식을 보유하고 수리계산이나 의사소통 능력이 상당히 높아야 함.
제4직능 수준	매우 높은 수준의 이해력과 창의력 및 의사소통 능력 필요 분석과 문제해결, 연구와 교육 그리고 진료가 대표적인 직무 분야

위와 같은 4개의 직무능력 수준의 정의는 다음과 같이 표준직업분류상의 10개 대분류항목 중 9개 항목에 적용되었으며, 대분류 A 군인 항목은 조사의 현실성을 감안하여 직능수준과 무관하게 분류하였다. 그러나 이러한 직능수준이 실제 종사자의 학력수준을 제시하는 것은 아니며, 필요로 하는 최소 직능수준을 의미한다고 할 수 있다.

1 관리자　　　　　　　　　　　: 제4직능 수준 혹은 제3직능 수준 필요

2 전문가 및 관련 종사자　　　　: 제4직능 수준 혹은 제3직능 수준 필요

3 사무 종사자　　　　　　　　　: 제2직능 수준 필요

4 서비스 종사자　　　　　　　　: 제2직능 수준 필요

5 판매 종사자　　　　　　　　　: 제2직능 수준 필요

6 농림어업 숙련 종사자　　　　 : 제2직능 수준 필요

7 기능원 및 관련 기능 종사자　 : 제2직능 수준 필요

8 장치 · 기계조작 및 조립 종사자 : 제2직능 수준 필요

9 단순노무 종사자　　　　　　　: 제1직능 수준 필요

A 군인　　　　　　　　　　　　: 직능수준과 무관

한국표준직업분류에 따른 직업분류의 대분류는 다음과 같다.

대분류	중분류	소분류	세분류	세세분류
1 관리자	5	15	24	77
2 전문가 및 관련 종사자	8	41	153	445
3 사무 종사자	4	9	26	57
4 서비스 종사자	4	10	33	73
5 판매 종사자	3	4	13	38
6 농림어업 숙련 종사자	3	5	12	29
7 기능원 및 관련 기능 종사자	9	20	73	201
8 장치 · 기계조작 및 조립종사자	9	31	65	235
9 단순노무 종사자	6	12	24	48
A 군인	1	2	3	3
10	52	149	426	1,206

10-2 직업적성코드의 신개념

가. 직업유형의 분류기준

우리가 정보를 알지 못하는 사안을 결정할 때 흔히 쓰는 말로 50 대 50이다, '모 아니면 도' 라고 한다. 즉 잘될 확률과 잘못될 확률이 반반임의 두려움 앞에서 자위하는 말이다. 이런 50%나 잘못될 위험한 확률을 줄일 수 있는 것이 바로 정확하고 올바른 정보다.

선천적성검사(AAT) 직업유형의 3가지 분류

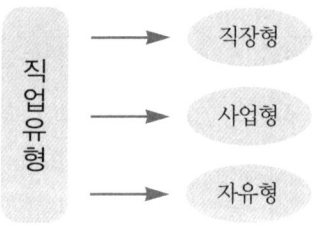

직업유형은 크게 세 가지로 분류할 수 있다. 첫째, 고용되어 급여를 받는 직장형과 둘째, 자신이 제조, 생산하거나 유통, 판매하여 소득을 창출하는 자영업 및 사업경영이 있다. 셋째, 외형적으로 앞의 직장과 사업을 혼합하거나 일부 수용하는 정도에서 자신의 전문성을 자율적으로 활용하는 자유형으로 구분할 수 있다.

직장에 소속되어야 자신의 역할을 잘 수행하는 사람이 있다. 또, 수완이 좋고 셈이 빨라 장사를 해야 적성에 맞는가 하면, 누구의 간섭을 받지 않고 스스로 창조해나가며 고소득을 올리는 사람들은 그것이 곧 자신의 직업유형과 맞는 것이다. 만일 이들이 서로 반대의 직업을 선택했다면 모두 불안정하고 비능률적인 직업인이 되어 있을 것이며 경쟁능력이 없게 된다.

직업을 선택할 때 자신이 수행할 적합한 직업유형이 무엇인가를 가장 먼저 아는 것은 매우 중요한다. 예컨대 직장에 몸담아야만 자신의 역할을 수행할 수 있는 사람이 그런 정보를 알지 못하여 결국 절반의 확률을 따라 선택한 직업이 만약 자영업이라면 서비스능력이 없어 매출이나 경쟁력이 떨어지고 정신적으로도 불안한 직업인이 될 수 있다는 것이다.

나. 업무수행기능의 분류기준

업무를 수행하는 데 있어서 어떠한 위치에서 업무를 수행하는 것이 그 사람의 기질에 맞는지를 검사하는 업무수행기능을 분류해주어야 한다. 업무수행기능을 선천적성검사(AAT)에서는 세 가지로 분류한다. 첫째로 통솔력을 바탕으로 조직을 이끌며 관리하는 리더기능이 우수한지, 두 번째로 리더를 보좌하며 사명감과 지략을 겸비한 참모기능이 우수한지, 세 번째로 전문지식을 갖추고 기술과 서비스를 활용하는 전문기능이 우수한지로 분류하여 검사한다. 여기서 각 업무수행기능은 수행능력에 따른 수준별 구분은 아니며, 사주명식의 구조를 분석하여 기질적인 직업적성면에서 분류한 내용이다.

선천적성검사(AAT) 업무수행기능의 3가지 분류

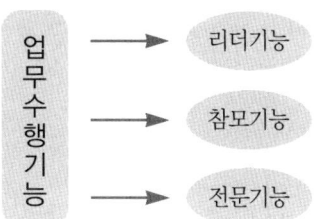

선천적성검사(AAT)에서는 개인의 직업유형과 업무수행기능을 분류하여 제공함으로써 직업을 선택하는 과정에 있는 사람들이 결코 절반의 서바이벌 게임을 하지 않게 도움을 줄 수 있다.

다. 직무만족과 조직몰입의 관계

직무만족(Job Satisfaction)과 조직몰입(Organizational Commitment)은 직업활동에서 매우 중요한 요소가 된다. 로케(Locke)는 직무만족을 '조직구성원이 자신의 직무에 대하여 갖고 있는 긍정적인 정서적 상태'라고 하였다. Mowday, Porter, Steers는 조직몰입에 대해 '근무하고 있는 조직의 목표와 가치추구에 대한 강한 긍정적 믿음에 기초하여 그 조직을 위해 기꺼이 열심히 일하고 그 조직의 구성원으로 남아 있으려 하는 의지'로 정의하고 있다.

이 두 가지는 다양한 논문에서 서로 상관관계가 높은 것으로 나타나고 있는 요소들이다. 두 가지의 차이점을 알아보자면 직무만족은 개인이 수행하고 있는 구체적인 직무와 관련지어진 것이며, 조직몰입은 직무보다는 그 직무가 이루어지는 조직의 성격과 특성에 대하여 얼마나 긍정적인가와 관련된 것이다. 이 두 가지는 서로 조합되어 직업생활에서의 만족도를 높이는 요인이 되고 있는데, 두 개념은 서로 중복되는 부분과 독립적인 부분이 존재하면서 상관관계를 형성하고 있다.

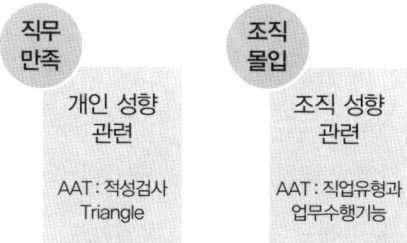

직무만족과 조직몰입

이러한 개념에 입각하여 선천적성검사(AAT)는 직업적성을 분류하는 데 있어서 사주구조를 분석하여 격국, 용신, 천성에 의하여 가치관, 활용성, 흥미라는 3가지가 반영된 '적성검사 Triangle'로 직무만족과 관련된 요소를 반영한다. 다음으로 사주구조의 코스를 분석하여 직업유형(직장형, 사업형, 자유형)과 업무수행기능(리더기능, 참모기능, 전문기능)을 반영하여 조직몰입과 관련된 요소를 반영하게 된다.

적성에 맞는 일에 신나게 몰입할 수 있는 직장생활이야말로 가장 바람직한 모습이다. 그러므로 일 자체도 중요하지만 그 일이 이루어지는 환경적 요소인 조직몰입도는 직무만족과 함께 사회적 상호작용(Social Interaction)을 하면서 한 개인의 직업생활의 만족도를 좌우하는 중요한 요소가 된다.

라. 직업 분류기준의 비교

현대는 평생직장시대를 거쳐 평생직업시대에 도래하더니 이제는 한 차원 넘어 '평생 다(多)직업시대'가 다가오고 있다. 새로운 직업이 생겨나고 많은 직업들이 사라지며 여러 가지 직업이 융합하여 새로운 직업을 형성한다. 직업유형이라는 개념은 보통 직업을 유사한 직업군으로 묶어서 분류하는 것이다. 핵심적인 수행직무와 부가적인 요소로 직능수준과 교육수준, 그리고 작업환경 등을 고려하여 직업유형을 분류하게 되는데 이를 통하여 다양한 자료를 제작하거나 직업정보로 활용한다.

직업분류의 개념과는 달리 직업 자체에 대한 정보를 수록하는 경우에는 한국고용정보원의 한국직업사전을 참고해보면 직무개요와 수행직무에 대해 소개 하고 부가적으로 직업에 대한 산업분류, 필요한 정규교육과정, 숙련기간, 직무기능, 작업강도, 육체활동, 작업장소, 작업환경, 유사명칭, 관련직업 등에 대한 정보를 기록하여 안내한다.

항목	한국직업사전의 주요 구성내용
직무개요	직무담당자의 활동, 활동의 대상 및 목적, 사용 기계, 설비 및 작업보조물, 사용 자재, 만들어진 생산품, 제공 용역, 수반되는 지식 등을 간략히 소개
수행직무	직무담당자가 직무의 목적을 완수하기 위하여 수행하는 구체적인 작업 내용을 작업순서에 따라 서술
부가 직업 정보	① 산업분류 : 조사사업장이 소속된 산업 　※『한국표준산업분류』(통계청, 2000)의 소분류 산업 기준 ② 정규교육 : 해당직업의 직무수행에 필요한 일반적인 정규교육수준 ③ 숙련기간 : 정규교육과정 이수 후 해당직업의 직무를 스스로 수행하기 위하여 필요한 각종 교육, 훈련, 숙련기간 ④ 직무기능(DPT) : 해당직무를 수행하는 작업자가 자료(data), 사람(people), 사물과 맺는 관계(thing)를 나타내는 것 ⑤ 작업강도 : 해당직무를 수행하는 데 필요한 힘의 강도와 신체적 제반동작 ⑥ 작업장소, 작업환경 ⑦ 유사명칭 : 본 직업을 명칭만 다르게 부르는 것 ⑧ 관련직업 : 본 직업과 기본직무에 있어서 공통점이 있으나 직무범위, 대상 등에 따라 나누어지는 직업 ⑨ 자격/면허 : 필수 혹은 취업이나 직무수행에 도움이 되는 자격, 면허

여기에서 주목하여 살펴볼 항목은 수행직무와 직무기능(DPT)이다. 직업분류에서는 직능유형과 직능수준으로 직업을 분류하고 있는데, 직업정보에서는 수행직무와 직무기능을 포함한 다양한 정보를 제공하고 있다. 그 직업을 갖기 위해서는 정규 교육과정을 의미하는 학위와 공인된 자격증이 그 사람의 능력을 대변할 수 있는 것들이다. 이외에 구체적으로 그 업무를 수행할 수 있는 기능이 요구된다. 선천적성검사(AAT)에서는 구체적인 능력 자체보다는 체질적인 면에서의 직업유형과 업무수행기능을 분석한다. 여기에 그 차이점이 존재한다.

다음 자료는 한국고용정보원에서 '2008년 5월부터 11월까지 우리나라 608개 직업에 종사하는 약 2만1,700명을 대상으로 연봉 4,000만원 이상의 고임금 종사자와 연봉 2,000만원 이하의 저임금 종사자 간에 업무능력과 특성, 흥미유형 등에서 어떠한 차이가 있는지를 분석한 자료이다. 업무능력 측면에서 고임금 종사자는 저임금 종사자에 비해 '듣고 이해하기', '읽고 이해하기', '글쓰기' 등 의사소통 능력이 상대적으로 높게 나왔다. 이밖에 '수리력', '기술분석', '범주화', '조직체계의 분석 및 평가' 능력도 고임금 종사자와 저임금 종사자 간에 점수차이가 많이 나서 많은 임금을 받을 수 있는 중요한 능력으로 확인됐다.

이 자료를 좀 더 다른 시각으로 해석해보면 다음과 같다. 자료에 표현된 능력들은 임금의 고저를 논하기 이전에 직업의 세계에서 요구되는 업무능력의 종류와 분야에 대한 정보를 얻을 수 있다는 것이다. 다른 한 가지는 우리 사회의 가치관이다. 의사소통과 사회성 및 리더로서의 자질을 반영할 수 있는 능력들이 더욱 높이 평가 받고 있다는 점이다.

고임금 종사자와 저임금 종사자의 능력차이(단위 : 7점 척도)

업무수행능력	저임금 직업종사자 평균(A)+	고임금 직업종사자 평균(B)+	차이점수 (B-A)	순위 (차이점수)
듣고 이해하기 능력	4.14	5.05	0.91	1
읽고 이해하기 능력	4.19	5.1	0.91	2
글쓰기 능력	3.92	4.72	0.8	3
수리력 능력	4.07	4.77	0.7	4
문제해결 능력	4.13	4.82	0.69	5
판단과 의사결정 능력	3.91	4.6	0.69	6
기술분석 능력	4.08	4.76	0.68	7
논리적 분석 능력	4.22	4.89	0.67	8
범주화 능력	3.76	4.41	0.65	9
조직체계의 분석 및 평가 능력	3.7	4.32	0.62	10
추리력 능력	4.32	4.93	0.61	11
인적 자원 관리 능력	4.03	4.62	0.59	12
고장의 발견, 수리 능력	3.51	4.08	0.57	13
전산 능력	3.87	4.43	0.56	14
모니터링 능력	4.13	4.66	0.53	15
말하기 능력	4.14	4.64	0.5	16
가르치기 능력	4.11	4.6	0.49	17
장비의 유지 능력	3.57	4.04	0.47	18
학습전략 능력	4.33	4.8	0.47	19
창의력 능력	4.15	4.62	0.47	20
작동점검 능력	3.61	4.04	0.43	21
시간관리 능력	3.88	4.3	0.42	22
물적 자원 관리 능력	3.66	4.08	0.42	23
장비선정 능력	3.95	4.36	0.41	24
행동조정 능력	4.13	4.54	0.41	25
기억력 능력	3.92	4.33	0.41	26
설득 능력	4.29	4.68	0.39	27
품질관리분석 능력	3.87	4.25	0.38	28
협상 능력	4.24	4.62	0.38	29
움직임 통제 능력	3.68	4.04	0.36	30
조작 및 통제 능력	3.73	4.08	0.35	31

기술설계 능력	4.08	4.43	0.35	32
선택적 집중력 능력	4.29	4.64	0.35	33
재정관리 능력	4.02	4.36	0.34	34
공간지각력 능력	4.11	4.44	0.33	35
설치 능력	3.76	4.07	0.31	36
정교한 동작 능력	3.65	3.96	0.31	37
서비스 지향 능력	4.35	4.65	0.3	38
시력 능력	3.64	3.94	0.3	39
사람 파악 능력	4.14	4.4	0.26	40
청력 능력	3.66	3.92	0.26	41
반응시간과 속도 능력	3.69	3.94	0.25	42
신체적 강인성 능력	3.88	4.02	0.14	43
유연성 및 균형 능력	3.64	3.68	0.04	44

위의 업무수행능력 항목은 노동부와 한국고용정보원이 한국직업정보시스템(KNOW)을 개발하면서 업무수행에 필요한 능력, 지식, 환경, 흥미 등에 관한 자료를 수집하기 위하여 제작한 질문지의 문항과 동일하며, 어떠한 능력들을 대표적으로 설정하고 조사하고 있는지 살펴보는 좋은 자료가 된다. 각 능력은 자신이 가지고 있는 능력에 대한 평가가 아닌 자신의 업무수행에 필요한 능력을 체크하게 되어 있다.

이상에서 알아본 바와 같이 선천적성검사(AAT)는 다른 기관이나 검사와는 직업을 분류하는 기준이 다르고 식업유형과 업무수행기능을 구분하는 기준도 다르다. 그러나 장단점을 말하기 이전에 각 분류마다 활용되는 가치가 다르고 효용성도 다르다. 엄격한 직무분석과 세부적인 직업정보를 제공하는 한국직업사전은 다양한 직업의 종류를 소개하고 그 직업을 위해 갖추어야 할 여건 등을 활용성 높게 잘 소개하고 있다. 선천적성검사(AAT)는 바로 직업이 아닌 인간에 초점을 맞춘 검사이다. 직업을 분석하여 직업적성과 매칭시켜주는 작업보다는 한 사람의 지능과 능력을 검사하여 가장 잘 수행할 수 있는 직업을 추천해주는 인간중심의 적성검사인 것이다.

10-3 명리의 직업유형과 직업만족

가. 직업유형

직업을 가지고 주어진 직무를 수행하는 데는 맡겨진 업무 자체의 분야가 있고 그 업무를 수행해나가는 환경적 요인들이 있다. 선천적성검사(AAT)에 서는 직업에 대하여 입체적인 분석을 하여 적성검사 Triangle, 직업유형검사, 업무수행기능검사를 실시하여 적합한 직업을 추천한다.

선천적성검사(AAT)에서의 직업유형에는 광의의 직업유형과 협의의 직업 유형이 있다. 다른 장에서 설명하는 직업유형에서는 통상적 개념으로 말하는 직능유형과 직능수준에 업무수행기능을 포함하여 용어를 사용한다. 그러나 협의의 직업유형은 직업의 환경적 요인을 검사하는 직업유형과 업무수행기 능검사에서 활용되는 용어로 구분한다.

구체적인 내용을 살펴보면 다음의 3가지로 직업유형을 분석한다.

직업유형

- **직장형** – 관공서, 기업체 등 조직단체에 소속되어 직무를 수행하는 직업유형
- **사업형** – 제조, 생산, 가공, 유통업 등의 자립적인 사업을 경영하는 직업유형
- **자유형** – 전문직, 프리랜서, 강사, 중개 등 개인전문성을 활용하는 직업유형

1) 직장형

직장형은 설명에서와 같이 관공서나 기업체 등 조직과 단체 등에 소속되어 직무를 수행하는 직업유형을 말한다. 주어진 책임과 임무를 수행하며 규정된 일정대로 추진해나가는 것을 더 선호한다. 조직에 속한 소속감과 위, 아래의 상하조직 가운데 자신의 위치를 확보하는 것에 더 안정감을 소유한다. 사주 구조상 관인상생의 구조가 주를 이루는 경우 이러한 직장형 유형이 매우 적합하다.

직장형의 사례. 초등학교특수교사(남)

時	日	月	年
庚	乙	甲	壬
辰	亥	辰	子

乙木 일간이 월간의 겁재 甲木이 辰월에 통근하여 겁재격이며 인성이 다하여 신강사주다. 시간의 庚金 정관을 용신하고 재성을 희신한다. 재관인비의 구조로 직장형이다.

2) 사업형

사업형은 제조, 생산, 가공, 유통업 등의 자립적인 사업을 경영하는 직업유형으로서 자율적이고 창의적으로 업무를 추진해나가는 것을 선호한다. 자신이 스스로 결정하고 활동한 만큼의 결과가 실제적인 금전적 이득으로 남으며, 자신의 활동영역이 넓혀져가는 것에 더 안정감을 소유한다. 사주구조상 식상생재의 구조가 주를 이루는 경우에 이러한 사업형 유형이 매우 적합하다.

時	日	月	年
辛	丙	乙	庚
卯	辰	酉	戌

丙火 일간이 酉月에 시간으로 정재 辛金이 투출하였고, 일지와 연지를 통한 식재의 국이 강하게 이루어졌다. 시지의 정인 卯木과 비겁 火를 용신한다. 지식사업형이다.

3) 자유형

자유형은 전문직, 프리랜서, 강사, 중개 등 개인전문성을 활용하는 직업유형으로서 본인이 조직에 속하지는 않으나 조직활동에 개입하여 활동할 수도 있으며, 조직을 구성하여 활동할 수는 있으나 매우 개인적이고 소규모적인 활동을 하는 전문성이 강한 업무를 선호한다. 대체가 가능하지 않은 전문적인 능력으로 인정받는 것에 안정감을 소유한다. 사주구조상 관인상생과 식상생재의 혼합형으로 두 가지 구조의 장단점이 조화를 이루고 있는 유형이다.

자유형의 사례. 자유 상담직업(남)

時	日	月	年
乙	丙	丁	戊
未	戌	巳	午

丙火 일간이 월간 丁火가 巳월에 통근하여 겁재격이며 비겁이 왕하고 시상

의 정인 乙木으로 신강하다. 식신으로 설기하는 인비식의 구조로 전형적인 자유형이다.

이러한 3가지 유형은 직무를 감당하는 데 있어서 각기 고유한 패턴을 가지고 있으며, 서로 공유되지 않는 직업적 환경을 개인에게 제공한다. 그러므로 직무를 감당하는 분야 못지않게 3가지 직업유형에 대한 정확한 정보제공은 원만한 사회생활을 영위하는 데 있어서 중요한 요인으로 작용한다.

조직생활과 개별적 활동은 엄연한 차이가 있다. 같은 분야의 일을 하더라도 조직이라는 집단적 의사결정과 주어진 규율을 준수하면서 활동해야 하는지와 개별적인 의사결정과 상황적인 요인에 입각하여 활동할 수 있는지는 개인의 정신건강과 직업만족도에 큰 영향을 미치는 결정적인 요인으로 작용한다.

나. 자기효능감과 직업유형

직업유형과 관련지어 우리는 반두라(Albert Bandura)의 자기효능감(Self-Efficacy)의 개념에 주목할 필요가 있다. 자기효능감은 반두라의 이론에서 중요한 개념으로 이는 주어진 과제를 해결하기 위해 자신이 가지고 있는 인지적·사회적·행동적 기능들을 통합하고 적용하는 기제로 구체적인 장면에서 과제를 일정수준에서 수행할 수 있다는 자신의 능력에 대한 개인의 신념을 말한다.

그러므로 자기효능감은 특별한 상황에서 자신의 행동능력에 대한 믿음에 해당되므로 자기효능감이 높은 사람은 특별한 행동을 수행할 수 있는 강한 신념을 반영하는 반면에, 낮은 자기효능감은 개인이 그러한 행동을 수행할 수 없다는 신념을 반영한다.

반두라는 자기효능감에 영향을 미치는 원천으로 4가지를 들고 있는데 성취경험, 대리경험, 언어적 설득, 정서적 각성이 그것이다.

자기효능감의 4가지 원칙	
성취경험	목표를 달성하기 위한 시도에서 비롯된 성공/실패에 대한 과거경험
대리경험	타인의 성공/실패를 관찰하는 경험
언어적 설득	타인으로부터 어떤 과제를 숙달할 수 있는지 없는지에 관해 듣는 것
정서적 각성	주어진 수행상황에서 개인이 느끼는 정서적 각성의 정도와 질

- **성취경험**은 네 가지 원천 중에서 자기효능감에 가장 중요한 결정요인이다. 사람들은 자신에게 가장 적합한 수행과제를 성취한 후에는 성공감과 만족감을 느끼기 때문으로 가장 직접적이고 실제적인 자기효능감을 부여한다.

- **대리경험**은 개인의 관찰경험이 자기효능감의 중요한 결정인이 된다는 것이다. 대리경험으로서의 모델링(Modeling)은 관찰학습이 되고 주의(Attention), 파지(Retention), 재생(Production), 동기화(Motivaton)의 학습과정을 통하여 실제 자신이 성취하는 것보다는 약하지만 자기와 유사한 특성을 지닌 모델의 성공은 자기효능감에 영향을 미치는 요인이 된다는 것이다.

- **언어적 설득**은 수행자로 하여금 수행하여야 할 과제를 성취할 수 있는 능력이 있다는 믿음을 주는 방법으로서 수행성취의 경험이나 대리경험보다는 자기효능감 형성에 미치는 영향이 적지만, 중단하려는 과제를 수행자

로 하여금 계속 시도할 수 있도록 하는 데에 설득의 효과가 있다. 언어적 설득은 설득하는 사람의 사회적 지위와 설득자의 피설득자에 대한 영향력, 신뢰성에 따라 다르게 나타나며, 실현 불가능한 설득일 경우에는 설득자의 신뢰도가 떨어지고 수행자의 자기효능감을 저하시키게 된다.

- **정서적 각성**은 개인의 자기효능감은 어떤 주어진 수행상황에서 개인이 느끼는 정서적 각성의 정도와 질에 의해 영향을 받는다는 것이다. 개인이 느끼는 불안의 정도는 어려움, 스트레스 그리고 어떤 과제가 나타내는 지속성의 지각된 정도에 대한 중요한 정보를 제공한다. 매우 높은 불안 수준은 개인이 매우 잘한다고 느끼지 못하는 것을 그에게 알려 준다. 즉, 자신의 능력에 대해 의심하거나 과제수행 자체에 대해 불안 반응을 보일 때는 과제 자체를 포기하거나 회피하게 되지만, 자기효능감이 높을 때는 보다 높은 목표를 설정하여 도전적인 과제를 선택하고 노력의 양과 지속성을 배가시키게 된다는 것이다.

또한 자기효능감은 개인 자기효능감뿐만 아니라 집단 자기효능감도 있다. 집단 자기효능감은 집단의 목표를 달성하기 위한 행동을 조직하고 수행할 수 있는 능력에 대한 집단의 공유된 믿음을 가리킨다.

사람은 자신에게 가장 유리한 환경에서 최대한의 능력을 발휘한다. 같은 내용의 일이 주어져도 어디에서 그 활동이 이루어지느냐에 따라 매우 다른 결과가 주어지는 것이다. 선천적성검사(AAT)는 이러한 자기효능감을 높이기 위한 방법으로 직무수행에 있어서 가장 적합한 직업유형을 분석한 정보를 제공한다. 선호하는 직업유형에서는 성취경험이 더 용이하게 개인에게 발생할 것이며 유사한 사고구조를 가진 사람들끼리의 작업환경은 대리경험과 언어적 설득, 그리고 정서적 각성 면에서 강력하게 작용할 것이다.

10-4 업무수행기능과 직업만족

가. 업무수행기능

직업유형 및 업무수행기능검사에서 두 번째로 이루어지는 검사가 업무수행기능검사이다. 업무수행기능은 어떠한 위치에서 자신의 업무를 수행하는가에 따른 분석이다. 직업유형과 업무수행기능이 직업에서의 환경적 요인에 대한 분석이라고 볼 때, 직업유형은 객관적으로 주어지는 환경적 요인에 대한 분석이지만 업무수행기능은 자신이 직접 수행하면서 겪는 주관적 환경 요인이라고 할 수 있다.

직업의 환경적요인

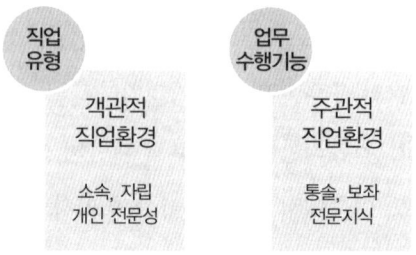

구체적인 내용은 다음과 같으며, 업무를 수행하는 데 있어서 어떠한 역할을 부여받고 어떠한 위치에서 활동하는지에 관한 기능적인 면에서의 분석이다.

업무수행기능

> • **리더기능** – 통솔력을 바탕으로 조직과 단체를 이끌며 관리하는 업무수행력
> • **참모기능** – 지략과 사명감을 겸비하고 단체나 리더를 보좌하는 업무수행력
> • **전문기능** – 전문지식능력을 갖추고 기술 및 서비스를 활용하는 업무수행력

1) 리더기능

리더기능은 통솔력을 바탕으로 조직과 단체를 이끌며 관리하는 업무수행 기능이다. 다른 사람의 지시를 따르기보다는 스스로 결정하고 판단하며 전체의 향방을 이끌어가는 것을 선호한다. 재생관의 구조를 가지며 많은 사람들을 관리하고 명예와 권력을 추구한다.

리더기능의 사례. 전 은행지점장(남)

時	日	月	年
丙	甲	庚	庚
寅	申	辰	子

甲木 일간이 辰월생으로 연월의 천간 편관 庚金이 강하여 시상의 식신 丙火로 제살하는 구조이며 지지로는 申子辰 인수국의 관인상생과 재생관을 이루니 리더기능이 우수하다.

2) 참모기능

참모기능은 지략과 사명감을 겸비하고 단체나 리더를 보좌하는 업무수행 기능이다. 주어진 과제를 해결해나가는 문제해결력이 우수하고 공명심을 바탕으로 이타적인 행동을 통하여 자신의 위치를 더욱 확고히 하는 행동양식을

더 선호한다. 재성이 없는 관인상생의 구조를 가지며, 책임완수와 업무수행의 완결을 통한 주변의 인정과 확고한 사회적 위치를 추구한다.

참모기능의 사례. 학원 부원장(여)

時	日	月	年
己	辛	戊	癸
亥	亥	午	卯

辛金 일간이 午月생으로 편인격이며 월시간의 정ㆍ편인으로 관인상생을 이루고 있는 직업코스다. 지지의 상관으로 설기되나 사업적 성분이 부족하니 관인의 참모형이다.

3) 전문기능

전문기능은 전문지식능력을 갖추고 기술 및 서비스를 활용하는 업무수행 기능이다. 자기 혼자이든 소수의 활동이든 스스로 독립된 조직력을 확보하고 전문지식을 활용하여 기술이나 서비스를 활용하는 기능으로 1인 기업의 개념과 같은 맥락의 활동을 선호한다. 인성과 식상이 일간을 중심으로 성립된 구조로서 자신의 고유한 능력과 영역을 인정받기를 추구한다.

전문기능의 사례. IT 회사 기능직(남)

時	日	月	年
甲	己	丁	丙
戌	丑	酉	申

근土 일간이 월지 酉金으로 식신격이며 식신상관이 지지로 국을 이룬 중연·월간으로 정·편인이 일간을 생하고 식상을 다스리니 인비식의 탁월한 전문기능이다.

나. 유일성과 차별화

톰 피터스(Tom Peters)는 피터 드러커(Peter Ferdinand Drucker), 앨빈 토플러(Alvin Toffler)와 함께 세계 3대 경영학자로 손꼽히고 있다. 그는 그의 저서 『Wow 프로젝트』에서 앞으로 모든 기업이든 개인이든 전문서비스를 제공하는 프로가 되어야 한다는 것을 말하고 있으며, 바로 그들이 미래를 움직일 주역이 될 것을 분석해주고 있다.

전문서비스회사(Professional Service Firm)란 전문서비스를 제공하는 하나의 프로페셔널팀으로 컨설턴트, 변호사, 회계사, 광고회사와 같은 활동을 하는 소규모 회사를 의미하며, 브랜드 유(Brand You)란 전문지식을 갖추고 활동하는 1인 기업가, 즉 '나 주식회사'(Me inc)를 의미한다. 바로 이러한 능력과 프로의식을 가진 자만이 미래에는 살아남을 수 있다는 것이다. 사람들이 'Wow!'라는 감탄사를 자아낼 수 있도록 하자는 주장이 바로 톰 피터스의 저서의 주제이다.

"거금을 낼 가치가 있는 당신의 상품은 무엇인가?"

이는 톰 피터스가 독자들에게 던진 물음으로 지식으로 무장하고 전문서비스를 제공하는 사람만이 앞으로의 사회를 이끌어나갈 주역이 될 것이며, 그런 사회를 앞두고 우리에게 그런 능력을 갖추도록 하라는 그의 충고라고도 볼 수 있다.

선천적성검사(AAT)에서는 이러한 사회변화를 예견하고 업무수행기능에 전문기능을 넣어 구별해주고 있다. 조직에서 리더로서의 업무수행이 더 맞는 사람이 있는가 하면, 참모로서 조직과 단체를 위해 책임감을 가지고 업무를 수행하는 것이 맞는 사람도 있다. 톰 피터스는 조직이든 개인이든 우리 모두가 독립계약인처럼 자신만의 전문적 지식을 가지고 프로페셔널한 능력을 발휘하고 인정받아야 한다고 주장하고 있는 것이다.

10-5 직업유형과 업무수행기능의 관계

가. 직업생활에서의 관계

직업활동을 하는 가운데 직업유형과 업무수행기능의 관계는 아주 중요하다. 적성검사 Triangle은 개인적 성향이 강하고, 직업유형과 업무수행기능은 조직적 성향이 강하다. 그러나 직업유형과 업무수행기능이라는 2가지만을 대비하여 보면 직업유형은 다소 조직적인 성향이 더 강하고 업무수행기능은 다소 개인적 성향을 반영한다고 할 수 있다. 그러므로 앞에서 직업유형은 객관적 직업환경, 업무수행기능은 주관적 직업환경이라고 구분지었다. 2가지가 어떻게 조화를 이루고 있는지를 살펴보면 다음과 같다.

직업유형과 업무수행기능의 관계

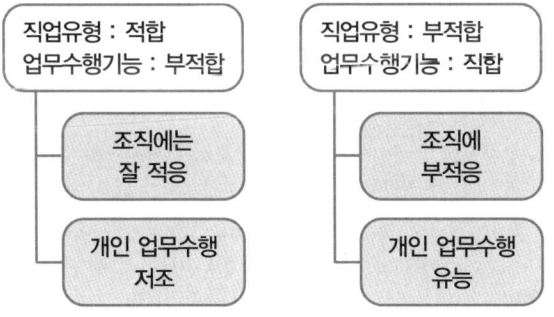

위에서 보듯이 직업유형은 맞고 업무수행기능이 부적합한 경우는 조직에는 적응하나 개인의 능력발휘는 저조할 수 있다. 반면 직업유형이 안 맞고 업무수행기능이 적합하면 조직에는 적응을 잘 못할 수 있으며, 개인적인 업무

는 잘 수행할 수 있다.

나. 직업유형 및 업무수행기능

선천적성검사(AAT)에는 각 개인의 사주구조를 분석하여 가장 적합한 직업 유형을 선정하고 가장 잘 수행할 수 있는 업무수행기능을 선정한다. 그리고 직업유형의 3가지와 업무수행기능의 3가지를 매트릭스시킨 내용으로 설명해 준다.

		직업유형 및 업무수행기능 설명
직장형	전문기능	수직관계의 직장에 잘 적응하는 직업유형이며, 조직력과 전문지식능력을 바탕으로 우수한 기술력과 서비스를 활용하는 업무수행력이 우수합니다.
	리더기능	조직력을 갖춘 수직관계의 직장에 적합한 직업유형이며, 주도적이고 분별력 있는 리더십을 바탕으로 조직을 관리하는 업무수행력이 우수합니다.
	참모기능	조직력을 갖춘 수직관계의 직장에 적합한 직업유형이며, 사명감을 가지고 조직과 리더를 보좌하여 전체의 이득을 창출하는 업무수행력이 우수합니다.
사업형	전문기능	자립적 사업을 직접 경영하는 직업유형에 적합하며, 독자적인 지식과 기술력을 갖춘 전문 서비스를 사업적 체계를 통해 제공하는 업무수행력이 우수합니다.
	리더기능	자립적 사업을 직접 경영하는 직업유형에 적합하며, 사업가들의 의견을 규합하고 주도적인 리더십을 발휘하여 다수의 이득을 창출하는 업무수행력이 우수합니다.
	참모기능	자립적 사업을 직접 경영하는 직업유형에 적합하며, 주도적인 경영자의 리더십을 벤치마킹하여 안정된 이익을 창출하는 업무수행력이 우수합니다.
자유형	전문기능	수직적인 구조에 얽매이지 않는 유동적인 직업유형에 적합하며, 독자적인 지식과 기술력을 바탕으로 우수한 전문서비스를 제공하는 업무수행력이 우수합니다.
	리더기능	수직적인 구조에 얽매이지 않는 유동적인 직업유형에 적합하며, 개별적 세력을 규합하며 주도적이고 분별력 있는 리더십을 발휘하는 업무수행력이 우수합니다.
	참모기능	수직적인 구조에 얽매이지 않는 유동적인 직업유형에 적합하며, 전문 프리랜서의 기술 및 서비스를 벤치마킹하여 안정된 이익을 창출하는 업무수행력이 우수합니다.

다. 관련 논문

■ 이명재(2009), 「명리의 선천직업적성과 실제 직업유형과의 상관성 연구」 국제문화대학원대학교 석사학위 논문

☞ 본 연구는 명리의 선천직업적성에 맞는 직업유형에 종사할수록 직업에 대한 만족도는 높다는 가설 아래 명리의 선천직업적성과 실제 직업유형과의 상관성에 대하여 분석하였다.

연구결과로 명리선천직업유형과 실제 직업유형이 일치하는 비율은 71.8% 로서 불일치하는 비율 28.2%보다 약 2.5배 높았다. 직업만족도는 명리선천직업유형과 직업유형이 일치하는 경우에는 3.96 인데 비해, 명리선천직업유형과 실제 실제 직업유형이 불일치하는 경우에는 3.09로서 통계적으로 유의미한 차이를 보였다.

직업유형별로 세분하면 다음과 같다.

사업형의 직업유형 일치도 및 직업만족도 분포   N = 65

명리선천 직업유형	실제 직업유형 과의 일치여부	사례수	비율	직업만족도			
		(N)	(%)	M	SD	F	p
사업형	일치	39	60.00	4.00	0.69		
	불일치	26	40.00	3.08	0.69	20.30	0.0001***
	소계	65		3.63			

*** p〈.0001 ** p〈.05 * p〈.010

명리의 선천직업적성이 직장형인 사람의 실제 직업유형은 79.7%가 직장형이었으며, 명리선천직업유형과 실제 직업유형이 일치할 경우 직업만족도는 3.85로서 불일치했을 경우의 3.16보다 유의미한 수준에서 높게 나타났다.

직장형의 직업유형 일치도 및 직업만족도 분포							N = 187
명리선천 직업유형	실제 직업유형 과의 일치여부	사례수 (N)	비율 (%)	직업만족도			
				M	SD	F	p
사업형	일치	149	79.68	3.85	0.74	26.55	〈0001***
	불일치	38	20.32	3.16	0.68		
	소계	187		3.71			

*** p〈.0001 ** p〈.05 * p〈.010

명리의 선천직업적성이 사업형인 사람의 실제 직업유형은 60.0%가 사업형이었으며, 사업형이 아닌 경우는 40.0%로 명리선천직업유형과 실제 직업유형이 일치할 경우 직업만족도는 4.00으로서 불일치했을 경우 3.08보다 유의미한 수준에서 높게 나타났다.

자유형의 직업유형 일치도 및 직업만족도 분포							N = 63
명리선천 직업유형	실제 직업유형 과의 일치여부	사례수 (N)	비율 (%)	직업만족도			
				M	SD	F	p
자유형	일치	38	60.32	3.74	0.72	15.08	0.0018***
	불일치	25	39.68	3.00	0.58		
	소계	63		3.44			

*** p〈.0001 ** p〈.05 * p〈.010

명리의 선천직업적성이 자유형인 사람의 실제 직업유형은 60.3%가 자유형이었으며, 자유형이 아닌 경우는 39.7%로 통계적으로 유의미한 차이를 보였다. (p<.0001) 그리고 명리선천직업유형과 실제 직업유형이 일치할 경우 직업만족도는 3.74로서 불일치했을 경우의 3.00보다 유의미한 수준에서 높게 나타났다.

Part 11

명리직업상담의 이론과 틀

효과적인 상담을 위해서는 이에 적합한 이론적인 배경과 틀이 필요하다. 상담이 이루어지는 과정과 상담의 원리에 대한 지식이 기본적으로 갖추어져야 한다. 본 장에서는 명리직업상담 또한 직업상담의 한 영역으로 파악하고 직업상담의 이론적 내용을 살펴보았다. 명리직업상담이 다른 상담과 차별화된 장점이 있음에 주목하여 명리직업상담과 가장 적합한 상담모형을 제시하였다.

11-1 명리직업상담의 이론과 틀의 필요성

명리학의 활용성 중에서 가장 효과적인 분야가 직업이다. 명리직업상담은 명리학을 활용한 직업상담이 전문적인 학문의 영역으로 자리를 잡아가고 있음을 시사하는 용어이다.

가. 명리직업상담의 의의

인류는 비록 형태는 다르더라도 미래를 알기 위한 일환으로 점(占)이나 예언(豫言, Prediction) 등에 끊임없이 의지해왔다. 명리상담은 동양의 주역(周易)과 서양의 점성술(占星術)과 같이 인간의 미래를 예측하는 학문 중 하나로서 1천년 이전에 출생연월일시로 판단하는 방법이 완성되었으며, 그 시원(始原)은 무려 오천년의 역사를 배경으로 한다. 수많은 운명상담 중 가장 과학성이 뛰어나며 학문적 체계를 갖추고 있으므로 대학의 정규과목으로 정착할 수 있었다.

명리를 직업적성검사로 개발시킨 사람은 필자이다. 사주명리학이 운명을 감정하고 사람들의 호기심을 충족시키는 수단이라는 인식이 강한 과거 사회에서 현대적 적성검사와 직업상담 욕구를 충족시킬 수 있는 신 패러다임을 추구하는 과학명리로 수준 높은 활용성의 입지를 다지려 노력하였다. 그동안 출간된 『사주심리치료학』의 저술은 그러한 노력의 첫 번째 결과이다. 또한 명리학이 현 사회와 동떨어진 내용이 아니라 이미 우리 생활 깊숙이 자리잡은 동양철학을 근본으로 하고 있으며 과학적 사실로도 입증이 된 이론들을 기반으로 인간경영을 주장한 저술이 바로 『사주심리와 인간경영』이다. 이 책에는 현대명리학의 많은 가능성을 내포한 내용들이 많이 담겨 있다. 성격심리검사, 지능검사, 학과적성검사, 선천적성검사, 재물관리, 시간과 공간경영, 기업의 인사관리 등에 관한 현대명리학적 입장과 이론을 섭렵하여 정리해놓았다. 이러한 많은 연구와 성과를 통하여 선천적성검사(AAT)가 개발되었으며 명리직업상담의 새로운 분야가 개척되었다.

명리직업상담론은 오랜 동안 인간이 무엇을 해서 먹고살 것인가의 문제를 해결하기 위한 상담이 사주상담이었음에 착안하여 직업상담 분야로 발전시킨 학문이다. 그러므로 현대명리학과 명리직업상담은 음양오행을 기초로 하는 학문적 출발은 함께하지만 이론적 정리에서 명리직업상담이 좀 더 세부적이고 전문적인 내용을 포함하고 있다.

나. 명리직업상담의 필요성

직업상담이론과 상담심리학 분야도 같은 측면이다. 심리학 이론들이 성격검사, 심리검사 등의 다양한 검사도구와 이론들을 정립하고 있는데 직업상담은 진로발달과 심리검사를 아우르면서 발달해오는 과정에서 이 두 가지의 개념들을 정립해야 하는 시점이 온 것이다. 현재는 이 두 가지의 학문이 서로 혼용되고 서로의 독립적인 분야에 대한 확고한 구분이 더 필요한 시기이다.

이 시점에서 직업상담학과 상담심리학의 현재의 문제 앞에서 현대명리학과 명리직업상담의 차이점을 구분해보고 명리학의 우수성을 고찰해보도록 하겠다. 명리학 분야이든 심리학 분야이든 모두 사람의 성격이나 심리에 대하여 진단하고 차이점을 발견하는 일련의 과정이 포함된다. 그러나 한 가지 분명한 차이점은 직업상담은 종적인 문제이고 심리상담은 횡적인 문제라는 것이다.

직업은 한순간에 선택하고 해결되는 문제가 아니고 일생을 통하여 이루어지고 상황 속에서 변동이 가능한 것이다. 심리문제는 그 당시에 발생한 현안에 대한 정확한 진단과 문제해결을 목적으로 하는 횡적인 의미가 강하다. 직장에서의 문제에 대하여 직업상담에서는 적합한 직업을 추천해주고 일생을 통하여 무엇을 하면서 먹고살아야 좋은지에 대한 다양한 국면에서의 진단을 실시한다. 그러나 심리상담에서는 현 직장에서 동료문제나 개인적인 심리불안문제를 정확히 진단하고 해결해주는 데 목적이 있다.

직업상담학에서도 직업상담과 진로상담을 구별하고 있다. 진로(Career)라는 용어는 직업(Vocation)이라는 용어보다 폭넓은 개념으로 생애와 동일한 의미를 지닌다고 말하고 있다. 그러나 직업상담과 진로상담이라는 두 개념은 여전히 혼돈이 계속되고 있으며, 진로상담은 직업상담의 영역을 넓히고 새로운 기법의 이론으로 정립하고 있다.

명리직업상담도 이러한 의미에서 현대명리학에서 정립한 이론과 맥락은 함께하지만 활용에 있어서 다른 관점을 보이고 있는 것이다. 종적인 개념으로 전 인생을 통하여 무엇을 해서 먹고살 것인가 그리고 생애주기별로 어떠한 변화가 오겠는가를 진단하여 관리해야 되는 것이 명리직업상담의 중요한 역할인 것이다.

이와 같은 인식하에 일반석인 직업상담이론을 살펴보고 선천적성검사(AAT)에서 활용하고 있는 명리직업상담이론이 직업상담이론과 어떠한 관련성을 가지고 있는지 살펴보도록 하겠다. 그리고 결론적으로 명리직업상담이 추구해야 할 방향과 고유한 상담모형에 대하여 심층적으로 논하고자 한다.

11-2 직업상담이론

직업상담은 내담자와 직접적인 의사소통을 하면서 그들의 직업적성과 성격, 가치관 등을 분석하고 적합한 직업정보를 제공하는 것이 가장 바람직하다. 이러한 과정을 거치는 가운데 직업상담가 등의 인간관과 직업관, 가치관 등은 상담결과에 지대한 영향을 미칠 수 있다. 그러한 관점에서 진로발달에 관한 이론과 직업선택이론을 살펴보고자 한다.

파슨스(Parsons)의 특성·요인이론, 긴즈버그(Ginzberg)의 발달이론, 수퍼(Super)의 생애공간접근, 타이드만(Tiedman)과 오하라(O'Hara)의 의사결정접근, 고트프레드슨(Gottfredson)의 제한과 타협, 로(Roe)의 욕구이론, 홀랜드(Holland)의 유형론적 접근, 크럼볼츠(Krumboltz)의 사회학습이론, 다위스(Dawis)와 롭퀴스트(Lofquist)의 직업적응이론 등이 있는데, 이러한 직업상담이론은 진로발달이론과 더불어 독자적인 상담단계와 이론이 있다.

가. 파슨스(Parsons)의 특성·요인이론

■ 이론의 요점

- 파슨스의 특성·요인이론은 직업선택이나 발달 분야의 이론 가운데 가장 오래된 이론으로 파슨스가 1909년에 펴낸 『직업선택』이라는 책에서 시작되었다.
- 직업지도의 3단계인 매칭이론은 오늘날에도 유용하게 적용되는 상담단계로서 첫째 개인에 대하여 탐구하고, 둘째 직업세계를 조사하고, 셋째 개인과 직업을 연결하여 일치시키는 것이다.

■ 특성·요인이론의 주요특성

- 각 개인은 측정될 수 있는 일련의 독특하고 지속성 있는 특성을 지니고 있다.
- 각 직업에는 중요한 과업의 성공적인 수행에 필요한 일련의 독특한 특성이 있다.
- 개인에게 그의 특성과 어울리는 특성을 갖춘 직업을 합리적으로, 그리고 현실적으로 선택하도록 하는 것이 가능하다.
- 개인의 특성과 직업의 특성 요인이 잘 어울릴수록 성공적인 직업수행과 개인적인 만족의 가능성이 더 크다.

■ 직업상담 과정

- **상담의 특징** : 누구나 하나의 진로목표가 있고 진로결정은 측정된 능력을 토대로 하므로 개인능력의 사정(Assessment)과 평가(Evaluation)를 거친 다음, 직무기술과 직무요건을 연구하여 성공이 예측되는 분야를 연결시키는 것이 특징이다. 이러한 연구는 개인차 연구와 검사와 심리측정을 발달시켰다.
- **상담모형의 특징** : 특성요인 상담의 목표는 검사를 통해 개인의 특성을 밝히고, 이러한 특성과 긱 직업의 특성을 연결시키는 것이다. 개인은 객관적이고 과학적인 방법에 의해서 자신을 이해할 수 있기 때문에 합리적이고 현실적인 의사결정을 할 수 있다. 또한 이러한 해결의 방법도 배울 수 있다. 특성요인 상담은 개인의 특성과 직업에서 요구하는 특성을 합리적이고 과학적으로 분석한 뒤, 이 두 가지를 연결시켜 현명한 직업선택을 하려는 상담이론이라고 할 수 있다.

■ **비판점** : 이 이론은 개인의 특성에 대하여 일관성을 측정해내는 문제와 직업의 특성을 어떻게 유형화하느냐의 문제가 있다는 점에 비판을 받고 있다.

나. 홀랜드(Holland)의 인성과 직업환경 간의 이론

■ 이론의 요점

– 홀랜드 인성이론의 특징은 사회문화 및 물리적 환경과 접하는 과정에서 개인의 독특한 적응방식인 인성이 생기고 직업선택 시 이 방식을 만족시키는 환경을 선택한다는 것이다. 이때 개인의 인성과 직업환경의 특성을 각각 6개의 범주로 나누고, 그의 인성과 그가 속한 직업환경 간의 일치성의 정도에 따라 만족도가 좌우된다는 이론이며, 다음과 같은 내용을 가정하고 있다.

– 모든 사람들의 인성은 현실적, 탐구적, 예술적, 사회적, 진취적, 관습적인 6개의 범주로 나뉘며 모든 직업환경도 인성유형처럼 6가지로 유형화가 가능하다는 것이다. 사람들은 자신들과 유사한 인성유형의 사람들이 주를 이루는 직업환경을 찾게 되고, 따라서 그 유형을 반영하는 환경을 만들어낸다.

유형	인성특성	직업환경특성
현실적 (realistic)	현실적, 조작적 활동, 신체·기계적 능력, 비사교적, 물질적, 실용적, 동조적, 솔직성, 단순성, 경직성, 통찰력 부족 등	사물, 도구, 기계, 동물 등의 질서 정연하고 체계적인 조작 : 전기기술자, 농부, 관제사, 자동차정비공, 목수, 운전사
탐구적 (investigative)	학구적·지적 활동, 과학·수학적 능력, 분석적, 합리적, 비판적, 독립적, 세밀함, 호기심 강함.	물리적, 생물적, 사회문화적 현상의 관찰과 체계적 탐구 : 과학자, 사회과학자, 연구원, 전자제품수리공, 프로그래머
예술적 (artistic)	비체계적 자유로운 활동, 심미적 능력, 표현적, 직관적, 비동조적, 독립적, 독창적, 내성적, 감성적, 비실용적 등	예술, 연기, 저작 등 창조적 직관적 활동과 자유분방함 : 음악가, 미술가, 무용가, 배우, 디자이너, 영화감독, 사진사 등
사회적 (social)	사람을 다루는 활동, 인간관계 능력, 사교적, 봉사적, 동정적, 임기응변적, 협동적, 친근성, 인내심, 관대함 등	사람들에 대한 교육, 보살핌, 계몽 등 봉사적 활동과 사회적 성취 : 사회사업가, 교사, 사서, 성직자, 이발사, 카운슬러 등
진취적 (enterprising)	조직적·경제적 활동, 설득·지도적 능력, 모험적, 지배적, 의욕적, 수다스러움, 활동적, 외향적, 야심적, 자신감 등	개인적 또는 조직의 목표달성을 위한 적극적·설득적 환경 : 사업가, 바이어, 부동산중개인, 정부관리, 판매원 등
관습적 (conventional)	체계적·자료처리 활동, 사무·계산 능력, 동조적, 실용적, 순종적, 끈기 있음, 조심성, 정연함, 진지함, 자기 절제 등	자료와 서류의 기록정리, 계획과 업무처리 등 체계적 환경 : 은행원, 서기, 세무사, 회계사무원, 비서, 속기사 등

■ **직업상담 과정**

- **상담의 특징** : 성격만 강조되어 개인적, 사회적, 환경적 요인이 도외시되고 있으며, 진로상담에 적용할 수 있는 구체적인 절차를 제공해주지 못하고 있다. 그러나 직업선택이론으로서 사람들은 자기와 유사한 직업성격을 가진 사람들이 일하고 있는 직업 분야에 종사하려는 성향이 강하기 때문에 자신의 소질과 흥미, 환경여건 등을 고려하여 직업을 선택하게 된다는 것이 요점이다.

■ **비판점** : 한 가지 유형으로 설명되기 어려운 개인의 인성이나 직업환경의 특성을 어떻게 명료화(측정)시키는가가 관건이 되고 있다.

성격이론에 바탕을 두어 발달관점에 대한 사고가 부족하고 환경변화에 따라 인간의 행동이 변화됨을 간과하고 있다.

다. 로(Roe)의 욕구이론

■ **이론의 요점**

개인의 아동기 가정 분위기, 부모-자녀 간의 상호작용 관계유형을 가지고 개인의 진로결정 성향을 밝힌 것이다. 개인은 서로 다른 욕구를 갖고 있기 때문에 다른 직업에 종사하는 것이며, 개인별 욕구유형의 차이는 어린 시절의 부모-자녀 관계에 기인하는 것이라는 이론이다.

개인이 특정 직업을 선택하는 것은 심리적 욕구를 충족시키기 위한 것으로 심리적 욕구를 포함한 개인의 인성과 그들의 직업관련 행동 간의 관계로 설명하였다.

■ **부모-자녀 관계와 직업선택 유형**

– 온정적이고 과보호적인 환경에서 성장한 사람은 인간지향적 성격을 이루며, 그 결과 예능이나 예술 계통의 직업을 원하게 된다.

– 부모의 사랑을 받으며 수용적 분위기에서 성장한 사람은 역시 인간지향의 성격을 띠며, 그 결과 서비스직과 같이 사람들과 접촉이 중요한 역할을 하는 직업을 선택하는 경향이 짙다.

– 부모의 사랑을 제대로 받지 못하고 거부적인 가정 분위기에서 성장한 아동은 공격적이고 방어적이다. 그 결과 접촉이 적거나 과학계통, 연구계

통의 직업을 택한다.

- 개인은 아동기의 가정 분위기에 따라 인간지향적 또는 비인간지향적 가운데 하나의 인성 특성을 보이게 된다. 감정집중과 수용유형은 인간지향적 성향을, 수용유형이지만 이따금씩 보여주는 관심에 머무는 경우와 회피유형은 비인간지향적 성향을 지닌다고 보았다.
- 개인의 인성 특성은 성인기 직업선택 행위에 영향을 미치게 된다.
- **인간지향적 성향** : 서비스직, 비즈니스직, 조직 · 단체직, 일반문화직, 예체능직을 주로 선택
- **비인간지향적 성향** : 산업기술직, 옥외활동직, 과학직 등을 선택

■ **직업분류**

로는 직업세계를 8개의 직업군으로 나누고, 각 직업군마다 책임과 숙련정도에 따라 6개의 수준으로 다시 분류하였다.

직업군 유형 및 직업수준

직업군	직업수준
1. 서비스직 2. 비즈니스직 3. 관리직(managerial) 4. 기술직 5. 옥외활동직(outdoor) 6. 과학직 7. 일반문화직(general cultural) 8. 예체능직(art & entertainment)	1. 전문, 관리(상급) 　(professional managerial) 2. 전문, 관리(보통)(professional) 3. 준전문(semiprofessional) 4. 숙련(skilled) 5. 반숙련(semiskilled) 6. 비숙련(unskilled)

- 각 직업군 내에서의 직업수준은 개인 욕구의 강도에 따라 결정된다. 욕구의 강도는 초기 가정 분위기, 즉 부모와 자녀 간의 상호작용 관계유형의 영향을 받음.

– 아동기의 가정배경과 직업행동 간의 관계를 설명하는데, 가정의 정서적 분위기를 회피(무시와 거부), 수용(무관심과 애정), 감정집중(과보호와 과요구) 세 유형으로 구분

부모의 자녀 육아방법과 자녀의 직업지향성 관계	
자녀회피형	비인간지향적 직업 : 과학계통, 연구계통, 옥외활동직, 산업기술직
자녀에 대한 정서(감정)집중형	인간지향형 직업(예능계통), 풍부한 감정, 예민함
자녀수용형	인간지향적인 직업 : 서비스업, 교육관련 직업 등 사람을 주로 다루는 직업

■ **비판점** : 초기의 부모-자녀 관계를 어떻게 알아내는가가 문제이며 부모의 태도는 아동의 연령에 따라 달라진다. 경험적으로 입증되지 않은 이론이라는 점에서 비판을 받고 있다.

라. 크럼볼츠(Krumboltz)의 사회학습이론

■ 이론의 요점

크럼볼츠의 사회학습이론은 교육 및 직업적 선호, 관련기술 습득, 교육프로그램 직업선택 등이 어떻게 이루어지는가를 설명하는 이론이다.

개인의 성격과 행동은 독특한 학습경험에 의해 설명된다고 보는 이론이며, 진로의사결정과 관련된 요인들 역시 사회적 학습(경험)을 통해 영향을 받는다고 보았다.

■ **진로결정 요인(환경적 요인+심리적 요인)**

– 유전적 요인과 특별한 능력은 개인의 진로기회를 제한하는 특질이 된다.

– 환경적 조건과 사건들이 진로선호에 영향을 준다.

– 과거의 학습경험이 현재와 미래에 영향을 준다.

– 과제접근 기술(task approach skill)이 문제해결능력이 된다.

■ **상담의 역할 강조**

직업선택이 개인의 타고난 특성에만 의존하는 과정이기보다는 학습에 의해 변화할 수 있다는 점을 강조하였다. 그러므로 직업선택 과정에서 상담자의 역할과 상담의 중요성을 강조하였다.

■ **비판점** : 과거의 부적절한 경험과 학습에서 비롯된 개인의 문제성 있는 신념의 수정이 필요하다는 점이다.

마. 다위스(Dawis)와 롭퀴스트(Lofquist)의 직업적응이론

■ **이론의 요점**

욕구와 능력이 환경과 연관되어 진로행동에 영향을 준다는 이론이다.

개인-환경 조화상담이론(person-environment correspondence counseling)으로 불리고 있으며, 개인과 환경 간의 상호작용을 강조하고 있다.

■ **개인과 환경 간의 상호작용**

– 개인은 심리학적 욕구와 생물학적 욕구가 상존하며 개인의 욕구충족 요인은 강화요인(보수, 승진, 좋은 직업환경)이 된다. 또 환경도 개인에게 요

구조건을 가지고 있으며, 환경의 요구조건이 충족되면 이것이 개인의 능력발휘를 이루어 다시 강화요인이 된다는 이론이다.

- 직업적응은 개인과 직업환경의 조화를 성취, 유지하는 것으로 고용유지의 형태로 나타난다고 하였다.

■ 비판점 : 개인은 환경의 요구조건을 변화시키거나 자신의 욕구구조를 변화시켜 적응하는 존재이며 환경도 마찬가지라는 점에서 비판을 받고 있다.

바. 긴즈버그(Ginzberg)의 발달이론

■ 이론의 요점

직업행동에 관한 최초의 종합적인 이론으로 직업선택은 일회적 행위가 아니라 발달과정이라고 주장하면서 타협을 직업선택의 핵심개념으로 보고, 바람(Wishes)과 가능성(Possibility) 간의 타협으로 해석하였다.

■ 타협

- 직업선택 과정의 본질로 봄.

초기에는 개인의 흥미 · 능력 · 가치관이 좌우, 종국에는 외적 조건과의 타협

■ 직업선택의 3단계

가) 환상적 단계(fantastic choice stage, 11세 이전)

- 원하는 직업이면 무엇이든지 가질 수 있다고 생각하며 능력이나 현실적 제약을 거의 인식 못하는 단계. 직업세계에 대한 최초의 가치판단을 반영

나) 시험적 단계(tentative choice stage, 11~17세)

– 흥미, 적성, 능력, 가치 등을 선택의 요소로 생각할 수 있으나 현실적인
제약조건에 대한 인식이 부족한 단계

다) 현실적 단계(realistic choice stage, 18세 이후)

– 외부의 현실적인 요인과 자기와의 타협이 이루어지면서 필요한 경험과
교육을 쌓는 탐색 단계

사. 수퍼(Super)의 평생 진로발달이론

■ **이론의 요점**

– 긴즈버그의 직업선택이론이 갖는 한계를 비판하면서 진로발달에 대한
지식을 종합적으로 제시하였고, 진로발달 과정을 인간의 전 생애로 확장
하였다. 자아개념에 진로성숙도(Career Maturity)가 더해져서 확장되고 구
체화된 이론으로 개인차이론, 발달이론, 직업사회학, 성격심리학, 학습
이론에 영향을 미쳤다.

– 직업적 자아정체감(Vocational Identity)의 발달을 강조하면서 개인의 진로
의식은 개인의 자아개념의 발달이라고 하였다.

– 개인의 진로의식발달 정도를 나타내기 위하여 진로성숙도 개념을 사용
하였다.

■ **전 생애 진로발달단계**(career developmental stage)

① **성장기**(growth stage, 14세 이전)

– 가정과 학교에서 주위 인물을 통해 자아개념이 발달하는 단계로 초기에

는 욕구와 환상이 진로발달을 좌우하나 점차 흥미와 능력이 진로발달을

좌우하게 되는 단계

- 환상기(4~10세) : 욕구와 환상이 진로발달을 좌우하는 시기

- 흥미기(11~12세) : 개인의 취향이 목표, 내용을 결정하는 시기

- 능력기(13~14세) : 능력을 토대로 직업을 고려하는 시기

② **탐색기**(exploration stage, 15~24세)

- 학교생활, 여가활동, 시간제 일 등을 통해 역할을 수행하면서 자신의 특
성과 직업 간의 관련성 탐색하고 점차 현실적 요인을 중요시하게 되는
단계

- 잠정기(15~17세) : 잠정적인 진로선택과 경험이 쌓이는 시기

- 전환기(18~21세) : 취업이나 취업교육과 훈련이 이루어지는 시기

- 시행기(22~24세) : 적합한 직업을 선택하게 되는 시기

③ **확립기**(establishment stage, 25~44세)

- 선택한 직업 분야에서 적응하고 직업적 안정을 확보하는 단계

- 시행기(25~30세) : 시행착오와 직업변동이 있는 시기

- 안정기(31~44세) : 진로유형이 결정되고 안정되는 시기

④ **유지기**(maintenance stage, 45-64세)

- 선택한 직업세계에서 위치를 확보하고 직업적 위치와 생활이 안정되는
단계

⑤ **쇠퇴기**(decline stage, 65세 이후)

- 신체적, 정신적 능력의 쇠퇴로 직업활동을 정리하는 단계

■ 수퍼가 제시한 5대 주요 진로발달과업

진로발달과업	연령	일반적인 특징
구체화 (crystallization)	14~17	– 흥미, 가치, 가용자원, 우연성 등에 대한 인식을 토대로 직업적 목표를 세움. – 선호하는 직업에 대해 계획하고, 어떻게 실천할 것인가를 고려
특수화 (specification)	18~21	– 잠정적인 직업선호에서 특정한 직업선호로 바꾸는 과업 – 직업선택을 객관적으로 명백히 하고, 선택한 직업에 대한 구체적인 진로계획 수립
실행화 (implementation)	22~24	– 선호하는 직업을 위한 교육훈련을 끝마치고 취업하는 과업
안정화 (stabilization)	25~35	– 선택한 직업에서 능력을 발휘하면서 일을 수행하여 자신의 위치를 확고하게 다지는 과업
공고화 (consolidation)	35세 이후	– 승진, 지위획득, 경력개발 등을 통하여 자신의 진로를 안정화시키는 과업

■ **비판점** : 연령에 따른 발달단계 제시는 현실적으로 무의미하며 표준화된 발달단계에 불과하다는 비판을 받고 있다.

아. 타이드만(Tiedman)과 오하라(O' Hara)의 발달이론

■ 이론의 요점

– 수퍼의 이론과 유사하게 직업발달 단계를 몇 단계로 구분하였으나 직업의식은 연령이 아닌 의사결정 과정을 통해서 발달한다고 하였다. 광범위한 의미에서 자아가 발달함에 따라 개인의 종합적인 인지가 발달하고, 이는 의사결정 과정에서 중요한 쟁점이 된다는 것이 이 이론의 주요 개념이다.

사람은 성장하면서 다양한 의사결정 상황에 놓이게 되는데, 이 과정에서 스스로 결정해보는 경험이 매우 중요하며, 이에 의하여 직업의식 또는 진로발달이 이루어진다고 하였다.

■ 진로의사결정 단계

가) 예상기(anticipation)

－ 탐색기(exploration)

－ 구체화(crystallization)

－ 선택(choice)

－ 명료화(clarification)

나) 실천기(implementation)

－ 적응(induction)

－ 개혁(reformation)

－ 통합(integration)

자. 고트프레드슨(Gottfredson)의 직업포부발달이론

사람이 어떻게 특정 직업에 매력을 느끼게 되는가를 설명하는 이론으로 직업포부의 발달로 개인의 직업의식발달을 설명하고 있다. 사람은 누구나 자신의 이미지에 맞는 직업을 원하며, 직업발달에서 자아개념이 매우 중요하다. 자아개념은 사회계층이나 지능수준, 다양한 경험 등에 의해 결정된다고 보는 이론이다.

차. 최근의 진로발달이론과 직업상담

■ 인지적 정보처리이론

- 진로문제 해결은 인지적 과정 : 개인이 어떻게 진로결정을 내리고, 진로 문제 해결과 의사결정을 할 때 어떻게 정보를 이용하는지의 측면에서 인지적 정보처리이론을 진로발달에 적용한다.
- 진로문제 해결은 1차적으로 인지적 과정이며, 다음의 일련의 절차 (CASVE)를 통해 증진시킬 수 있다고 보는 이론이다.

인지적 정보처리의 과정 : CASVE

C	communication	의사소통. 질문들을 받아들여 부호화하여 송출하는 것
A	analysis	분석. 한 개념적 틀 안에서 문제를 찾고 분류하는 것
S	synthesis	통합. 일련의 행위를 형성시키는 것
V	valuing	가치부여. 승패의 확률에 관해 각각의 행위를 판단하고 다른 사람에게 미칠 여파를 판단하는 것
E	execution	집행. 책략을 통해 계획을 실행시키는 것

■ 사회인지적 진로이론

- 사회인지이론은 인지적 과정, 자기규제 과정, 그리고 동기 과정을 생애의 현상에 혼합한 이론이다.
- 사회인지이론의 주된 목표 : 학습경험을 형성하고 진로행동에 단계적으로 영향을 주는 구체적인 매개변인을 규정하는 방법을 찾는 데 있다. 흥미, 능력, 가치 등과 같은 변인들이 어떻게 상호관계를 맺고 있으며, 이 모든 변인들이 어떻게 개인 성장과 진로성과로 유도되는 맥락상의 요인들(환경적 영향들)에 영향을 미치는지를 설명하는 데 있다.

■ 가치중심적 진로접근 모델

- 브라운(Brown)이 제안한 이론 : 인간행동이 개인의 가치에 의해 상당부
  분 영향을 받는다는 가정에서 출발한 이론으로 다른 이론들과 달리 흥미
  가 중요한 역할을 하지 않고 대신에 가치관을 중요하게 다루고 있다.
- 가치관검사를 정확하게 수행해야 하며, 내담자의 가치와 진로연결이 중
  요하다는 이론이다.

카. 직업상담 영역의 확대

- 직업상담의 보통의 영역 : 청소년이나 취업대상자 혹은 실업자를 위한
  직업상담이 통상적인 영역이나 오늘날에는 더욱 확대되고 있다.
- 확대된 영역 : 평균수명 연장과 라이프사이클의 변화로 인하여 퇴직 후
  에도 2차적인 직업상담이 요구되며 직업생활이 길어지고 있다.
- 대상의 확대 : 라이프사이클의 변화로 인한 노인취업, 경력단절 여성의
  재취업, 통합적 사회에서의 장애인, 사회적응을 원하는 제대군인, 새터
  민, 외국인 근로자 등으로 직업상담은 대상에 있어서도 영역이 확대되고
  있다.

타. 직업상담이론의 결론

직업상담이론들은 저마다 다른 인간관과 직업관을 내포하고 있으며, 사람
들이 직업을 선택하게 되는 다양한 요인들에 대하여 설명하고자 발전되어왔
다. 그러한 이론들을 모두 종합하여야 좋은 결론에 도달될 것은 분명하지만

명리직업상담에서는 격국, 용신, 천성에 의한 직업적성분류와 직업유형 및 업무수행기능분석으로 직업상담이 귀결된다. 라이프사이클에 입각한 생애주기 변화를 반영한 조언으로 마무리된다.

그러므로 이러한 직업상담이론들은 명리직업상담이 추구하는 격국을 통한 가치성, 용신을 통한 활용성, 천성을 통한 흥미성을 내포하고 있는지를 살펴야 한다. 그리고 사주구조를 분석하여 성격과 직업유형에 대한 정보를 제공하고 있는데, 이와 같은 정보가 직업상담에서는 어떻게 도출되고 있는지를 살펴보는 것이 중요하다.

11-3 명리직업상담의 면담과 진로지도

직업상담을 위한 진로발달이론은 다양한 관점을 가지고 인간과 직업 간의 관계를 규명하면서 발달해왔다. 실제적인 직업상담은 어떻게 이루어지며 명리직업상담에서는 어떻게 해석하고 수용하는 것이 좋은지에 대한 기준을 마련하면서 다양한 이론들을 정리해보도록 하겠다. 직업상담을 위한 다양한 검사와 상담모형이 제시되고 있는데 이러한 검사들이 명리직업상담론과 맥락을 같이하는 점을 살펴 앞으로 선천적성검사(AAT)가 발전되어 나가야 할 방향성을 더욱 모색해볼 필요가 있다. 직업상담모형을 살펴서 명리직업상담에 적용할 수 있는 부분에 대한 고찰도 필요하다.

먼저 명리직업상담에 기초한 선천적성검사(AAT)에서 추구하는 내용을 기본틀로 하여 그 관계성을 살펴보고 세부적인 내용을 고찰하도록 하겠다. 살펴보고자 하는 내용들을 간단히 정리하면 다음과 같다.

선천적성검사(AAT) 항목과 각 이론 간의 검사 분야 비교

선천적성검사 항목	명리직업상담이론의 분야	기존검사 관련성
1. 자아성찰을 위한 성격심리 진단 – 나의 성격적 스타일과 장단점	사주구조 분석 십성의 정편	성격검사
2. 성공을 위한 선천지능검사	십성의 지능	지능검사
3. 학과적성검사	십성 분석	학과적성검사
4. 좌우뇌기능 검사	십성 분석	좌우뇌 선호도 검사
5. 직업유형 및 업무수행기능 분석	사주구조 분석	기타 검사에 부분포함
6. 성공가능성이 높은 직업추천 (적성검사 Triangle)	격국	가치검사
	용신	진로장벽 및 자기효능감 이론
	천성	흥미검사
7. AAT 학습전략과 양육방법(학생용) – 학습전략 – 양육방법	십성의 강약 분석	학습진단 검사
8. 생애주기(Life cycle) 예측	대운에 따른 해석	없음.
9. Happy life를 위한 AAT의 제안 (성인용) – 건강체크 – 성공을 기원하는 행운의 숫자 – 성공전략을 위한 행운의 색 – 성공지수를 높이는 추천도서	– 건강체크 : 부족한 십성 – 성공을 기원하는 행운의 숫자 : 용신오행 – 성공전략을 위한 행운의 색 : 용신오행 – 성공지수를 높이는 추천도서 : 십성의 강약분석	없음.

위와 같은 항목에 따른 각 이론 간의 관련성을 분석해보았다. 그러나 기존 검사들이 각기 하나씩의 고유한 분야가 있는 데 반해 선천적성검사(AAT)는 이러한 모든 분야를 아우르는 검사이다. 다음으로는 위의 선천적성검사 (AAT) 항목 중 직업상담에서 직접 다루어지는 분야만을 선정하여 직업상담 이론에서 일반적으로 다루어지는 검사의 내용을 살펴보도록 하겠다.

명리직업이론과 직업상담이론의 분야 비교

선천적성검사(AAT) 항목	명리직업상담이론의 분야	직업상담이론의 분야
적성검사 Triangle	격국	가치사정
	용신	진로장벽 및 자기효능감 이론
	천성	흥미사정
직업유형 및 업무수행기능	직업환경 및 직무형태	기타 검사에 부분적으로 반영
성격심리진단	음양오행과 신강신약 이론	성격사정
라이프사이클 예측	대운에 따른 해석	생애진로사정과 관련성만 존재

가. 적성검사 Triangle과 직업상담

선천적성검사(AAT)를 통하여 직업상담을 한다는 것은 현대명리학이론을 바탕으로 발달해온 명리직업상담론에 입각하여 상담을 실시하는 것이다. 그러나 직업상담론과도 서로 공유가 가능한 이론들이 존재한다. 여기서는 적성검사 Triangle에서 추구하는 내용과 공통되는 내용을 가진 직업상담이론들을 살펴보겠다. 이러한 고찰은 학문의 융합 시대를 맞이하여 이 시대가 바라는 궁극적인 직업상담과 명리직업상담론의 학문적 발달을 촉구하는 계기가 될 것이다.

적성검사 Triangle은 격국의 가치, 용신의 활용, 천성의 흥미를 분석하는 이론이다. 그러므로 가치와 활용성 및 흥미에 입각하여 직업상담의 내용들이 어떻게 발전되어왔는지를 알아보고자 한다. 직업상담의 각 이론들은 각 이론가들의 인간관과 직업관에 입각하여 적합한 직업을 제시하고 있다. 명리직업상담이론은 이러한 다양한 이론들이 추구하는 바를 입체적으로 반영한 연구결과물이라고 할 수 있다. 연구에 의하면 흥미, 욕구, 가치 등은 일반적으로 심리에서 다루어지는 내용인데 흥미롭게도 유사해 보이는 개념들이면서도 서로 독립적이라고 한다.

선천적성검사(AAT)에서는 각기 다른 검사로 실시하지 않고 다음과 같이 동시에 복합적으로 검사를 실시한다.

선천적성검사(AAT)와 관련된 검사들이 개별적으로 실시되는 직업상담에는 다음과 같은 목적을 가지고 검사가 실시되고 있다. 선천적성검사(AAT)와 비교해보고 각 이론 간의 연관성을 살펴보면서 비교해보도록 하겠다.

적성검사 Triangle

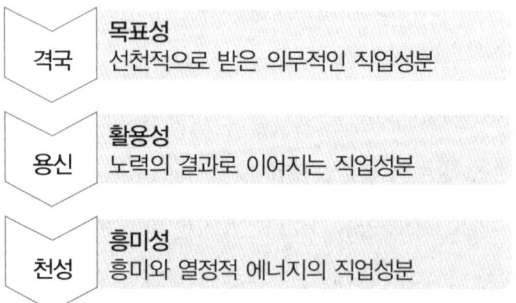

격국	**목표성** 선천적으로 받은 의무적인 직업성분
용신	**활용성** 노력의 결과로 이어지는 직업성분
천성	**흥미성** 흥미와 열정적 에너지의 직업성분

■ **격국(格局)의 목표지향성과 가치사정**

적성검사 Triangle의 목표지향성은 가치관을 반영한다. 그러므로 직업상담의 가치사정에 해당되는 분야와 관련성이 높다. 가치란 사람의 기본신념에 해당하며 신념이란 사람들이 신성하게 간직하고 있는 것이다. 가치는 동기의 원천이자 개인적 충족의 근거가 되며 일정 영역에서의 개인적 수행기준, 한 개인의 전반적 달성목표의 원천 등이 되기도 한다. 쉽게 설명하자면 돈, 명예, 무형의 정신적 가치 등을 추구하는 형태로 나타난다.

가치의 역할

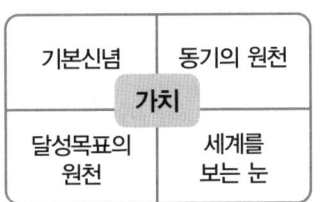

다시 말해서 가치(Value)란 선택한 대상 중에 어떤 특정한 것에 대하여 좋다고 선택하는 경향을 말한다. 선택의 대상은 물체, 인간, 감정, 심상, 사고, 활동형태 등 모든 것을 포함하는 것으로서 인간 주체와 대상 간의 관계 속에서 우러나오는 요소들 가운데 가장 선호하는 요소이다. 가치관(Value Orientation)이란 가치나 태도보다 일반화되고 체계화된 개인이나 한 사회에 대한 행위의 준칙이며, 평가기준이고, 행동을 유발하는 원동력을 의미한다. 즉, 가치관은 가치에 대한 일반적인 생각 또는 개념을 말하며, 이는 가치의 기준을 어디에 설정하느냐에 따른 관점을 의미한다.

중요한 것은 막상 학교를 졸업하고 사회생활을 시작하면서 다양한 경험을 하게 되면 개인의 가치는 변할 소지가 많다는 것이 직업상담에서의 보고이다. 나이별로 삶의 단계별로도 변하고 있다고 심리학자들은 정의하고 있다. 그러나 자신의 삶의 방향을 유지하는 데 기준점이 되어주는 것이 가치라는 점에 착안한다면, 외적으로 드러나는 것은 다른 모습이어도 하나의 일관된 목표성이 존재한다고 보는 것이 선천적성검사(AAT)에서의 격국을 통한 목표지향성검사, 즉 가치관검사이다.

일반 심리검사에서는 가치와 흥미와 욕구에 대한 검사결과가 거의 중복되거나 유사한 개념으로 파악이 되고 있다. 선천적성검사(AAT)를 살펴보면 이러한 원인에 대한 분석이 가능하다. 즉, 격국과 용신과 천성이 서로 중복되는 사주구조가 존재하는 것이다. 그러나 이러한 구조가 분명하지 않은 혼합형의 구조는 대운의 영향과 나이별 통변이라는 원칙에 의하여 많은 변화가 생기게 마련이다.

일반 직업상담에서 가치와 진로 그리고 직무에 관한 관계를 알아보면 다음과 같다. 자신의 삶에서 무엇을 지향할 것인가, 그리고 삶의 기준점이 되어주는 가치관은 직업선택에 있어서 중요한 작용을 한다. 그리고 이러한 가치들은 고정적이지 않으며 변화한다고 보고 있다.

가치관과 직업탐색

가치기준	가치의 유형	특징	직업
내재적 가치	이론형	학문연구나 진리탐구 등 가르치는 일에 보람과 긍지를 느낌.	교사, 교수, 학자, 이론가, 연구가
	심미형	음악이나 미술 등 예술에 심취하고 흥미를 갖는 유형으로서 미에 대한 가치를 추구하는 것이 다른 어떤 분야보다 가치가 있다고 인정함.	예술가, 조각가, 화가, 디자이너, 성악가, 방송가
	사회 사업형	자신보다 남을 위해 봉사하고 돕는 사람으로 타인을 사랑하고 사회 진보와 복지를 위해 헌신하는 것을 최고의 가치로 여김.	사회사업가
	종교형	종교적 가치에 의해 행동하고 성스러운 것을 추구하며 생활의 정신적 의의 및 최고 가치의 신비와 초자연적인 것을 숭배함.	목사, 승려, 신부
외재적 가치	경제형	가치기준을 자본형성, 즉 돈을 벌어 부자가 되어야 한다는 경제적 활동에 큰 비중을 두고 종사함.	사업가, 경제인
	정치형 (권력형)	권력을 잡고 정치에 의한 지배에 최고가치를 둠.	정치가, 군인

위의 자료와 같이 가치는 그 사람의 직업선택에 큰 영향을 미치는 요인이다. 가치관을 알기 위한 일련의 과정을 가치사정이라고 한다. 가치사정을 통해 얻은 자료들을 모아 가치명료화과정을 거쳐 가치사정을 마무리하게 되는 것이 직업상담에서의 가치사정이다. 그러나 가치에 대한 심리측정도구들은 아직 미약하며 개인적 가치에 대한 정보와 관심이 있는 직업유형들과 직결된 연결을 하는 데는 많은 어려움 있고 시간이 걸린다고 한다.

그렇다면 이러한 가치사정의 용도는 무엇인가? 다른 심리상담과 마찬가지로 가치사정은 자기인식(Self-awareness)이 첫 번째이다. 가장 주목할 것은 직업선택이나 직업전환을 바로잡아주는 한 전략으로서의 용도라고 꼽은 점이다. 이러한 맥락에서 직업상담의 가치사정은 선천적성검사의 적성검사 Triangle의 격국을 통한 목표지향성 분석과 관련성이 깊다. 그러나 이러한 검사들이 개별적으로 실행되는 것에 반해 선천적성검사의 장점은 이러한 가치검사를 포함한 여러 심리검사가 동시에 복합적인 분석으로 이루어진다는 점이다.

■ 용신(用神)의 활용가치성 사정하기

적성검사 Triangle의 용신은 일간이 필요한 것이며 활용가치성을 의미한다. 직업적성이 잘 활용되기 위하여 필요한 요소이다. 그러나 사주구조에서 활용성이 좋게 자리를 잡고 있는지의 여부는 확정된 것이 아니므로 주의 깊게 살펴보아야 하는 요소이다.

완벽하게 적합하지는 않지만 용신의 활용가치성은 성격이론과 비교하여 살펴보는 것이 가장 근접한 접근이라고 할 수 있다. 성격이론은 직업상담에 있어서 주의 깊게 주목하는 이론이면서도 그리 많은 비중을 주어 다루는 분야는 아니라는 점이다. 성격이론 중에서 성격의 특성모형과 밀접한 관련이 있는 홀랜드 이론이나 MBTI 유형지표 모두 성격유형을 알아보는 검사이나 직업적응문제나 직업불만족의 이유들을 탐색할 수 있는 검사라는 점이다.

적성검사 Triangle의 활용가치성은 일간에게 부족하거나 필요한 요소를 갖추도록 하거나 직업적성에서 중요하게 작용하지는 않지만 직업적성을 완성시키는 역할을 한다. 다양한 성격검사들이 있지만 성격검사들의 공통되는 목표가 있다.

성격사정의 목표
  – 자기인식의 증진
  – 좋아하는 일역할, 작업기능, 작업환경 확인
  – 작업불만족의 근원 확인

구체적인 예를 들어보면, 홀랜드 코드가 일관성이 없는 결과가 나오는 경우 원인을 알아보면 부모에 의한 영향 등에 의하여 강력하게 간섭을 받는 경우 부모의 생각이 반영되는 경우가 발생한다고 한다. 직접적인 직업적성에 대한 정보를 제공하지는 않는 내용이지만 진로선택에 있어서 불균형을 초래하는 원인분석을 하는 데 활용된 것이다. MBTI는 사람들의 성격을 차원별로 2개의 선호 중 한 부분에 할당하는 것이다. 이런 경우는 업무의 유형과 본인의 유형을 비교하여 능력을 발휘하지 못하는 원인을 밝히는 데 유용하게 활용이 가능하다. 비록 2개의 선호 중 한 부분에 할당하므로 보다 풍부한 정보나 설명력을 갖지는 못하였어도 부족하거나 보충되어야 하는 부분에 대한 설명이 가능하다는 것이다

■ 천성(天性)의 흥미우수성과 흥미사정

흥미는 하고 싶은 것, 좋아하는 것이다. 직업상담에서 흥미사정의 목적은 다음과 같다.

직업상담에서 흥미사정의 목적
  - 자기인식 발전시키기
  - 직업대안 규명하기
  - 여가선용과 직업선호 구별하기
  - 직업 교육상의 불만족의 원인 규명하기
  - 직업탐색 조장하기

기본적으로 자기인식 발전시키기는 일반적인 심리검사와 맥락을 같이하는 요소이다. 앞에서 살펴본 가치사정과는 다른 것은 흥미라는 개념이 하고 싶고 좋아하는 것이므로 직업에 있어서 하기 싫고 좋아하지 않은 것에 대한 것, 즉 불만족의 원인을 찾아내는 것이다. 주목할 것은 여가선호와 직업선호를 구별하는 것이다. 흥미가 곧 잘하는 것이 되고 좋아하는 것이 되어 경제활동이 가능한 직업으로 연결된다면 이러한 구별은 무의미하다.

선천적성검사(AAT)에서의 천성은 일간 옆에서 가장 강력하게 자리잡고 일간에게 큰 영향력을 미치는 십성이다. 그러므로 격국이 의무적으로 감당해야 하는 '무엇을'에 해당된다면 천성은 '어떻게'에 해당되는 좀 더 편하고 여유로운 개념이다. 기존에는 사주에서 강하게 자리잡은 십성을 거의 기신과 같이 취급을 했다. 하지만 일간에게 많은 영향을 주는 십성은 자신에게 확실한 흥미가 되고 언제나 열정적인 에너지를 공급하는 것이다.

이상으로 적성검사 Triangle과 관련된 검사들을 살펴보았는데, 선천적성검사(AAT)는 이러한 직업이론들을 모두 포괄한 종합적인 적성검사라고 볼 수 있다.

나. 직업유형 사정하기

적성검사 Triangle은 직업 자체에 대한 설명에 해당하는 부분이라면 직업유형 및 업무수행기능에 관련된 내용은 직업활동을 하는 가운데 개인이 경험하게 되는 직업환경에 대한 설명이다. 가치사정, 성격사정, 그리고 흥미사정에 포함되어 있는 내용이기도 하다. 하지만 개인의 직업 적응, 그리고 부적응문제를 직업환경적인 면에서 확실하게 다루어 정확한 적성검사를 가능하게 하여 직업상담에 있어서 보다 섬세한 결론으로 이끄는 역할을 하고 있다.

세분화하여 설명하면 직업유형은 개인이 가진 가치관, 활용성, 흥미에 근거하여 직업을 선택하게 된 이후에 어떠한 활동무대에서 자신의 적성을 살려 활동할 것인가에 대한 문제이다. 조직생활이 수월한 직장형인지 조직에 속하지 않고 자유롭게 활동하는 자유형인지, 아니면 두 가지가 모두 뚜렷하지 않은 자유형인지에 대한 구별이 가능한 검사이다. 또한 업무수행기능은 업무를 수행하는 데 있어서의 주관적인 직업환경으로 개인이 어떠한 입장에서 활동을 감당하는지에 대한 설명으로 리더, 참모, 전문기능 중에 어디에 속하는 가에 대한 검사이다.

이러한 구분은 일반적인 적성검사에서는 따로 구분되어 분석하기 어려운 부분이며 다른 검사는 보통 직능유형과 직능수준에 의한 분류이므로 이와 같이 섬세한 작업환경에 대한 검사는 불가능하다.

그러므로 선천적성검사(AAT)에서는 이러한 직업상담도 가능하며 직업 자체에 대한 추천도 중요하지만 직업환경에 대한 언급이 진정한 적성검사로서 가치가 있다고 볼 수 있다. 아무리 훌륭한 능력이어도 직업적, 사회적 환경이 적합하지 않은 경우 심각한 부작용을 낳을 수 있기 때문이다.

다. 진로지도의 실제

학교 현장에서의 진로지도는 교육과정에 포함되어 운영되고 있으며, 인성지도와 더불어 더욱 강조되고 있는 부분이다. 교육과학기술부 사이트에서 살펴보면 진로지도는 국정과제 중 교육살리기의 한 분야로서 현재는 평생교육의 개념으로 추진되고 있는 분야를 포함하여 각 정책에 전반적으로 본 개념을 녹여 추진하고 있음을 살펴볼 수가 있다.

교육과학기술부에서는 진로지도가 포괄적인 개념으로 제시되고 있는 반면, 서울시 교육청에서는 좀 더 구체적인 진학 · 진로지도의 개념으로 제시되고 있다.

또한 서울특별시 교육연구정보원에서는 진학진로정보센터를 운영하여 공교육에서의 진로교육을 활성화시키기 위한 노력을 하고 있다. 다양한 적성검사와 정보제공을 통하여 학생과 학부모가 진학과 진로를 위한 올바른 선택을 할 수 있도록 도와주고 있다. 그러나 이러한 모든 검사 등이 일반적인 자기보고식 검사의 한계를 가지고 있다. 다양한 차원의 종합적인 검사의 혜택을 받으려면 개인적인 노력이 필요하다. 직업의 종류와 학과적성에 이르기까지 다양한 정보를 받아볼 수는 있으나, 문제는 각 개인에게 맞는 정보를 해석하고 분석해주는 전문가가 부족하다는 것이 앞장에서 살펴본 통계청의 결과로 알 수 있다.

상담실과 상담교사 확보를 위해 다양한 모색을 하고 있는 중이다. 하지만 교육과 진로지도가 동시에 이루어지기에는 진학이라는 문제가 커다란 부담으로 남아 있는 우리나라의 교육현실로 보아 진로교육과 진학교육의 개념이 서로 혼용되고 본래의 진로지도 개념이 좋은 학교를 가기 위한 진학교육이 되고 있기도 하는 것이 현실이다.

11-4 명리직업상담론

상담에는 여러 가지가 있으나 커다란 테마로 분류한다면, 첫째 심리적 문제를 치료하거나 해결하고자 하는 심리상담이 있고, 둘째 적성을 찾아 진로를 결정하거나 직업을 선택하는 진로상담이 있다. 명리상담은 이 두 가지를 모두 잘할 수 있다는 것이 특징이다. 그중에서도 명리직업적성상담은 가히 경이로울 만큼 적중률과 활용가치가 높다. 모든 사람들이 그동안 명리상담을 한 것을 한마디로 표현한다면, '나는 무엇을 해야 잘살 수 있는가?' 이다. 이것이 바로 직업적성상담의 핵심이라는 점을 감안하면 최고의 직업적성을 찾아주고 있는 사람들이 명리상담자들인 것이다.

국가는 어마어마한 예산을 직업적성검사 도구개발 및 취업훈련, 구직정보, 실업자대책, 진로교육 등에 쓰고 있다. 그러면서도 실업자가 100만에 육박하고 직장인의 약 50%가 이직을 생각한다는 연구결과에는 속수무책이다.

모름지기 지구촌은 인간의 진화와 함께 문명문화가 발전해오며 수없이 많은 직업이 탄생했고 지금도 어떤 직종은 사라지는 반면 어떤 직종은 새롭게 탄생되고 있다는 것을 간과해서는 안 된다. 직업적성검사는 사회가 변화하는 속도에 따라 새로운 도구개발을 해야 한다. 그런 차원에서 이미 천년 이상 인간의 직업을 상담해온 명리의 과학성을 바탕으로 개발된 선천적성검사(AAT)는 21세기 인류에게 내린 신의 선물이라고 할 수 있다.

정부는 지금 당장 우주유전자공학이라고 할 수 있는 선천적성검사(AAT)에 귀를 기울이고 눈을 돌려야 한다. 그럴 경우 개인의 타고난 선천적성을 찾아 잘할 수 있는 직업선택을 출생과 동시에 또는 성장과정마다에 조기제공할 수 있으니 결국 부적합한 전공을 하지 않게 되고 능률적인 직업을 선택할 수 있음으로써 이직과 실업률은 하락되고 국가 예산도 상당한 수준을 낭비하지 않게 될 것이다.

가. 명리직업상담의 효과

상담이란 사람을 마주보고 일하는 것이 되어 흥미롭고 재미있다. 의사소통을 하고 그들의 마음을 위로하고 용기를 줄 수 있기 때문이다. 내담자가 느끼고 있는 95%의 절망감 속에서라도 단 5%의 희망을 찾아주며 용기를 준다면 95%의 절망감을 희망으로 바꿔놓을 수 있는 매력적인 것이 상담의 효과다.

특히 명리직업상담은 진로갈등의 기로에 있는 내담자들이 귀를 기울이고 경청하며 자신의 운명을 바꿀 수 있다든가 좋은 시기를 선택하는 것, 인간관계 등을 참고하고 특히 무엇을 해야 잘살 수 있는가에 신비스럽고 정확한 답을 들을 수 있음으로써 상담을 통한 자기효능감과 성장동기 효과는 그 어느 상담에 비하여 매우 크다는 것이 장점이다.

나. 상담의 기본

상담(相談)이란 서로 마주보고 얘기하는 것이다. 상대의 마음을 헤아리고 이해하면서 그의 동태를 관찰하며 변화되거나 문제에 대하여 개입하여 해결하는 노력의 과정이다. 상담의 기본은 비밀유지이다. 내담자가 상담자에게 자기 체면에 해당하는 문제나 가족과 타인이 알아서는 안 되는 문제의 고민을 풀어놓는 것은 자신의 비밀이 보장된다는 전제가 있다. 내담자의 비밀을 지켜주지 못할 경우 내담자는 크게 낭패를 보고 상담자를 원망하게 될 것이다. 상담에 임할 때는 먼저 내담자의 마음을 안정시킨 다음 상담에 임해야 한다. 상담실을 릴렉스(relax)한 분위기로 만들고 음악을 틀어놓는 것은 내담자들의 긴장을 풀어주고 편한 마음 상태로 바꾸어놓기 위해서이다.

한편 상담자 자신은 무엇보다 마인드 컨트롤(Mind Control)이 매우 중요하다. 자신이 먼저 흥분한다든가 불안한 상태로 상담에 임할 경우 내담자에게 좋지 않은 영향을 끼치거나 신뢰를 얻지 못하게 될 수 있다. 마인드 컨트롤에는 음악을 듣는 것이 효과적인데, 음악은 뇌를 자극하고 감정을 변화시키기 때문이다. 그러므로 상담을 위해서는 뇌 연구나 뇌에 대한 일반상식이 매우 필요하다.

내담자의 심리상태를 정확하게 간파해야 한다. 내담자가 큰 문제를 가지고 오지 않았다 하더라도 상담자는 별것도 아닌 것을 가지고 그러느냐는 식으로 말을 해서는 안 된다. 이미 그 별것도 아닌 것이 내담자에게는 큰 문제로 받아들여졌기 때문이다.

내담자들은 대부분 불확실한 신념을 가지고 오는 경우가 많다. 불확실한 신념은 매우 위험한 신념이므로 상담자는 내담자를 이해시키고 정확한 정보를 줄 수 있도록 노력해야 한다.

다. 상담정보의 중요성

상담에 성공하기 위해서는 정보에 밝아야 한다. 특히 직업적성상담을 위해서는 미래에 유망한 직종과 신성장동력산업이 무엇인지를 알아야 하고 직업시장의 변화에 대한 정확한 정보가 있어야 한다. 이미 사회에서 쇠퇴하는 직업을 선택해서 노력해봐야 소용이 없기 때문이다. 에긴대 과거에는 출산율이 매우 높아 유아용품이나 산부인과가 호황을 누렸으나 현재 출산인구는 줄고 있는 반면 고령화사회로 접어들고 있어서 노인건강 관련 직업이 성장동력산업이 되고 있다는 것이다.

라. 직업상담의 특별성

예언이 중요하다. 예언은 발달 촉구를 하게 된다.

진단을 하고 처치와 자극을 줄 수 있다.

최신의 정확한 정보를 제공하고 의사결정은 스스로 하게 해줘야 한다.

상담자는 상대의 얼굴만 보고도, 숨소리만 듣고도 날카롭게 판단해야 한다.

항상 직업정보를 수집하고 가공할 수 있어야 한다.

정보가 가지고 있는 생명력과 가치는 무한하다.

21세기에는 정확하고 최신의 정보를 가진 자가 '부'를 소유할 수 있다.

(인간은 하루에 의사결정을 해야 하는 횟수가 오만 가지이지만, 실제는 200가지를 결정한다고 한다.)

명리상담전문가라는 직업은 미래의 떠오르는 직종의 하나이다. 인간의 수명이 150세까지 늘어날 전망이어서 인간은 생애에 여러 차례 직업을 바꾸어 가며 살게 된다. 계속 직업을 이동하게 되어 있는 과정에서 '무엇을 해야 잘 될 수 있나'를 상담할 것이니 명리상담가들에게는 매우 유리하다.

참고로 선진국은 해고가 자유롭다. 선진국에서는 고용자가 당장 해고를 통보하고 근로자는 즉시 보따리를 싸서 다른 일자리를 찾아가는 것이 큰 문제로 받아들여지지 않는 반면, 우리나라는 집단성향이 강해서 해고가 자유롭지 못하고 특히 해고를 당하게 되면 자신의 무능함이나 억울함을 포함하여 체면이 손상된 것으로 간주하여 매우 고통스러운 퇴직생활로 병을 얻는 등 무능하게 전락하는 경우도 많다. 그러나 우리나라도 점차 선진국형으로 변화되므로 회사가 구조조정을 하게 되면 핵심인재만을 보호하고 나머지는 해고할 가능성이 크다. 갈수록 미래는 소수가 지배하는 사회로 간다. 그만큼 비정규직이나 인턴사원 및 임시직은 늘어나고 이들의 이동은 잦을 수밖에 없다. 시대에 따라 직업의 쇠퇴는 먹이사슬이 되고 있는 것이다.

11-5 명리직업상담 과정

앞에서는 명리직업상담이 다른 직업상담과 어떻게 다른지 간단히 특징만을 살펴보았다. 명리직업상담이 이루어지는 선천적성검사(AAT)의 검사과정과 절차, 단계에 근거하여 명리직업상담의 과정을 세부적으로 살펴보면 다음과 같다.

가. 명리직업상담의 과정 – 1

명리직업상담은 진로지도와 관련지어 학생을 대상으로 하는 상담과정을 과정-1에서 다루어보겠다. 학생은 직업상담이라는 단계를 포함하여 학습방법에 대한 언급도 필요하며 전 생애에 걸친 진로지도가 필요하다. 따라서 먼저 자기 자신에 대한 자아개념 형성이 매우 중요하다. 그러므로 선천적성검사(AAT) 상담모형에서 진로지도가 필요한 학생이라는 특수성을 고려하여 다음과 같은 세부적인 과정이 포함되어야 한다.

선천적성검사(AAT) 상담과정 – 학생대상			
관계형성	검사결과 제시	학생	추후지도
1. 접수 2. 출생정보 확인 3. 상담목적 확인	1. 항목별 설명 2. 의문사항 해결	1. 맞춤형 학습방법에 대한 부연설명 2. 학과선택에 대한 부연설명	1. 생애주기별 상담의 지속 2. 직업환경의 변화에 대한 정보제공

학생은 일반인처럼 성격적인 면과 심리적인 면에서의 검사결과 안내가 실시된다. 하지만 자아개념 형성이라는 성장과정 속에서 고정적인 자아개념 형성보다는 전체적인 윤곽을 잡도록 도와주어야 하는 것이 주의사항이다. 진학이라는 부담을 안고 있는 학생에게는 사주의 구조적인 특징을 고려한 맞춤형 학습방법에 대한 안내가 중요하다. 즉, 학과선택에 있어서 학과 계열과 구체적인 학과에 대한 설명이 학생의 현재의 상황과 성장환경 등을 고려하여 부연설명이 되어야 한다.

나. 명리직업상담의 과정 - 2

직업상담이 주로 이루어지는 일반인 대상의 직업상담은 취업을 준비하는 졸업생과 이직을 고려하는 일반인과 경력 단절을 겪고 재취업을 준비하는 사람들에게도 적용되는 상담과정이다. 이들에게는 직업생활에서의 만족도를 위한 직업 자체에 대한 세부적인 상담과정이 필요하다.

선천적성검사 상담과정 - 일반인대상			
관계형성	검사결과 제시	일반인	추후지도
1. 접수 2. 출생정보 확인 3. 상담목적 확인	1. 항목별 설명 2. 의문사항 해결	1. 직업유형에 대한 부연설명 2. 2차직업군에 대한 부연설명	1. 생애주기별 상담의 지속 2. 직업환경의 변화에 대한 정보 제공

일반인들은 성격적, 심리적 면에서의 검사결과가 원만한 사회생활을 위한 발판이 되도록 자신의 장단점을 조율하여 직장에서 만나는 사람들과 커뮤니케이션이 잘 이루어지도록 도움을 줄 수 있어야 한다. 직업적성에 대한 검사

결과에 더하여 직업환경적인 요소가 강조되고 있는 선천적성검사(AAT)의 특징을 살려 직업유형에 대한 부연설명이 필요하다. 또한 교육의 정도와 후천적인 환경의 영향을 고려하여 2차직업군에서도 직업을 추천해주는 과정이 필요하다.

다. 직업상담의 절차와 모형

선천적성검사(AAT)에서의 직업상담의 특징은 내담자를 파악하기 위한 질문지법이나 각종 검사를 위한 시간적·공간적 절차가 필요없다는 것이다. 출생정보만으로 즉시 검사가 가능하므로 보편적인 직업상담의 모형과는 다른 상담모형을 가지게 된다. 그러므로 올바른 검사를 위한 내담자와의 관계형성, 원하는 결과를 위한 상담자의 적극적인 개입 그리고 자료의 종합과 분석이라는 과정도 필요하지 않으며, 원하는 결과에 따른 다양한 목적의 검사를 실시할 필요가 없는 종합적 검사가 가능하다.

직업상담은 진로상담과 구별된 개념으로 사용되고 있는 것이 보통이다. 진로는 생애 전반에 걸쳐 추구해오는 일을 총칭하는 말이나 직업은 정해진 시점에서 이루어지는 특수한 일을 지칭하는 보다 구체적인 의미를 가진다. 선천적성검사(AAT)는 직업유형 및 업무수행기능을 포함하고 있다. 즉, 직업군을 1차와 2차에 걸쳐 소개하고 있는 검사로서 직업상담과 진로상담을 포함하고 있는 개념이다. 또한 생애주기에 따른 심리적, 환경적 변화를 제시하여 한 개인이 전 생애에 걸쳐 자신의 직업적 변화를 예견하고 준비할 수 있게 하는 검사이다.

■ 직업상담 과정 2가지는 특성·요인지향적 직업상담과정과 인지적 명확
성을 위한 직업상담과정이다.

특성 · 요인지향적 직업상담과정

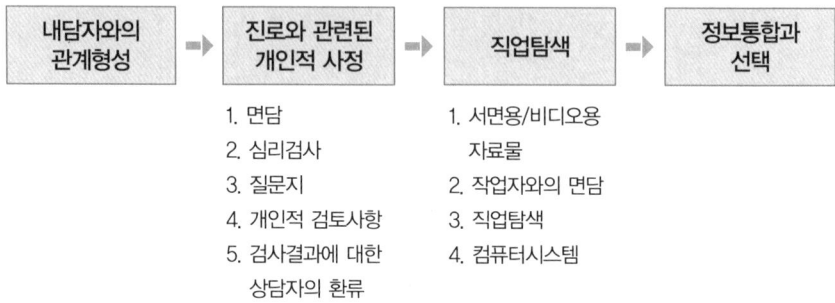

특성·요인지향적 직업상담과정은 상담모형에서도 보듯이 수월한 상담을
위하여 내담자와의 관계형성이 처음 단계이며, 진로와 관련된 다양한 개인적
사정을 통하여 정보를 수집하고 직업탐색을 하게 되며 최종적으로 정보통합
과 선택을 하게 된다.

인지적 명확성을 위한 직업상담 과정

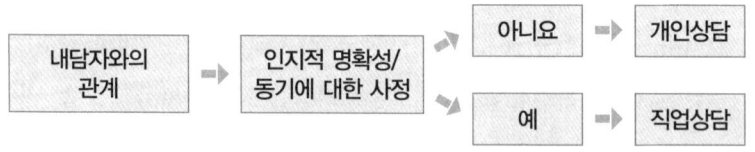

인지적 명확성을 위한 직업상담의 과정 또한 내담자와의 관계형성을 위한
단계에 비중을 두어 첫 단계에 필수적으로 들어간다. 인지적 명확성이 확실
하면 곧바로 직업상담에 들어간다. 하지만 인지적 명확성이 없으면 개인상담
과정을 거쳐 직업상담으로 들어가게 된다.

라. 선천적성검사(AAT) 상담모형

■ 선천적성검사(AAT)의 상담 특징

선천적성검사(AAT)에서 검사를 위한 절차는 단지 출생정보 확인이라는 간단한 절차만 필요할 뿐 내담자에게 부담을 주는 절차가 없다. 항목별 설명도 본인이 충분한 인지능력이 있거나 어린 학생인 경우 보호자를 통하여 결과를 충분히 해석할 수 있다. 그러나 검사 결과에 대한 상담 단계는 같은 직업군이라도 성장환경이나 개인의 교육이라는 후천적인 환경을 살펴보아 보다 근접한 결과를 추천해주는 과정으로 중요한 단계이다.

마지막으로 추후지도는 원하는 사람에게 제공하는 프로그램으로 생애주기별로 달라지는 환경에 의하여 직업적성은 변하지 않지만, 환경적으로 조절해야 하거나 필요한 정보를 제공해주는 단계이다. 평생교육이 평생 동안 생애주기별로 필요한 학습을 하여 보다 질높은 삶을 영위하는 것이 목적이듯이 선천적성검사(AAT)도 생애주기별로 필요한 직업적 환경변화에 대한 정보를 제공하여 보다 효율적이고 건전한 직업생활을 영위하게 하는 것이 목적인 것이다.

선천적성검사(AAT) 상담의 특징

위의 선천적성검사(AAT)의 상담모형은 앞에서 살펴본 2가지 직업상담과 비교하여볼 때에 내담자와의 관계형성이라는 과정이 중요하기는 하지만 그러한 단계가 검사결과에 영향을 주지는 않는다. 그렇기 때문에 상담의 과정

으로 비중을 두어 제시하지 않고, 다만 검사결과를 위한 절차와 과정만을 간단히 소개하였다. 추후지도로 생애주기별 상담이 지속될 수 있다는 것을 소개하였다.

■ 선천적성검사(AAT)의 상담모형

선천적성검사(AAT)는 검사의 목적에 따라 다양한 상담모형이 제시된다. 명리직업상담에서는 직업상담과 원만한 직장생활을 위한 인간관계상담이라는 2가지로 나누어 상담모형을 제시하면 다음과 같다

명리직업상담 모형

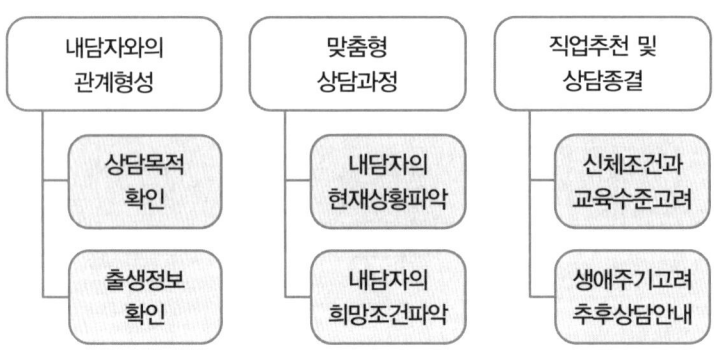

명리직업상담에서는 내담자와의 관계형성을 위한 과정에서 상담목적 확인과 출생정보 파악이 동시에 이루어진다. 이러한 과정에서 상담자는 신뢰감을 주고 전문가로서의 이미지를 심어주어야 한다. 상담과정에서는 검사를 위한 내담자의 활동이 없는 장점이 있다. 그러나 내담자가 원하는 직업과 보수 및 전공과의 관계나 신체조건, 교육정도 등에 대한 후천적인 환경조건과 조율하여 맞춤형 상담이 되어야 한다.

이러한 일련의 과정을 거쳐 명리직업상담을 마무리하게 되며 생애주기에

따른 추후상담시기에 대한 정보를 제공하는 것으로 상담을 마친다. 내적 · 외적인 환경의 변화에 따른 직업변화나 발전을 위한 모색 등이 모두 포함된 내용으로 안내한다. 다음은 인간관계 개선을 위한 상담에 관한 내용이다.

인간관계상담 모형

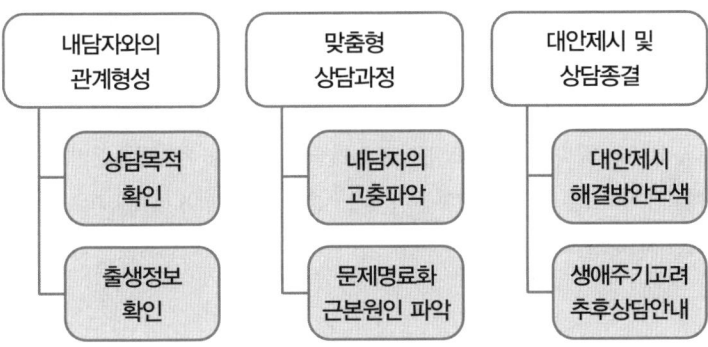

인간관계상담 모형에서는 내담자와의 관계형성을 위하여 상담목적 확인과 출생정보 파악 그리고 신뢰감 형성과 전문가로서의 이미지 심어주기는 같으나 맞춤형 상담과정에서는 내용적인 면에서 달라진다. 내담자의 고충을 먼저 들어주고 실제상황에 대한 파악이 중요하다. 다음으로는 검사결과 및 사주구조분석을 토대로 하여 문제명료화 및 근본적 원인에 대한 내용을 명리성격심리 차원에서 상담한다. 그다음 대안을 제시하고 해결방안을 모색하는 동안 내담자의 문제해결을 위한 과정을 마친다. 마지막으로 생애주기에 따른 추후상담시기에 대한 정보를 제공하는 것으로 상담을 마치게 되는데, 인간관계상담의 종결 시에는 반드시 인간관계만이 아니라 직업변화나 심리적 변화 등에 대한 정보를 포함한 생애주기변화에 대한 안내로 상담을 마무리한다.

11-6 명리직업상담에서의 특수논점

선천적성검사(AAT)는 학생과 일반인이라는 두 부류로 크게 나누어 상담대상에 맞는 상담모형을 제시하였다. 그러나 우리 사회는 점차 다양화되고 있으며 학생과 일반인이라는 구분 외에 특수성을 고려한 상담상의 논점이 존재한다. 그것은 우리 사회가 다문화의 특성을 점차 띠고 있다는 점이다. 외국인과의 결혼, 새터민의 증가로 인한 다문화 추세가 늘어나고 있다. 여기에 더하여 고령인구의 증가로 인한 고령자 취업과 재취업을 준비하는 경력단절 여성의 직업상담 그리고 적성에 맞지 않는 직업생활로 인하여 이직을 고려하는 사람들에 대한 직업상담이 그것이다.

가. 다문화가정의 증가

우리나라의 국제결혼율은 2002년에는 5%였으나 2003년 8.2%, 2004년 11.2% 그리고 작년 2008년은 11%를 기록하고 있다. 2004년 이후로 결혼한 10쌍의 부부 중 1쌍이 국제결혼을 하고 다문화가정을 이루었다. 국제결혼 비율이 높아지면서 다문화가정 자녀도 매년 늘어 2008년 5월 기준으로 5만8천7명에 이르렀다. 다음은 초·중·고등학교 다문화 청소년 현황이다.

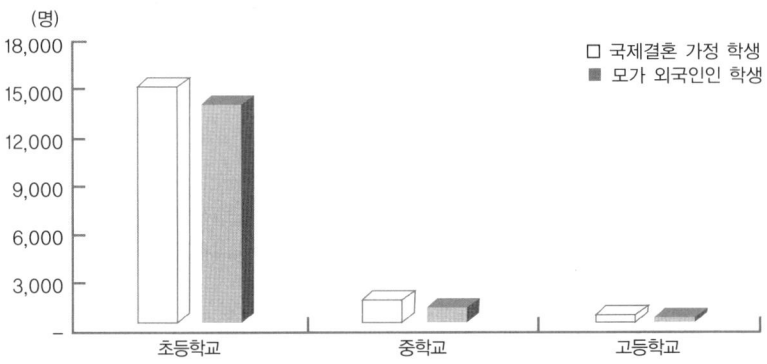

다문화 청소년 현황 (2008년)

학교에서도 다문화가정 학생들과 친구가 되는 것이 흔한 일이 되었으며, 이들 학생에 대한 지원도 점차 늘어나고 있는 추세이다. 여러 가지 면에서 아직은 우리 사회에 적응을 하기 위한 시간이 필요하고 지원이 필요하다는 판단 아래 그러한 혜택이 주어지고 있는 것이다.

나. 다문화시대의 직업상담

다문화가정과 새터민에 대한 직업삼담에서는 선천적성에 대한 검사결과와 더불어 구체적인 직업훈련이 필요하다. 그러므로 전문적인 능력을 갖춘 명리 직업상담사의 안내에 따른 전문직업훈련기관에 대한 정보제공과 사회적응을 위한 성격적, 직업환경적 특징에 대한 부연설명이 매우 중요하다.

명리직업상담의 특수논점 해결

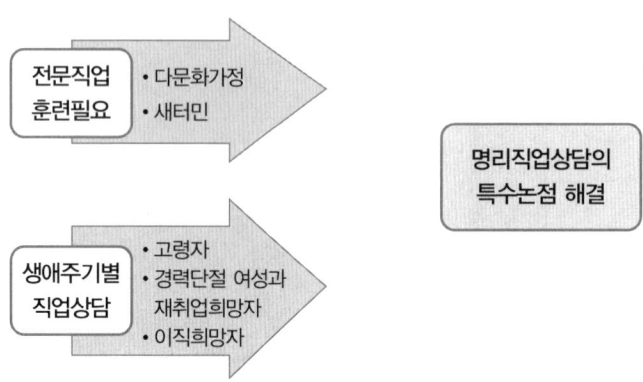

또한 다문화는 아니지만 직업상담 대상자 중에서 소수에 속하는 경력단절 여성, 고령자 그리고 이직희망자는 생애주기별 심리적, 직업환경적 변화에 대한 언급을 통하여 가장 적절한 직업상담이 이루어지도록 해야 한다.

베리(J. W. Berry)의 3가지 유형을 살펴보면 다문화인들이 어떻게 기존사회에 적응하는지 살펴볼 수 있다.

첫째, 문화동화형(Assimilation)이다. 기존에 자신이 몸담았던 사회의 문화와 한국 사회의 문화 간에 갈등이 있을 때, 한국 문화를 재검토하고 자기 것으로 소화하여 수용하려고 하기보다는 스스로 한국 문화의 일부가 되는 식으로 적응한다. 즉, 자기가 과거에 지녔던 것은 무엇이든 상관없이 무조건 새로운 환경에 동화하려고 하는 것이다. 따라서 이 영역에 속하는 사람들은 무조건 새로운 문화가 좋다고 여기면서 기존에 지녀왔던 문화를 경시하는 경향이 있다.

이러한 유형은 외형적으로는 잘 적응하는 것으로 보이지만 바람직한 인격적 성장을 기대할 수는 없을 것이다. 예전에 '아메리카 드림'이라는 환상적인 꿈을 가지고 한국 여성이 국제결혼을 한 것처럼, 현재 외국인 여성들은 '코리

안 드림' 이라는 명목 하에 국제결혼을 한다. 경제적인 여건, 현실도피, 사교성, 용모 등 자신이 살던 사회와는 다른 문화에 대한 맹목적인 환상을 가지고 있으며, 본국의 가난함 등에 대한 수치심 및 문화의 경시까지 나타난다.

둘째, 문화통합형(Integration)이다. 이 유형은 국제결혼의 이상적인 유형으로 새로운 이질적인 문화를 맹목적으로 추종하고 받아들이는 것이 아니라 기존에 자신이 몸담고 있던 문화와 비교하면서 비판과 수용을 통해 두 문화를 통합하는 새로운 안목을 가지는 유형이다. 성공적인 국제결혼을 위해서 서로의 주장(내 문화, 내 방식)을 고집하기보다는 서로를 이해하며 문화를 배워나가는 것이 아주 중요하다. 양보하고 중립적인 입장에서 행동해야 화목하고 행복한 결혼생활을 꾸려나갈 수 있다.

셋째, 문화분리형(Separation)이다. 자신이 몸담았던 문화에 대한 집착에서 벗어나지 못하고 새로운 문화를 적극적으로 받아들이지 못하는 유형이다. 이러한 유형의 국제결혼 가정들은 서로 새로운 사회의 문화적 환경에 적응하지 못하고 국제결혼을 한 것에 대한 후회와 체념을 한다. 또한 미래에 대한 전망이 없고 자신감이 결여되어 있으며 위축되어 있다. 따라서 이 영역에 속하는 사람들은 다른 문화를 배타적으로 대하는 보수적인 성향이 있으며, 새로운 이질적 문화에 대한 거부감을 보인다. 이런 유형의 국제결혼 가정에서는 남편의 가정폭력, 의사소통의 문제, 이혼 등으로 나타난다.

이와 같이 우리나라의 다문화가정은 많은 직업적, 가정적 문제가 현실적으로 드러나고 있다. 미래의 명리직업상담은 다문화가정을 이루고 있는 외국인들을 상담할 준비가 필요하다. 명리직업상담의 기본은 사주를 구성할 수 있는 출생연월일시의 정보이며 이는 정확성을 요한다. 각국에서 출생한 외국인들의 사주는 자기가 출생한 국가와 도시의 시간으로 계산되어야 한다는 것이 주요한 과제이다. 국내에서 유일하게 세계 주요도시 시차를 수록한 『톱TOP 만세력』(김배성 편저, 2009, 창해)을 참고하기 바란다.

다. 그 외의 특수논점

1) 고령자취업

노인에게 있어 직업이란 수입을 얻게 된다는 경제적 의미뿐만 아니라 사회와의 연결통로이며, 건강의 유지, 삶의 보람 등 비경제적으로도 의미를 가진다. 노인을 위한 '고령자인재은행'과 보건복지부의 '노인취업알선센터', 서울시의 '고령자취업알선센터'가 있다.

2) 경력단절 여성

자녀양육 등에 의하여 경력이 단절되었다가 양육을 마치거나 혹은 가정적, 개인적 필요에 의해 다시 직업에 복귀하고자 하는 여성을 의미한다. 이들에게는 자신에 대한 이해와 사회의 흐름, 미래사회, 직업세계 등에 대한 정보를 제공하고, 단계마다 직업복귀를 돕는 프로그램이 있다.

3) 장애인

장애인에 있어서는 장애인의 직무능력을 판정하고 이에 적합한 고용이 이루어질 수 있도록 직업정보를 제공하며, 자기효능감 증진 프로그램, 직업선택의 의사결정을 돕는 과정, 직업문제 치료 등의 상담과정이 필요하다.

4) 제대군인

제대군인은 1994년부터 계속 증가하고 있으며, 2004년 약 8만명에 이르고 있다. 이들에게는 사회적응에 대한 훈련과 취업효능감증진 프로그램 등의 직업상담이 요구된다.

5) 새터민

북한 이탈주민은 정착할 수 있는 직업과 취업으로 이어지는 상담 및 프로그램이 필요하며 생애에 대한 진로를 재구성하는 과정의 직업상담이 요구된다.

6) 외국인 근로자

1980년대부터 한국인의 3D직종이라는 기피직종을 중심으로 외국 인력이 대체되기 시작하여 2005년 약 35만명을 초과하였다. 고용허가제의 경우 이들의 희망업종을 보면 제조업을 희망하는 비율이 97%로 높고, 경공업보다 중공업 분야를 선호한다. 이들은 서울, 부산, 대구 순으로 근무하기를 선호하며, 우리나라 노동시장에서 적응할 수 있도록 도와야 한다.

Part 12

명리직업상담의 기법

모든 상담에는 그 상담특성에 따른 상담의 틀과 기법이 있게 마련이다. 그러나 명리상담의 틀이나 기법은 그동안 제시되어 있지 않은 아쉬움이 있었다. 그래서 필자는 본장에서 일반적인 상담의 틀과 기법을 참고하고 명리의 특수성을 고려하여 명리상담의 틀과 기법에 대한 기준을 마련하고자 한다. 상담과 관련된 이론은 내담자와 관계성을 잘 맺고 상담목적을 파악하고 내담자가 원하는 결론에 도달하는 데 필요한 적절한 절차에 대하여 각 상담이 가지는 인간관과 상담론에 근거한 내용이다. 본 장은 이러한 과정과 목적을 위하여 가장 적절한 상담기법을 소개하고자 한다.

12-1 명리직업상담 기법의 기초

　명리직업상담은 명리학 이론을 바탕으로 상담이 이루어진다. 내담자를 위한 일련의 준비와 과정은 일반상담과 비슷하게 진행이 되지만 내담자의 성격심리가 용이하게 파악된다는 이점 때문에 내담자를 배려한 상담이 가능하다. 또한 대운을 고려한 생애주기별 상담이 이루어진다는 것은 최대의 강점으로 작용하게 된다.

　현재 상담이론은 정신분석적치료, 실존치료, 현실치료, 인지행동치료 등 다양한 이론들이 있는가 하면 근래 다양한 문제해결에는 한 가지 이론으로 해결이 어렵다는 생각으로 통합적 치료라는 분야가 발달하고 있다. 그러나 이러한 분야도 새로운 상담이론의 한 분야라는 주장도 있으며 명리직업상담에서는 명리학 이론에 기초한 고유한 상담을 실시한다.

가. 명리직업상담 진행과정상의 기법

　내담자를 고려한 진행과정상 주의할 점은 다음과 같다. 아래와 같은 내용을 숙지하여 상담에 임하여야 한다. 초보 상담자들과 미숙한 상담자들은 내담자에게 이끌려가며 상담을 진행하는 경우도 있는데, 상담의 원만한 목적을 이루기 위해서는 자신감 있고 일관된 자세로 상담을 진행해야 한다.

1) 상담환경의 분위기 조성

　기존의 철학관이나 명리상담실은 대부분 내담자에게 맞추기식의 일방적인 설명과 신비주의식 권위를 내세워 혐오감을 주거나 압박감을 다소 느끼게 하는 분위기가 빈번하다. 변화와 혁신이 없는 집단과 개인에게 미래는 없다.

　명리직업상담은 인간을 이해하고 미래에 성공가능한 직업방향을 예측하는 희망의 전도사다운 새로운 분위기를 조성해야 한다. 즉, 우주론적인 광의의 인간이해와 오행이론을 통한 한 사람의 인생을 컨설팅하는 전문가다운 분위기를 연출해야 한다.

적절한 장식이나 자료가 없더라도 인테리어를 구성하는 상식선에서 허용적이고 내담자가 릴렉스할 수 있는 분위기로 조성되어야 한다.

그리고 업종의 공통적인 블렌딩이 사업의 승패를 좌우할 수도 있는 현대사회에서 명리업계는 각각의 고유한 여건이 존재한다손 치더라도 대외적으로는 어느 정도 합의된 상담의 기본과 공유할 수 있는 지성적 분위기 연출은 반드시 필요하다.

2) 현대명리학적인 언어구사

현재 일부 명리저술에서 활용되고 있는 명리용어들은 너무나 구시대적인 언어를 사용하고 있다. 또한 신비적이고 너무 자극적인 용어를 사용하고 있기도 하다.

신살론이나 단식판단에 의한 상담으로 고객들에게 순간을 모면하는 대안을 제공하거나 말거리를 만들어 부정적인 이미지를 심어주는 상담자는 있을 수 없다.

또한 '당신은 언제 큰 사고가 난다', '절대 해결할 수 없다'는 등의 절망감을 주고 혹세무민(惑世誣民)하는 상담은 절대 안 된다.

앞으로 수준 높은 내담자와의 명리직업상담은 과학명리학이 추구하는 세련되고 정확한 용어를 활용한 상담이 되어야 한다. 그리고 내담자에게 꿈과 희망을 줄 수 있는 언어심리를 연구해야 한다.

「명리상담의 실태분석 및 개선방안」(김미선, 2009) 연구결과를 살펴보면, 내담자들은 현재 활동하고 있는 명리상담사에게서 언어구사를 가장 불편한 점으로 들고 있다. 상담에서 매우 중요한 영향을 주는 언어를 적합하게 사용하며 내담자의 마음을 움직일 수 있는 상담이 되어야 한다.

명리상담사의 태도에서 불편한 점

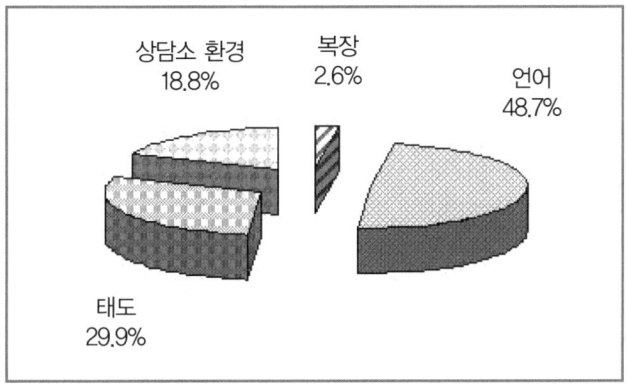

또한 상담에 적합한 장소에 대해 살펴본 결과는 사주전문상담소가 50.5%로 가장 많았으며, 다음으로 지인 21.6%, 무속인 15.5%, 종교인 8.8%, 사주카페 3.6% 순으로 나타났다.

신뢰감을 느끼는 상담장소

구분		사주 상담소	사주 카페	종교인	무속인	지인	계	x2 (df)	p
성별	남	23 (42.6)	1 (1.9)	7 (13.0)	6 (11.1)	17 (31.5)	54 (27.8)	7.33 (4)	0.119
	여	75 (53.6)	6 (4.3)	10 (7.1)	24 (17.1)	25 (17.9)	140 (72.2)		
연령	20대	16 (51.6)	3 (9.7)	2 (6.5)	5 (16.1)	5 (16.1)	31 (16.0)	8.32 (8)	0.403
	30대	35 (50.0)	1 (1.4)	4 (5.7)	14 (20.0)	16 (22.9)	70 (36.1)		
	40대 이상	47 (50.5)	3 (3.2)	11 (11.8)	11 (11.8)	21 (22.6)	93 (47.9)		
학력	고졸 이하	26 (51.0)	3 (5.9)	5 (9.8)	7 (13.7)	10 (19.6)	51 (26.3)	14.86 (8)	0.062
	전문 대졸	33 (67.3)	2 (4.1)	5 (10.2)	5 (10.2)	4 (8.2)	49 (25.3)		
	대졸 이상	39 (41.5)	2 (2.1)	7 (7.4)	18 (19.1)	28 (29.8)	94 (48.5)		
직업	자영업	38 (56.7)	-	5 (7.5)	13 (19.4)	11 (16.4)	67 (34.5)	13.16 (12)	0.358
	공무원/ 회사원	28 (45.2)	5 (8.1)	5 (8.1)	11 (17.7)	13 (21.0)	62 (32.0)		
	프리 랜서	14 (51.9)	-	3 (11.1)	2 (7.4)	8 (29.6)	27 (13.9)		
	주부/ 학생	18 (47.4)	2 (5.3)	4 (10.5)	4 (10.5)	10 (26.3)	38 (19.6)		
계		98 (50.5)	7 (3.6)	17 (8.8)	30 (15.5)	42 (21.6)	194 (100.0)		

　　상담을 위해서는 언어심리학을 공부해야 한다. 실로 언어의 힘이란 대단하다. 사람의 마음을 정지시키거나 변화시킬 수 있는 동력 버튼을 누를 수 있는 것이 언어심리이다. 내담자에게 희망을 주는 적절한 말 한마디는 상담의 키포인트이다.

　　프로이트는 빨간 양탄자에 앉아서 상담을 했다. 그리고 상담을 의뢰한 내담자들에게 '당신은 머리가 대단히 좋다'는 말로 스스로 변화를 주도할 수 있도록 했다. 내담자들은 그 말에 모든 게 치유되었다고 한다.

3) 내담자에게 맞는 상담회기 안내

명리직업상담은 단 1회로 검사결과만을 전달해주는 상담도 있지만, 내담자의 특성과 요구에 따라 다양한 회기의 상담을 진행할 수 있다.

적성검사 외에 보다 구체적인 성격, 심리, 인간관계, 재물관리, 결혼문제 등에 따른 추가되는 상담내용으로 구성하여 다양한 회기의 상담진행이 가능하다.

또한 내담자의 요구에 따라 다양한 적성검사도 실시하여 확신을 갖도록 돕는 것도 좋은 방법이다.

성격검사와 적성검사, 직업카드 및 각종 심리검사에 대한 검사능력도 갖추어 내담자가 원하는 경우 응해줄 수 있어야 한다.

나. 내담자의 특성에 맞는 상담

다른 상담기법과는 달리 본 명리직업상담론에서는 내담자의 특성을 즉시 파악해낼 수 있는 게 장점이 있다. 그 정보는 상담을 효과적으로 이끄는 동시에 상담결과를 성공에 이르게 할 수 있다. 특성을 간략히 정리하면 다음과 같다.

1) 편중된 십성에 의한 내담자

편중된 십성은 반드시 개인의 성격심리에 독특하고 편협된 영향을 주는 요인이므로 그 편중된 십성의 심리특성을 고려한 상담을 진행시켜야 한다. 비겁의 편중은 자존심이 강할 것이요, 인성의 편중은 자기 생각을 변화시키기 어려울 것이며, 관성의 편중은 원칙을 고수하고 재성의 편중은 계산적이며, 식상의 편중은 원칙을 무시하는 자유주의 성향임을 감안한 상담을 진행시켜 효과적인 상담결과를 얻게 될 수 있다.

2) 사주구조에 따른 상담

사주구조는 한 사람이 추구하는 바를 알려주는 척도이다. 생각하고 행동하는 패턴과 직업적성까지도 이러한 사주구조의 파악에서 시작된다. 예컨대 관인상생의 구조라면 기존의 가치관 변화를 힘들어하고 식상생재라면 변화와 창조를 주도하는 마인드를 가지고 있다. 따라서 내담자의 인간관계나 재물에 대한 관점은 물론 가족과 사회에 대한 중요도를 두는 기준까지도 감지한 상담이 될 수 있다.

3) 생애주기별 상담

명리상담의 가장 큰 장점은 운의 흐름에 따른 생애의 변화예측 상담이 가능하다는 것이다. 운의 개입에 따라 심리 및 가치관의 변화와 직업의 변화는 물론 일과 사안의 성패까지도 정확한 정보를 얻고 상담에 임할 수 있다.

4) 연령에 따른 상담

십성의 작용은 다양하다. 예컨대 인수라도 어린이에게는 양육의 작용이며 학생에게는 공부와 교육, 대학생에게는 시험과 자격증취득, 사회인에게는 문서와 계약 등의 작용으로 나누어진다. 같은 십성과 같은 운이어도 연령을 고려한 상담은 내담자를 훨씬 편안하고 상담목적에 쉽게 도달할 수 있는 촉진제가 되어준다.

다. 내담자의 요구에 따른 상담

내담자의 특성에 따른 상담은 내담자의 사주구조에 의한 성격적인 면을 고려해야겠지만 대체적으로 다음 두 종류로 나누어볼 수 있다. 내담자가 결과지향적인 재관중심의 사고방식을 가진다면 정보지향적 상담을 더욱 선호할 것이다. 과정중심적인 인비식의 사고방식을 가진다면 상담결과도 중요하지만 인간적 교류가 있어야 더 효과적인 관계지향적 상담을 더 선호할 것이다.

1) 정보지향적 상담

결과에 더 의의를 두는 내담자라면 상담자가 필요로 하는 정보 자체에 초점을 두어야 한다. 여기서 상담자는 정보수집을 위해 탐색해보기, 폐쇄형 질문, 개방형 질문 사용 등을 하여 수행한다.

2) 관계지향적 상담

이 유형의 상담에서는 내담자와의 관계성을 위하여 재진술, 감정의 반향 등이 포함된다. 재진술은 내담자에 대한 단순한 반사적 반응으로서 내담자에게 상담자가 적극적으로 듣고 있음을 알린다. 반향은 공감을 알린다.

라. 상담사의 사주특성별 주의사항

면대면으로 이루어지는 상담에서는 상담사는 내담자에게 자신의 가치를 요구할 수도 있고, 자신이 옳다고 믿는 것을 강요할 수도 있다. 다음은 상담사의 사주특성별 주의사항으로 십성이 편고된 사주구조의 상담사는 이러한 점에 주의하여 상담에 임하여야 한다.

상담사의 사주특성별 주의사항	
사주특성	**주의 사항**
인성강 상담사	자신의 생각을 주입시키려는 점 주의 같은 주제를 반복적으로 설명하는 단점 주의
비겁강 상담사	일방적인 강요식의 상담 주의 설득과 제시보다는 단언으로 마무리하는 단점 주의
식상강 상담사	내담자의 고충을 듣기보다 자신의 경험을 더 많이 말하는 단점 주의 상담의 목적보다 사람을 만난다는 자체를 즐기려는 단점 주의
재성강 상담사	자신의 노력과 상담결과에 대한 손익을 계산하는 단점 주의 상담과정보다는 결과제시만으로 상담을 종료하려는 단점 주의
관성강 상담사	자신의 사고방식의 틀을 강요하는 단점 주의 내담자의 부정적인 고충을 경시하고 판단하는 태도 주의

마. 상담사의 가치관

상담사는 자신만의 고유한 가치관을 가지고 있지만, 최대한 객관적인 입장
에서 상담을 실시하여야 한다. 그러나 옳다고 믿는 신념과도 같은 가치관들은
상담사로서 긍정적으로 작용할 수 있는 요인이 분명히 있다. 다음의 내용도 이
러한 신념과 밀접한 관련성이 있는 항목이지만, 사회적으로 보다 객관성을 요
하거나 예민한 부분이므로 이 점에 있어서는 자신의 신념을 넘어 보다 통상적
이고 그 사회가 용인하는 범주를 벗어나지 않도록 노력하여야 한다.

- **종교** : 자신이 진리라고 믿고 있지만 종교의 자유라는 측면과 종교는 강
  요할 수 없다는 차원에서 상담에서는 고려될 사항이다.
- **동성애과 성가치관** : 동성애자는 이해해주어야 할 사항인가 인정해주어
  야 할 사항인가에 대한 상담사의 가치관을 정립하고 상담에 임하여야 한
  다. 성가치관 또한 지나친 개방적 사고나 보수적 사고방식을 강요할 수

는 없다.

– **사회문화적 요구** : 상담사나 내담자나 모두 하나의 사회에 속한 존재이
다. 그러한 조건을 원만하게 수용하고 자신의 가치관과 조화시킬 수 있
도록 돕는 것이 보다 긍정적인 상담이 될 수 있다.

12-2 고객의 관리방법

그동안 명리상담의 실태로 볼 때 체계적인 고객관리가 미흡한 상태이다. 세계적인 기업이나 국내의 유수한 기업들은 물론 제품을 판매하거나 또는 고객을 상대로 하는 모든 영업의 형태는 고객관리가 사업성공을 좌우할 수 있는 요인이 된다. 기업뿐만 아니라 병원에서도 환자를 고객으로 보고 지속적인 관리를 하는 것을 볼 수 있다. 일반 심리상담이나 직업상담도 내담자와의 상담을 1회성으로 그치지 않고 내담자가 자기 결정을 하거나 상담목적을 이룰 때까지 회기를 두고 상담하는 것이 원칙이다. 명리직업상담도 이런 기준이 마련되어야 한다.

가. 고객카드와 상담일지

고객카드는 지속적인 상담관리를 위하여 필수적으로 작성되어야 한다. 정확한 기록이 필요한 출생정보를 포함한 내담자 개인정보가 기록되므로 비밀유지와 보안의 의무가 상담사에게는 주어진다.

상담일지는 여러 회기에 걸쳐 상담이 이루어지는 경우 지속적이고 일관된 상담과 맞춤형 상담을 위하여 개인의 환경적, 후천적 역사가 기록되므로 더욱 중요한 자료가 된다. 그렇지 않은 경우에도 상담일지는 명리직업상담 시 내담자의 요구에 대하여 기록하고 분석하는 과정에서 중요한 역할을 한다. 아래는 명리직업상담에 필요한 고객카드와 상담일지 샘플의 예시이다.

1) 고객카드 예시

NO. 0001	고객 상담카드					
성 명	출생정보(음. 양) 년 월 일 시(오전. 오후) 시 분					
주 소	시 구 동 번지			사주기록		
연락처	휴대폰 :					
Tel	회사 : 자택 :					
E-mail						
방문 회차	예약 및 상담일정			상담여부 체크	비고	
1	2009년 7월 7일 18시 30분 방문			○, ×	30분 늦춤	
2	년 월 일 시					
3	년 월 일 시					
4	년 월 일 시					
5	년 월 일 시					
6	년 월 일 시					
7	년 월 일 시					
8	년 월 일 시					
9	년 월 일 시					
10	년 월 일 시					
11	년 월 일 시					
12	년 월 일 시					
13	년 월 일 시					
14	년 월 일 시					

2) 상담일지 예시

상담일지는 고객카드와 함께 관리되어야 하며, 상담내용이 누가 기록되어야 한다. 기록내용은 다음 상담 회차에 참고가 되며 내담자의 추후상담을 위한 최선의 자료가 되어야 한다.

이름		날짜	년 월 일 (회 상담)		
상담 분야	직업상담, 일반상담, 기타(상담)				
상담 의뢰내용					
상담방법	전화상담, 방문상담, 전자우편상담, 기타(상담)				
상담내용	- 진로 분야 : - 성격심리 분야 : - 인간관계 분야 : - 재물 분야 : - 부부관계 분야 : - 자녀관계 분야 :				
상담결과	만족도 및 내담자 비고사항 기록				
추후상담 시 유의점					

나. 상담메뉴별 회기 정하기

상담은 상담 분야에 따라 회기관리가 달라진다. 상담목적에 따라서도 다르게 관리된다. 상담을 진행하는 과정 중에 필요한 상담회기를 안내해주고, 상담종료 전에 다음 일정을 예약하게 된다. 다음 상담회기 전에는 내담자의 이메일 또는 휴대폰 문자서비스, 우편물 등으로 통보해주는 고객관리가 중요하다.

1) 진로문제 상담회기

(1) 초등학생 이하 학과적성검사

중학교 진학시점에 맞추어 적성검사 위한 상담예약 필요

(2) 중학생 학과적성검사

1차 – 고등학교 진학 전 상담예약 필요

2차 – 고교진학 후 문과, 이과, 예체능의 계열 선택과정 시기에 맞추어 상담예약 필요

[참고] 이미 상담을 했고 검사결과를 제공했으나 그동안 아이가 성장하는 과정에서 흥미나 기타 변화사항을 다시 체크하고 계열을 결정하는 데 도움을 주어야 한다.

(3) 고등학생 진로선택

시기 : 고등학교 3학년 1학기

대학의 세부학과 계열을 선택하는 데 본인의 의사를 반영하는 선택을 위한 상담예약 필요

(4) 대학생 학과적성 및 직업적성검사

시기 : 대학 2학년

계열에서 최종 세부전공 선택을 위한 검사 및 상담예약 필요

부전공 선택문제 상담예약 필요

(5) 대학 3학년

취업을 위한 자격증 취득선택 및 직업선택을 위한 상담예약 필요

(6) 대학 4학년

선천적성검사(AAT) 재실시(직업적성 재확인)

대학원 진학문제 상담

유학 및 취직문제 상담

2) 직업문제 상담회기

(1) 취업문제

취업문제 상담

취직을 했을 경우 3개월 뒤에 내담자와 확인상담 필요

근무여건과 인간관계 조언

업무적성 확인 및 6~10개월 후 직장생활 안착을 위한 상담 필요

(2) 승진문제

상담 후 결과가 나온 시점에서 내담자와 확인상담 필요

상담 후 결과에 따라 다음 단계 준비

인간관계 및 재물관리와 심리적 문제 등의 상담

(3) 자격시험 및 자격증취득

상담 후 결과가 나온 시점에서 내담자와 확인상담 필요

시험결과에 따라 다음 단계 준비

인간관계 및 재물관리와 심리적 문제 등의 상담

(4) 직종갈등 및 전직문제

직종의 전환이나 인식전환 등의 상담

3개월 후 내담자와의 확인상담 필요

타 직종과의 비교나 전직 등에 대한 내담자의 신념확인 필요

(5) 창업문제

창업정보와 창업시기 등의 상담

창업시작 직후 내담자와 확인상담 필요

창업과 함께 알지 못했던 여러 가지 문제점 상담 필요

거래처의 직업 및 상품의 전망

인간관계 및 업종의 추가, 매출현황 등

3) 인간관계 상담회기

(1) 이성문제

초기상담 후 1~2개월 사이

상대와의 관계진전 및 화해 또는 결별 등을 확인

이성관계의 진행방향과 이해관계 돕기

행동 및 심리적인 문제 등의 상담 필요

(2) 가족문제

상담 후 내담자의 상황을 고려 1~3개월 사이

가족의 구성 및 갈등관계 등의 변화 확인

발전적인 자아발견과 이해 돕기

행동 및 심리적인 문제 등의 상담 필요

(3) 친구 및 직장동료 등의 인간관계 문제

초기상담 후 2~3개월 사이

상대와의 관계개선 화해 등을 확인

그에 따른 관계유지 및 개선방향의 조언

행동 및 심리적인 문제 등의 상담 필요

다. 고객관리

명리직업상담은 명리학의 현대적 발전을 기초로 탄생된 분야이다. 그러나 전문적인 명리직업상담을 하게 되는 상담사는 지속적인 고객관리를 해야 하며, 필요에 따라 사업적 마인드도 필요하다. 고객관리는 직접적으로 고객과의 관계형성을 위한 활동과 간접적으로 새로운 프로그램에 대한 안내로도 가능하다. 이에 대하여 정리해보면 다음과 같다.

1) 직접적인 고객관리
생애주기별 상담시기 안내
상담 후 우편과 메일, 문자를 활용한 관계성 지속
생일을 활용하여 세운에 따른 조언 전달

2) 간접적인 고객관리
학술활동 초대
학술지 송부 및 평생회원으로 관리
새로운 상담 프로그램 안내

12-3 십성편중에 따른 심리상담기법

명리직업상담은 내담자의 사주정보를 통하여 그의 성격심리 및 인간관계 마인드, 사회적 역할, 경제적 수준, 직업적성 등의 특성을 미리 예견할 수 있다. 즉, 내담자의 심리성향에 따른 맞춤상담이 가능하기 때문에 내담자는 상담결과에 대해서 만족스러울 수 있으므로 상담의 성공확률은 매우 높다 할 수 있다. 이런 내담자의 사전정보를 구하여 상담에 임할 수 있는 것은 그 어디에서도 찾아볼 수 없는 명리상담만의 특별한 장점이다. 여기서 사주 구조의 정보에 따른 초기 심리특성 파악의 상담기법은 다음과 같다.

가. 편중된 십성에 따른 심리파악

내담자의 사주구성에서 편중된 십성은 곧 내담자 개인의 특성적 성향이 가장 짙게 드러나므로 상담자는 우선 참고해야 한다. 편중의 십성은 강한 십성을 말하는 것이니 한 사람의 사주에서는 편중된 십성이 단지 하나만 있는 경우도 있으나 두 개 이상으로 편중된 사주도 있으니 복합적으로 적용해야 할 것이다.

예컨대 정인격을 이룬 사주가 동시에 상관이 강하면 이 사람은 정인과 상관의 두 가지 편중성을 참고해서 상담에 임해야 한다는 것이다. 또한 식상, 재성, 관성이 모두 강한 사람이라면 이 세 가지의 편중에 대한 성분의 특성을 고려한 정보를 추출하여 상담에 임할 수 있다.

여기서 말하는 편중의 기준이란 다음과 같은 조건들을 말한다.

편중을 판별하는 기준

- 월지에서 형성된 격의 십성
- 육합 및 방합과 삼합국을 이루어 강하게 작용하는 십성
- 사주 내 여러 개가 분포되어 있는 십성
- 일간에 근접되어 강한 작용을 하는 십성

이와 같이 격국에 따라 성격 특성과 가치관의 기준을 알 수 있다. 합국으로 전환된 변화심리와 강하거나 많은 십성으로 집중된 주관적인 성격심리 및 흥미유발성향과 일간에게 직접적인 영향을 미치는 십성의 현실적 행동심리성향과 사회성 관계의 특성을 분석한 상담이 될 수 있다. 아래 표는 십성별 편중에 의한 상담 시 문제상황이다.

편중된 십성으로 인한 상담 시의 문제상황				
인성 편중	비겁 편중	식상 편중	재성 편중	관성 편중
- 생각의 전환 불가 - 변화 적응도 낮음.	- 자존심과 고집 - 스트레스에 내성 약함.	- 목적없는 자기 표현 - 상담보다 인간적 친화를 더 요구함.	- 설명보다 결과중시 - 상담공간에 대한 민감한 반응	- 이유없는 피해의식 - 자아존중감 낮음.

나. 편중된 십성에 따른 상담기법

편중된 십성을 가진 내담자에 대한 상담은 그 십성이 가진 성격이 강하게 발현되고 있는 점에 주의하여 내담자 중심의 맞춤형 상담을 해야 한다. 각 편중된 십성에 대한 상담은 다음과 같은 방향으로 전개되어야 한다.

1) 편인과 정인의 편중에 따른 상담기법

편인과 정인	
편인 강자	편인격의 내담자는 자신만의 차별화된 전문성을 지향한다. 그러므로 이러한 내담자는 상담을 하는 과정에 있어서 직업의 기타 조건도 중요하지만 자신만의 분야를 개척해나갈 수 있는 확신을 얻기를 원한다.
	편인 강자인 내담자는 자신만의 생각이 확실하므로 상담사는 타당한 근거를 가진 결과를 가지고 상담에 임하여야 하며 절대로 자신의 생각을 개입해서는 안 된다.
정인 강자	정인격의 내담자는 명예와 전통성을 지향한다. 그러므로 이러한 내담자는 끝까지 존중받는다는 느낌을 전해주어야 하며 그 직업에 대한 사회적 인식도 중요시한다. 상담하는 동안 중요한 사항은 따로 정리해주기를 원한다.
	정인 강자인 내담자는 수용적인 태도를 지니나 자신만의 생각이 많은 사람이므로 확실하고 실제적인 내용을 제시하여야 하며 상담사의 생각을 강요해서는 안 된다.

2) 비견과 겁재의 편중에 따른 상담기법

비견과 겁재	
비견 강자	비견격의 내담자는 매우 현실적인 상담을 원한다. 그러므로 지금 내담자가 해야 할 일과 현재 요구하는 것에 대한 즉각적인 답변을 선호한다.
	비견 강자인 내담자는 자아가 강하므로 자신이 존중받는다는 느낌을 갖게 도와주어야 한다. 자신이 스스로 결정하도록 상담자는 조언자 역할만을 해야 한다.
겁재 강자	겁재격의 내담자는 비견격과 비슷한 성격을 가지나 보다 경쟁력있는 능력을 원하므로 상담자는 내담자의 발전을 위한 방법적인 면에 대한 모색에 치중해야 한다.
	겁재 강자인 내담자는 경쟁심이 강하므로 남들보다 자신이 더 우수한 상담을 받고 있다는 확신을 갖도록 최고의 상담자와 최고의 검사도구임을 주지시켜주는 것이 중요하다.

3) 식신과 상관의 편중에 따른 상담기법

식신과 상관	
식신 강자	식신격의 내담자는 인간적인 친화를 소중히 여기고 기술력의 축적을 지향한다. 그러므로 직업상담에 있어서도 편안한 분위기와 신뢰감을 주는 상담사가 상담을 하여야 효과가 크다.
	식신 강자인 내담자는 인간적인 교류를 중요시하므로 상담자와 자신 모두 많은 의사소통이 이루어지는 것을 원하므로 많은 설명과 오랜 의견청취가 중요하다.
상관 강자	상관격의 내담자는 차별화되고 고정관념을 깨는 창의성을 지향한다. 그러므로 상담 시에 자신이 특별하다고 느끼도록 존중해주고 자신의 말을 잘 들어주어야 상담 효과가 크다.
	상관 강자인 내담자는 듣기보다는 자신을 더 표현하고 싶어하므로 잘 들어주되 중요한 상담내용에서는 오히려 강력하게 요지를 분명히 해주어야 한다.

4) 편재와 정재의 편중에 따른 상담기법

편재와 정재	
편재 강자	편재격의 내담자는 성취욕구의 실현을 위하여 신속한 결과와 유동성을 지향한다. 그러므로 신속한 상담과 자신의 성취욕구를 자극할 수 있는 적당한 수준의 도달목표가 제시되는 상담을 원하며 자신의 능력을 인정해주는 상담사를 원한다.
	편재 강자인 내담자는 가치판단이 빠르다. 그러므로 상담의 내용이 추상적인 내용이 아니라 구체적이어야 하며 노련하고 일반상식이 풍부한 상담사라야 한다.
정재 강자	정재격의 내담자는 정확성과 신뢰, 그리고 실리를 지향한다. 그러므로 치밀하게 준비한 상담만이 성공이 가능하고 꼼꼼한 답변을 해주어야 한다.
	정재 강자인 내담자는 치밀하고 분석적이므로 상담내용이 정확하고 일관성이 있어야 한다. 약간의 번복도 실수가 아닌 치명적인 신뢰 실추로 이어지므로 주의해야 한다.

5) 편관과 정관의 편중에 따른 상담기법

편관과 정관	
편관 강자	편관격의 내담자는 신속하고 개혁적인 리더십을 지향한다. 그러므로 신속한 판단에 의한 상담과 직설적일지라도 정확하게 전달해주는 상담이 되어야 한다.
	편관 강자인 내담자는 부드럽고 우유부단한 설명은 지양하고 적극적인 자세로 분명한 내용을 제시하여야 한다. 결정력이 좋으므로 많은 정보 가운데 스스로가 결정하는 장점을 잘 활용한다.
정관 강자	정관격의 내담자는 도덕적 원칙과 공익을 지향한다. 그러므로 예의를 분명히 지켜주고 약속시간과 상담내용이 절도있게 진행되어야 한다.
	정관 강자인 내담자는 원칙과 규정을 중시하므로 상담절차나 정해진 상담내용들을 정확히 전달하고 언어도 정확한 존칭어를 사용해야 한다.

12-4 사주구조와 사회성 상담기법

내담자 사주의 십성편중에 의한 성격심리 및 가치관 등의 예측에 의한 상담기법과 함께 사주 내 십성들이 이루고 있는 구조의 형태에 따라서 나타나는 삶의 모형을 참고해야 한다. 이는 본 저술서에서 가장 중요하게 다루고 있는 직업코스를 말하는 것으로 메인 4코스와 4개의 서브코스의 특정한 작용력에 중점을 두고 상담을 이끄는 기법으로 선천적인 소질과 학과 및 직업적성과 함께 직무유형까지 참고하여 내담자와의 상담에 임할 수 있는 것을 말한다.

또한 십성의 코스별로 상생과 상극의 방향이 출생 연월일시에서의 위치와 천간과 지지에 따라 대상자의 본성적인 발전방향과 가치관 및 삶을 주관하는 다양한 선호도가 나타나게 되어 있으니 상담에서 내담자를 이해하는 데에 중요한 포인트가 되고 있다는 점을 주지해야 할 것이다.

가. 코스에 의한 상담

참고할 것은 한 사람의 사주에서도 메인코스와 서브코스는 동시에 중복될 수 있다는 점이다. 중복될 때는 복합적 작용의 정보를 파악하여 상담에 적용하는 것이 유용하다.

1) 4개의 메인코스

코스	직업능력	전문성
인 비 식	전문성 강	자기중심전문성, 수용성, 활용성
식상생재	경쟁사업 강	경쟁을 통한 실현, 자율성, 활동성
관인상생	수행능력 강	사회주체, 구조성, 수행성, 책임성
재 생 관	개척능력 강	사회와 자기주체, 활동성, 권력성

(1) 인비식 코스

원만한 성격의 소유자이며 수용력과 이해력이 우수하므로 상담목적을 가급적 우회하지 말고 직접적인 전달이 상담효과를 높일 수 있다. 상담과정이 진지했다면 결과에 관계없이 더 만족스런 반응을 보이는 심리구조이다.

(2) 식상생재 코스

대외적인 경쟁활동을 수용하는 성격과 오픈 마인드를 갖추었으나 자기 기분이 흐르는 방향으로 행동하고 결론을 내려 하는 성향이 강하므로 중요한 사항을 메모하여주는 것이 상담효과가 높다.

(3) 관인상생 코스

원칙과 기준이 있는 과정을 선호하며 신중한 행동을 하는 사람으로 내담자의 상담목적을 체계적이고 논리적으로 설명해야 상담효과가 높다. 감성적인 많은 말보다는 명료한 말로 상담을 진행해야 한다.

(4) 재생관 코스

다소 계산적이고 논리적이며 명예욕구와 자율성을 동시에 소유한 성격으로 자신의 상담목적을 편안하게 조언해주고 스스로 결정하도록 돕는 것이 상담효과를 높일 수 있다. 상담사에 대한 신뢰감형성이 우선되어야 상담이 성공할 수 있다.

2) 4개의 서브코스

코스	직업능력	전문성
인성 ⇔ 재성	수리능력	사고의 전환, 발상, 논술, 계산
관성 ⇔ 식상	변화능력	고정관념탈피, 설득, 연설, 강의
재성 ⇔ 비겁	개발능력	의욕, 활동성, 유통, 체력, 공간
비겁 ⇔ 관성	책임능력	명예, 책임감, 의무, 권리, 권한

(1) 재극인 코스

사고와 발상의 전환이 급속도로 빠른 성격의 소유자로 강요성의 상담은 불리하고, 내담자의 상담목적을 충분히 들어준 다음에 조언을 하는 것이 상담효과를 높일 수 있다.

(2) 식상제살 코스

틀에 얽매이는 것을 싫어하고 본인 스스로 설득력과 변화에 익숙한 성격이므로 내담자가 원하는 결정을 하기 위한 차분한 조언자 역할이 상담효과를 높일 수 있다.

(3) 비재 코스

내담자는 자신이 설정한 목적에 대하여 의지와 욕구가 강한 성격의 소유자로 상담자는 내담자의 자존심과 인격을 최대한 존중한 상태에서 장점을 승화시켜줄 수 있는 상담이 효과적이다.

(4) 관비 코스

공명심과 원칙을 중시하며 자존심이 강한 성격의 소유자로 실제 자신의 신념이 활동으로 전환되는 과정은 매끄럽지 못한 면이 있다. 따라서 내담자의 능력과 환경을 충분히 고려하여 침착하게 조언하는 상담이 효과적이다.

나. 에너지의 방향에 의한 상담

에너지의 흐름은 아래 표와 같이 분류할 수 있다. 하지만 사주에서의 위치별로 에너지의 흐름 형태는 다양하다. 그 흐름에 따라 대상자의 본성적인 성격심리에 따른 습관이나 버릇은 물론 발전방향과 가치관 및 삶을 주관하는 다양한 선호도가 나타내게 된다.

구분	에너지의 흐름	구조분석
인코스(in-course)	에너지의 유입	일간으로 생하는 구조
아웃코스(out-course)	에너지의 유출	일간이 생하는 구조
어게인스트코스(against-course)	에너지의 대립	강력한 극의 구조

1) 인비식 코스의 상담

(1) 지지에서 천간으로 인비식을 이룰 때

내면의 생각이 사회성으로 발현되는 오픈마인드의 성격으로 내담자의 상담문제를 솔직하고 현실적으로 조언하는 게 좋다.

(2) 천간에서 지지로 인비식을 이룰 때

내담자는 상담 시 상당히 수용적인 태도를 보이나 결과적으로는 내면으로 자신의 문제를 이끌어 결정하고 고민하는 스타일이므로 불확실한 정보에 유의해야 한다.

(3) 천간에서 천간으로 인비식을 이룰 때

사회적인 성향이 강하여 모든 문제를 공적인 문제로 비화시킬 우려가 있으므로 상담에는 상호 간 신뢰가 중요하고 중요한 문제는 기록해주는 것이 좋다.

(4) 지지에서 지지로 인비식을 이룰 때

문제의 본질을 자신으로부터 이끌어내며 결론 또한 자신의 문제로 이끄는 내성적인 스타일로 상담자는 다양한 사례와 희망적인 분위기를 유지하는 게 필수적이다.

2) 식상생재 코스의 상담

(1) 지지에서 천간으로 생재를 이룰 때

개인과 가족의 문제를 사회적으로 희생시키는 것에 동의하는 사회공익적 성향이 강한 스타일로 상담의 문제를 외형적인 결과에 초점을 맞추는 것이 효과적이다.

(2) 천간에서 지지로 생재를 이룰 때

사회적인 수용과 객관적인 성향의 모습이나 내면적으로 치밀한 경제관념과 안정적인 개인의 목표를 지향하고 있으므로 개인의 인생관에 주안점을 두고 상담해야 효과적이다.

(3) 천간에서 천간으로 생재를 이룰 때

자신의 경제적 정서가 사회적인 편향으로 흐를 가능성이 높고 모든 경제문제를 공적으로 비화시킬 우려가 있으므로 내담자와 상담자가 가정의 경제가 우선이라는 공감대를 형성하는 과정이 중요하다.

(4) 지지에서 지지로 생재를 이룰 때

외면적으로는 침착하고 관용적인 모습을 보일 수 있으나 내면적으로는 경제욕구가 상당히 강한 스타일로 내담자의 개인적 욕구를 존중하며 상담에 임하는 것이 좋다.

3) 관인상생 코스의 상담

(1) 지지에서 천간으로 관인상생을 이룰 때

원칙적인 내면이 외형적으로 수용되는 성격의 스타일로 그의 본심에서 나오는 심정을 받아들이고 사회가 요구하는 것과의 충돌에 깊이 관여하지 않도록 상담하는 것이 좋다.

(2) 천간에서 지지로 관인상생을 이룰 때

사회의 질서와 안전수칙이 몸에 배어 사회적 고민을 가정에까지 이끌어들이는 성격 스타일로 내담자의 신념을 존중하고 이해하는 측면의 상담이 필요하다.

(3) 천간에서 천간으로 관인상생을 이룰 때

삶의 질과 행복의 추구가 자신의 사회생활에서 모두 기인될 수 있다는 강박심을 소유할 가능성의 성격 스타일이므로 내담자의 자존심을 존중하고 충분히 이해하는 과정을 거친 상담이 필요하다.

(4) 지지에서 지지로 관인상생을 이룰 때

오픈된 사회성에 가려진 내면의 원칙은 스스로의 잘못과 실수를 스스로 인정하기 어려울 수 있는 성격 스타일로 상담자는 내담자의 마음을 깊이 이해하고 존중하며 차분한 언어와 분위기로 상담해야 좋다.

3) 재생관 코스의 상담

(1) 지지에서 천간으로 재생관을 이룰 때

경제적인 안정을 이루고 명예를 추구하는 스타일로 명예욕을 존중하는 한편 으로는 자기명예를 위해서 가족을 희생시킬 수 있다는 점을 참고하여 상담해야 한다.

(2) 천간에서 지지로 재생관을 이룰 때

사회적인 경제구축이 가정으로 이끄는 명예심리를 소유한 스타일로 권력의 꿈이 많을 수 있다. 곧 가정의 제왕이 될 것을 참고하여 사회적인 활동과 가정의 따뜻함을 분별할 수 있도록 친절한 상담에 임해야 한다.

(3) 천간에서 천간으로 재생관을 이룰 때

경제를 이루는 것도 사회적으로 명예를 이루는 것도 모두 자기의 인생목표가 되어야 한나는 스타일이 될 수 있으므로 내담자의 공명심과 권위적인 태도를 억누르지 않고 존중하는 상태에서 상담의 목적을 이룰 수 있도록 해야 한다.

(4) 지지에서 지지로 재생관을 이룰 때

자신의 활동과 명예를 구축하는 과정이 타인에게 표출되는 것이 부담스러울 수 있으나 간접적으로는 강한 표출심리를 가진 스타일로 상담자는 그의 욕구를 표면화시켜 상담으로 이끌어 존중하는 상담이 필요하다.

12-5 직업변화예측 상담

성공가능성을 예견하거나 직업의 변화를 정확하게 예측할 수 있는 것은 사주대운의 흐름이다. 안정된 직장에 취직하여 정년을 마치는 직업인들과 중간에 새로운 도전을 시도하며 전직을 하는 사람들이 있는가 하면, 본인의 의지와 다르게 직장의 구조조정이나 본인의 실수로 직장에서 퇴출되거나 명퇴하는 사람들을 흔하게 볼 수 있다. 하나의 예로 직장생활을 하다가 자영업으로 전직을 하여 성공한다면 자신의 만족과 함께 가족까지 행복할 수 있을 것이나 실패하게 된다면 크나큰 고통을 감내해야 된다.

수없이 많은 직업을 전전하며 살아가는 사람들이 있는가 하면 직장에서 자영업자로 자영업자에서 직장으로 또 장사를 하는 사람들도 업종을 여러 차례 바꾸기도 한다. 그런 과정이 모두 성공과 발전을 도모하는 것이 아니므로 직업선택에서부터 전직에 이르기까지는 자신의 출생사주에 개입되는 대운의 흐름을 정확하게 파악해야 하는 것이다.

명리직업상담은 짧게는 5년에서부터 10년 주기로 변화되는 개인의 직업적 변화를 수용할 수 있는지와 성패의 가능성을 정확하게 간파할 수 있다. 이 또한 어느 적성검사나 직업정보제공 상담에 비유할 수 없는 특별한 장점이다.

가. 대운과 환경변화

태양 흑점은 약 11년의 주기를 가지고 변하고 있다. 그리고 하루에 3시간씩 10년을 어딘가에 몰입하여 10,000시간을 채우면 누구나 전문가가 된다고 한다.

이처럼 대단한 위력을 가진 10년이라는 시간은 사주대운의 주기와 정확하게 일치하고 있다. 그러므로 명리직업상담은 내담자의 대운에 따른 10년 단위 변화를 미리 정확하게 예측 분석하여 준비된 삶을 살 수 있도록 도와주게 된다. 또한 내담자는 10년마다 찾아드는 변화 속에서 좋은 운이라면 절호의 기회를 잡을 수 있다.

적성검사 Triangle이 유기적인 관계 속에서 확고하게 자리를 잡은 사주구조는 대운이 변하여도 삶의 테두리는 크게 변하지 않고 자신의 신념대로 살아갈 수 있다. 그러나 사주구조가 다소 약하게 구성된 경우는 대운의 변화에 따라 환경적으로 심적으로 영향을 크게 받으므로 명리직업상담 시에 더욱 정확하게 분석해주어야 한다.

과거에는 한번 배운 기술과 지식으로 평생 동안 활용하고도 자손 몇 대까지 물려줄 수도 있었다. 그 후 자신의 평생 동안 활용이 가능한 시대를 지나 현대에는 대학이나 정규 교육기관에서의 교육만으로는 절대적으로 부족한 평생교육시대가 도래했다.

명리직업상담사는 시대적 요구와 대운의 변화라는 명리자체의 특징을 가장 잘 조합하여 적정시기에 대한 예측과 대비를 위한 상담을 해줄 수 있다는 강점이 있다. 시기를 놓치거나 미루어 함정에 빠지는 상황이 되지 않도록 상담해야 한다.

함정(陷穽)

– 행동지연 함정 : 천천히 가도 되겠지 하다가 영원히 기회를 놓친다.

– 시간지연 함정 : 잠깐 미룬 것이 나중에 다른 결과가 나타난다.

– 투자지연 함정 : 투자를 미루다가 결국 몇 배의 손실을 낸다.

나. 상극운의 직업변화 예측

사주의 대운은 개인의 직업심리를 크게 좌우하고 있으며, 그중 가장 주목하여 보아야 하는 운이 있다. 그것은 상극의 운으로 전환되는 시기이며 가장 큰 직업의 갈등과 이직요인이 되고 있다. 직장인이 퇴직하고 사업에 성공한 사례도 있고, 자영업자가 직장으로 전직하여 오히려 안정을 찾기도 할 수 있지만 그것은 사주의 대운이 뒷받침되었을 때 가능하다.

직업의 변화는 반드시 자신을 긍정적으로 이끄는 희신의 대운인지, 아니면 부정적으로 이끄는 기신의 대운인지를 판단해야 하는 것과 함께 또한 의욕보다는 자신이 갖춘 능력과 주변의 협력관계 및 환경까지 고려해서 결정해야한다. 특히 전제조건은 선천적성검사(AAT)결과의 직업적성에 대한 적합성 여부를 반드시 참고해야 한다.

아래 제시된 십성의 상극되는 변화운은 평상시 접하며 살았던 직업의 형태와 가치관이 극히 반대되는 방향으로 진행되므로 상담 시에 매우 신중한 판단과 조언이 필요하다.

일간오행 특성과 상극대운의 관계

일간	순행대운	巳午未 → 申酉戌
	역행대운	申酉戌 → 巳午未

위와 같이 상극운으로 전환될 경우 내담자의 심리적인 문제가 주원인이 될 것을 감안하여 상담자는 직업의 전환이 최선은 아님을 인식하고 합리적인 상담으로 이끌어야 한다. 木火金水의 순서로 진행되는 대운 오행의 흐름은 상생의 관계를 가지나 巳午未의 여름에서 申酉戌의 가을로 가는 부분에서만 火剋金의 상극운이 되는 원리에 의한 이론이다.

다. 심리변화

대운의 변화는 환경적 변화를 의미한다. 그러나 물리적인 환경변화가 이루어지기 이전에 먼저 심리적 환경이 변화하므로 이에 따른 행동을 유발한 환경 변화를 가져오게 될 것이다. 그러니만큼 생각의 변화는 곧 개인의 행동과 삶의 많은 모습을 변화시킨다. 사주구조의 강약에 따라 변화의 정도는 달라도 심리적인 변화는 그 사람이 살아가는 모습과 인간관계나 가치관 등에 분명히 영향을 미치게 되어 있으니, 명리직업상담은 먼저 인간심리에 대한 이해가 깊어야 한다는 것을 잊어서는 안 된다. 또한 명리직업상담사는 자기성찰을 할 수 있어야 하며 다음과 같은 자질을 갖추어야 한다.

1) 스스로를 먼저 상담하라!

자신이 불행하고 자신의 문제를 극복하지 못한 상담사는 남을 도울 수가 없다. 스스로가 먼저 자신을 상담하고 여유로움을 갖춘 사람이어야 한다.

필요성(Need)의 욕구 때문에 너무 적극적인 자세나 자만으로 상담을 그르치지 않도록 해야 한다.

- **자신을 신뢰하기** : 상담사는 내담자를 대면하는 과정에서 자신없이 불안감에 빠지기 쉽다. 배우고 판단한 대로 차분하게 상담을 이끌고 가려면 스스로 자신을 믿어주어야 한다.
- **완벽보다 최선을 다하기** : 완벽한 상담이란 어렵다. 여러 상황 속에서 최선을 다한 선택과 결정을 돕는 상담이 좋은 상담인 것이다.

2) 전문가적인 태도를 지녀라!

전문가란 남들이 모르는 지식과 기술력을 갖추어야 하며, 문제에 대해 시원한 해답을 줄 수 있어야 한다. 문제란 해결방법을 알기 전에 문제의 명료화만으로도 많은 것이 해결된다. 전문가로서 능숙한 문제해결력을 갖추려면 끊임없는 노력과 연구가 있어야 한다.

- **자신만의 상담이론을 정립하기** : 다양한 상담이론들은 그에 적합한 상황 속에서 적절하게 활용되어야 한다. 그러나 자신만의 독특한 상담이론을 정립하여 일관성있고 전문가다운 상담을 지속해야 한다.
- **내담자의 요구를 읽어주기** : 진정한 전문가는 자신이 배운 대로 능력을 발휘하고자 하기보다 내담자의 요구에 더 귀를 기울이는 상담사이다.

3) 문제해결보다는 도움을 주자!

상담에는 문제의 명료화라는 과정이 들어가지만, 내담자에 대하여 문제해결을 위한 상담이라는 입장보다는 내담자가 스스로 의사결정(意思決定, Decision Making)을 할 수 있도록 도움을 주고자 하는 인간적 접근이 현대인들에게는 더욱 효과적인 상담이 된다. 사주구조를 바꾸는 일이 아니고는 문제 자체의 해결은 어렵다. 그러한 구조에서 최선의 선택과 최상의 자아실현을 위한 도움이 명리직업상담사가 할 일인 것이다.

- **결정은 내담자가 하도록 하기** : 갈등을 가진 내담자는 누군가의 확신과 결정을 원한다. 그러나 이러한 방법은 더욱 내담자의 의존심만 키우게 되는 부정적 요인이 된다. 충분한 정보와 자기 결정력을 키워주는 것도 상담사의 역할이다.

라. 관련 논문

■ 배현배(2008), 「사주의 대운 및 세운이 직업변동에 미치는 영향」
　　　　　　경기대학교 국제문화대학원 석사학위 논문

☞ 이 연구는 사주의 운과 직업변동에 대한 연구로 대운과 세운이 월지를 합하는 경우 이직 한 사람은 239명으로 전체 응답자의 78.4%로 다수를 차지해 유의미한 결과가 나타났으며($x2 = 38.289$, p<.001), 대운이 월지를 합하므로 직장을 이동한 사람이 다수로 유의미하였으나($x2 = 23.689$, p<.001), 세운에서는 월지합이 되지 않은 경우에 직장을 이동한 집단이 유의미하게 더 많았다($x2 = 5.511$, p<.05).

반면 이직자 중 대운과 세운에서 월지의 충이 오는 경우는 소수였다. 결과적으로 월지합이 올 때 직장을 이동하는 비율이 충이 올 때 직장을 이동하는 비율에 비해 현저히 많으며, 대운이 월지를 합하는 경우 직장을 이동할 확률이 가장 많은 것을 알 수 있다.

Part 13

선천적성검사(AAT)결과를 참고하여 진로방향을 선택하는 직업상담의 본질 뒤에는 인간의 삶에 관련된 수많은 정신적, 물질적 관계에서 선택의 연속에 놓이게 된다. 그러므로 직업적성 상담과 함께 심리적인 문제나 이성 및 부부 등의 인간관계 문제와 자식의 문제 및 경제적인 문제 등을 병행하여 상담할 수 있어야 내담자의 심정을 보다 다양하게 이해하고, 미래의 꿈을 줄 수 있는 진정한 상담을 완성할 수 있다.

상담을 받는 내담자와 상담을 담당하는 상담사 모두가 추구하는 것은 '행복한 삶'이다. 음양 오행이 조화를 이룬 안정되고 평화로운 상태를 원하는 것이다. 그러나 사주구조의 다양성 속에서 파생되는 삶의 희로애락과 갈등은 누구나 감당해야 되는 인간으로서의 몫이다. 명리상담사는 모든 이들의 행복한 삶을 위해 음양오행의 어그러짐과 조화를 잘 분별하여 진정 원하고 필

명리일반상담

요한 한마디의 말을 해줄 수 있어야 한다.

명리직업상담과 병행되는 주요 상담 파트

1. 사주심리상담

2. 이성문제와 부부관계

3. 자녀운의 판단

4. 재물의 소득과 소유관계

13-1 명리상담심리

가. 명리상담의 정서

명리상담은 사주에 분포된 음양과 오행을 내포하여 상생과 상극 및 회합관계를 주도하는 십성의 상관관계와 함께 대운과 세운이 사주의 구성과 십성의 성분에 개입하는 관계를 분석하는 것이다.

그 분석의 결과로 인간사의 모든 것을 예측하거나 부분적인 사안 및 정서의 흐름을 알게 되니 인간의 심리상담이 가능하다. 직업적성상담은 물론 이성 및 부부 등 인간관계와 재물의 취득관계 등을 판별할 수 있는 것이다.

과학적인 분석을 가능케 하였으므로 과학명리라고 칭하며, 고유한 분석체계를 다루어온 것이다. 그러나 사주분석의 틀을 적용하는 정확성이 있다 하더라도 상담자가 사주를 이해하는 척도의 수준이 각기 다르다는 것이다.

사주에는 열 개의 십성이 고르게 존재하지 않으며 찾아볼 수 없는 오행과 십성도 있다. 하여 사주의 체를 여덟 글자로 고정시켜놓지 말고 살아 숨쉬는 생명체로 이해할 필요가 있다.

상담에는 상담의 기법과 원칙이 중요하지만 고도의 직관력이 필요하다.

사주에는 정신과 심장이 있다. 그리고 혈관과 신경이 사주구조의 곳곳으로 뻗어 있다고 생각하자.

상담사는 그 사주의 심장소리를 듣고 혈관을 타고 전신을 졸졸졸 흘러 다니며 맥박과 숨소리를 들어야 한다. 그리고 어디서 혈관이 좁아졌는지 신경이 둔해졌거나 마비되었는지를 진단해야 한다.

- 입체적인 이해와 분석 중요
- 이원화 작용을 정확하게 이해

마이클 잭슨 1958. 8. 29. 23:54 출생~2009. 6. 25. 12시 사망

時	日	月	年
甲	己	庚	戊
子	卯	申	戌

상관격으로 행위예술의 타고난 적성이 있으며, 비견을 의지하는 것은 신체지능이 발달, 상관견관은 기존의 형식에 얽매이지 않는 새로운 탐색이며 도전이다.

금세기 최고의 팝의 황제 마이클 잭슨은 늘 심장이 약했다. 그의 사주에는 火기운이 약했기 때문이며 결국 火기운이 가장 약해지는 己丑년에 심장이 멎어 세상을 떠났다.

나. 입체적인 분석

1) 없는 십성에 대한 이해

사주 내에 없는 십성은 공기처럼 보이지 않으나 사주의 어디엔가 그림자처럼 있는 것이다. 사생아나 입양아들도 평생 볼 수 없지만 어디엔가 자신을 낳아준 엄마가 있는 것처럼 말이다. 다만 직접적인 양육의 사랑은 없었다는 것이 중요하다. 또는 현실로 나와 함께하지 못하고 뒤에서 후원을 통한 양육을 돕고 있는 작용으로 볼 수 있다. 그러나 아이들은 엄마가 없음으로써 콤플렉스를 느낄 수 있는 것처럼 사주 내에 없는 십성에 대한 욕구는 강하며 콤플렉스로 드러나는 경우가 많다. 다만 없는 십성의 작용이 간혹 드러나지 않는 경우도 있다.

2) 십성의 입체적 분석

(1) 인성운이 왔다면
- 학문적인 성과를 높이는 정신상태를 가진다.(인비)
- 문서와 인허가 문제의 일이 발생한다.(관인상생)
- 새로운 사고를 통한 방향의 전환을 구상한다.(재극인)
- 모친이 집에 오시거나 모시는 일이 있을 수 있다.(비겁생)
- 자식의 교육과 진로에 관심과 의욕을 보인다.(인+식상)
- 자식의 진로에 개입하여 화근을 초래할 수 있다.(도식작용)
- 질병이 발생하거나 낙태 등의 수술을 할 수도 있다.(도식작용)
- 매출이 감소하고 배달사고 등이 따른다.(도식작용)
- 후배나 부하직원의 배신이나 사고 등이 따른다.(식상 극)
- 학문을 활용하는 사업을 시작한다.(재+인)

– 자격증과 학위를 취득한다.(관+인+비)

– 기술의 노하우를 활용하는 것이 인정받는 시기이다.(식상+인)

– 남편의 활동이 왕성해지고 수입이 늘어난다.(인성은 관성에게 식상)

– 관성이 있는 여자는 남자의 사랑을 받게 된다.(관인상생)

– 미혼녀는 남자를 만날 기회가 많다.(관인상생)

– 독서, 음악, 연극, 영화 등의 감상에 관심이 늘어난다.(인+인)

– 상상과 공상이 많고 스트레스와 우울증에 빠질 수 있다.(인성태과)

(2) 비겁운이 왔다면

– 왕성한 에너지를 발생하기 위해 재를 극한다.(비겁의 욕구발동)

– 분가를 하거나 창업을 시작한다.(비겁의 독립, 재성의 공간확보)

– 육체적 소모를 필요로 하는 일을 수용한다.(체력을 활용)

– 사회단체를 구성하고 동업을 시도한다.(비겁과 협조)

– 처가 일을 시작하거나 취직을 한다.(재성에게 관성)

– 부친이 명예를 얻거나 승진할 수 있다.(재성에게 관성)

– 부친이나 처가 송사나 관재에 연루될 수도 있다.(재성에게 관성)

– 형제나 친구가 내 곁에 왔다.(비겁 동주)

– 자존심을 내세우고 조급하게 행동한다.(비겁의 행동성)

– 집 안의 쌀이 빨리 바닥난다.(재를 극)

– 도둑을 맞거나 현금 등의 분실수가 있다.(비겁쟁재)

– 친구와 미팅을 주선한다.(재를 찾음)

– 여럿이 모이자 고스톱을 친다.(투기 성분)

– 함께 노력하는 모습도 있다.(식상을 생)

– 함께 뭉쳐 다니니 법이 두렵지 않다.(관을 깔봄)

(3) 식상운이 왔다면

– 모친에게 일거리가 생겼다.(인성이 식신을 봄)

– 일간과 비겁을 드러나게 한다.(비겁 설기)

– 자식과 후배 사랑이 좋다.(인성이 식신을 봄)

– 놀고 있던 형제나 친구들이 바빠진다.(겁재 식상활동)

– 로비도 잘하고 설득력이 대단이 높다.(상관견관)

– 활동이 왕성하고 일을 확장한다.(식상 활동)

– 집안에 손님이 많이 찾아온다. 객식구가 늘어난다.(식신 손님)

– 틀을 벗어나고 변화와 개혁을 하고 싶다.(관을 극)

– 식상의 결과는 재성으로 나타난다. 재성은 식상의 결과이다.(식신생재)

– 남자는 여자에게 관심이 생긴다.(식신생재)

– 여자는 남자에게 관심이 생긴다.(식상제살)

– 관성을 통제한다.(식상제살)

– 직장문제와 구설수가 생긴다.(관을 무시)

– 오래된 기술, 표현, 축적된 노하우, 사회성으로 모방을 잘한다.

– 식상은 감각으로 느낌, 손끝, 발끝 등 감촉의 세계(행위예술)이다.

(4) 새성운이 왔다면

– 사고의 전환이 되어 그동안 고집해오던 생각을 바꾼다.(재극인)

– 평가의 기능으로 계산해서 분배하고 측정해준다.(재관의 판단)

– 학생은 전공에 갈등을 느끼거나 전공을 바꾼다.(인성극)

– 정재는 추리능력과 정확성, 수학적 조작이 가능하다.(재생관)

– 자식이 일을 시작하며 활동이 왕성해진다.(식상설기, 재생관)

– 명예에 관심이 생기고 직책을 맡고자 한다.(재생관)

– 미혼남자는 여자에게 관심이 쏠리고 사랑을 받게 된다.(재생관)

– 남편은 대우받고 처는 헌신적이 된다.(재생관)

– 점포를 확장하거나 아파트 평수를 늘려간다.(비겁극재)

– 식상만 있었던 사람은 자기 점포나 사업장을 마련한다.(비겁극재)

– 색채, 모양, 가치평가, 타이밍, 거리감각이 살아난다.(공간기능)

– 활동이 왕성해지고 삶의 욕구와 의욕이 강해진다.(재성을 극)

(5) 관성운이 왔다면

– 취직을 하거나 시험에 합격된다.(관인상생)

– 학생은 반장 및 회장 등의 임원에 당선된다.(재생관)

– 표창을 받거나 명예를 얻게 된다.(관인상생)

– 판단이 빠르고 원칙을 고수하는 성향이 된다.(관성의 법)

– 부친의 활동이 왕성해지고 연구의 성과가 있다.(재성에게 식상)

– 업무가 가중되고 책임질 일이 부가된다.(관성+관성)

– 명예, 판단력, 결단성, 암기력 등 단기간을 의미한다.(편관의 행동성)

– 억압, 강압, 편법으로 강제성을 띤다.(관성 강)

– 편법에 속임수, 요령, 수단, 법을 무시한다.(편관+상관의 결탁)

– 책임감이 강하고 '책임진다'는 마인드를 생각한다.(관성의 법)

– 사회구성력이 강하고 조직을 이끌며 승진한다.(관성 명예)

– 여자는 남자가 주변에 오게 되고 인연을 맺게 된다.(관인상생)

– 여자는 자신의 마음에 드는 남자에게 프로포즈를 한다.(식상 제살)

– 형제가 취직하거나 승진하는 일이 발생한다.(비겁+관성)

– 형제나 본인이 송사와 관재구설을 겪게 된다.(관살 비겁 극)

– 안전사고나 정신적 문제로 불안감이 있게 된다.(비겁 극)

– 관성은 회초리에 해당하며 나를 꾸짖는 회초리이다.

– 자신의 과오에 대한 반성과 후회를 하게 된다.(관성의 도덕성)

– 여자는 남편이 매너를 지킨다.(관인상생)

다. 이원화 작용의 판단

이원화 작용이란 두 가지의 작용이 동시에 나타남을 말하기도 하지만, 여기서는 행운이 따를 때 그 행운의 작용을 위해 희생되는 이면의 작용을 판단해야 한다는 것이다. 첫째로 십성의 정편작용이 그러하며, 둘째로 용신운이 왔을 때 좋은 작용만 있는 것이 아니다. 또한 기신의 운이라 하더라도 흉작용만 있게 되는 것이 아닌 것을 말한다. 햇살 뒤에는 항상 그림자가 있게 마련이고 어둠의 반대편에는 햇살이 있듯이 명리의 상담에는 삶의 양지와 그늘의 관계를 이해해야 한다.

1) 십성정편의 이원화 작용

십성의 정(正)은 내면의 가치화 심리를 추구하며 십성의 편(偏)은 외면의 가치화 심리를 추구한다. 음양오행도 조화를 이루어야 하고, 십성의 정편도 조화를 이루어야 가장 무난하고 포용력 있는 성격심리를 지니게 된다. 그러므로 십성의 성격심리는 '뭉치면 죽고 흩어지면 산다'고 표현할 수도 있다. 상식을 뒤집는 정리겠지만 하나의 십성으로 태과한 구조야말로 가장 부조화된 성격심리를 이룬다. 각 십성이 고르게 조화된 구조는 음양오행도 고르게 분포된 성격심리를 이루게 된다.

십성의 이원화 작용

구분	십성	이원화작용		
正	비견 식신 정재 정관 정인	· 정직하다. · 순수하다. · 객관적이다. · 고지식하다.	· 순서를 따른다. · 예의바르다. · 순리적이다. · 변화에 둔감하다.	· 개혁을 싫어한다. · 거짓말을 안 한다. · 있는 그대로 본다. · 들은 대로 전한다.
偏	겁재 상관 편재 편관 편인	· 부정적이다. · 의심이 많다. · 주관적이다. · 융통성 있다.	· 새치기를 잘한다. · 버릇없다. · 역행을 한다. · 변덕스럽다.	· 개혁을 좋아한다. · 속임수가 있다. · 이중적이다. · 확대해석을 한다.

2) 용신운의 이원화 작용

사주구조에 따라 첨예하게 나타날 수 있으니 판단에 신중함이 필요하다. 용신의 길운을 맞아 발전하는 과정에 용신에 해당하는 사회적 문제와 가정적 문제, 인간관계에 대한 발전을 이루는 동안 희생이 따르는 십성의 사안에 이원화 작용이 있게 된다.

(1) 인성 용신운

  – 약한 관성을 설기하여 자식운은 부침이 따를 수 있다.

  – 뿌리 없는 식상을 극하여 학업은 이루고 활동은 저조할 수 있다.

(2) 비겁 용신운

  – 약한 인성을 설기시켜 문서, 학문, 모친의 문제가 발생할 수 있다.

  – 왕한 식상을 생하여 무모한 일을 벌이고 배신을 당할 수 있다.

(3) 식상 용신운

  – 일간의 설기로 약한 인성은 상대적으로 부침이 따를 수 있다.

- 약한 관성을 극하여 자식, 안전사고, 명예실추가 있을 수 있다.

(4) 재성 용신운

- 강한 관성을 생하여 업무과중으로 피로가 찾아올 수 있다.
- 약한 인성을 극하여 문서, 학업, 모친에 대한 걱정이 있을 수 있다.

(5) 관성 용신운

- 약한 재성을 설기하여 재물지출이 많거나 처와 부친의 운이 하락한다.
- 약한 비겁을 극하여 건강과 동료형제 간의 불목이 있을 수 있다.

3) 기신운의 이원화 작용

기신운 역시 사주구조에 따라 판단에 신중함이 필요하다. 기신운을 맞아 여러 가지 저조한 상황이 나타나는 과정에서 사회적, 가정적, 인간적인 고충과 갈등이 호전되는 경우가 발생하는 이원화 작용이 있게 된다.

(1) 인성 기신운
- 강한 재성에게는 이동과 공간을 확보할 기회가 주어진다.
- 관성에게는 새로운 연구와 활동의 기회가 주어지게 된다.

(2) 비겁 기신운
- 인성이 왕한 사주는 신강해도 비겁이 약한 식상을 보호한다.
- 왕한 인성에게는 새로운 연구활동의 기회가 주어지게 된다.

(3) 식상 기신운
- 약한 재성에게는 문서와 학문의 기회가 주어지게 된다.
- 강한 관성은 직장과 승진 등의 명예가 주어지게 된다.

(4) 재성 기신운
- 약한 식상에게는 활동무대와 번성할 기회가 주어지게 된다.
- 약한 관성에게는 학업 및 문서와 힘과 지혜를 얻게 될 수 있다.

(5) 관성 기신운

- 강한 식상에게는 재물과 공간을 확보할 수 있는 기회가 주어진다.
- 왕한 재성에게는 연구와 활동의 기회가 주어지게 된다.

라. 음양오행의 색과 인간의 심리

색은 인간의 마음을 움직인다. 색은 시야를 통하여 뇌로 전달되고 뇌는 보이는 색에 대하여 각자 다르게 반응한다. 명리학에서는 모든 것을 음과 양 그리고 오행으로 분류하여 음양오행 간의 상관관계와 그 관계에 따른 여러 가지 변수로 성격과 적성을 판별하고 미래를 예측하고 있다.

1) 음양오행의 색 분류와 심리

개인별로 음양의 비율과 오행을 소유한 정도가 다르므로 변수에 따른 판단이 가능한 것이다. 그 오행에는 색깔이 배속되어 있다. 교육부에서 발표한 기준의 표준 색깔은 24가지가 되나 계열로 나누어 다섯 가지 오행의 범주에 넣을 수 있다. 그리고 오행별로 특정한 성격이 있으니 색깔에도 심리가 있게 된다.

음양의 색과 심리

음양	색	심리
음	흑색, 어두운 색, 탁한 색	감성, 침착, 침울
양	적색, 밝은 색, 투명한 색	감동, 명랑, 흥분

오행과 계열색의 분류		
오행	계열의 색	심리
木	연두색, 녹색, 청색, 하늘색	희망, 전진, 격조
火	분홍색, 빨강색	사랑, 열정, 감동
土	아이보리색, 황색, 밤색	포용, 중용, 중심
金	흰색, 옅은 회색	정직, 개혁, 숙연
水	검정색, 진회색	지적, 수용, 정적

2) 색과 감정

색은 대부분의 사람들이 정서적인 반응을 하기 때문에 심리치료나 상담에서 활용이 가능하다. 각 색채가 고유한 심리를 반영한다고 보는 것이다. 음양오행에 의한 심리분석도 있지만 기타 색채를 활용한 심리검사법을 소개하면 다음과 같다.

– 로르샤흐 테스트(Rorschach test) : 여러 가지 색으로 이루어진 무작위, 무의미한 도형에 대하여 질문하여 감수성이나 감정표현의 특징, 충동성, 인간관계를 포함한 환경과의 감정적 관련성 등을 진단하는 검사법이다.

인간심리를 폭넓고 심증적으로 파악할 수 있는 투사법 심리테스트로 알려져 있다. 내담자가 형태나 색 등에 대하여 어디에 주목했는지를 염두에 두고 진단한다.

– 컬러 피라미드 테스트(Color pyramid test) : 색채를 이용한 심리테스트로 컬러 칩을 이용하여 '아름다운, 좋은' 피라미드와 '추한, 싫은' 피라미드를 만들면 이때 사용된 색의 사용빈도와 배열형식 등을 지표로 하여 자극이나 환경에 대한 수용성과 인격구조의 분화단계를 진단한다.

색채를 이용한 심리테스트 중에서 완성도가 높다고 평가되는 테스트로서 자아기능, 정서적 안정성, 감수성, 반응성, 정서적 성숙도, 적응력, 내향외향성 등을 진단한다.

이러한 색채심리를 이용하여 심리치료도 가능하지만 마케팅이나 이미지 메이킹 등에서도 색채심리는 활용된다.

3) 행운과 직업을 위한 색의 선정

성공기쁨을 위한 색 – 용신과 희신을 잘되게 도와주는 색 선정
부부사랑을 위한 색 – 일지의 부부 궁에 좋은 영향을 주는 색 선정
내조외조를 위한 색 – 배우자의 십성에 영향을 주는 색 선정
건강발전을 위한 색 – 사주의 부족한 부분을 채워주는 색 선정
학업성적을 위한 색 – 인성이 필요한 사람에게 선정
우정협조를 위한 색 – 비겁이 필요한 사람에게 선정
활동연구를 위한 색 – 식상이 필요한 사람에게 선정
재운재물을 위한 색 – 재성이 필요한 사람에게 선정
승진명예를 위한 색 – 관성이 필요한 사람에게 선정

사례 1) 여성	색깔의 개선작용
丁 庚 癸 壬 丑 午 卯 寅	– 흰색은 우정과 협조력이 좋아진다. – 황색은 환경개선과 학업성적을 높여준다. – 적색은 승진, 명예를 돕고 남편 사랑이 좋아진다.

사례 2) 남성	색깔의 개선작용
丁 壬 己 庚 未 子 丑 寅	– 흰색은 학업성적을 높여준다. – 청색은 환경개선과 활동을 돕는다. – 흑색은 활동과 재물운을 향상시킨다.

사례 3) 남성	색깔의 개선작용
戊 甲 庚 乙 辰 辰 辰 巳	– 흑색은 학업과 학문운을 상승시킨다. – 청색은 친구와 인간관계를 도와준다. – 청색은 자신감과 재물운을 향상시킨다.

■ 정진우(2009), 「사주의 오행분포와 용신이 색깔 선호도에 미치는 영향」
　국제문화대학원대학교 석사학위 논문

　이 연구의 목적은 사주의 오행과 용신이 색깔 선호도에 미치는 영향을 확인하고, 그것을 실제로 활용할 수 있는 방법을 모색하는 데 있다. 연구의 결론은 전체 357명 중 용신정색이나 용신계열색을 선호하는 사람이 298명 (83.5%)으로 높게 나타났다.

용신색깔 선호도 분포

구분		빈도(명)	백분율(%)
용신색	정색	130	36.4
	계열색	70	19.6
	정색+계열색	98	27.5
	정색+계열색 모두 없음	59	16.5
계		357	100.0

13-2 이성문제와 부부 컨설팅

인간이 살아가면서 행복과 불가분의 관계가 이성의 만남과 부부관계의 사랑이다. 이는 음양의 교합관계와 배합관계로 명리에서만 판단할 수 있는 유일한 예측방법이다. 잘못된 만남으로 인한 불행을 예방하고 또 한편 갈등하는 상호 간의 관계에서 상대를 진정 이해하고 자신의 모순점을 찾아 스스로 타협, 해결할 수 있는 방법이 제시될 수 있다.

가. 남녀관계의 궁합적합도 측정

우리나라의 이혼율은 OECD 회원국가 중 2위로 높은 비율로 나타나 있다. 우리나라에 궁합의 문화가 있는 현실을 비추어볼 때 이런 결과는 기존 궁합론의 신뢰도에 대한 커다란 오류가 있음을 부인할 수 없다. 필자는 새로운 이성 간의 교합관계를 측정할 수 있는 상담방법을 연구하였던 바 매우 정확한 신뢰도를 얻게 되었으며 그 방법은 다음과 같다.

용어	해설	
宮 : 집궁	사는 집	한집에 살게 됨.
合 : 합할 합	함께 삶.	이성의 섹스교합을 이룸.

1) 남자사주와 상대여성의 심리

남자사주의 측정도구

순서	측정관계	상대성 행동심리
1	식상생재의 관계를 측정	여자에 대한 사랑의 본성적 매너
2	재생관의 관계를 측정	내조를 받는 조건의 정도
3	비겁 ↔ 재성의 관계를 측정	여자에 대한 인격존중감
4	조후관계 측정	섹스관계의 환경
5	식상과 관성의 관계 측정	상대와의 교감행위와 도덕성

(1) 식생재 관계

남자가 여성에게 사랑을 표현하는 심리와 행동으로 식상생재가 될 경우, 여성에게 자상한 매너를 보이게 된다. 여성은 비로소 남자의 매너를 통해 사랑을 받는다고 느끼게 된다. 식상이 없다면 사랑의 표현은 자연스럽지 못하므로 여성은 건조한 사랑을 받을 수 있다.

(2) 재생관의 관계

남자사주는 여성으로부터 마음과 육체의 존중을 온전히 받을 수 있다. 남자에게 관은 정액이며 새성은 여자이다. 재성(여자)에게 남자의 관성은 식상(자궁)이다.(관성=남자에게 정액+여자에게 자궁=자식) 재생관은 여자가 남자를 향하게 하는 본능이다.

(3) 비겁과 재성의 관계

비겁이 강하여 재를 극하는 조건이면, 여성을 사랑하나 집착하고 상대의 의견을 무시하거나 인격을 경시할 수 있다.

(4) 조후관계

조후가 안 되어 있으면 육체적인 교합에 어려움이 있을 수 있다. 정신적인 섹스와 마음으로 사랑을 유지할 상황으로 빠질 수 있으며, 상대의 성적 욕구에 따라서 불만족을 초래할 수 있으므로 주의해야 한다.

(5) 식상과 관성의 관계

섹스환경에 지배를 받지 않고 체위가 자유로운 스타일이다. 이런 자율성을 함께 즐길 수 있다면 만족감이 매우 높다. 다만 정숙한 상대에게 과한 요구는 창피와 모욕감을 줄 수 있으며, 상대가 이를 거부할 경우 불만을 초래한다.

2) 여자사주와 상대남자의 심리

여자사주의 측정도구

순서	측정관계	상대성 행동심리
1	관인상생의 관계를 측정	남자에게 사랑받는 조건의 정도
2	재생관의 관계를 측정	상대를 존중하는 본성과 매너
3	식상 ↔ 관성의 관계를 측정	남자에 대한 욕구와 인격존중감
4	조후관계 측정	섹스관계의 환경
5	비겁과 관성의 관계 측정	상대와의 교감행위와 도덕성

(1) 관인상생의 관계

여성에게 남성의 사랑이 전달되는 코스로 관인상생이 잘 이루어진 여성의 경우 세련된 애정표현의 매너와 심리를 갖춘 남자로부터 사랑을 받게 된다. 관인상생이 안 된 여성은 남성의 사랑이 유입되는 코스가 없으니 사랑의 정감이 약한 경우가 많다.

(2) 재생관의 관계

여자는 남자에게 자신의 마음과 육체의 교감에 존중과 정성을 들이고, 남자의 자존심을 높여주는 선천성을 가지게 된다. 남자는 그런 여성의 선천성으로 자존감이 높다.

(3) 식상과 관성의 관계

식상이 적절하게 관성을 극하는 여성은 남자에게 자신의 마음과 육체를 교합하는 과정이 애교스럽고 기술적이다. 그러나 식상이 과하여 관을 극하면 비록 의도적이지 않다 하더라도 남성을 무시하고 함부로 대하는 언행으로 남자의 인격과 자존심이 수치감을 주게 된다.

(4) 조후관계

조후가 안 되어 있으면 육체적인 교합에 어려움이 있을 수 있다. 정신적인 섹스와 마음으로 사랑을 유지할 상황으로 빠질 수 있으며, 상대의 성적 욕구에 따라서 불만족을 초래하는 환경을 주의해야 한다.

(5) 관성과 비겁의 관계

관성이 비겁을 다스리면 남성의 절도있는 행동이 만족스럽게 느껴질 것이나, 약한 비겁을 관성이 심하게 극한다면 자기 위주의 일반적이고 억압적인 사랑행위에 수치심을 느끼게 하고 자존심이 상실될 가능성이 많다. 또한 여성이 비겁이 태과하고 관성이 약하면 자신의 욕구를 충족시키지 못하는 것에 남성을 존중하지 못하고 경시한다.

3) 남녀 상대성의 측정

앞에서 제시한 남자사주와 상대여자의 심리, 여자사주와 상대남자의 심리의 측정도구를 대입하여 이성관계 적합도를 측정하여 결과를 낼 수 있다. 남녀 두 사주를 비교한 결과 적합도 점수가 높으면 바람직한 이성관계와 부부관계로 볼 수 있다. 교합의 관계가 불미하면 일시적인 사랑에 불타 관계를 맺거나, 결혼을 하게 된다고 해도 부적합한 포인트에 대한 정신적·육체적 만족감이 저조하여 사랑의 가치관과 행동성향의 편차를 극복하지 못한다. 결국 불만과 불신의 초래로 불행을 맞게 될 수 있다.

무릇 이성은 성격적 가치관과 상호존중감, 성실성과 함께 원만한 섹스가 이루어져야 스스로 행복함을 느낄 수 있으니 상대가 소중하게 생각되어 사랑이 소중하게 된다는 것이다. 상대성에 대한 측정방법은 다음 사례와 같다.

궁합적합도 측정사례 1

남자	여자
時 日 月 年 丁 乙 辛 癸 丑 丑 酉 卯	時 日 月 年 乙 壬 丙 乙 巳 寅 戌 卯
식상생재의 관계(양호) 재생관의 관계(양호) 비겁 ↔ 재성의 관계(양호) 조후관계(한습) 식상과 관성의 관계(도덕성 약)	관인상생의 관계(불미) 재생관의 관계(양호) 식상 ↔ 관성의 관계(욕구 강) 조후관계(난조) 비겁과 관성의 관계(도덕성 보통)

위 남녀 사주를 비교해보면 남자사주는 여성을 사랑하는 조건이 양호한 결과를 보이고 있다. 여자의 사주는 남자의 사랑받는 코스가 불미하고 조후가 안 되어 있으나 재생관이 양호하여 남자에게 내조의 정서가 깃들어 있다. 또한 남자에 대한 욕구는 강하다. 두 사람을 비교하면 여자의 부족한 면을 남자가 잘 보완하고 있다. 결과는 상호 간에 필요한 조건을 보충하는 정도가 매우 우수하여 궁합의 적합도가 높다.

궁합적합도 측정사례 2

남자	여자
時　日　月　年 庚　壬　庚　辛 子　寅　子　卯	時　日　月　年 丁　甲　戊　庚 卯　戌　寅　子
식상생재의 관계(양호) 재생관의 관계(무난) 비겁 ↔ 재성의 관계(무난) 조후관계(한습) 식상과 관성의 관계(무난)	관인상생의 관계(보통) 재생관의 관계(양호) 식상 ↔ 관성의 관계(욕구 보통) 조후관계(건조) 비겁과 관성의 관계(도덕성 보통)

위 남녀 사주를 비교해보면 남자사주는 식신의 지장간에 재성을 보호하고 있다. 기타의 측정 관계는 모두 무난하다. 여자사주는 모든 조건이 보통 이상을 갖추고 있는 중 특히 천간으로 재생관이 양호하여 남자에 대한 내조가 좋으며 남성에 대한 욕구는 평범하다. 두 사람을 비교하면 상호 배우자에 대한 존중과 보완의 역할이 잘 갖춰져 있다. 따라서 궁합의 적합도가 매우 높다. 실제 두 사람은 결혼 후 부부사이가 좋은 사람들로 평가를 받는다.

13-3 자녀운의 판단

이성관계에서 결혼에 이르며 한 가정을 이루게 된다. 그리고 자식을 낳고 일생을 살아가는 동안 행복과 불행에 자식이 크나큰 비중을 차지하게 되는 것은 부인할 수 없는 현실이다. 명리상담 파트 중에서도 진로와 직업선택, 이성관계 및 부부관계, 경제문제와 더불어 자식 문제는 상담순위가 매우 높다. 여기서는 자식의 인성과 심리, 직업관, 성공여부 그리고 부모와의 관계를 판단하는 상담기법을 논한다.

가. 자식의 판단기준

자식은 宮(時柱)과 星으로 복합적인 판단을 한다.

남자 – 편관(아들) 정관(딸)

여자 – 식신(딸) 상관(아들)

– 남녀 공히 식상은 자녀를 교육하고 양육하는 의미에 해당한다.

– 남녀 공히 인수는 부모의 교육과 사랑에 해당한다.

구분		용신에 해당	기신에 해당
宮	시주	자식덕 있음.	자식덕 없음.
星	남-관성 여-식상	자식이 현명하고 인물이 좋음.	자식이 부족하거나 부모의 양에 차지 않음.

남	여	작용
상관 격	편인 격	자식의 양육이 어렵거나 일찍 인연이 멀어진다.
시주상관	시주편인	자식의 사고 등이 잦고 부모의 양에 차지 않는다.
상관태과	편인태과	자신의 일로 자식을 희생시킨다.

1) 자식과 宮(時柱)의 판단

- 時柱는 자식이 머무르는 자리다.

- 時柱에 용신과 희신이 자리하면 자손의 발전과 성공이 유력하다.

- 時柱에 기신이 자리하면 자식의 덕이 저조할 수 있다.

- 時柱에 자식을 극하는 십성이 있으면 자식운이 저조하다.

- 남자사주 시주에 상관이 자리하면 관성을 극하여 부자관계가 소원하다.

- 남자사주에 식상이 태과하면 자식이 기를 펴지 못한다.

- 여자사주 시주에 편인이 자리하면 식상을 극하여 모자관계에 소원하다.

- 여자사주에 인성이 태과하면 자식을 혹독하게 양육시킨다.

- 時柱가 沖되어 있으면 성정이 고요하지 못하거나 가정적이지 못하다.

2) 자식과 星의 판단

(1) 남자사주 : 관성

- 관성이 용신이면 자식의 인물이 좋고 현명하다.

- 관성이 기신이면 자식이 부모 마음의 양에 차지 않을 수 있다.

- 관성이 충되면 자식의 성격이 거칠거나 신경질적일 수 있다.

- 관성이 합되어 다른 오행으로 변하면 인연이 약하다.

- 관성이 연월이 있으면 자식을 일찍 낳는다.

- 관성이 辰戌丑未 사고지에 해당되면 짜증스럽거나 신경이 예민하다.

- 상관견관되어 있으면 자식의 진로에 지장이 있다.

- 관살이 혼잡되어 있어도 자식운이 저조하다.

(2) 여자사주 : 식상

- 식상이 용신이면 자식의 인물이 좋고 훌륭한 사람이 될 수 있다.

- 식상이 기신이면 자식이 부모 마음의 양에 차지 않을 수 있다.

- 식상이 충되면 자식의 성격이 거칠거나 신경질적일 수 있다.

- 식상이 합되어 다른 오행으로 변하면 인연이 약하다.

- 식상이 연월이 있으면 자식을 일찍 낳는다.

- 식상이 진술축미 사고지에 해당되면 짜증스럽거나 신경이 예민하다.

- 식상 도식이 되어 있으면 낙태 및 자식이 허약할 수 있다.

- 인성이 과다해도 자식운이 하락된다.

3) 자식의 복합적 판단

- 時柱 용신 및 희신이면 자식이 현명하고 덕을 본다.

- 時柱 용신에 星이 기신이면 자식의 인물이나 활동은 약하나 덕은 있다.

- 時柱 기신에 星이 용신이면 잘난 자식을 둘 수 있으나 덕은 없다.

- 時柱와 星이 모두 용신이면 훌륭한 자손을 두고 덕도 많다.

- 時柱와 星이 모두 기신이면 자식운이 저조하고 덕을 볼 수 없다.

- 자식 궁과 성이 천을 귀인이면 자식이 훌륭하고 덕을 본다.

- 일시지가 합이면 자손과 사이가 좋고 가까이 살게 된다.

- 월시지가 합이며 희신이면 내 부모의 덕과 정이 내 자식에게로 향한다.

- 연시지가 합이며 희신이면 조상의 음덕이 자식에게 있다.

- 연시지가 충이면 조상의 음덕이 자식에게는 향하지 않을 수 있다.

나. 부모와 자식관계의 판단과 해설

1) 남자사주

- 인성태과는 관을 설기시키니 자식이 무능한 모습을 보일 수 있고, 자식
  이 만족스럽지 못하다.

- 비겁태과는 재생관을 못하고 관성을 무시하니 자식이 억눌려서 아버지를 넘을 수 없는 산으로 생각하여 자식이 힘들어 한다.
- 식상태과는 자신의 일이 우선이고 유흥을 위해 자식을 희생시킨다.
- 재성태과는 과다한 재생관으로 아이를 자기 기준으로 교육시키면 자식이 힘들고, 너무 과잉보호하면 버릇없는 자식이 될 수 있다.
- 관성태과는 자식의 말이 법이며 책임질 일이 많아 고달프다.(자식이 상전)
- 남자사주는 재성의 유무가 자손과 직접적으로 작용한다.
- 재가 없거나 약하면 관을 생하지 못하니 자식의 양육과 성공에 기여를 못한다.
- 무재사주는 식상이 관을 바로 극하니 자신의 활동, 욕심 때문에 자식을 희생시킬 수 있다.

2) 여자사주

- 인성태과는 아이의 소질보다는 자기 기준을 정해놓고 대리만족을 하기 위해 혹독하게 양육할 수 있다.(잘되면 좋으나, 한편 위험하다)
- 비겁태과는 관성을 무시하고 재를 극하여 재생관을 못하니 남편도 필요 없고 오직 식상으로 설기하고자 하니 자식을 위해서 올인한다.
- 식상태과는 태과한 식상(자식)이 일간을 설기하여 내가 자식 때문에 기가 다 빠진다. 또 관성(아버지, 법)을 극하여 무시하니 제멋대로 하는 자식에게 희생한다.(자식이 상전)
- 재성태과는 신약한 일간이 재생관으로 남편 뒷바라지에 식상생재로 자식의 뒷바라지까지 하는 여자이다.
- 관성태과는 관에 억눌리니 일과 남편, 남자 때문에 자식을 돌보기 어렵다. 식상제살을 하고 싶어 자식을 어렵게 키운 다음에야 식상이 관을 제살하여 일간이 편한 것처럼 늦게 자식덕을 본다.

3) 모성애(母性愛)의 이치

남자는 무재성일 경우 식상으로부터 관을 지키지 못하니 자손이 문제를 일으켜도 해결해줄 능력이 없다.(자식 때문에 죽지 않는다는 의미 포함) 반대로 여자사주는 인성태과로 도식할 때 일간(나)이 죽을 때까지 방어한다.

(1) 남자사주 : 0 乙 丙 庚

- 丙火 상관이 자식인 庚金 관성을 극하여 죽인다.

- 이때 土가 있어야 火生土 土生金으로 관성 자식을 살린다.

- 土는 처와 재물이니 재산과 부인이 있어야 자식을 살리는 이치이다.

- 내 몸을 던져도 丙火만 강해지고 자식을 살릴 수 없다.

- 내가 설치면 자식이 기를 못 편다.

(2) 여자사주 : 癸 乙 丁 0

- 癸水 편인이 자식인 丁火를 극하여 죽인다.

- 이때 木이 있어야 水生木 木生火로 丁火 자식을 살린다.

- 丁火 자식을 낳은 木은 내 몸이며 일간으로 항상 존재한다.

- 내 몸 木은 자식 丁火를 위해 어떤 상황에든 몸을 던진다.

- 이것이 여성만이 갖고 있는 모성애의 이치이다.

4) 자녀 출생순서에 관여된 성격 및 직업관

식상과 재성은 아이들을 자유롭게 양육한다.

인성과 관성은 원칙과 기준을 정해놓고 양육한다.

(1) 장남, 장녀의 직업정신

- 보수적이고 소심하며 책임감이 강하다.

- 국가관이 뚜렷하고 공직, 교육자선호, 가업을 계승하는 정신이 강하다.

(2) 차남, 차녀의 직업정신

– 창의적이고 자유분방하며 책임감이 부족하다.

– 자유를 표방하는 다방면의 창의성을 발휘하는 직업이 적합하다.

– 예술가, 연예인 등이 적합하며, 가업을 거부하는 경향이 있다.

다. 時柱에 위치한 십성별 자식의 본성

정인 : 자상한 보수적 학자풍, 순서를 잘 지키고 정리정돈을 잘함.

편인 : 예술성과 독특한 사상, 애교 있고 까다로우며 참견을 싫어함.

비견 : 자존심 강하고 자기주장의 성향, 칭찬에 약하며 질투심 많음.

겁재 : 질투심과 책임감 강함, 지기 싫어하며 조급하고 칭찬에 약함.

식신 : 명랑하고 순수하며 어른 같은 말을 잘함, 잘 먹고 살집이 있음.

상관 : 멋 부리고 변덕스러움, 바른 말을 잘하고 싫증을 잘 느낌.

편재 : 계산이 빠르며 활동적임, 경영을 깨닫고 씀씀이가 큼.

정재 : 치밀하고 꼼꼼하게 따짐, 살림에 참견하고 알뜰한 성격.

편관 : 세상을 구하고자 하는 공명심, 욱하는 행동성질이 있음.

정관 : 보수적이며 어른스러움, 모범생 같아 식구들의 잘못을 지적함.

13-4 재물의 소득과 소유관계

인간은 한순간도 먹거리를 위해서 노력하지 않을 수 없다. 그것은 생명과 삶과 직결되기 때문이다. 원시시대에도 사냥을 잘하는 남자들을 여자들이 선호했다. 기골이 장대하고 어깨가 떡 벌어진 남자들에게 자신의 삶을 맡기고 그의 아이를 낳아 키워준 것이다. 남자는 골반이 넓고 가슴이 풍만한 여성을 보면 자신의 아이를 낳기가 좋다고 생각하여 S라인을 보면 눈이 커진다. 오직 자기복제를 위한 생리현상이다.

그러니 사주에서 재성은 인간의 심리와 욕구에 대한 전반적인 중심축 역할을 하게 된다는 것이다. 사주의 직업코스를 통한 소득관계와 재성과 관계를 이루는 구조에 의한 개인의 재물소유능력을 측정할 수 있음으로써 삶의 어그러짐을 예방하고 더욱 분발할 수 있는 기회를 줄 수 있는 상담기법을 논한다.

가. 재물의 소득과 소유 측정방법

재물의 소득과 소유는 비례적으로 불가분의 관계를 가지고 있으나 실상 그렇지 않은 경우가 많고 운에 따라서 변화가 심한 경우도 많으므로 사주에서 한 사람의 재물운을 판단하는 방법은 소득의 유형과 재물의 소유관계로 분류하여 판단해야 한다.

소득이 많다고 해도 소유를 많이 못하는 사람이 있고, 비록 소득의 규모가 작아도 소유가 많을 수 있기 때문이다.

소득이란 직업의 코스에 따라서 수입원이 형성되는 과정을 말한다. 소유란 자신의 재물을 소유할 능력을 말한다. 예컨대 장사하는 사람은 매출이익이 소득이며 직장생활을 하는 사람은 급여가 소득이다.

재물	관계	소유와 소득의 측정
財星	인간관계	아버지, 처, 시집 – 가족환경
	소득관계	직업코스의 활용성 측정
	소유관계	현금, 증권, 부동산 등 소유능력

1) 소득의 측정기준

– 소득이란 사주직업코스가 좋을 경우에 이루어진다.

– 일간과 직업구조가 통근하여 건실해야 한다.

– 관인상생이 잘 이루어지면 소득이 일정하다.

– 식상생재가 잘 이루어지면 소득이 유효하다.

– 인비식이 잘 이루어지면 전문성의 소득이 유효하다.

– 재생관이 잘 이루어지면 소득이 유효하다.

– 식상제살이 잘 이루어지면 소득이 유효하다.

– 인성제화가 잘 이루어지면 소득이 유효하다.

2) 소유능력 측정기준

– 소유란 사주재성에 의한 개인의 축적능력을 말한다.

– 비겁이 왕한 사주는 개인의 소유가 저조하다.

– 재성이 비겁에게 억압당하면 소유가 저조하다.

– 재성이 관성에게 설기당하면 소유가 저조하다.

– 사주에 인성이 다하여 도식하면 소유가 저조하다.

– 약한 재성이 천간으로 노출되면 소유가 저조하다.

– 식상이 발달하고 도식당하지 않으면 소유능력이 유효하다.

– 재성이 통근하고 생재를 받으면 소유능력이 유효하다.

– 지지에 합으로 재국을 이루면 소유능력이 유효하다.

- 재성이 지장간에 잘 보존되어 있으면 소유능력이 유효하다.
- 신왕재왕한 사주는 소유능력이 유효하다.

「자영업종사자 사주와 재운의 상관관계 연구」(김경희, 2005)는 자영업종사자의 사주가 소득에 의한 재산형성과 상관관계가 있고, 사주에 따른 사업업종도 하고 있음을 검증한 연구이다. 일간과 재성을 기준으로 구분한 신왕재왕, 신왕재약, 신약재왕, 신약재약 4가지 기준과 사업업종의 기준을 십성의 이론으로 재정립하였다.

40대 이상, 자영업종사자 사주별 재산형성 (명, %)

구분	신왕재왕	신왕재약	신약재왕	신약재약	계	비율
10억 미만	28	63	51	17	155	66.2
10억 이상	31	25	19	-	79	33.8
계	59	88	70	17	234	100
비율(10억 이상/계)	52.5	28.4	27.1	0.0	33.7	100

40대 이상 연령으로서 10억 이상의 재산을 형성한 사람을 4가지 사주로 구분하면 신왕재왕 사주는 31명으로 전체 59명 중의 52.6%이고, 신왕재약 사주에서는 25명으로 전체 88명 중의 28.4%이고, 신약재왕 사주에서는 19명으로 전체 70명 중의 27.1%이고, 신약재약에서는 0명으로 전체 17명 중의 0%로서 富 크기가 신왕재왕 〉 신왕재약 〉 신약재왕 〉 신약재약의 순서임이 확인되었다.

사주원국에 재성이 있는 사람들이 사주에 맞는 업종을 하고 있는지를 확인하기 위해 조사해보니 다음의 표와 같이 정재가 있는 사람은 107명으로 그 중 85명인 79.4%가 사주 적합 업종인 서비스업과 도·소매업을 하고 있으며, 편재가 있는 81명은 59명인 72.8%가 사주 적합 업종인 제조업과 유통업을 하고 있는 것으로 나타났다. 이는 정재와 편재가 다르다는 것을 알 수 있다.

사주의 업종 십성 구분		사업업종	사주기준 인원수	자영업자의 사주기준 인원수		사주적합 비율
사주원국 기준의 업종구분 (명, %)						
정재	사주 적합 업종	서비스업	107	69	85	79.4
		도 · 소매업		16		
	사주 부적합 업종	제조업		11	22	20.6
		유통업		11		
편재	사주 적합 업종	제조업	81	24	59	72.8
		유통업		35		
	사주 부적합 업종	서비스업		20	22	27.2
		도 · 소매업		2		
무 재성			46	–	–	–
계			234	188	188	100

3) 소득과 소유의 함수관계

– 식상생재가 잘되면 소득과 소유가 동시에 이루어질 수 있다.

– 일간과 직업구조가 건실할 때 소득과 소유능력이 좋다.

– 식상이 없는 재성은 소유는 있으나 욕심을 채우기는 어렵다.

– 재성이 없는 식상은 활동이 많아 소득은 많고 소유는 적다.

– 식상이 왕한 사주는 소득은 많으나 소비가 많아 소유가 적다.

– 신약에 재가 왕하면 운이 좋을 때 소득과 소유가 많게 된다.

– 식상제살은 수단이 좋아 소득은 많으나 소유의 규모는 적다.

– 비겁강에 식상용신은 소득은 많으나 소유가 적다.

– 왕한 인성을 제성이 제화시키면 소득은 적으나 소유가 많다.

– 정재가 뿌리가 없으면 소득과 소유의 규모가 적다.

- 신약사주가 편재가 국을 이루면 운이 좋을 때 소득이 많다.

- 신약에 재국이 강하면 실속없는 소유를 하게 된다.

- 식상생재코스에 재성이 뿌리가 약하면 소득에 비하여 소유는 적다.

- 식상생재코스에 재성이 강하고 식상이 약하면 소득에 비하여 소유는 많다.

- 관인상생코스는 소득은 급여로 적으나 재국이 좋으면 소유가 많다.

- 관인상생코스가 관이 강하면 소득은 일정하나 소유는 적다.

4) 소득 및 소유의 사례

예 1 소득과 소유능력 저조 (여)	
時　日　月　年 戊　戊　丙　癸 戌　戌　辰　卯	소득 : 관인상생–직장형(下) 　　　　소득 저조
	소유 : 비겁강 쟁재 구조 　　　　천간 재성 지지 관에게 설기 　　　　소유능력 저조

예 2 소득 보통 소유능력 저조 (남)	
時　日　月　年 庚　壬　庚　辛 子　寅　子　卯	소득 : 인비식–전문가형(中) 　　　　소득 보통
	소유 : 인수강 도식작용 　　　　비겁강 극재작용 　　　　소유능력 저조

예3 소득 일정 소유능력 양호 (남)	
卯 時 日 月 年 乙 戊 庚 甲 卯 申 午 申	소득 : 관인상생-직장형(中) 　　　소득 일정
	소유 : 쟁재, 도식, 재설 작용 없음. 　　　식신의 지장간에 재성 보호 　　　소유능력 양호

예4 소득 양호 소유능력 저조 (남)	
時 日 月 年 丁 乙 辛 癸 丑 丑 酉 卯	소득 : 식신제살-자유형(中) 　　　소득 양호하며 변화 많음.
	소유 : 쟁재, 도식 작용 없음. 　　　재성 관성에 설기됨. 　　　소유능력 보통 이하

예5 소득 양호 소유능력 양호 (남)	
時 日 月 年 丁 庚 丁 乙 丑 申 亥 卯	소득 : 식신생재, 재생관-사업가형(상) 　　　소득 우수, 브랜드, 고용창출
	소유 : 쟁재, 도식, 재설 작용 없음. 　　　재성이 합국을 이룸. 　　　소유능력 우수함.

나. 사주의 경제심리

사주의 구조와 생재의 관계에서 한 사람의 가정과 사회에 대한 경제마인드가 설정된다. 경제마인드는 재물을 움직이는 형태적인 면으로 볼 수 있다. 소득과 소유욕구의 인간적인 심리를 갖게 되어 삶의 가치관을 조망해 볼수 있는 것이 특징이다.

1) 사주구조에 의한 심리

- 생재하는 재물은 자신의 연구와 노력으로 소득을 꾀하는 심리이다.
- 식상만 있고 재가 없으면 결과는 타인의 것으로 대체하는 심리이다.
- 식상제살은 자신의 노력과 기술, 설득력으로 관을 이용하는 심리이다.
- 재성이 관으로 향하면 명예가 목적이 되는 재물축적의 심리이다.
- 여자사주 재생관으로 설기되면 남자에게 희생을 수용하는 심리이다.
- 무식상 재생관코스는 여자, 재물을 이용한 명예추구의 심리이다.
- 재생관의 코스는 명예나 브랜드에 의존하는 소득의 심리이다.
- 재성이 인성을 극하면 투자나 투기, 증권 등으로 소득을 꾀하는 심리이다.
- 재성이 인성을 제화하면 학문적인 성과로 소득을 창출하는 심리이다.
- 재성이 비겁에 극을 당하면 사채업, 도박, 투기수단의 소득 심리이다.
- 재다신약의 남자 사주는 처에 의해 직업과 소득을 꾀하는 심리이다.
- 인성태과는 임대 및 타인의 의존 등 불로소득을 구현하는 심리이다.
- 관성태과는 업무과중을 수용하는 책임역할의 급여수용 심리이다.

2) 재성방향의 심리

사주 내에서 재성은 식상생재를 받는 관계가 가장 중요하며, 이 방향의 코스가 천간과 지지로 구성되며 다양하게 이루어진다. 생재방향의 코스에 따른 경제심리는 아래와 같다.

(1) 지지에서 천간으로 생재

지지에서 천간으로 생하는 재물은 개인 및 가족적인 노력과 가업이나 연구, 발명 등의 노하우를 통하여 공적인 형태의 재물을 구축하고 여러 사람과 함께 쓰자는 의미이다. 고용을 통한 급여와 공익적 사업으로 사회적 공헌이 유여하고 복지단체 및 장학금 등의 후원을 자발적으로 실행하며 나누어 쓰는 것을 당연하게 받아들이는 포용적 심리를 소유한다.

(2) 천간에서 지지로 생재

천간에서 지지로 생재하는 것은 공적으로 노력하고 일한 결과의 재물로 자기 배당이 분명해야 하고 이유없는 손해를 봐서는 안 된다는 의미이다. 개인의 안녕과 소유가 보장되지 않으면 공적인 것에 의미가 없으며, 그런 것들이 보장되었을 때 남모르는 선행과 배려나 여유를 보이는 심리를 소유한다.

(3) 천간에서 천간으로 생재

천간에서 천간으로 생재하는 것은 사회에서 사회로 이어지는 경제관념이 뚜렷한 형태로 사회인으로서의 역할에 비중을 두는 것에 대한 자부심을 의미한다. 재성이 뿌리가 건실하면 사업을 이루고 고용창출로 사회에 공헌을 하게 된다. 그러나 뿌리가 없으면 영업적인 소득으로 재력은 허약하고 사회인의 역할의미가 중시되는 심리를 소유한다.

(4) 지지에서 지지로 생재

지지에서 지지로 생재하는 구조는 개인적인 노하우를 발전시켜나가고 소득과 소유에 대한 자업자득의 결실을 의미한다. 기술을 통한 자영업과 사업자로서 조상으로부터 가업을 받거나 가정의 유산 및 소득과 소유에 대한 은폐를 즐기고 사회적 공헌보다는 가족중심의 경제우선심리를 소유한다.

Part 14

명리직업상담의 전망

　일반 심리상담이 한 개인의 과거경험에서 비롯된 각종 심리적 문제나 현재 겪고 있는 심리적 상태에 대한 분석과 치료라면, 명리직업상담은 심리상담을 포함한 개인의 성장과정에 진로지도와 더불어 미래를 조명하고 준비해줄 수 있다. 그러므로 명리직업상담은 미래사회 전망에 대한 전반적인 고찰을 통하여 보다 폭넓은 정보를 갖추고 제공해줄 수 있어야 한다.

　내담자의 직업선택에 도움을 주는 과정에서 그 직업의 미래에 대한 전망도 포함해야 한다. 비록 적성에 맞는 직업일지라도 머지않아 소멸될 가능성이 있거나 발전할 가능성이 없는 직업은 실직으로 이어질 수 있기 때문이다. 그러므로 동일 선상에 있는 직업군의 직업정보를 충분히 확보하고 전망이 있는 직종을 안내해야 상담은 성공할 수 있다.

　본 장에서는 미래사회의 변화된 모습과 직업세계의 변화를 알아보고, 명리직업상담이 앞으로 어떻게 전개될 것인가를 전망한다.

14-1 미래사회의 변화

미래사회의 모습을 조명한다는 것은 현재 사회의 모습을 가장 정확하게 분석할 수 있는 동시에 변화의 흐름을 읽을 수 있다는 것이다. 그리고 이러한 연구는 다양한 분야에서의 발전방향성을 알게 해준다. 직업이란 현재와 미래를 아울러 준비해야 한다는 가치가 포함된 개념이므로 명리직업상담은 미래전망이 선행되어야 하는 과정이다.

가. 미래학

미래학은 현재 우리 주변에서 일어나고 있는 일에 대한 정보를 분석하고 연구하여 미래에 일어날 수 있는 가능성에 대한 연구를 하는 학문이다. 미래학은 미래사회가 대상이므로 미래학이라는 학문은 존재할 수 없다는 비판도 있으나, 오히려 선진국에서 발달되고 있는 학문이다. 예컨대 세계적인 미래학자 앨빈 토플러(Alvin Toffler)를 모르는 사람이 없다는 것이 이러한 현상을 내변하고 있다. 그러므로 미래학은 막연한 예언과는 확연히 구별되는 분야이며, 학문적 체계를 갖추고 다양한 정보의 수집과 분석이라는 과정이 필요하다.

미래에 대하여 희망을 걸고 기대감을 갖고자 하는 것과 이에 반해 가지는 상대적인 막연한 불안은 인간이라면 누구나 느끼는 일이다. 근래에는 기술의 발달과 급격한 환경변화, 사회 각계각층에서의 급속한 변화 등이 더욱 미래에 대한 관심을 고조시키고 있다. 미래학은 현재사회에서 미래사회를 암시하는 변화의 조짐을 찾아내려는 많은 노력이 필요한 학문이기도 하다. 그러므로 미래학은 사회전반적인 이해와 다양한 정보와 해박한 지식을 갖추어야 하는 높은 수준의 지적 능력을 요구하는 학문이기도 하다.

나. 미래사회의 특징

나노기술의 발달

사이버 나우의 시대

드림 소사이어티

고령화시대의 도래와 가족제도의 변화

메가트렌드

시간관리가 재테크가 되는 사회

인간복제와 유전자조작

인공지능

창의성과 문화에 집중하는 교육

식량, 환경, 에너지 문제

원하는 사람만이 일하는 완전 실업의 사회

모두 미래학자들이 말하는 인류의 미래와 관련된 단어들이다. 이 가운데에서 주목되는 개념으로 미래학자 짐 데이토(Jim Dator)의 『드림 소사이어티(Dream Society)』가 있다. 미래 세계에서의 마케팅은 상품 자체를 파는 것이 아니라 상품 안에 담긴 이미지와 스토리, 즉 꿈을 판매한다는 의미이다. 꿈과 감성을 잘 광고할 수 있는 기업과 상품이 성공한다는 것이 그 요점이다. '문화와 꿈을 생산하는 시대, 드림 소사이어티'가 미래사회의 한 모습을 차지할 것이라는 말이다. 그러나 현재 우리도 책과 TV 속의 광고 등을 통해서 보이는 것을 감성으로 받아들이게 하는 '스토리텔링(Storytelling)'에 익숙해져가고 있다.

　미래학자들이 말하는 미래의 모습에는 이외에도 급격한 변화를 예견하는 다양한 주장들이 있다. 경제와 관련되어 앨빈 토플러든 미래경제를 대변하는 4가지 단어가 다음과 같을 것이라고 하였다.

스피드

개인맞춤형 생산

초복잡성

경계붕괴

　스피드는 빠른 변화의 속도로 사회전반의 각 영역에서 변화가 일어나지만 기업과 경제가 1시간에 100마일씩 움직인다면 정부는 같은 시간에 10마일 밖에 움직이지 않아 그 속도 간의 차이로 인하여 미래를 예측하는 것이 매우 어려운 일임을 말하고 있다.

　이외에 그의 저서 『부의 미래』에서는 '우주개발에 1달러를 투자하면 그에 해당하는 경제효과는 7~12달러에 이를 것'이라고 했다. 미 항공우주국 (NASA)이 토플러의 말을 여러 번 입증했다. 나사의 기술 가운데 달에서 암석을 채취하는 기술은 바로 진공청소기의 탄생을 가져왔다. 또 정수기와 전자 레인지도 우주선에서 생활하기 위한 기술에서 비롯된 결과물이었던 것이다.

다. 고령화사회로의 변화와 기타 미래전망

　고령화의 진행도 미래사회의 한 모습이다. 고령화에 대비한 선행적인 정책을 마련하는 일은 일본의 예에서도 보듯이 어려운 일이다. 우리나라는 가족

계획 캠페인으로 인구증가가 급속히 감소되었다. 오히려 현재는 출산장려 정책이 세워지고 있으며, 급속한 고령화사회로의 진입은 많은 사회적 비용을 증가시키고 있다. 이러한 고령화사회를 대비한 실버산업에 대하여 더욱 신중하고 현실성있는 정책이 필요하며 노인인구의 부양에 관한 문제도 있다. 하지만 직업을 가지지 않고도 경제적으로 자립이 가능한 노인층을 겨냥한 사업도 미래에는 급부상할 것이다.

인구 고령화속도의 추이 – 전체인구대비 65세 이상 비율

국가	도달연도				
	7%(고령화사회)	14%(고령사회)		20%(초고령사회)	
한국	2000	2018	18년	2024	6년
일본	1970	1994	24년	2006	12년
미국	1942	2013	71년	2028	15년

자료 : 통계청, 장래인구추계   단위 : 년

이외에도 미래사회에는 정보와 시간이 더욱 중요한 요소가 될 것이며, 다양화와 국제화가 더욱 추진될 것이다. 미래의 삶은 시대적 변화를 읽어내면서 그 흐름에 동참할 수 있는 열린 마음으로 살아야 한다.

14-2 미래사회와 직업전망

미래 다양화의 시대를 맞아 이색직업과 다양한 직업들이 나타날 것으로 전망된다. 또한 한 직장이 평생을 책임져주던 평생직장의 시대는 지나가고 평생직업의 시대를 맞이하게 되었다. 이러한 변화의 시대에 세계적인 경영학자 톰 피터스(Tom Peters)는 자기 자신을 고용하는 1인 기업가라는 개념으로 이러한 변화를 예견하고 있다.

또한 미래사회의 직업에 대한 전망을 논하기 전에 직업을 가지고 활동할 수 있는 대상자에 대한 고찰이 잠시 필요하다. 미래사회의 변화에는 고령화시대라는 항목이 어디서나 등장하고 있으며 현재 정규교육과정에서도 고령화사회를 맞이하여 지녀야 할 태도를 위하여 고령화사회 대비 교육을 실시하고 있다. 실업문제도 그렇지만 고령화사회가 되어가면서 점차 자신의 능력에 맞는 직장에서 일할 수 있는 기회가 줄어들고 있다. 고령화가 심화된다면 평생직장이 아닌 평생직업이라는 개념이 유지하기도 어려운 시대가 될 수도 있다.

평균수명은 계속 늘어나 90세, 100세를 살게 되는 시대를 살면서 50대에 퇴직하게 된다면 인간의 수명연장은 축복이라고 보기 어려워진다. 그러므로 직업은 적성에 맞는 직업을 선택하는 것도 중요하지만 여러 가지 요인들을 분석하여 자신의 경제수명을 늘리는 것이 가장 중요한 시대가 되었다. 무엇을 해서 먹고살 것인가의 문제가 된 것이다. 한 직업으로 평생을 살아가기보다는 나이에 따라 직업도 여러 번 바뀌거나 한 사람이 여러 개의 직업을 갖게 될 수도 있는 사회가 되었다.

"살아남는 것은 '강한 종'도 '우수한 종'도 아니다.
오로지 '변화하는 종'만이 살아남는다."

진화론을 주장한 찰스 다윈의 말이다. 이처럼 직업인으로서 학위나 자격증, 그리고 높은 전문적 능력을 갖춘 사람만이 직업의 세계에서 살아남는 것이 아니다. 변화의 시대에 적응하고 준비하는 자만이 미래를 개척할 수 있는 것이다.

가. 이색직업의 등장

미래사회에는 우리가 알고 있는 직업분류의 개념을 넘어선 직업이 등장한다. 산업 간의 융합과 복합, 감성과 문화의 결합, 새로운 사업모형이 등장하면서 0.5차 산업이 등장하게 된다. 그러므로 이에 따른 직업도 변화가 생기며 이색직업이 파생된다.

환경농업과 각종 관광사업이 결합된 산업과 이에 따른 직업의 등장, IT와 방송, 생명공학, 교육 등이 결합된 형태의 산업과 직업이 바로 그것이다. 또한 고령화사회를 맞이하여 노인을 상대로 하는 실버산업과 기존 직업에서 세분화, 전문화된 직업분야가 그것이다.

한국고용정보원에서 발간한『2009 신생 및 이색직업』에서는 다음과 같은 직업을 소개하고 있다. 사회, 문화, 제도권의 변화에 따라 새롭게 등장하거나 업무수행과정이 색다른 직업을 5개 영역으로 나누어 소개하고 있다.

2009 신생 및 이색직업

분야	신생 및 이색직업
경영금융 및 기획관련직	기상컨설턴트, HCI컨설턴트, 펀드애널리스트, 문화마케터, 검색기획전문가, 키워드에디터, 입학사정관
방송, 영화 및 이벤트	영화예고편제작자, 메이킹필름제작자, 폴리아티스트, 버블리스트, 불꽃연출가
문화 및 예술	포크아티스트, 예술제본가, 슈가크레프터, 비보이(비걸), 그래피티아티스트, 연극놀이강사
웰빙 및 서비스	웃음치료사, 재활승마치료사, 수중재활운동사, 산업잠수사, 애완동물장의사, 퍼스널쇼퍼, 매장배경음악전문가
스포츠	스포츠기록분석연구원, 비디오분석관, 레이싱미캐닉, 카오디오인스톨러

다음의 내용은 청소년을 대상으로 새로운 학과와 이색직업을 소개한 내용으로 다양화되는 직업세계에 대한 이해를 돕기 위하여 제작한 내용이다.

톡톡 튀는 이색학과, 눈길 끄는 이색직업

분야	학과 및 이색직업
경영금융 및 기획관련직	국제소믈리에과 - 소믈리에 보건허브과 - 아로마테라피스트 커피바리스타전공 - 바리스타 웰빙테라피과 - 스파매니저 트리콜로지·헤어과 - 두피모발관리사 다이어트정보과 - 다이어트프로그래머 병원코디네이터과 - 병원코디네이터 실버케어복지과 - 사회복지사 장례복지과 - 장례지도사
과학, 정보통신 및 스포츠	로봇테크전공 - 로봇공학기술자 모바일게임과 - 모바일게임 QA전문가 유비쿼터스정보응용전공 - 모바일커스터머서포트엔지니어 스포츠게임과 시계주얼리과 - 시계부품개발자 자동차모터스포츠과 - 자동차경주선수 레이싱모델전공 - 레이싱모델 골프학과 - 프로골퍼 요가치유학과 - 요가지도자 이종격투기전공 - 이종격투기선수 승마조련전공 - 마필관리사
문화예술 및 서비스	컬러리스트전공 - 컬러리스트 명리학전공 푸트코디네이션과 - 푸드스타일리스트 플로리스트과 - 플로리스트 화장품·향수전공 - 조향사 호텔카지노과 - 카지노딜러 문화재과 - 문화재보존전문가 서비스유통과 - 서비스(CS)강사
디자인, 방송 및 이벤트	동물조련이벤트과 - 동물조련사 마술학과 - 마술사 보석감정딜러·디자인과 - 보석감정사 신발패션산업과 - 신발디자이너 안경디자인과 - 안경디자이너 인형캐릭터창작전공 쇼핑호스트과 - 쇼핑호스트 스타일리스트과 - 스타일리스트 웨딩이벤트과 - 웨딩플래너
경영, 금융 및 보안	유통프랜차이즈전공 - 창업컨설턴트 리조트개발학과, 발명·특허공무원학과 자산운용학과 - 펀드매니저 콜마케팅과 - 텔레마케터 국방과학기술학과 - 국방과학연구원 부사관과 - 부사관 특수무기과·유도탄야과 교정보호학과 - 보호관찰관

앞에 소개한 직업들은 시대적 변화의 흐름을 타고 새로 등장한 직업들이다. 이 직업을 통해서 반대로 시대적 변화와 흐름을 읽어볼 수도 있다. 미래사회는 우리가 생각하지 못하는 분야로 사람들의 관심이 몰리고 수요가 생기는 시대이다. 반대로 새로운 수요를 창의적인 생각과 발상으로 창출할 수도 있다. 명리직업상담사들은 이와 같은 직업적 변화에 관심을 가지고 다양한 정보를 수집하는 능력을 갖추고 내담자들의 요구에 맞는 직업을 추천해줄 수 있어야 한다.

한국고용정보원은 2009년 6월에 녹색기술, 첨단융합, 고부가서비스 등 한국경제의 미래를 이끌어갈 신성장동력 3대 분야에서 차세대 직업 55선으로 다음과 같은 직업을 선정했다. 신성장동력에 관한 직업정보는 국민들의 신성장동력에 대한 공감과 이해를 증진시킬 뿐 아니라, 청소년들에게 미래 직업세계에 대한 이해와 진로선택에 필요한 정보로서 가치가 있다. 그 내용은 다음과 같다.

한국고용정보원 발표 신성장동력 차세대 직업 55선

분야	직업
녹색기술 산업 분야	− 신재생에너지와 탄소저감에너지, LED 응용 등으로 대표 − 태양광발전 연구 및 개발자, 해양바이오에너지연구원, 지열시스템개발기술자, 탄소포집저장연구원, 해수담수화연구원, LED조명시스템기술자, 선박환경기술자, 건물에너지컨설턴트 등 19개 직업이 유망
첨단융합 산업 분야	− 방송통신융합, 로봇응용, 신소재·나노융합, IT융합 등을 포괄 − IPTV영상처리전문가, 임베디드기술자, 로봇감성인지전문가, 나노사업기획자, 생체계측기기개발자, 퓨전음식개발자, 기능성식품연구원 등 20가지 직업 선정
고부가 서비스산업	− 의료와 교육 서비스의 개방 등 국가 간의 교류확대 등으로 활성화가 기대되는 분야 − 의료관광코디네이터, 의료통역사, 탄소거래중개인, 국제회의기획자 등 9개 직업이 각광받을 것으로 전망
기타 분야	− 실제로 해외에서 활발한 활동을 하고 있는 '해외 그린 잡(Green Job)' 분야 − 에코컨설턴트, 그린빌딩설계자, 기후변화관리자 등

나. 미래의 기업

미래의 기업은 현재의 기업보다 기술개발에 치중하는 방향으로 지속적인 구조조정을 하고 있다. 기업의 기동력을 위하여 중간관리층이 파격적으로 감소되고 있다. 새로운 기술개발을 위하여 다양한 방법으로 근로자교육이 실시되고 있다. 정규직으로 종사하는 작업자가 적으며, 시간제와 임시직 작업자와 계약직 작업자들로 인력을 충원시키고 있다.

고객을 위해 가격, 선택, 서비스를 지향하고 있다. 새로 부상되는 기업일수록 가장 하급수준의 작업자들에게도 많은 책임과 밀착된 협동을 요구하고 있다. 미래사회는 시간이 갈수록 개인적 능력에 대한 평가가 정확해지고 누구나 전문성을 갖추고 끊임없는 교육을 통한 자기발전 노력을 해야 하는 사회가 될 것이다. 그러한 움직임은 미래기업이 요구하는 근로자의 조건이 될 것이다.

다. 고용없는 성장과 실업의 증가

미래사회는 소수만이 일하는 사회가 될 것으로 미래학자들은 말하고 있다. 지식정보화사회로 갈수록 고기술의 전문인력이 급증하고 있는 반면 디지털경제화에 따른 지식집약화의 기술변화는 저기능 인력과는 대체적인 관계에 놓이게 되었다. 즉, 고학력, 고숙련 전문인력의 고용증가는 그 직무에 오랜 진로경로를 가진 인력을 요구하게 되어 신규실업자를 양산하는 결과를 초래하게 되고, 고용없는 성장과 실업의 증가라는 현상이 벌어지게 되는 것이다.

이러한 미래사회의 변화를 예견하면서 세계적인 경제학자 톰 피터스(Tom Peters)는 '자신을 고용하라'고 말하였다. 즉, 자신이 스스로 브랜드를 개척하고 자신만의 일을 시작하라는 것이다. 기업이 자신을 고용하기를 기다리지 말고 스스로를 고용하는 능력을 키우라는 말이다. 그런 의미에서 미래사회를 준비하는 이색직업과 이색학과에 대한 정보는 매우 의미가 있으며, 자신만의 능력을 개발하고 타고난 선천지능을 발견하는 작업은 매우 중요한 과제라 할 수 있다.

라. 생애주기별 직업생활

인간수명 100세를 바라보는 이 시대에 극심한 실업률에도 불구하고 직업 없이 살아가야 하는 기간은 늘어나고 있다. 그러므로 미래학자들은 앞으로 한 사람이 평생을 두고 여러 개의 직업을 갖게 될 것이라고 말하고 있다.

사회가 요구하는 직업인에 대한 기대능력은 한 가지에 뛰어난 기술력이나 외국어능력만으로도 충분했던 과거의 시대와는 달리 근래에는 컴퓨터시스템 관리 등 여러 가지 능력을 요구하고 있다. 다중지능의 시대를 맞아 직업도 다중직업의 시대를 맞이한 것이다.

이와 같은 요구에 맞게 교육도 평생교육 시대가 되어 지식의 수명이 짧은 만큼 누구나 재교육의 필요성을 느끼며, 자신에게 요구되는 능력을 갖추기 위한 자기 투자를 하는 시대가 되었다. 변화의 시대일수록 전문적인 정보가 중요하게 되므로 명리직업상담 분야는 더욱 욕구가 증대되는 유망한 분야가 될 것으로 전망된다.

마. 미래 유망직업

서울대학교 이면우 교수는 미래 유망직업에 대하여 다음과 같이 말하고 있다.

'유망산업-유망학과-유망직업은 없다. 그렇다면 무엇이 가장 유망한 분야인가? 그것은 바로 본인이 하고 싶은 분야이다. 10년 단위로 빠르게 변하는 분야보다 평생 마음이 끌릴 분야가 유망한 것이다. 자녀가 하고 싶어 하는 것에서 유망 분야를 찾아라! 현재 유망하다고 인정되는 직업은 얼마 지나지 않아, 10년 이내에 사양길을 걸을 것이다. 현재 선망의 대상이 되고 있는 산업은 유망하지 않다.'

선천적성검사(AAT)의 취지와 잘 맞는 주장이다. 선천적성검사(AAT)도 장래 유망할 직업을 찾아주는 것이 아니라 한 사람이 가장 잘 수행할 수 있는 직업을 찾아주어 가치있다고 느끼는 직업을 흥미를 가지고 제대로 수행할 수 있도록 안내해주는 것이 목적이다. 평생 즐겁게 일할 수 있는 직업이 평생 변하지 않는 유망한 직업 분야가 되는 것이다.

이러한 주장은 이면우 교수가 W이론에서 주장한 기업경영과도 연결되는 개념이다. W이론은 한국의 실정에 맞는 독창적인 기업경영철학을 확립하자는 의미에서 이면우 교수가 1993년 주창한 이론 틀이다. 우리의 전통적 기질인 신바람, 흥을 산업현장과 우리 생활에서 불러 일으켜 현재 상황을 획기적으로 돌파해나가자는 것이다. 미국의 경영학자 맥그리거가 1960년대에 주장한 XYZ이론과 상대적 개념으로 부른 이름이다. XYZ이론은 관리나 조직에 있어서의 인간관 내지 인간에 관한 가설의 유형으로 '기업의 인간적 측면'을 말하고 있는 이론이다. 그런 신바람과 흥을 산업현장에서도 개인생활에서도 누리자는 것이 이면우 교수의 주장이다.

14-3 명리직업상담의 미래

미래학의 입장에서 명리학을 해석해보면 어떠한가? 단지 한 개인의 미래를 예측해줄 수 있다는 점에서 미래학인가? 명리학은 변화하는 사회 속에서 한 개인이 가장 잘 적응하고 자신을 계발할 수 있는 최상의 선택을 돕는 학문이라고 할 수 있다. 『미래학자 10인이 말하는 미래』라는 저술서에서는 미래학은 예언이 아니라 선택의 미학이라고 하였다. 단지 예언적인 분야라면 그것은 우리들의 삶과는 동떨어진 지식에 불과하다. 선천적성검사(AAT)의 검사결과에서도 볼 수 있듯이 생애주기에 따른 준비와 자신의 참모습을 가장 잘 보여주는 것이 바로 미래학의 입장에서 본 과학명리이다.

명리직업상담은 무한한 가능성과 뼛속에 숨어 있는 자신만의 천재적인 적성까지 찾아내어 꿈을 이루도록 도와주는 학문이다. 미래학자들은 미래의 교육이 창의성과 문화에 집중하게 될 것이라 하였다. 현재 학생들의 능력을 재는 교육방법이 도저히 적용되지 않는 그런 사회가 된다는 의미도 된다. 그러므로 명리학은 미래의 '드림 소사이어티'에 가장 잘 적응할 수 있도록 한 사람 한 사람의 감성과 능력을 알려주며 가장 자기답게 사는 길을 안내해주는 학문이 될 것이다.

가. 명리직업상담의 활동 분야 전망

명리직업상담사는 미래의 가장 유망한 직종으로서 다음과 같은 장점과 함께 다양한 분야에서 활동을 하게 될 것이다. 실업과 이직이 빈번한 현대사회에서 정년이 없는 직업으로서 스스로의 노력에 의해 창의적으로 활동을 전개해 나갈 수 있다. 또한 교육사업도 병행이 가능하여 학교와 평생교육의 장에서 활동이 가능하다. 활동 분야를 간략히 정리해보면 다음과 같다.

- 학과개설로 인한 교수요원으로서의 활동

- 사회교육 강사

- 문화센터 강사

- 명리교육사업(학원) 운영

- 초 · 중 · 고교 선천적성상담요원

- 조기적성검사 실시로 인한 개인 및 집단상담

- 선천적성평가원 운영

- 공공기관의 선천적성검사 및 명리직업상담요원

- 기업의 인사관리 담당

- 대학의 취업지원센터 직업적성상담요원

- 명리프로그램개발사업

- 프로그램개발 연구원

- 인터넷 및 유무선 온라인상담

- 해외 한국인 상담

- 해외 관광객 테마명리 상담

- 네이밍 전문가

위와 같은 활동은 크게 상담 분야, 사업 분야, 교육 분야, 학술활동 분야로 구분할 수 있다.

명리직업상담의 미래 전망

분야	구체적 활동 내용	비고
사업 분야	선천적성평가원 운영 조기적성검사 실시 선천적성검사 실시 직업상담 사주심리상담 네이밍 전문가	개인사업 분야 연구소 운영도 가능 사업적 마인드가 다소 필요한 분야
교육 분야	교수요원 사회교육 강사 문화센터 강사	교육기관에서의 활동 명리직업상담학 및 명리학 기초이론 강의
상담 분야	개인직접상담 기업의 인사관리 담당 대학 취업지원센터 직업상담원	기업과 연계한 연구활동 포함 대학과 연계한 연구활동 포함

위의 활동 분야는 서로 조화를 이루어 발전해야 모든 분야에서의 발전이 용이하다. 학술적 연구는 실제적인 경험과 노하우에서 더욱 타당성을 인정받으며, 이를 교육활동을 통하여 전수하여야 다시 앞의 흐름이 연결된다.

명리학계의 발전

현재 교육활동은 대학원 석·박사과정의 증설과 증원으로 점차 활동이 확대되고 있다. 현대명리와 과학명리를 위한 연구활동과 교재연구가 한창이므로 이 분야는 더욱더 활발하고도 학문적 성과가 클 것으로 기대되는 분야이다.

학술활동 또한 다양한 방법을 통하여 그동안의 연구성과를 발표하고 있으며, 가장 뚜렷하게는 명리학 관련 논문들이 최근 급증하고 있다. 이제는 서로의 이론을 고집하던 구시대적 문제점들을 타파하고 현대적 감각으로 학문의 융합과 과학명리학의 입지를 확고히 할 시기인 것이다.

사업활동은 교육활동 · 학술활동과 연관되어 발전시켜야 하는 분야이다. 모든 학문이 이론에 그친다면 그러한 이론은 이론을 위한 이론일 뿐이다. 실제적인 활용이 가능하고 인류의 행복에 도움이 되는 그러한 학문이 되어야 한다. 또한 그 학문을 연구하는 학자들과 관련된 사람들에게는 경제적인 도움이 될 수 있어야 더욱 발전가능성이 커진다.

미래에는 명리직업상담이 위에 제시한 분야 외에도 더욱 다양화될 것이다. 미래사회가 지향하는 꿈과 희망을 주는 가장 감성적인 학문이 될 것이다.

나. 명리직업상담의 현재 활동모습

과학명리를 활용한 선천적성검사 AAT는 미래학을 가장 필요한 학문의 분야에서 융합하고 발전시킨 결정체이다. 현재 활동모습을 잠시 살펴보면 다음과 같다.

K대학교 취업지원센터 상담

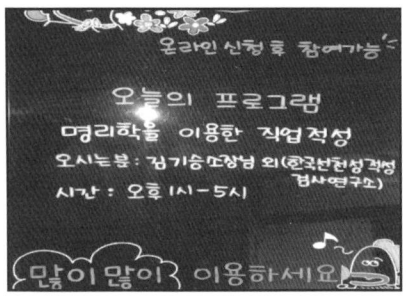

미래사회에서 직업을 찾기 위한 적성검사와 취업상담은 명리직업상담사의 활동으로 많은 사람들이 도움을 받을 수 있을 것으로 기대되는 분야이다.

현재 모든 사람들의 공감을 얻고 인정을 받는다면 그것은 현 시점에서 최고일 수는 있어도 미래에까지 효력이 있는 것이 아니다. 어찌보면 미래 세계에서 효력을 발생시키는 것은 현 시점에서는 마치 혁명과도 같은 것일 수도 있다. 눈에 보이는 과학으로 인정받는 시대는 과거이다. 명리직업상담학은 분명히 미래학의 한 분야로서 자리매김을 하면서 인류에게 꿈과 희망을 주는 가치성 높은 학문으로 주목받게 될 것이다.

14-4 국제학술교류 현황

물이 썩지 않으려면 스스로 흘러가든지 아니면 맑은 물이 공급되어야 한다. 필자는 2002년 제도권 대학에 명리전공 석사과정을 개설한 후 동양권의 여러 나라를 견학하고 국제학술교류를 통하여 학문의 정보교환과 발전실태를 파악해왔다. 나라별 전통성이 있는 학회와는 지속적인 학술교류를 할 수 있도록 자매결연을 체결했다. 또한 국가별 명리학의 발전형태와 사회적 역할과 상담기법 등을 비교하며 체득한 식견으로 우리나라 과학명리 실현의 방향성을 궁리하였으며, 그런 노력들은 오늘날 과학명리를 실현하는 과정에 기저가 되고 있다.

중국연변여명대학 명예교수 추대(2003. 11.)

연변여명농민대학에서 필자가 신윤식 교장(총장)으로부터 명예교수로 추대식을 가지는 장면이다. 이 시점은 명리학의 기원지인 중국과의 국제교류에서 시발점이 되었다. 신 총장은 이후 한국을 방문하여 경기대 국제대학원 동양철학과와 사회교육원 명리학부를 견학하였다.

중국 '연변주역학회'와 학술교류 및 자매결연(2004. 7.)

학술교류로서의 격식을 갖추고 시작한 위 행사에서 필자는『천간합의 의미와 작용』에 대한 연구결과를 발표하였다. 행사 후에 '변주역학회'와 자매결연을 맺었고, 이때의 인연으로 현재 중국 연변에서 한국의 서울로 건너와 활동하는 회원도 있다. 사진 위 왼쪽 연변주역학회 윤창일 회장과 자매결연을 맺고『사주심리치료학』을 증정하는 모습, 오른쪽 연변대학교 우춘회 교수로부터 감사패를 받는 모습, 아래 왼쪽 연변주역학회 회원들에게 선물을 증정하는 모습, 우측 도문시에서 신문사와 취명부를 운영하는 허금산 선생의 사무실에서 기념촬영한 모습이다.

대만 양상윤 선생 회견 및 현지답사(2005. 8.)

양상윤 선생은 대만의 지명도 높은 자평명리학자로서 많은 저술서를 발표하였다. 그의 저서는 한국에도 여러 권이 번역되어 보급되었으며, 그의 제자가 대만에 역학대학을 설립하고 양 선생을 명예총장으로 추대하였다. 양상윤 선생의 말에 의하면 중국의 문화혁명 이후 대만에서 많은 이론서가 발간되어 동양권에 영향을 주었지만 근래에 일본과 한국의 명리가 발전하며 추월당했다며 특히, 상담실력은 한국이 최고수준이라고 자인하였다. 사진 위 왼쪽 양 선생의 저서 『양상윤회억록』을 필자에게 증정하는 모습, 오른쪽은 책의 내용을 설명하는 모습, 아래 왼쪽은 대만의 역학전문서점, 오른쪽은 필자 일행이 대련에 있는 상담소에 들러 실제 감정을 받아보고 있는 모습이다.

일본 4개 학파와 학술교류(2006. 2.)

일본은 일찍이 명리학의 대중화를 이루었고 현재도 생활에 밀접하게 활용하고 있는 나라이다. 당시 일본에서 명성을 인정받는 4개 학파와 필자 일행은 사전에 학술교류를 약정하고 출국하였다.

일본의 도쿄 긴쟈에서 관상대가로 알려진 이시모토 선생의 운명학에 대한 진중한 견해와 사회적 필요성을 강조하는 강연을 듣고 토론을 하는 필자 일행의 모습이다.

삼성 고 이병철 회장의 운명감정을 담당했던 동경시의 아사노 선생을 방문하고 상호 강연과 토론을 한 후 필자의 저서 『사주심리치료학』을 증정하였다.

젊은 명리학자로 일본 언론에서 주목받고 있던 신주쿠에 거주하는 사꼬다 선생의 독창적인 음양에 대한 해법강의와 토론을 실시하고 필자의 저서를 증정하는 모습이다.

일본의 명리대가였던 아베태산 선생의 2대 제자인 동경시의 경슈레이 선생과의 접견을 통하여 일본 전통명리의 발전과정과 이론의 활용에 대한 여러 가지 조언을 듣게 되었다. 경슈레이 선생은 자신의 출생시간을 잘 모른다기에 필자가 삶을 조명하며 유추해주자 감사의 뜻을 전하기도 했다.

연변대학교 한중동양철학 국제학술교류 및 자매결연(2006. 7.)

연변대학에서 실시한 한중동양철학 국제학술교류에 참석한 중국 학자들은 교수협회 부회장이며 비서장인 전국권 교수, 월수외국어대학 류은종 교수, 연변 가사음악연구소 소장 남희풍 교수, 문학연구소 소장 전성호 교수, 언어연구소 시전편찬실장 최경남 교수, 전 연변주 공회 주석(연변시장)최칠성 등이 동참하여 많은 관심을 표했다. 특히 학술대회를 공동주관한 류은종 교수는 평양 김일성대학의 1호 박사로서 국문학의 의미론을 전공한 분이다. 북한이 5차에 걸쳐 언어혁명을 이루고 순수한 우리말을 지키는 데 큰일을 한 분이어서 남북통일이 이루어지면 우리말 지킴이의 일등공신일 수도 있다.

중국 연변대학교 도서관에서 한중동양철학 학술발표회를 실시하였다. 사진 위 왼쪽은 필자의 학술발표 모습, 오른쪽은 필자 일행 중 최영선 교수의 발표 모습, 아래 왼쪽은 필자일행이 중국의 강연을 경청하는 모습, 오른쪽은 학술발표를 마치고 연변대학교 도서관 앞에서 기념사진을 촬영하는 모습이다.

홍콩 '천동파학회' 학술교류 및 자매결연(2007. 1.)

　홍콩 천동파는 자평명리의 천재라 불리는 위천리의 학맥을 계승하고 있는 홍콩에서 지명도가 높은 학회다. '천동파학회' 회장 천동파의 강연과 세미나는 명리이론교류의 혁신적인 장이었다. 홍콩은 운명학이 정치 및 재계와 일반인들에게 매우 존중받고 있었으며 학자들의 자부심도 매우 높았다.

　사진 위 왼쪽 천동파 회장과 필자의 자매결연증서 교환 모습, 오른쪽은 필자의 저서 『사주심리와 인간경영』을 증정하는 모습, 아래 왼쪽 후천동의 강연을 경청하는 모습, 오른쪽은 학술발표 후 필자 일행과 기념사진을 촬영하는 모습이다.

캄보디아 앙코르와트 문화답사(2007. 6.)

   캄보디아 하늘의 한 줄기 빛은 무에서 음양의 탄생이라는 거대한 시작을 알리는 듯한 모습이었다. 앙코르와트는 사라져가는 문화유산을 답사한다는 의미와 천인지의 사상을 음미해보고자 하는 뜻이 있었다. 필자의 소견은 木 기운이 강하여 木剋土가 심하게 이루어지거나 심지어 木剋金의 지경에 이른 오행의 부조화를 보는 듯하였다. 그리고 그 옛날 거대한 문화유산을 이룬 사람들의 영혼과 숨결을 느끼지 않을 수 없는 답사였다.

싱가폴, 말레이시아, 인도네시아 답사(2008. 1.)

같은 동양권 문화인 싱가포르는 국민의 75%가 중국계로서 중국인들의 사고방식이 싱가포르 국민의 전반적인 면을 지배한다고 볼 수 있다. 그러므로 생활의 다양한 면에서 명리학적 사고방식이 그들의 삶 속에 뿌리박혀 있음을 알 수 있었다. 모든 건축물에는 풍수지리의 법칙이 지배하고 있으며, 이와 같은 점은 국가적인 중대사를 결정하는 데 있어서도 적용된 사실이 있었다.

무역의 중심지 싱가포르를 중심으로 말레이시아와 인도네시아는 살아 숨쉬는 동남아의 음양오행 전통사상을 느낄 수 있는 문화답사였다.

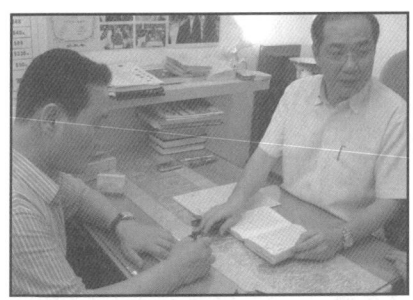

싱가포르의 풍수갤러리에는 풍수 및 명리, 수상 등이 밀집해 있었다. 사진 위 왼쪽은 필자의 운명을 명리학으로 감정하는 모습으로 상담내용은 이론상 한국과 비슷함을 확인할 수 있었으며, 사진 오른쪽 차이나타운에서 만난 인도할아버지의 새점으로 카드를 뽑아 흥미롭게 운명을 예측하는 모습은 인상적이었다. 마지막 사진의 뒷배경에는 타 건물의 모서리가 보이면 운이 나쁘다는 풍수이론에 근거하여 각 경쟁사가 자사 건물 모서리를 상대건물에 보이도록 짓느라 희한하게 설계된 건물들이 모여 있다. 마지막에는 모든 기운을 싹둑 잘라버리겠다는 칼 모양의 건물까지 들어서게 되었다고 한다.

싱가포르 '1달러 동전'의 비밀

국가적 사업으로 지하철공사를 할 때였다. 이때 대다수의 국민이 이를 반대하고 나섰는데, 그 이유는 싱가포르의 땅속에는 용이 사는데 땅의 기를 훼손하면 큰 재앙이 따른다는 것이 그 이유였다. 이때 이광요 수상이 유명한 고승을 찾아가서 이 문제를 의논하고 묘책을 얻어온 것이 바로 '1달러 동전'을 이용한 방법이었다. 전 국민이 부적을 지니면 된다는 데 착안한 것으로 국민이 동전을 사용하는 것 자체가 나라의 액을 막고 새로운 사업을 가능하게 해주는 해결책이 된 것이다.

14-5 명리직업상담의 새로운 도약

미래사회는 다양화와 융합이 동시에 이루어지며 새로운 가치관의 형성으로 사람들의 생활은 물론 직업생활에서도 많은 변화가 일어날 것이다. 명리직업상담 분야에도 이에 상응하는 변화가 일어날 것이며 자체적인 발전도 이룰 것이다.

명리직업상담의 새로운 도약 플랜

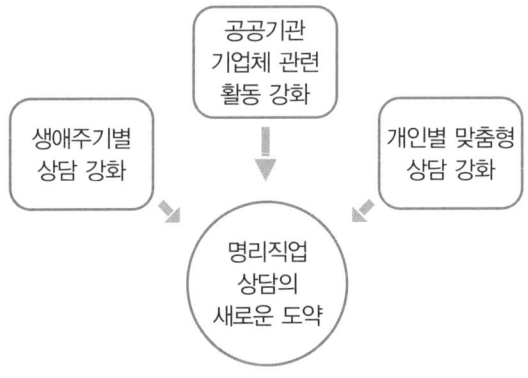

가. 명리직업상담의 발전

명리직업상담은 현재 새로운 시도와 혁신이 일어나고 있는 분야이다. 그러나 그 장점을 제대로 살리기 위해서는 과학명리의 이론적 강점을 확실하게 발전시키고 적용시킬 수 있는 연구와 이를 수용하는 자세가 필요하다.

직업상담에서도 직업은 한 사람의 적성과 소질에만 의지하지 말고 내담자의 가족과 여가생활과 같은 생애역할 계획과 관련지어 수행되어야 한다는 주장이 있다. 즉, 그 사람이 처한 환경적 요인을 배제한 직업상담이 아닌 적극적인 반영이 이루어져야 한다는 것이다.

명리직업상담은 앞으로 한 사람의 인생을 전체적으로 상담해줄 수 있는 체제를 갖추게 될 것이다. 교육의 수준과 후천적인 영향을 고려한 직업추천을 위하여 1차 직업군과 2차 직업군으로 구분하여 직업을 추천하는 것이 바람직하다. 그런데 이를 보다 적극적으로 반영하고 통합적인 상담을 통하여 전 생애에 걸쳐 유용한 상담이 되어야 한다.

나. 명리직업상담사 역할의 확대

명리직업상담사는 단지 직업을 추천해주는 데만 그 역할이 국한되지 않는다. 즉, 내담자들은 자신들이 잘하는 것과 좋아하는 것, 그리고 하고 싶은 것에 대하여 직업과 연관시키는 능력이 부족하다. 명리직업상담의 핵심이 바로 여기에 있다. 이와 같은 갈등을 확실하게 해소시켜줄 수 있는 이론이 명리직업상담론이다.

앞으로 명리직업상담사들은 일련의 상담과정 속에서 내담자들의 문제인 갈등과 직업선택에 있어서의 문제해결능력 부족의 원인을 확실하게 분석할 수 있는 역할을 해주어야 한다. 미래사회로 갈수록 하나의 직업으로 일관되기 어려운 사회가 도래하며 직업과 여가생활, 그리고 사회적으로 요구되는 역할 구분에 대하여 사람들의 판단이 어려운 환경이 주어진다. 이러한 변화 속에서 명리직업상담론은 가장 정확한 판단이 가능한 이론적 기준이 되어줄 것이다.

명리직업상담론은 생애주기에 따른 인생 전체에 대한 상담이 가능하므로 명리직업상담사의 역할은 단지 직업과 진로와 관련된 부분을 뛰어넘어 인생 전체에 대한 전반적인 상담이 더욱 활발하게 이루어질 것이다.

다. 명리직업상담의 사회적 인식변화

　명리직업상담의 사회적 인식변화를 가져오려면 명리직업상담사들이 대학 및 교육기관과 공공기관에 수용되어 활동할 수 있는 여건이 조성되어야 한다. 또한 사회변화와 효용성 면에서 가장 민감하게 반응하는 기업체에 수용되어야 한다. 현재 K대학교에서 진로지도 도구로 채택되어 있다는 것은 매우 긍정적인 의미가 있다.

　사회적 인식변화를 통한 활동영역의 확대는 명리직업상담의 미래 전망에 긍정적인 모습을 보여주는 사항이다. 그러나 무엇보다도 중요한 것은 명리직업상담사들이 스스로 자부심과 소명의식을 바탕으로 사회적 책임감을 인식하는 활동과 함께 자기발전을 위하여 연구활동에 적극적으로 참여하고, 연구성과를 객관적으로 인정받는 노력이 필요하다.

　내적 발전이 없이 외적 인식변화를 기대하는 것은 매우 어리석은 일임을 명심하고 스스로의 발전을 위해 노력하고 다양한 능력을 소유한 명리직업상담사들간의 융합으로 학문적 입지를 다지는 노력이 필요하다.

라. 관련 논문

　「명리상담의 실태분석 및 개선방안」(김미선, 2009)의 연구결과를 살펴보면 대부분의 사람들이 명리상담을 신뢰하였다.

명리상담의 신뢰성

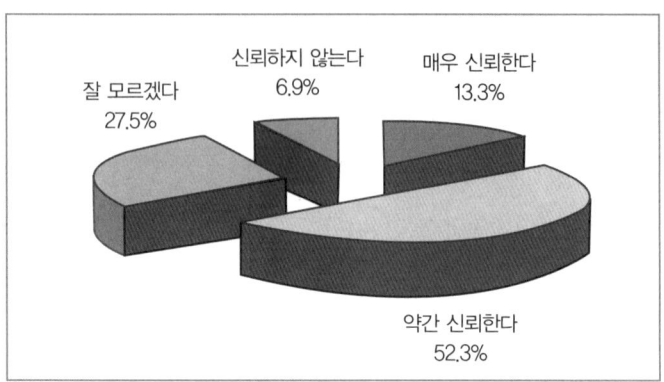

명리상담의 신뢰성을 묻는 질문에 '매우 신뢰한다' 와 '약간 신뢰한다' 의 긍정적인 답변은 65.6%이며, '신뢰하지 않는다' 6.9%에 비유하여 매우 신뢰하고 있음을 나타냈다.

명리상담에서 개선되어야 할 사항

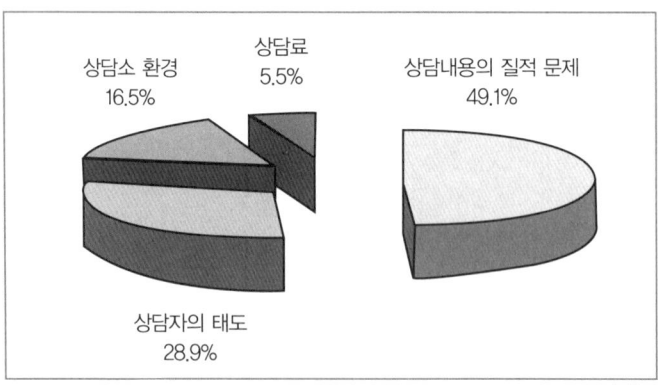

명리상담에서 상담내용의 질적 문제가 개선되어야 한다고 인식하는 일반인이 가장 많았다.

사주를 이용한 성격 및 적성검사방법으로 직업적성검사를 받을 의향

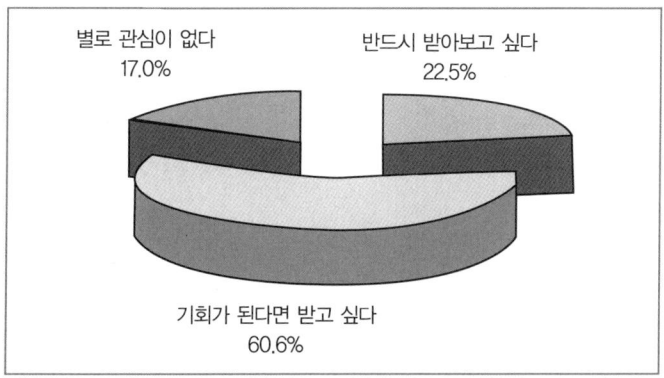

별로 관심이 없다
17.0%

반드시 받아보고 싶다
22.5%

기회가 된다면 받고 싶다
60.6%

 사주를 이용한 성격 및 적성검사방법으로 직업적성검사를 받을 의향을 묻는 설문에서는 83.1%가 받아보고 싶다는 반응을 보였다.

 일반인들도 명리직업상담에 대한 인식이 달라지고 있다. 따라서 상담사들의 자체적인 노력이 동반될 때 명리직업상담의 전망은 더욱 밝아질 것으로 보이는 연구이다.

Part 15

명리직업상담사의 자세

    사람과 사람이 마주보고 대화하는 상담직업은 상호 간 믿음과 신뢰가 절대적으로 필요하다. 상담자는 내담자에게 신뢰를 주어야 하고 내담자가 자신의 문제해결을 위하여 적극적으로 자신에 관한 정보를 솔직하게 개방할 수 있는 허용적 분위기를 조성하여야 한다. 이와 같은 심성적인 조건을 갖추었더라도 명리직업상담 기법의 절차와 함께 정확한 직업정보 및 미래사회에 대한 직업전망 등 다양한 지식을 섭렵해야 한다. 능력과 자질을 갖춘 사람만이 명리직업상담사로서 역할을 훌륭히 수행할 수 있을 것이다.

    본 장에서는 명리직업상담사의 역할과 구체적인 직무내용, 습득해야 하는 전문지식의 분야와 교육기관, 그리고 가장 중요한 상담자의 인성적 문제인 명리직업상담사로서의 윤리강령에 대하여 논하도록 한다.

15-1 명리직업상담사의 역할

명리직업상담사는 명리상담이론에 근거하여 선천적성을 탐색하고 내담자에게 가장 적합한 직업을 추천해주는 사람이다. 일련의 상담과정에서 내담자가 최종적으로 자기 스스로 선택하고 결정 할 수 있도록 돕는 역할을 수행하는 것이다.

즉, 내담자의 고충과 갈등을 이해하고 고민을 충분히 들어줄 수 있는 자세가 필요하며 내담자의 현재 환경적 조건을 고려한 가장 합당한 상담성과를 내기 위한 명리직업상담 전문가로서의 임무와 동시에 심리상담의 역할이 주어지므로 이에 합당한 능력과 전문지식이 필수적으로 요구된다.

가. 명리학 전문가로서의 역할

명리직업상담사는 명리이론에 근거하여 직업상담을 실시하는 특수성을 가진 직업이다. 때문에 선천지능에 근거한 십성의 작용과 이에 따른 성격이론, 지능이론, 심리이론, 사주구조분석 등에 관하여 전문가로서의 수준에 도달한 사람이어야 한다. 즉, 음양오행의 생극작용에 대하여 초보적인 수준의 통변 실력을 넘어서 통찰할 수 있는 정도의 실력을 갖추고 상담에 임하여야 한다. 격국에 근거한 단편적인 직업분류나 신살론에 근거한 운명론적인 입장에서의 직업추천 등 구시대적인 발상을 버려야 한다. 즉, 과학명리에 기초한 명확하고도 분명한 직업분류이론에 근거하여 적성검사 Triangle과 직업유형 및 업무수행기능을 분석할 수 있는 능력을 갖추어야 한다.

나. 명리직업상담사로서의 역할

직업이란 시대적, 사회적 변화에 가장 민감하게 영향을 받고 있는 분야이다. 따라서 직업 자체에 관한 정보만으로는 올바른 상담이 어렵다. 그러므로 이에 따른 다양한 직업정보획득과 시대적 흐름에 따른 신종직업 등에 대하여서도 지속적으로 정보에 밝아야 한다. 또 사회적 변화에 따른 새로운 사람들의 요구에 대하여서도 열린 시야를 가지고 있어야 가장 적합한 직업추천이 가능하다.

명리직업상담사는 이와 같은 직업전문가로서의 역할도 주어지므로 다양한 직업정보 및 직업 관련 법률적, 행정적 절차에 대하여서 잘 알고 있어야 한다.

15-2 명리직업상담사 직무내용

명리직업상담사는 명리학을 근거로 직업분류 및 직업추천을 한다. 직무내용은 직업상담사와 유사한 업무를 수행하게 된다.

가. 명리직업상담

가장 중요한 직무로서 명리직업상담을 실시한다. 그 과정상에 주어지는 직무는 다음과 같다.

- 출생정보 확인
- 검사실시
- 검사결과에 따른 설명
- 내담자에게 가장 적합한 직업 추천
- 추천한 직업에 따른 자격요건과 준비할 사항 점검
- 생애주기에 따른 추후 상담일정 안내

이러한 과정상의 직무도 있지만 명리직업상담에 있어서 내용상의 직무를 분석하면 다음과 같다.

- 원만한 사회생활을 위한 성격검사
- 적합한 직업추천을 위한 직업적성검사

− 진로지도 및 진학을 위한 학과적성검사
− 적합한 직업유형을 찾기 위한 직업유형 및 업무수행기능검사

이와 같은 직무를 수행하는 과정에서 명리직업상담이 이루어진다. 하지만 이외에 부수적으로 따르는 직무가 있는데, 기타 직무는 다음과 같다.

− 상담하게 된 동기의 확인을 통한 내담자의 긍정적 · 부정적 요소 분석
− 상담자의 태도적인 면을 인지하고 검사결과 제시의 적절한 방법 모색
− 내담자의 환경적 · 신체적 조건을 고려한 맞춤형 상담실시

이와 같은 부수적인 직무도 명리직업상담사의 직무에 속한다.

나. 명리일반상담

명리직업상담사는 직업상담 자체에만 직무가 국한되지 않는다. 직업생활이 우리들의 총체적인 삶의 일부이며 통합적인 상담이 결국은 원만한 직업생활을 유도한다는 의미에서 일반적 내용의 심리 및 성격, 인간관계에 대한 상담도 명리직업상담사의 직무로 포함시킬 수 있다. 여기서 말하는 명리일반상담은 다양한 상담내용 중에서 직업생활과 내담자의 삶의 질 개선에 도움을 줄 수 있다고 판단되는 분야의 상담을 총칭한다.

일반적 내용의 상담은 범위가 매우 넓으므로 다양한 측면에서의 정보수집이 선행되어야 한다. 그 내용을 정리하면 다음과 같다.

− 직업생활에서의 인간관계개선을 위한 사회성 및 성격심리검사를 통한

대안 제시

– 이직을 원하는 경우 가장 적절한 시기 제시

– 원만한 대인관계를 위한 편중된 십성이나 충극에 대한 사주구조분석

이러한 일반적인 상담도 넓게는 직업상담에 있어서 필요한 부분이다. 즉, 총체적인 상담이 이루어지게 되어 좋은 결과를 가져오게 된다. 현대 사회는 어느 한 부분에 국한된 상담활동이 아닌 융합과 통합이 이루어지는 상담이 되어야 한다.

다. 명리집단상담

명리직업상담은 개별상담도 이루어지지만 집단상담을 통하여도 이루어질 수 있다. 명리직업상담사는 개별상담뿐만 아니라 집단상담에 관한 상담능력도 갖추어야 한다. 무엇보다 집단상담은 개인상담에 비하여 내담자와 상담자 모두를 포함한 상호작용이 일어날 수 있는 상황이라는 장점을 가진다. 또한 개인상담에 비하여 비용이 저렴하여 내담자의 부담이 석다. 자신과 유사한 문제를 가지고 상담하는 사람들과 의견을 나누며, 명리직업상담사와 다른 내담자들과의 관계에서도 다양한 정보와 자극을 받을 수 있다는 장점이 있다.

명리직업상담사는 집단상담을 원하는 내담자들을 대상으로 상담목적과 연령대와 유형에 따라 다양하게 집단을 구성하여 보다 효율적인 상담을 진행시킬 수 있다. 내담자들이 보다 객관적으로 자신을 평가하면서 상담에 임하므로 내담자를 설득하고 이해시키는 노력을 아낄 수 있다. 그러나 가장 중요한 것은 명리직업상담사도 하나의 인격체로서 자신만의 가치관을 가지고 있는 사람이므로 자신에게 편중되거나 자신의 가치를 요구하거나 강조해서는 안

된다. 내담자들의 요구와 상담의 목적에 충실한 상담이 되어야 한다. 집단상담에 있어서 명리직업상담사의 직무를 분석해보면 다음과 같다.

- 내담자들의 특성에 따른 집단구분 : 진학상담, 직업상담, 이직상담, 인간관계상담 등의 상담목적과 내담자의 연령별, 성별 등에 따라 집단을 구별.
- 상호작용이 활발하게 이루어지도록 허용적인 분위기 조성
- 내담자들 간에 정보교환이 잘 이루어질 수 있는 심리적 안정감 부여
- 자신의 주관이 개입되지 않고 내담자들의 요구가 충분히 반영되는 상담 진행
- 집단상담의 결과에 대하여 개별적 질문관리를 통한 집단상담 보완활동

그러나 무엇보다도 집단상담에 임하는 명리직업상담사는 1 : 1로 이루어지는 개별상담과는 달리 집단을 이끌어가므로 지도능력이 필수적이다. 내담자들의 의견을 수렴하고 원하는 답변을 얻게 해주며 다수의 집중도를 이끌어내면서 상담을 진행해가므로 보다 역동적인 상담이라고 할 수 있다. 그리고 무엇보다 결과적으로 직업상담을 통해 적합한 직업을 발견해나가는 과정이므로 내담자들이 집단상담에서 느낄 수 있는 소속감과 동질감, 공감 등을 잘 활용하여 직업생활에서의 인간관계와 상호작용을 경험할 수 있도록 해주어야 한다.

라. 자기계발과 상담실관리

명리직업상담사는 꾸준한 자기계발을 통하여 자기발전을 해야 한다. 시대적, 사회적 변화에 민감한 직업영역이므로 열린 마음으로 많은 직업정보를

수집해야 한다. 그러나 무엇보다 사람을 대하는 직업이므로 자신을 품위있게 유지하고 신뢰감을 줄 수 있는 이미지를 심기 위한 다양한 학문적 이론습득과 바람직한 인성을 갖추기 위한 노력을 해야 한다.

또한 명리직업상담이 이루어지는 장소인 상담실을 시대적 감각이 뒤떨어지지 않는 분위기를 유지할 수 있도록 관리하고 내담자들에게 편안한 상담 분위기를 조성해줘야 한다.

마. 직업관련법규에 대한 안내

1) 고용정책기본법(2007. 4. 11.)

「고용정책기본법」은 국가가 고용에 관한 정책을 종합적으로 수립·시행함으로써 국민 개인이 그 능력을 최대한 계발·발휘할 수 있도록 하고, 노동시장의 효율성의 제고와 인력의 수급균형을 도모하여 고용의 안정, 근로자의 경제적·사회적 지위의 향상 및 국민경제·사회의 균형있는 발전에 이바지함을 목적으로 하며 국가에서 수행하는 직업정보의 근간을 제시하고 있다.

① 노동부장관의 고용정보 수집 및 제공 임무 명시(동법 8조)

－구인과 구직의 신속하고 적정한 결합에 도움을 줄 수 있도록 고용동향, 직업에 관한 정보, 기타 고용에 관한 정보를 수집·정리

－고용정보의 수집·정리 또는 배포 등이 신속하고 효율적으로 이루어질 수 있도록 하여 구직자 및 구인자, 직업훈련기관, 교육기관 기타 고용정보를 필요로 하는 자가 광범위하게 이용할 수 있도록 함.

－고용안정정보망, 고용보험전산망 등 고용 관련 정보통신망을 구축·운영

② 직업에 관한 조사·연구, 국가에서 수행될 직업정보 관련 범위 등(9조
　～23조)

－ 학생 등에 대한 직업지도, 여성과 청소년의 고용촉진 지도

－ 구직자에 대한 지도, 일용근로자의 고용안정

－ 구인자에 대한 지원

－ 기업의 고용관리에 대한 지원 및 직업정보 제공 대상별 의무사항을 명시
　하고 있다.

2) 직업안정법(2007. 4. 11.)

「직업안정법」은 모든 근로자가 각자의 능력을 계발·발휘할 수 있는 직업
에 취직할 기회를 제공하고, 산업에 필요한 노동력의 충족을 지원함으로써
근로자의 직업안정을 도모하여 균형있는 국민경제의 발전에 이바지함을 목
적으로 제정되었다.

① 고용정보의 수집·정리가 정부의 업무임을 명시

② 직업안정기관의 장이 제공해야 할 고용정보와 제공방법, 현저한 수급
　불균형 시 적절한 대책제시 등 직업안정기관에서 수행할 역할과 의무
　제시

　• 직업안정기관 : 직업소개, 직업지도 등 직업안정업무를 수행하는 지방노
　동행정기관을 의미

③ 직업안정법시행령(2006. 6. 30)은 직업안정기관의 직업상담 시 내담자에
　게 제공할 직업정보 내용 명시

－ 경제 및 산업동향, 노동시장, 고용·실업동향

－ 임금, 근로시간 등 근로조건

－ 직업에 관한 정보

- 채용·승진 등 고용관리에 관한 사항

- 직업능력개발훈련에 관한 정보

- 고용 관련 각종 지원 및 보조제도

- 구인·구직에 관한 정보

3) 고용보험법(2007. 5. 11.)

「고용보험법」 33조는 고용정보의 제공 및 고용지원 기반구축에서 노동부
장관의 정보제공 내용을 명시함.

- 사업주 및 피보험자 등에 대한 구인·구직·훈련 등 고용정보의 제공

- 직업·훈련상담 등 직업지도, 직업소개, 고용안정·직업능력개발에 관
한 기반의 구축

- 그에 따른 전문인력 배치 등을 명시

4) 고령자고용촉진법(2007. 4. 11)

「고령자고용촉진법」 제5조에는 고령자의 고용촉진을 위한 노동부장관의
직업정보제공 명시와 정부의 고령자에 대한 직업정보 생산의무를 제시함.

- 정부의 고령자에 대한 직업정보 생산의무를 명시

- 직업안정기관이 수집한 고령자 구인·구직 및 지역 내의 노동력 수급상
황 제시

- 고령자인재은행의 운영에서 직업정보 제공방법을 규정함.

15-3 명리직업상담사의 전문지식습득

명리직업상담사는 명리직업상담사만이 제공해줄 수 있는 전문적인 상담능력과 정보가 있어야 경쟁력있는 자신만의 분야를 소유할 수 있다. 이를 위하여 다음과 같은 분야에대한 전문지식이 요구된다.

가. 명리직업분류에 관한 이론습득

명리이론에서의 직업분류는 십성이 가지는 선천지능과 심리작용, 성격발현 그리고 업무수행기능과 직업유형 등을 분석하여 직업을 분류하여 내담자에게 적합한 직업을 추천해주게 된다.

또한 명리직업상담사는 사주구조의 분석에 능통하여 각 개인이 소유한 직업활동에 있어서 가장 유리한 직무능력을 분석할 수 있어야 한다. 이 모든 것들의 기초인 십성이 가진 성격심리에 관하여도 전문성을 배양해야 한다.

나. 명리직업상담에 관한 상담기법습득

명리직업상담사는 일반심리학에서 다루는 상담기법과 직업심리학의 상담기법, 그리고 명리직업상담에서 다루는 상담기법에 대하여 이론과 실제적인 활용에 관한 모든 것을 습득해야 한다. 모든 상담이론은 나름대로의 인간관을 가지고 있다. 그러므로 명리직업상담사는 음양오행이론에 기초한 상생상극이라는 우주생성의 원리에 기초한 인간관을 가지고 너와 내가 하나인 '우리의식'에 바탕을 둔 상담을 실시하여야 한다. 가장 위대한 상담은 내담자를 최고로 만들어주는 상담이 아니라 최선을 다할 수 있도록 안내해주는 상담이다.

다. 직업정보와 상담에 필요한 다양한 지식 습득

명리직업상담사는 변화하는 직업세계에 대한 직업정보를 지속적으로 수집하고 관심을 기울여야 한다. 직업정보를 제공해주는 기관은 현재 다양해지고 있으나 가장 많이 사용되고 방대한 정보를 보유하고 관리하는 곳은 워크넷(www.work.go.kr)이다. 각종 채용정보와 취업상담 및 검사를 실시하고 있으며 여성, 고령자, 장애인, 청소년, 기업, 아르바이트, 해외취업이라는 분야로 분류하여 특성에 맞는 취업정보를 제공해주고 있다. 노동부에서 운영하는 사이트로 현재 다양한 연구활동과 함께 전문적인 정보를 제공해주고 있다.

명리직업상담사의 역할도 미래사회를 내다보는 미래학자적인 태도와 새로운 상담이론에 대한 연구와 함께 직업정보와 미래사회에 관한 모든 정보들을 가공하여 제공해 줄수 있는 능력이 필요하다.

15-4 명리직업상담사의 양성

명리직업상담사는 현재 '한국선천적성연구소'에서만 국내 유일하게 양성되고 있다. 과학 명리이론이 확립되어가고 선천적성검사 도구인 AAT가 특허를 받고 사회적으로 인정을 받은 이 시기에 이 과정은 점차 확대되고 발전가능성이 높은 분야라 할 수 있다. 명리직업 상담사의 양성과정과 교육과정을 살펴보면 다음과 같다.

가. 명리직업상담사의 교육과정

교육과정상 필요한 분야는 '명리직업상담론', '선천지능과 적성평가', '직업정보론'이 중요한 분야이다. 선행되어야 하는 교육과정으로는 명리학개론에서 다루어지는 기초적인 명리학이론과 현대명리가 추구하는 사주구조분석에 필요한 각 십성에 관한 심도있는 연구가 선행되어야 한다. 또한 '사주심리치료학'의 명리학적으로 분석한 심리이론, 그리고 현대 명리학이론에 기초한 지능이론, 성격이론에 대한 연구도 필요하다. 직업생활은 사회생활에서 가장 중요한 부분이며 법률적인 상식도 필요하다. 아래는 명리직업상담사 양성에 필요한 교육과정의 과목이다.

- 명리직업상담론
- 선천지능과 적성평가
- 직업정보론
- 근로기준법 및 고용과 근로에 관련된 각종 법률상식

- 선행과목 : 명리학개론, 사주심리치료학, 명리와 현대문명, 명리연구방
  법론, 명리성격심리학

나. 명리직업상담사의 활동

명리직업상담사는 1,000년 전부터 직업상담사로 활동한 명리학자들에서 시
작된다고 할 수 있다. 하지만 본격적인 명리직업상담사의 활동은 선천적성검
사(AAT)의 업그레이드 출시 이후로 볼 수 있다. 그 활동 분야는 다음과 같다.

- 각 대학교 진로상담센터의 직업상담
- 전국 지점별 상담의뢰건 직업상담
- 명리직업상담 이론연구
- 개별상담 시 명리직업상담론 활용한 상담실시

이와 같은 활동을 주로 하는 명리직업상담사 자격은 '한국선천적성검사연
구소'에서 일정한 교육과정과 실습과정을 거쳐 자격증이 주어진다.

15-5 명리직업상담사의 자질개선

미국의 국립직업지도협회(National Vocational Guidance Association : NAGA, 1982)에서는 직업상담사에게 요구되는 6가지 기술영역을 다음과 같이 제시하고 있다.

– 일반상담능력

– 정보분석과 적용능력

– 개인 및 집단검사 실시능력

– 관리능력

– 실행능력

– 조언능력

명리직업상담사도 직업상담을 담당하므로 이러한 기술적 능력을 갖추어야 한다. 위에서 제시한 능력이 활동하는 가운데 발휘되기 위하여 명리직업상담사는 다음과 같은 자질을 갖추어야 한다. 자질이란 필수적으로 요구되는 능력을 발휘하는 데 긴밀하게 작용하는 요소이기도 하지만, 능력 이전에 형성되어져 있는 인격과도 관련이 깊다. 이를 정신적, 물질적 측면으로 나누어 논한다.

가. 정신적인 측면에서의 자질

명리직업상담사는 자신의 직무를 수행하는 데 있어서 내담자를 하나의 인격체로 존중하고 그들의 의견을 집중하여 들어줄 수 있어야 한다. 정확하고 분명한 검사결과의 전달은 매우 기계적인 업무의 결과일 뿐, 상담은 그러한 결과물 이상으로 자신이 존중받고 있다는 느낌 속에서 자기 확신과 만족을 주는 것이 목적이므로 이러한 내면적인 성숙이 상담사에게 요구된다.

　모든 상담을 포함하여 명리직업상담도 문제를 해결하기 위하여 신청하는 경우가 많으므로 그들의 생각에 신중하게 공감해줄 수 있어야 한다. 그리고 다양한 특성을 가진 사람들을 접하게 되므로 상담자 자신이 오히려 심리적 압박을 받기 쉬운 여건을 가진다. 그러므로 명리직업상담사는 내면적인 측면에서 이러한 모든 요소들을 스스로 감당할 수 있고, 내담자들이 원하는 정보 제공과 문제를 해결해줄 수 있어야 한다.

　「명리상담의 실태분석 및 개선방안」(김미선, 2009)에 대한 연구를 살펴보면, 명리직업상담사들이 언어사용에 있어서 개선될 필요가 있다. 또 구체적으로 복장도 고려하여 갖추어야 함을 알 수 있다.

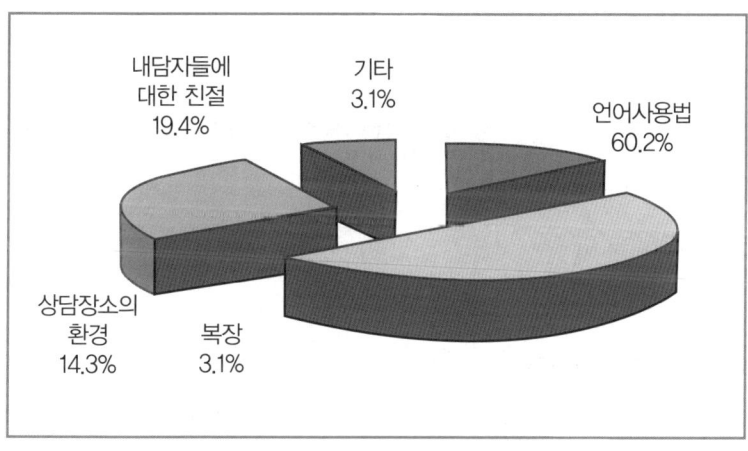

명리상담전문가들이 개선해야 할 사항

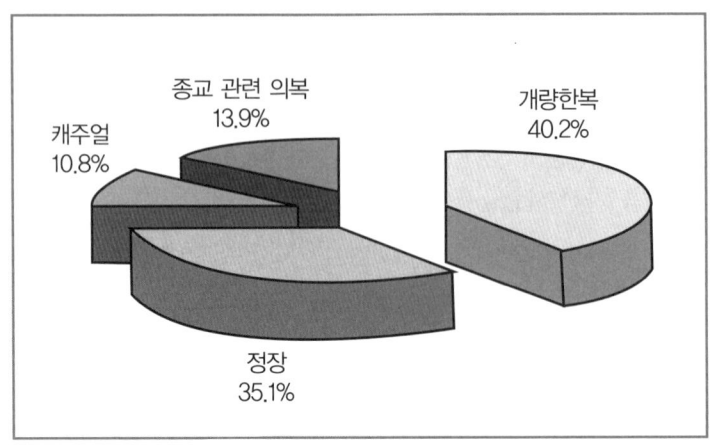

신뢰를 주는 상담복장

나. 물리적인 측면에서의 자질

외적인 측면에서 요구되는 자질은 명리직업상담을 진행하면서 필요한 환경적, 물질적 여건들을 조성하고 구사할 수 있는 능력과 관련된다. 명리직업상담은 외부가 아닌 상담실에서 이루어지므로 이와 관련된 다음과 같은 자질이 요구된다.

- 상담실 관리 : 원활한 상담을 촉진시킬 수 있게 상담실을 꾸미고 관리할 수 있어야 한다. 허용적이고 편안한 분위기를 조성하고 상담에 필요한 서류를 준비하고 관리할 수 있어야 한다.
- 원활한 기계조작 : 검사와 신청에 관련된 컴퓨터 조작을 원활하게 할 수 있어야 한다. 집단상담과 사이버상담과 관련된 정보검색 및 정보수집을 위한 조작도 필요하며, 상담결과를 피드백하기 위한 각종 통계처리와 상담과 관련된 행정업무도 할 수 있어야 한다.

15-6 명리직업상담사의 윤리강령

사람을 직접 대하는 직업이야말로 윤리적인 의무를 가장 확실하게 지켜야 한다. 윤리 (Ethics)의 사전적 의미를 살펴보면 '사람이 지켜야 할 도리, 곧 실제의 도덕규범이 되는 원리'라고 설명되어 있다. 윤리는 '사람을 다스리는 이치(김태길, 1962)'이며 '사람이 지켜야 할 도리, 곧 실제 도덕규범이 되는 원리이며 인륜(이승희, 1982)'으로 정의되기도 한다. 직업으로서 명리직업상담사를 포함한 모든 직업에는 각기 요구되는 직업윤리가 있다. 그러나 한 사람의 삶에 지대한 영향을 줄 수 있는 진로와 직업에 관한 상담을 하는 명리직업상담사는 더욱 윤리적 책임이 뒤따르는 직업이다. 명리직업상담사에게 요구되는 윤리강령은 다음과 같이 제시할 수 있다.

가. 명리직업상담사로서의 일반적 윤리

- 명리직업상담사는 전문가로서 전문 분야에 대한 이론습득과 능력배양을 위하여 꾸준히 노력해야 한다.
- 상담을 위한 예약과 검사결과 관리 및 내담자 관리에 필요한 제반 행정 업무를 감당할 의무가 있다.
- 명리직업상담사는 자신의 직업을 소중히 여기고 품위유지와 바른 언행을 해야 하는 의무가 있다.

나. 명리직업상담 중에 요구되는 윤리

- 내담자의 진로와 직업선택을 위한 검사에서 정확한 분석을 위하여 심혈을 기울여야 한다. 또한 후천적인 여건과 환경을 고려한 선택을 도와야 한다.
- 상담내용에 관하여 비밀보장의 의무를 가진다.
- 내담자가 성인이 아닌 보호자가 필요한 미성년자인 경우에는 보호자에게도 정보가 전달되도록 해야 한다.
- 상담내용에 대하여 내담자가 만족할 수 있도록 최선을 다해야 한다. 하지만 내담자가 만족하지 못하거나 수용하지 못하는 상담이 되면 적절한 시기에 상담종료를 요구하여 내담자와의 갈등을 소거시킨다.
- 상담은 검사결과만으로 이루어지는 것이 아니므로 상담기법과 연구활동에 적극적으로 참여해야 한다.

다. 명리직업상담사 조직과 윤리

- 명리직업상담사는 동료에 대하여 서로 존중해야 한다.
- 명리직업상담사는 다른 상담가의 상담에 대하여 비판을 피하되, 문제가 되거나 치명적인 오류를 범하는 동료에 대하여서는 이를 교정하기 위한 노력을 해야 한다.
- 명리직업상담사는 자신이 속한 조직의 권익을 위한 모임과 활동에 적극 참여하고 협조하여야 한다.
- 명리직업상담사는 연구활동과 학회활동에 적극 참여하여야 한다.

라. 사회적 위치와 윤리

- 명리직업상담사는 명리직업상담 이외의 목적으로 내담자에게 부당한 요구를 해서는 안 되며 상담질서를 문란하게 하는 행동도 해서는 안된다.
- 명리직업상담사는 국가, 사회적인 문제인 진학문제, 실업문제, 이직문제 등에 대하여 법률과 정책에 반영되어 내담자들이 도움을 받을 수 있도록 최선의 노력을 해야 한다.
- 명리직업상담사는 정해진 상담비용만을 받아야 한다. 이외에 추가되는 프로그램이나 활동에 대하여서는 '선천적성연구학회'에서 규정한 내용 안에서 내담자의 요구가 있을 경우에만 추가비용을 받을 수 있다.

참고 문헌

■ 단행본

고영희(1997), 『당신의 양쪽뇌를 사용하라』, 양서원

권영설(2006), 『경제수명 2050세대』, 기획출판 거름

김광욱 외 4(2009), 『우리는 미래에 무엇을 공부할 것인가』, 생각의 나무

김배성(2002), 『톱Top 만세력』, 창해

김배성(2003), 『명리학 정론』, 창해

김배성(2004), 『사주심리치료학』, 창해

김배성(2006), 『사주심리와 인간경영』, 창해

김배성(2007), 『격국용신정의』, 청학출판사

김병숙(2005), 『직업심리학 핸드북』, 시그마프레스

김병숙(2007), 『한국직업발달사』, 시그마프레스

김병숙(2008), 『직업상담 심리학』, 시그마프레스

김병숙(2009), 『인간과 직업』, 시그마프레스

김홍경(1993), 『음양오행설의 연구』, 신지서원

노안영 외(2006), 『성격심리학』, 학지사

대니얼 골먼(2008), 『EQ 감성지능』, 웅진지식하우스

돈 리처드 리소 (2009), 『에니어그램의 지혜』, 한문화

로버트 볼튼(2007), 『회사 속 사람의 법칙』, 길벗

리처드 도킨스(2006), 『이기적 유전자』, 을유출판사

문용린(2004), 『지력혁명』, 비즈니스북스

문용린(2009), 『부모가 아이에게 물려주어야 할 최고의 유산』, 리더스북

브라이언 그린(2005), 『우주의 구조-시간과 공간 그 근원을 찾아서』, 승산

샌드라 아모토 · 샘 왕(2009), 『똑똑한 뇌 사용 설명서』, 살림출판사

스티븐 호킹(1998), 『시간의 역사』, 까치글방

신지은 외 1(2007), 『세계적 미래학자 10인이 말하는 미래혁명』, 일송북

앨빈 토플러(2006), 『부의 미래』, 청림출판

어윤형 외 1(1994), 『오행은 뭘까?』, 도서출판 세기

유성은(2007), 『시간관리와 자아실현』, 중앙경제평론사

윤혜림(2008), 『색채심리 마케팅과 배색이론』, 도서출판 국제

이면우(2004), 『생존의 W이론』, 랜덤하우스

이문정(2006), 『우주론적인 사주명리학사』, 선천적성연구학회 학회지 9호

이시형(2009), 『공부하는 독종이 살아남는다』, 중앙북스

이영희(2006), 『유대인의 밥상머리 자녀교육』, 규장

이현덕(2003), 『하늘의 별자리 사람의 운명』, 동학사

잉그리드 리델(2006), 『종교, 사회, 예술, 심리치료에서 본 색의 신비』, 학지사

쟝샤오위엔(2008), 『별과 우주의 문화사』, 바다출판사

전창선 외 1(1994), 『음양이 뭐지?』, 도서출판 세기

제롬 와그너(2006), 『성격의 심리학:에니어그램으로 본 9가지 성격유형』, 파라
　　　　　　북스

조성환(2009), 『MBTI 내 성격은 내가 디자인한다』, 부글북스

차학봉(2006), 『일본에서 배우는 고령화 시대의 국토』, 삼성경제연구소

톰 피터스(2002), 『WOW 프로젝트』, 21세기북스

톰 피터스(2005), 『톰 피터스의 미래를 경영하라』, 21세기북스

통계청(2007), 『한국표준직업분류』

포여명(1995), 『완전풀이 적천수』, 동양고전글방

하워드 가드너(2001), 『다중지능 인간지능의 새로운 이해』, 김영사

하워드 가드너(2007), 『다중지능』, 웅진지식하우스

한국고용정보원(2007), 『톡톡튀는 이색학과, 눈길끄는 이색직업』

한국고용정보원(2008), 『2009 한국직업사전』

한국고용정보원(2008), 『IT산업의 직업변동연구』, 연구보고서

한국고용정보원(2009), 『워크넷 구인·구직 및 취업동향』, 2009년 2월호

한국고용정보원(2009), 『2009 신생 및 이색직업』

한국교원연수원(2008), 『학생 진로지도 상담과정』, 원격연수 교재

한국교총 원격연수원(2006), 『심리검사의 이해와 학생상담』

한국심리검사연구소(2005), 『성격유형과 삶의 양식』, 한국심리검사연구소

한국직업능력개발원(1997), 『한국인의 직업의식』, 김병숙 외 8명 연구보고서

한국직업능력개발원(2007), 『학생들의 장래 희망직업』, 보도자료

한국직업능력개발원(2009), 『직업시장전망』, 연구보고서

■ 논문

강경옥(2008), 「사주구조와 운동선수의 적성관계 연구」, 국제문화대학원대학
　　　교 석사학위논문

강한길(2009), 「기술직 종사자의 사주특성과 직무만족도」, 국제문화대학원대
　　　학교 석사학위논문

김경희(2006), 「자영업종사자 사주와 재운과의 상관관계연구」, 경기대학교
　　　국제문화대학원 석사학위논문

김미선(2009), 「명리상담의 실태분석 및 개선방안」, 국제문화대학원대학교
　　　석사학위논문

김상헌(2008), 「공무원사주의 특성 연구」, 경기대학교 국제문화대학원 석사
　　　학위논문

김의인(2004), 「사주심리증후군과 교육방법과의 상관관계연구」, 경기대학교
　　　국제문화대학원 석사학위논문

김종만(2005), 「사주육신의 편중에 의한 성격특성 연구」, 경기대학교 국제문
화대학원 석사학위논문

김종상(2008), 「사주의 십성구조와 언어능력과의 상관성 연구」, 국제문화대
학원대학교 석사학위논문

김혜균(2009), 「엄마의 선천자아에 대한 자존감이 자녀양육에 미치는 영향 연
구」, 국제문화대학원대학교 석사학위논문

민윤경(2009), 「중 · 고등학생의 독서량과 사주 십성의 상관성 연구」, 국제문
화대학원대학교 석사학위논문

배현배(2008), 「사주의 대운 및 세운이 직업변동에 미치는 영향」, 경기대학교
국제문화대학원 석사학위논문

손연숙(2008), 「사주의 오행분포가 성격형성에 미치는 영향」, 국제문화대학
원대학교 석사학위논문

이명재(2009), 「명리의 선천직업적성과 실제 직업유형과의 상관성 연구」, 국
제문화대학원대학교 석사학위논문

이문정(2008), 「명리이론을 활용한 초등학생 생활지도와 학부모상담」, 국제
문화대학원대학교 석사학위논문

이성우(2008), 「사주가 개인의 정서적 안녕에 미치는 영향」, 경기대학교 국제
문화대학원 석사학위논문

이용준(2004), 「사주학의 역사와 격국용신의 변천과정 연구」, 경기대학교 국
제문화대학원 석사학위논문

이원태(2005), 「사주직업이론과 전문직종의 특성 연구」, 경기대학교 국제문
화대학원 석사학위논문

정진우(2009), 「사주의 오행 분포와 용신이 색깔 선호도에 미치는 영향」, 국
제문화대학원대학교 석사학위논문

정회금(2003), 「좌우뇌기능 분화와 좌우뇌선호도가 MBTI 심리유형에 미치는

영향」, 연세대학교 대학원 교육학과 논문

최영선(2004), 「사주에서 나타나는 선천적성과 종사직종과의 상관관계연구」,
　　　　　　경기대학교 국제문화대학원 석사학위논문

함혜수(2008), 「사주의 格이 개인의 직업목표에 미치는 영향」, 국제문화대학
　　　　　　원대학교 석사학위논문

홍재관(2008), 「사주적성과 Holland 진로유형과의 상관관계 연구」, 국제문화
　　　　　　대학원대학교 석사학위논문

■ **외국서적**

Alvin Toffler(1989), 『Third Wave』, Bantam Books

Alvin Toffler(1999), 『Future Shock』, Bantam

Alvin Toffler(2007), 『Revolutionary Wealth』, Bantam

Alvin Toffler(2007), 『Revolutionary Wealth』, Bantam

Holland, J.(1985), 『Making Vocational Choices : A Theory of Vocational
　　　　　　Personalities and Work Environments』, Englewood
　　　　　　Cliffs, N, J : Prentice-Hall

Howard Gardner(2005), 『Changing Mind』, Harvard Business School

Howard Gardner(2006), 『Multiple Intelligences』, Perseus Books Group

Howard Gardner(2009), 『Five Minds for the Future』, McGraw-Hill

Jung, C. G.(1923), 『Psychological Types』, London : Rutledge & Kegan
Paul

Stephen Hawking , 『A Briefer History of Time』, Bantam

■ **인터넷 사이트**

http://www.naver.com : 네이버 케스트, 『오늘의 과학』

http://www.aatest.co.kr : 선천적성검사 홈페이지

http://www.jinhak.or.kr : 진학진로정보센터 사이트

http://www.nso.go.kr : 통계청 홈페이지

http://www.mbti.co.kr : 한국MBTI연구소 홈페이지

새우와 고래가 함께 숨쉬는 바다

명리직업상담론

지은이 | 김기승
펴낸이 | 전형배

펴낸곳 | 도서출판 창해
출판등록 | 제9-281호(1993년 11월 17일)

초판 1쇄 발행 | 2009년 10월 12일
초판 2쇄 발행 | 2012년 7월 25일

주소 | 121-846 서울시 마포구 연남동 509-16 동서빌딩 2층
전화 | (02) 333-5678(代), 070-7165-7500
팩시밀리 | (02) 322-3333
E-mail | chpco@chol.com

책값은 뒷표지에 있습니다.

ISBN 978-89-7919-933-8 13140